Erarbeitet von
Michael Willemsen
Elmar Wortmann

unter Mitarbeit von
Brigitte Röwekamp

Herausgegeben von
Michael Willemsen
Elmar Wortmann

Perspektive Pädagogik

Bildung, Erziehung und Identität

Heft 6

Ernst Klett Verlag
Stuttgart · Leipzig

Inhaltsverzeichnis

1 Erziehung und Bildung als pädagogische Grundbegriffe ... 4

Texte zu den pädagogischen Grundbegriffen in den Heften von „Perspektive Pädagogik" ... 30

2 Bildung und Identität ... 33

2.1 Die soziologische Perspektive auf Identität ... 33
2.2 Die pädagogische Perspektive auf Identität ... 43
2.3 Identitätsdiffusion Jugendlicher durch soziale Netzwerke? ... 51
Texte zu den pädagogischen Grundbegriffen in den Heften von „Perspektive Pädagogik" ... 54

3 Erziehungsziele und Erziehungspraxis in der Bundesrepublik von 1949 bis 1989 ... 55

3.1 Aspekte der Erziehung in der Bundesrepublik von 1949 bis 1989 ... 55
3.2 Entwicklung des Schulwesens in der Bundesrepublik von 1949 bis 1989 ... 67
3.3 Neuere Entwicklungen ... 73
3.4 Die Bedeutung von empirischer Sozialisationsforschung und sozialgeschichtlicher Bildungsforschung ... 79
Texte zu den pädagogischen Grundbegriffen in den Heften von „Perspektive Pädagogik" ... 81

4 Pädagogische Institutionen und Professionalisierung ... 82

4.1 Familie und Schule im gesellschaftlichen Kontext ... 82
4.2 System des lebenslangen Lernens, kuratives System oder Erziehungssystem? ... 88
4.3 Professionalisierung in pädagogischen Institutionen ... 98
Texte zu den pädagogischen Grundbegriffen in den Heften von „Perspektive Pädagogik" ... 100
Kompetenzcheck (Kapitel 2–4) ... 101

5	**Pädagogik als Wissenschaft**	103

6	**Pädagogische Bildung**	111

7	**Wiederholen – Vernetzen – Beurteilen: methodische Anregungen**	121
7.1	Systematisierende Erarbeitung	121
7.2	Wiederholung und Strukturierung durch „Begriffs-Panini"	122
7.3	Bildgestützte Erarbeitung	122
7.4	Wissensaktivierung mit der Kugellagermethode	124
7.5	Wissensaktivierung durch strukturierende Visualisierung	127
7.6	Wiederholung mit der Concept Map	129
7.7	Selbstevaluation mit Lernlandkarten	131

8	**Was wäre ein selbstbestimmtes Leben?**	134

Stichwortverzeichnis	140

Übersicht über die Operatoren	141

Quellenverzeichnisse	142

1. Erziehung und Bildung als pädagogische Grundbegriffe

In den Texten dieses Kapitels geht es um die pädagogischen Grundbegriffe Erziehung und Bildung, darüber hinaus um weitere zentrale Begriffe der pädagogischen Perspektive wie Bildsamkeit und Mündigkeit. Diese werden als Antwort auf gemeinsame Fragen und Problemstellungen der Pädagogik verstanden und zu anderen pädagogisch relevanten Begriffen in Beziehung gesetzt: Identität, Autorität, Sozialisation ...

Die Positionen, die in den Texten entwickelt werden, ergeben in der Zusammenschau kein widerspruchsfreies, einheitliches Konzept. Es gibt sowohl Gemeinsamkeiten und Übereinstimmungen zwischen Definitionen als auch unterschiedliche Akzente und widersprüchliche Ansätze. Geordnet sind die Texte nach ihrem Erscheinungsdatum. Das ergibt lediglich eine äußere, chronologische Ordnung. Die Texte können darüber hinausgehend systematisch auf vielfältige Weise in Beziehung zueinander gesetzt werden. Außerdem ergeben sich viele weitere Möglichkeiten, Bezüge zu den pädagogischen Begriffen, Konzepten und Theorien zu entwickeln, die Sie in den anderen Heften von „Perspektive Pädagogik" kennengelernt haben. Von diesen pädagogischen Positionen aus lassen sich dann auch Verbindungen zu den Entwicklungs- und Sozialisationstheorien, zu den verschiedenen gesellschaftlichen Kontexten von Erziehung und Bildung, zu pädagogischen Institutionen und Professionalisierungsdynamiken herstellen.

Dieses Kapitel übernimmt damit die Aufgaben, Ihr Wissen und Können über die pädagogischen Grundbegriffe und pädagogisch relevante Begriffe zu erweitern und zu systematisieren. Zugleich soll es einen wiederholenden Rückgriff aus pädagogischer Perspektive auf die Themen der Einführungs- und Qualifikationsphase ermöglichen.

Aufgaben

Einige der folgenden Autorinnen und Autoren kennen Sie möglicherweise bereits aus früheren Kursen. Informieren Sie sich und die anderen Kursteilnehmerinnen und -teilnehmer über die Autorinnen und Autoren. Beachten Sie dabei auch den historischen Kontext.

Sie können z. B.
- auf einem Plakat ein Kurzporträt anfertigen und aushängen.
- eine Powerpoint-Präsentation anfertigen und vorstellen.
- eine Mappe mit den Porträts zu allen Autorinnen und Autoren herstellen.

Es wird kaum möglich sein, dass Sie jeden Text alleine durcharbeiten. Gehen Sie deshalb arbeitsteilig vor. Sie können die Texte in mehreren Schritten erschließen und sich mit ihnen auseinandersetzen:

1. **Erschließung der Texte selber.** Dabei kommt es vor allem darauf an herauszuarbeiten, wie die Autorinnen und Autoren die zentralen Begriffe ihres Textes bestimmen.
2. **Herstellen von Bezügen zu anderen Texten dieses Kapitels.** Am Ende des Kapitels gibt es dazu einige Hinweise und Anregungen.
3. **Herstellen von Bezügen zu Texten, Theorien und Konzepten aus früheren Kursen.** Dazu finden Sie Anregungen unter den Texten. Sie finden bestimmt weitere Möglichkeiten.
4. **Kritische Prüfung der Positionen und Bezüge.** Jeder Schritt sollte auch Anlass für eine kritische Prüfung der Positionen und Begriffe sein, die die Autorinnen und Autoren entwickeln und vorstellen.

M1 Was ist Aufklärung? (Immanuel Kant)

Aufklärung ist der Ausgang des Menschen aus seiner selbstverschuldeten Unmündigkeit. Unmündigkeit
5 ist das Unvermögen, sich seines Verstandes ohne Leitung eines anderen zu bedienen. Selbstverschuldet ist diese Unmündigkeit,
10 wenn die Ursache derselben nicht am Mangel des Verstandes, sondern der Entschließung und des Mutes liegt, sich seiner ohne
15 Leitung eines andern zu bedienen. Sapere aude[1]! Habe Mut, dich deines eigenen Verstandes zu bedienen! ist also der Wahlspruch der Aufklärung.
Faulheit und Feigheit sind die Ursachen, warum ein so gro-
20 ßer Teil der Menschen, nachdem sie die Natur längst von fremder Leitung freigesprochen (naturaliter majorennes[2]), dennoch gerne zeitlebens unmündig bleiben; und warum es anderen so leicht ward, sich zu deren Vormündern aufzuwerfen. Es ist so bequem, unmündig zu sein. Habe ich
25 ein Buch, das für mich Verstand hat, einen Seelsorger, der für mich Gewissen hat, einen Arzt, der für mich die Diät beurteilt usw., so brauche ich mich ja nicht selbst zu bemühen. Ich habe nicht nötig zu denken, wenn ich nur bezahlen kann; andere werden das verdrießliche Geschäft schon
30 für mich übernehmen. Dass der bei Weitem größte Teil der Menschen (darunter das ganze schöne Geschlecht) den Schritt zur Mündigkeit außer dem, dass er beschwerlich ist, auch für sehr gefährlich halte: dafür sorgen schon jene Vormünder, die die Oberaufsicht über sie gütigst auf sich
35 genommen haben. Nachdem sie ihr Hausvieh zuerst dumm gemacht haben und sorgfältig verhüteten, dass diese ruhigen Geschöpfe ja keinen Schritt außer dem Gängelwagen, darin sie sie einsperrten, wagen durften, so zeigen sie ihnen nachher die Gefahr, die ihnen droht, wenn sie es versuchen, allein zu gehen. Nun ist diese Gefahr zwar eben so
40 groß nicht, denn sie würden durch einige Mal Fallen wohl endlich gehen lernen; allein ein Beispiel von der Art macht doch schüchtern und schreckt gemeiniglich von allen ferneren Versuchen ab.
45 Es ist also für jeden einzelnen Menschen schwer, sich aus der ihm beinahe zur Natur gewordenen Unmündigkeit herauszuarbeiten. Er hat sie sogar lieb gewonnen und ist vorderhand wirklich unfähig, sich seines eigenen Verstandes zu bedienen, weil man ihn niemals den Versuch davon
50 machen ließ. Satzungen und Formeln, diese mechanischen Werkzeuge eines vernünftigen Gebrauchs oder vielmehr Missbrauchs seiner Naturgaben, sind die Fußschellen einer immerwährenden Unmündigkeit. Wer sie auch abwürfe, würde dennoch auch über den schmalsten Graben einen
55 nur unsicheren Sprung tun, weil er zu dergleichen freier Bewegung nicht gewöhnt ist. Daher gibt es nur wenige, denen es gelungen ist, durch eigene Bearbeitung ihres Geistes sich aus der Unmündigkeit herauszuwickeln und dennoch einen sicheren Gang zu tun.
60 Dass aber ein Publikum sich selbst aufkläre, ist eher möglich; ja es ist, wenn man ihm nur Freiheit lässt, beinahe unausbleiblich. Denn da werden sich immer einige Selbstdenkende, sogar unter den eingesetzten Vormündern des großen Haufens, finden, welche, nachdem sie das Joch der
65 Unmündigkeit selbst abgeworfen haben, den Geist einer vernünftigen Schätzung des eigenen Werts und des Berufs jedes Menschen, selbst zu denken, um sich verbreiten werden. Besonders ist hierbei: dass das Publikum, welches zuvor von ihnen unter dieses Joch gebracht worden, sie
70 hernach selbst zwingt, darunter zu bleiben, wenn es von einigen seiner Vormünder, die selbst aller Aufklärung unfähig sind, dazu aufgewiegelt worden; so schädlich ist es, Vorurteile zu pflanzen, weil sie sich zuletzt an denen selbst rächen, die, oder deren Vorgänger, ihre Urheber gewesen
75 sind. Daher kann ein Publikum nur langsam zur Aufklärung gelangen. Durch eine Revolution wird vielleicht wohl ein Abfall von persönlichem Despotismus und gewinnsüchtiger oder herrschsüchtiger Bedrückung, aber niemals wahre Reform der Denkungsart zustande kommen; sondern
80 neue Vorurteile werden, ebenso wohl als die alten, zum Leitbande des gedankenlosen großen Haufens dienen. Zu dieser Aufklärung aber wird nichts erfordert als Freiheit; und zwar die unschädlichste unter allem, was nur Freiheit heißen mag, nämlich die: von seiner Vernunft in allen Stü-
85 cken öffentlichen Gebrauch zu machen. […]
Wenn denn nun gefragt wird: Leben wir jetzt in einem aufgeklärten Zeitalter?, so ist die Antwort: Nein, aber wohl in einem Zeitalter der Aufklärung.

Begriffserläuterungen
1 (lat.) Habe Mut, zu wissen (Horaz, Episteln 1,2,40)
2 (lat.) von Natur aus Volljährige

Abb. 1.1: Immanuel Kant (1724–1804)

M2 Die Bildung des Menschen (Wilhelm von Humboldt)

Im Mittelpunkt aller besonderen Arten der Tätigkeit nämlich steht der Mensch, der ohne alle, auf irgend-
5 etwas Einzelnes gerichtete Absicht, nur die Kräfte seiner Natur stärken und erhöhen, seinem Wesen Wert und Dauer verschaffen
10 will. Da jedoch die bloße Kraft einen Gegenstand braucht, an dem sie sich übe, und die bloße Form, der reine Gedanke, einen
15 Stoff, in dem sie, sich darin ausprägend, fortdauern könne, so bedarf auch der Mensch einer Welt außer sich. Daher entspringt sein Streben, den Kreis seiner Erkenntnis und seiner Wirksamkeit zu erweitern, und ohne dass er sich selbst deutlich dessen bewusst

Abb. 1.2: Wilhelm von Humboldt (1767–1835)

ist, liegt es ihm nicht eigentlich an dem, was er von jener erwirbt, oder vermöge dieser außer sich hervorbringt, sondern nur an seiner inneren Verbesserung und Veredlung, oder wenigstens an der Befriedigung der innern Unruhe, die ihn verzehrt. Rein und in seiner Endabsicht betrachtet, ist sein Denken immer nur ein Versuch seines Geistes, vor sich selbst verständlich, sein Handeln ein Versuch seines Willens, in sich frei und unabhängig zu werden, seine ganze äußre Geschäftigkeit überhaupt aber nur ein Streben, nicht in sich müßig zu bleiben. Bloß weil beides, sein Denken und sein Handeln nicht anders, als nur vermöge eines Dritten, nur vermöge des Vorstellens und des Bearbeitens von etwas möglich ist, dessen eigentlich unterscheidendes Merkmal es ist, nicht Mensch, d. i. Welt zu sein, sucht er, soviel Welt, als möglich zu ergreifen, und so eng, als er nur kann, mit sich zu verbinden.

Die letzte Aufgabe unsres Daseins: dem Begriff der Menschheit in unsrer Person, sowohl während der Zeit unsres Lebens als auch noch über dasselbe hinaus, durch die Spuren des lebendigen Wirkens, die wir zurücklassen, einen so großen Inhalt, als möglich, zu verschaffen, diese Aufgabe löst sich allein durch die Verknüpfung unsres Ichs mit der Welt zu der allgemeinsten, regesten und freiesten Wechselwirkung. Dies allein ist nun auch der eigentliche Maßstab zur Beurteilung der Bearbeitung jedes Zweiges menschlicher Erkenntnis. Denn nur diejenige Bahn kann in jedem die richtige sein, auf welcher das Auge ein unverrücktes Fortschreiten bis zu diesem letzten Ziele zu verfolgen imstande ist, und hier allein darf das Geheimnis gesucht werden, das, was sonst ewig tot und unnütz bleibt, zu beleben und zu befruchten.

Die Verknüpfung unsres Ichs mit der Welt scheint vielleicht auf den ersten Anblick nicht nur ein unverständlicher Ausdruck, sondern auch ein überspannter Gedanke. Bei genauerer Untersuchung aber wird wenigstens der letztere Verdacht verschwinden, und es wird sich zeigen, dass, wenn man einmal das wahre Streben des menschlichen Geistes (das, worin eben sowohl sein höchster Schwung als sein ohnmächtigster Versuch enthalten ist) aufsucht, man unmöglich bei etwas Geringerem stehen bleiben kann.

Was verlangt man von einer Nation, einem Zeitalter, von dem ganzen Menschengeschlecht, wenn man ihm seine Achtung und seine Bewunderung schenken soll? Man verlangt, dass Bildung, Weisheit und Tugend so mächtig und allgemein verbreitet, als möglich, unter ihm herrschen, dass es seinen innern Wert so hoch steigern, dass der Begriff der Menschheit, wenn man ihn von ihm, als dem einzigen Beispiel, abziehen müsste, einen großen und würdigen Gehalt gewönne. Man begnügt sich nicht einmal damit. Man fordert auch, dass der Mensch den Verfassungen, die er bildet, selbst der leblosen Natur, die ihn umgibt, das Gepräge seines Wertes sichtbar aufdrücke, ja dass er seine Tugend und seine Kraft (so mächtig und so allwaltend sollen sie sein ganzes Wesen durchstrahlen) noch der Nachkommenschaft einhauche, die er erzeugt. Denn nur so ist eine Fortdauer der einmal erworbenen Vorzüge möglich, und ohne diese, ohne den beruhigenden Gedanken einer gewissen Folge in der Veredlung und Bildung, wäre das Dasein des Menschen vergänglicher als das Dasein der Pflanze, die, wenn sie hinwelkt, wenigstens gewiss ist, den Keim eines ihr gleichen Geschöpfs zu hinterlassen. Beschränken sich indes auch alle diese Forderungen nur auf das innere Wesen des Menschen, so dringt ihn doch seine Natur beständig von sich aus zu den Gegenständen außer ihm überzugehen, und hier kommt es nun darauf an, dass er in dieser Entfremdung nicht sich selbst verliere, sondern vielmehr von allem, was er außer sich vornimmt, immer das erhellende Licht und die wohltätige Wärme in sein Inneres zurückstrahle. Zu dieser Absicht aber muss er die Masse der Gegenstände sich selbst näherbringen, diesem Stoff die Gestalt seines Geistes aufdrücken und beide einander ähnlicher machen. In ihm ist vollkommene Einheit und durchgängige Wechselwirkung, beide muss er also auch auf die Natur übertragen; in ihm sind mehrere Fähigkeiten, ihm denselben Gegenstand in verschiedenen Gestalten, bald als Begriff des Verstandes, bald als Bild der Einbildungskraft, bald als Anschauung der Sinne vor seine Betrachtung zu führen. Mit allen diesen, wie mit ebenso viel verschiedenen Werkzeugen, muss er die Natur aufzufassen versuchen, nicht sowohl um sie von allen Seiten kennenzulernen, als vielmehr um durch diese Mannigfaltigkeit der Ansichten die eigene inwohnende Kraft zu stärken, von der sie nur anders und anders gestaltete Wirkungen sind. Gerade aber diese Einheit und Allheit bestimmt den Begriff der Welt. Allein auch außerdem finden sich nun in eben diesem Begriff in vollkommenem Grade die Mannigfaltigkeit, mit welcher die äußeren Gegenstände unsre Sinne rühren, und das eigne selbstständige Dasein, wodurch sie auf unsre Empfindung einwirken. Denn nur die Welt umfasst alle nur denkbare Mannigfaltigkeit und nur sie besitzt eine so unabhängige Selbstständigkeit, dass sie dem Eigensinn unsres Willens die Gesetze der Natur und die Beschlüsse des Schicksals entgegenstellt.

Was also der Mensch notwendig braucht, ist bloß ein Gegenstand, der die Wechselwirkung seiner Empfänglichkeit mit seiner Selbsttätigkeit möglich mache. Allein wenn dieser Gegenstand genügen soll, sein ganzes Wesen in seiner vollen Stärke und seiner Einheit zu beschäftigen, so muss er der Gegenstand schlechthin, die Welt sein, oder doch (denn dies ist eigentlich allein richtig) als solcher betrachtet werden. Nur um der zerstreuenden und verwirrenden Vielheit zu entfliehen, sucht man Allheit; um sich nicht auf eine leere und unfruchtbare Weise ins Unendliche hin zu verlieren, bildet man einen, in jedem Punkt leicht übersehbaren Kreis; um an jeden Schritt, den man vorrückt, auch die Vorstellung des letzten Zwecks anzuknüpfen, sucht man das zerstreute Wissen und Handeln in ein geschlossenes, die bloße Gelehrsamkeit in eine gelehrte Bildung, das bloß unruhige Streben in eine weise Tätigkeit zu verwandeln.

[…] Zugleich aber lernt der, welcher eine einzelne Arbeit verfolgt, nur da sein Geschäft in seinem ächten Geist und in einem großen Sinne ausführen. Er will nicht mehr bloß dem Menschen Kenntnisse oder Werkzeuge zum Gebrauch zubereiten, nicht mehr nur einen einzelnen Teil seiner Bildung befördern helfen; er kennt das Ziel, das ihm gesteckt ist, er sieht ein, dass, auf die rechte Weise betrieben, sein Geschäft dem Geiste eine eigne und neue Ansicht der Welt und dadurch eine eigne und neue Stimmung seiner selbst geben, dass er von der Seite, auf der er steht, seine ganze Bildung vollenden kann; und dies ist es, wohin er strebt. [...] Jedes Geschäft kennt eine ihm eigentümliche Geistesstimmung, und nur in ihr liegt der ächte Geist seiner Vollendung. Äußere Mittel es auszuführen gibt es immer mehrere, aber die Wahl unter ihnen kann nur jene, nur ob sie geringere oder vollere Befriedigung findet, bestimmen. [...] Allein nur, indem man dies schrittweise verfolgt und am Ende im Ganzen überschaut, gelangt man dahin, sich vollkommne Rechenschaft abzulegen, wie die Bildung des Menschen durch ein regelmäßiges Fortschreiten Dauer gewinnt, ohne doch in die Einförmigkeit auszuarten, mit welcher die körperliche Natur, ohne jemals etwas Neues hervorzubringen, immer nur von Neuem dieselben Umwandlungen durchgeht.

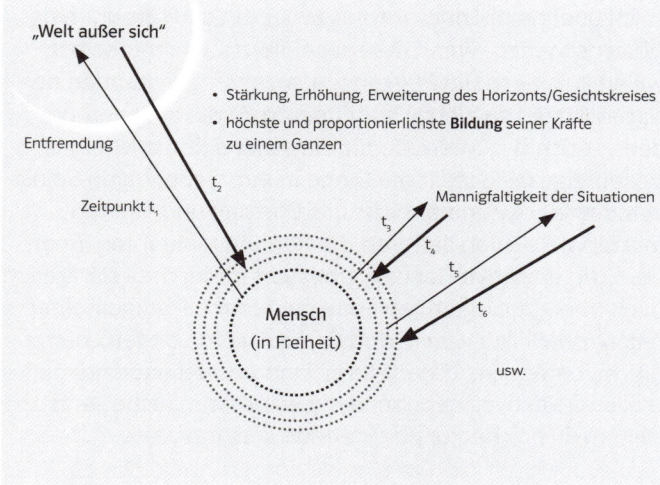

Abb. 1.3

M3 Geselligkeit und Bildung (Friedrich Daniel Ernst Schleiermacher)

Abb. 1.4: Friedrich Daniel Ernst Schleiermacher (1768–1834)

Freie, durch keinen äußern Zweck gebundene und bestimmte Geselligkeit wird von allen gebildeten Menschen als eins ihrer ersten und edelsten Bedürfnisse laut gefordert. Wer nur zwischen den Sorgen des häuslichen und den Geschäften des bürgerlichen Lebens hin und her geworfen wird, nähert sich, je treuer er diesen Weg wiederholt, nur um desto langsamer dem höheren Ziele des menschlichen Daseins. Der Beruf bannt die Tätigkeit des Geistes in einen engen Kreis: wie edel und achtungswert er auch sei, immer hält er Wirkung auf die Welt und Beschauung der Welt auf einem Standpunkt fest, und so bringt der höchste und verwickeltste wie der einfachste und niedrigste, Einseitigkeit und Beschränkung hervor. Das häusliche Leben setzt uns nur mit wenigen, und immer mit denselben in Berührung: auch die höchsten Forderungen der Sittlichkeit in diesem Kreise werden einem aufmerksamen Gemüt bald geläufig, und seine Ausbeute an mannigfaltigen Anschauungen der Menschheit und ihres Tuns wird mit jedem Tage umso geringer, je rechtlicher alles hergeht, und je mehr die sittliche Ökonomie vervollkommnet ist. Es muss also einen Zustand geben, der diese beiden ergänzt, der die Sphäre eines Individui in die Lage bringt, dass sie von den Sphären anderer so mannigfaltig als möglich durchschnitten werde, und jeder seiner eignen Grenzpunkte ihm die Aussicht in eine andere und fremde Welt gewähre, sodass alle Erscheinungen der Menschheit ihm nach und nach bekannt, und auch die fremdesten Gemüter und Verhältnisse ihm befreundet und gleichsam nachbarlich werden können. Diese Aufgabe wird durch den freien Umgang vernünftiger sich unter einander bildender Menschen gelöst. Hier ist es nicht um einen einzelnen untergeordneten Zweck zu tun; die Tätigkeit höherer Kräfte wird nicht aufgehalten durch die Aufmerksamkeit, die überall, wo auf die Außenwelt gewirkt werden soll, dem Geschäft der niederen gewidmet werden muß; hier ist der Mensch ganz in der intellektuellen Welt, und kann als ein Mitglied derselben handeln; dem freien Spiel seiner Kräfte überlassen, kann er sie harmonisch weiterbilden, und von keinem Gesetz beherrscht, als welches er sich selbst auflegt, hängt es nur von ihm ab, alle Beschränkungen der häuslichen und bürgerlichen Verhältnisse auf eine Zeit lang, soweit er will, zu verbannen. Dies ist der sittliche Zweck der freien Geselligkeit, nur freilich ist sie in ihrem gegenwärtigen Zustande von diesem Ziele noch eben so weit entfernt, als die Häuslichkeit und der bürgerliche Verein von dem ihrigen. Auch das gesellige Leben hat Formen, die es drücken, und Nebendinge, die seinem Zweck entgegenstreben; auch hier ist überall über die Ungeschicktheit und den Frevel der Einzelnen zu klagen, vieles auszurotten und mehreres umzubilden. Nur dass hier, wegen des notwendigen Mangels einer öffentlichen Gewalt, jeder für sich selbst Gesetzgeber sein, und jeder auf alle Weise dahin sehen soll, dass das gemeine Wesen keinen Schaden leide. Alle Verbesserung also muss davon ausgehn, und kann nur dadurch wirklich zustande gebracht werden, dass jeder Einzelne sein gesellschaftliches Betragen diesem Zweck gemäß einrichte. [...] Wenn wir den Begriff der freien Geselligkeit der Gesellschaft im eigentlichsten Sinn zerlegen, so finden wir hier, dass mehrere Menschen aufeinander einwirken sollen, und dass diese Einwirkung auf keine Art einseitig sein darf. Diejenigen, welche im Schauspielhause versammelt sind, oder gemeinschaftlich einer Vorlesung beiwohnen, machen untereinander eigentlich gar keine Gesellschaft aus, und jeder ist auch mit dem Künstler eigentlich nicht in einer freien, sondern in einer gebundenen Geselligkeit begriffen, weil dieser es nur auf irgendeine bestimmte Wirkung angelegt hat, und jener nicht gleichförmig auf ihn zurückwirken kann, sondern sich eigentlich immer leidend verhält. Denn das ist der wahre Charakter einer Gesellschaft in Absicht ihrer Form, dass sie eine durch alle Teilhaber sich hindurchschlingende, aber auch durch sie völlig bestimmte und vollendete Wechselwirkung sein soll.

M4 Über Bildung (Georg Wilhelm Friedrich Hegel)

Unter gebildeten Menschen kann man zunächst solche verstehen, die alles […] machen können, was
5 andere tun, und die ihre Partikularität nicht herauskehren, während bei ungebildeten Menschen gerade diese sich zeigt, indem das
10 Benehmen sich nicht nach den allgemeinen Eigenschaften des Gegenstandes richtet. Ebenso kann im Verhältnis zu anderen Men-
15 schen der Ungebildete sie leicht kränken, indem er sich nur gehen lässt, und keine Reflexionen für die Empfindungen der anderen hat. Er will andere nicht verletzen, aber sein Betragen ist mit seinem Willen nicht in Einklang.
20 Bildung also ist Glättung der Besonderheit, dass sie sich nach der Natur der Sache benimmt. […]
Zur theoretischen Bildung gehört außer der Mannigfaltigkeit und Bestimmtheit der Kenntnisse und der Allgemeinheit der Gesichtspunkte, aus denen die Dinge zu beurteilen
25 sind, der Sinn für die Objekte in ihrer freien Selbstständigkeit, ohne ein subjektives Interesse.
Erläuterung. Die Mannigfaltigkeit der Kenntnisse an und für sich gehört zur Bildung, weil der Mensch dadurch aus dem partikulären Wissen von unbedeutenden Dingen der Umge-
30 bung zu einem allgemeinen Wissen sich erhebt, durch welches er eine größere Gemeinschaftlichkeit der Kenntnisse mit andern Menschen erreicht, in den Besitz allgemein interessanter Gegenstände kommt. Indem der Mensch über das, was er unmittelbar weiß und erfährt, hinausgeht, so lernt er,
35 dass es auch andere und bessere Weisen des Verhaltens und Tuns gibt und die seinige nicht die einzig notwendige ist. Er entfernt sich von sich selbst und kommt zur Unterscheidung des Wesentlichen und des Unwesentlichen. – Die Bestimmtheit der Kenntnisse betrifft den wesentlichen Unterschied
40 derselben, die Unterschiede, die den Gegenständen unter allen Umständen zukommen. Zur Bildung gehört ein Urteil über die Verhältnisse und Gegenstände der Wirklichkeit. Dazu ist erforderlich, dass man wisse, worauf es ankommt, was die Natur und der Zweck einer Sache und der Verhältnis-
45 se zueinander sind. Diese Gesichtspunkte sind nicht unmittelbar durch die Anschauung gegeben, sondern durch die Beschäftigung mit der Sache, durch das Nachdenken über ihren Zweck und Wesen und über die Mittel, wie weit dieselben reichen oder nicht. Der ungebildete Mensch bleibt bei
50 der unmittelbaren Anschauung stehen. Er hat kein offenes Auge und sieht nicht, was ihm vor den Füßen liegt. Es ist nur ein subjektives Sehen und Auffassen. Er sieht nicht die Sache. Er weiß nur ungefähr, wie diese beschaffen ist und das nicht einmal recht, weil nur die Kenntnis der allgemeinen
55 Gesichtspunkte dahin leitet, was man wesentlich betrachten muss, oder weil sie schon das Hauptsächliche der Sache

Abb. 1.5: Georg Wilhelm Friedrich Hegel (1770–1831)

selbst ist, schon die vorzüglichsten Fächer derselben enthält, in die man also das äußerliche Dasein, sozusagen, nur hineinzulegen braucht und also sie viel leichter und richtiger
60 aufzufassen fähig ist.
Das Gegenteil davon, dass man nicht zu urteilen weiß, ist, dass man vorschnell über alles urteilt, ohne es zu verstehen. Ein solch vorschnelles Urteil gründet sich darauf, dass man wohl einen Gesichtspunkt fasst, aber einen einseiti-
65 gen und dadurch also den wahren Begriff der Sache, die übrigen Gesichtspunkte, übersieht. Ein gebildeter Mensch weiß zugleich die Grenze seiner Urteilsfähigkeit.
Ferner gehört zur Bildung der Sinn für das Objektive in seiner Freiheit. Es liegt darin, dass ich nicht mein beson-
70 deres Subjekt in dem Gegenstande suche, sondern die Gegenstände, wie sie an und für sich sind, in ihrer freien Eigentümlichkeit betrachte und behandle, dass ich mich ohne einen besonderen Nutzen dafür interessiere. – Ein solch uneigennütziges Interesse liegt in dem Studium der
75 Wissenschaften, wenn man sie nämlich um ihrer selbst willen kultiviert. Die Begierde, aus den Gegenständen der Natur Nutzen zu ziehn, ist mit deren Zerstörung verbunden. – Auch das Interesse für die schöne Kunst ist ein uneigennütziges. Sie stellt die Dinge in ihrer lebendigen Selbst-
80 ständigkeit dar und streicht das Dürftige und Verkümmerte, wie sie von äußeren Umständen leiden, von ihnen ab. – Die objektive Handlung besteht darin, dass sie 1) auch nach ihrer gleichgültigen Seite die Form des Allgemeinen hat, ohne Willkür, Laune und Caprice, vom Sonderbaren u.
85 dgl. m. befreit ist; 2) nach ihrer inneren, wesentlichen Seite ist das Objektive, wenn man die wahrhafte Sache selbst zu seinem Zweck hat, ohne eigennütziges Interesse.

M5 Erziehung zur Mündigkeit (Theodor W. Adorno im Gespräch mit Hellmut Becker)

Becker: […] Ich würde sagen, dass die Erziehung heute viel mehr zum Verhalten in der Welt auszu-
5 statten hat, als dass sie uns irgendein vorgegebenes Leitbild zu vermitteln hätte. Denn schon der immer schneller werdende Wech-
10 sel der gesellschaftlichen Verhältnisse erfordert von Individuen Eigenschaften, die sich als Befähigung zur Flexibilität, zum mündigen
15 und kritischen Verhalten, bezeichnen lassen.
Adorno: Kaum muss ich wiederholen, wie sehr ich mit der Kritik des Begriffs Leitbild übereinstimme. […] Ich möchte dabei nur auf ein
20 spezifisches Moment eingehen, das der Heteronomie im Begriff des Leitbildes, das Autoritäre, von außen willkürlich

Abb. 1.6: Theodor W. Adorno (1903–1969)

Gesetzte. Ihm eignet etwas Usurpatorisches. Man fragt sich, woher heute irgendjemand das Recht sich nimmt, darüber zu entscheiden, wozu andere erzogen werden sollen. Dieser Denkweise sind die Bedingungen – die aus derselben Sprach- und Denk- oder Nichtdenkschicht stammen – im Allgemeinen auch nicht weit. Sie stehen im Widerspruch zur Idee eines autonomen, mündigen Menschen, wie Kant sie unübertroffen formuliert in der Forderung, die Menschheit habe sich von ihrer selbstverschuldeten Unmündigkeit zu befreien. Ich möchte es danach riskieren, auf einem Beine stehend, zu sagen, was ich mir zunächst unter Erziehung überhaupt vorstelle. Eben nicht sogenannte Menschenformung, weil man kein Recht hat, von außen her Menschen zu formen; nicht aber auch bloße Wissensübermittlung, deren Totes, Dinghaftes oft genug dargetan ward, sondern die Herstellung eines richtigen Bewusstseins. Es wäre zugleich von eminenter politischer Bedeutung; seine Idee ist, wenn man so sagen darf, politisch gefordert. Das heißt: eine Demokratie, die nicht nur funktionieren, sondern ihrem Begriff gemäß arbeiten soll, verlangt mündige Menschen. Man kann sich verwirklichte Demokratie nur als Gesellschaft von Mündigen vorstellen. Wer innerhalb der Demokratie Erziehungsideale verficht, die gegen Mündigkeit, also gegen die selbstständige bewusste Entscheidung jedes einzelnen Menschen, gerichtet sind, der ist antidemokratisch, auch wenn er seine Wunschvorstellungen im formalen Rahmen der Demokratie propagiert. Die Tendenzen, von außen her Ideale zu präsentieren, die nicht aus dem mündigen Bewusstsein selber entspringen, oder besser vielleicht: vor ihm sich ausweisen, diese Tendenzen sind stets noch kollektivistisch-reaktionär. Sie weisen auf eine Sphäre zurück, der man nicht nur äußerlich politisch, sondern auch bis in sehr viel tiefere Schichten opponieren sollte.

[…] Ich denke vor allem an zwei schwierige Probleme, die man nicht übersehen darf, wenn es um Mündigkeit geht. Zunächst, dass die Einrichtung der Welt, in der wir leben, und die herrschende Ideologie – die ja heute schon kaum mehr eine bestimmte Weltanschauung oder Theorie ist –, dass also die Einrichtung der Welt selbst unmittelbar zu ihrer eigenen Ideologie geworden ist. Sie übt einen so ungeheuren Druck auf die Menschen aus, dass er alle Erziehung überwiegt. Es wäre wirklich idealistisch im ideologischen Sinn, wollte man den Begriff der Mündigkeit verfechten, ohne dass man die unermessliche Last der Verdunkelung des Bewusstseins durch das Bestehende mitaufnimmt. Beim zweiten Problem dürften sich zwischen uns sehr subtile Unterscheidungen ergeben: bei dem der Anpassung. Mündigkeit bedeutet in gewisser Weise so viel wie Bewusstmachung, Rationalität. Rationalität ist aber immer wesentlich auch Realitätsprüfung, und diese involviert regelmäßig ein Moment von Anpassung. Erziehung wäre ohnmächtig und ideologisch, wenn sie das Anpassungsziel ignorierte und die Menschen nicht darauf vorbereitete, in der Welt sich zurechtzufinden. Sie ist aber genauso fragwürdig, wenn sie dabei stehen bleibt und nichts anderes als ‚well adjusted people' produziert, wodurch sich der bestehende Zustand, und zwar gerade in seinem Schlechten, erst recht durchsetzt. Insofern liegt im Begriff der Erziehung zu Bewusstsein und Rationalität von vornherein eine Doppelschlächtigkeit. Vielleicht ist sie im Bestehenden nicht zu bewältigen; jedenfalls dürfen wir ihr nicht ausweichen. […] Die Forderung zur Mündigkeit scheint in einer Demokratie selbstverständlich. Ich möchte, um das zu verdeutlichen, mich nur auf den Anfang der ganz kurzen Abhandlung von Kant beziehen, die den Titel trägt „Beantwortung der Frage: ‚Was ist Aufklärung?'" Da definiert er die Unmündigkeit und impliziert dadurch auch die Mündigkeit, indem er sagt, selbstverschuldet sei diese Unmündigkeit, wenn die Ursachen derselben nicht am Mangel des Verstandes, sondern der Entschließung und des Mutes liegen, sich seiner ohne Leitung eines anderen zu bedienen. „Aufklärung ist Ausgang des Menschen aus seiner selbstverschuldeten Unmündigkeit." Mir scheint dieses Programm von Kant, dem man auch mit dem bösesten Willen Unklarheit nicht wird vorwerfen können, heute noch außerordentlich aktuell. Demokratie beruht auf der Willensbildung eines jeden Einzelnen, wie sie sich in der Institution der repräsentativen Wahl zusammenfasst. Soll dabei nicht Unvernunft resultieren, so sind die Fähigkeit und der Mut jedes Einzelnen, sich seines Verstandes zu bedienen, vorausgesetzt. […]

Becker: Ist es eigentlich richtig, dass wir Autonomie […] als Gegenbegriff zur Autorität setzen? Müssten wir nicht dieses Verhältnis in einer etwas anderen Weise reflektieren?

Adorno: Ich glaube überhaupt, dass man mit dem Autoritätsbegriff einen gewissen Unfug anstiftet. […] Zunächst ist Autorität selber ein wesentlich sozialpsychologischer Begriff, der nicht ohne Weiteres die soziale Wirklichkeit selber bedeutet. Dann gibt es etwas wie Sachautorität – also die Tatsache, dass ein Mensch von einer Sache mehr versteht als ein anderer –, die man nicht einfach vom Tisch fegen darf. Sondern der Begriff der Autorität erhält seinen Stellenwert innerhalb des sozialen Kontextes, in dem er aufkommt. Aber ich möchte dazu noch etwas Spezifischeres sagen, da Sie den Punkt Autorität gerade aufgeworfen haben; etwas, was mit dem Sozialisierungsprozess in der frühen Kindheit und damit also, ich möchte fast sagen, mit dem Schnittpunkt gesellschaftlicher, pädagogischer und psychologischer Kategorien zu tun hat. Die Art, in der man – psychologisch gesprochen – zu einem autonomen, also mündigen Menschen wird, ist nicht einfach das Aufmucken gegen jede Art von Autorität. Empirische Untersuchungen in Amerika […] haben gerade das Gegenteil gezeigt, nämlich dass sogenannte brave Kinder als Erwachsene eher zu autonomen und opponierenden Menschen geworden sind als refraktäre Kinder, die dann als Erwachsene sofort mit ihren Lehrern am Biertisch sich versammelt und die gleichen Reden geschwungen haben. Der Prozess ist doch der, dass Kinder – Freud hat das als die normale Entwicklung bezeichnet – im Allgemeinen mit einer Vaterfigur, also mit einer Autorität sich identifizieren, sie verinnerlichen, sie sich zu eigen machen, und dann in einem sehr schmerzhaften und nie ohne Narben gelingenden Prozess erfahren, dass der Vater, die Vaterfigur dem Ich-Ideal, das sie von ihm gelernt haben, nicht entspricht, dadurch sich davon ablösen und erst auf diese Weise überhaupt zum mündigen Menschen werden. Das Moment der

Autorität ist, meine ich, als ein genetisches Moment von dem Prozess der Mündigwerdung vorausgesetzt. Das aber wiederum darf um keinen Preis dazu missbraucht werden, nun diese Stufe zu verherrlichen und festzuhalten, sondern wenn es dabei bleibt, dann resultieren nicht nur psychologische Verkrüppelungen, sondern eben jene Phänomene der Unmündigkeit im Sinn der synthetischen Verdummung, die wir heute an allen Ecken und Enden zu konstatieren haben. [...]

Man kann vielleicht das Problem der Unmündigkeit heute noch unter einem anderen Aspekt sehen, der vielleicht gar nicht so bekannt ist. Man sagt im Allgemeinen, dass die Gesellschaft, nach dem Wort von Riesman, „von außen her gesteuert", dass sie heteronom sei, und man unterstellt dabei einfach, dass, wie es ganz ähnlich auch Kant in jener Schrift ausführt, die Menschen mehr oder minder widerstandslos das schlucken, was das überwältigende Seiende ihnen vor Augen stellt und außerdem noch ihnen einbläut, als ob, was nun einmal ist, so sein müsste. [...]

Kant hat in seiner Schrift, von der ich ausgegangen bin, auf die Frage „Leben wir jetzt in einem aufgeklärten Zeitalter" geantwortet: „Nein, aber wohl in einem Zeitalter der Aufklärung." Womit er also Mündigkeit nicht als eine statische, sondern ganz konsequent als eine dynamische Kategorie, als ein Werdendes und nicht als ein Sein bestimmt hat. Ob wir heute noch in derselben Weise sagen können, dass wir in einem Zeitalter der Aufklärung leben, ist angesichts des unbeschreiblichen Drucks, der auf die Menschen ausgeübt wird, einfach durch die Einrichtung der Welt und bereits durch die planmäßige Steuerung auch der gesamten Innensphäre durch die Kulturindustrie in einem allerweitesten Sinn sehr fragwürdig geworden. Wenn man das Wort ‚Mündigkeit' nicht in einem phrasenhaften Sinn und selber genauso hohl verwenden will, wie die anderen Herrschaften der Mündigkeit gegenüber von Bindungen reden, dann muss man wohl zunächst einmal wirklich die unbeschreiblichen Schwierigkeiten sehen, die in dieser Einrichtung der Welt der Mündigkeit entgegenstehen. Und ich glaube, darüber sollten wir doch etwas sagen. Der Grund dafür ist natürlich der gesellschaftliche Widerspruch, dass die gesellschaftliche Einrichtung, unter der wir leben, nach wie vor heteronom ist, das heißt, dass kein Mensch in der heutigen Gesellschaft wirklich nach seiner eigenen Bestimmung existieren kann; dass, solange das so ist, die Gesellschaft durch ungezählte Vermittlungsinstanzen und Kanäle die Menschen so formt, dass sie innerhalb dieser heteronomen, dieser ihr in ihrem eigenen Bewusstsein entrückten Gestalt alles schlucken und akzeptieren. Das reicht dann natürlich auch bis in die Institutionen, bis in die Diskussion über den politischen Unterricht und in ähnliche Fragen hinein. Das eigentliche Problem von Mündigkeit heute ist, ob und wie man – und wer das ‚man' ist, das ist nun auch schon wieder eine große Frage – entgegenwirken kann.

M6 Autorität und Mündigkeit (Egon Schütz)

Abb. 1.7: Egon Schütz (1932–2015)

Die Erziehung hat ihren Ursprung in einem natürlichen Abhängigkeitsverhältnis des Kindes von den Erwachsenen. Die Hilfsbedürftigkeit des Kindes – das ist ein naturaler Befund – konstituiert die erzieherische Lebenshilfe der Erwachsenen, sie begründet ein Abhängigkeitsverhältnis [...] eigentümlicher Art, und zwar noch vor jeder besonderen Interpretation, die dieses Verhältnis durch die verschiedenen Sinnmächte erfährt. Pädagogische Autorität ist zunächst legitimiert in der fraglosen Anerkennung, man könnte auch sagen: in der vitalen, gefühlshaften Anerkennung der überlegenen Lebenstüchtigkeit der Erwachsenen durch das Kind. Auch eine völlig anti-autoritäre Erziehung [...] kann nicht auf jeden pädagogischen Eingriff in die kindliche Entwicklung verzichten, seien es auch nur Eingriffe, die das Kind daran hindern, sein Leben zu gefährden.

In der ersten Phase der Entwicklung, die meist unter elterlicher Obhut verläuft, ist die pädagogische Autorität in der faktischen Überlegenheit der Erwachsenen begründet. Das Kind kommt dieser Autorität aus Überlegenheit mit Vertrauen entgegen, es „rechnet" gleichsam in seiner Schutzbedürftigkeit mit dieser schützenden Autorität, denn sie schafft allererst die Möglichkeit und den Spielraum der individuellen Entwicklung. Treffen wir einerseits in der Angewiesenheit des Kindes auf die Lebenstüchtigkeit und in der daraus resultierenden Schutzfunktion der Erwachsenen auf eine sich in allen Zeiten und allen Kulturen durchhaltende fundamentale Struktur, so muss andererseits jedoch sogleich darauf hingewiesen werden, dass dieses [...] pädagogische Autoritätsverhältnis sich immer in verschiedenen sozial und psychisch bedingten Ausprägungen konkretisiert. Was jedoch wiederum allen pädagogischen Autoritätsverhältnissen, die in der Altersdifferenz begründet sind, allgemein ist, so lässt sich sagen, ist die von vornherein angelegte Tendenz, das pädagogische Autoritätsverhältnis durch die Erziehung zur Lebenstüchtigkeit und Mündigkeit abzubauen. Der „echte" pädagogische Einfluss, den Heranwachsende durch Erwachsene erfahren, muss darauf gerichtet sein, sich seiner eigenen Basis, nämlich des Vorsprungs in der Lebenstüchtigkeit zu berauben. Mit anderen Worten: die pädagogische Autorität der Erzieher hat die Aufgabe ihrer eigenen Destruktion. [...]

Die pädagogische Autorität endet in der erworbenen Fähigkeit vernünftiger Selbstbestimmung des Zöglings, aber damit stellt sich nicht von selbst ein bruchloser Übergang in die allgemeine Lebenspraxis der Erwachsenen her, denn diese ist ihrerseits von einer Reihe autoritärer Zwänge gekennzeichnet, gegen welche die tatsächliche oder vermeintlich bessere Einsicht nichts oder nur wenig vermag. Die sich aufhebende Autorität des pädagogischen Einflusses entlässt die Heranwachsenden in eine Welt perpetuierender und institutionalisierter Autorität. Die erreichte Freiheit vom pädagogischen Einfluss gerät in praktische Existenzzwänge und muss sich zum Teil massiven Anpassungsforderungen unterwerfen, wenn die Existenz nicht gefährdet werden soll. [...]

Die Polarisierung von pädagogischer Autorität und gesellschaftlicher Autorität stellt ein Ereignis dar, das sich zwangsläufig im Zuge der mit der Aufklärung beginnenden Emanzipation des Menschen von allen vorgegebenen und aus sich geltenden Autoritäten ergeben musste.

Wir haben bislang nur mit einem Begriff der Mündigkeit operiert: mit der Mündigkeit des sich auf seine Vernunft als Autorität stellenden Individuums. [...] Wir fassen diese Form der Mündigkeit als innovatorische Mündigkeit. Was ist darunter zu verstehen? Das zeigt sich am besten im Kontrast zum Modell einer anderen Form der Mündigkeit, das sich in geschlossenen gesellschaftlichen Ordnungen findet. Eine geschlossene oder „statische" Gesellschaft [...] lebt in festen, in ihrer Geltung unbezweifelten religiösen, moralischen, wirtschaftlichen und politischen Traditionen und hat zumeist eine starre, undurchlässige gesellschaftliche Schichtung mit einer den jeweiligen sozialen Schichten entsprechenden Erziehung. Jeder wird für seinen Stand erzogen, und die Übermacht des Herkommens fixiert den Generationswechsel auf die Vergangenheit, die, in ihrer Würde unantastbar und ins Religiöse überhöht, keine echten Innovationen, sondern nur Repetitionen zulässt. [...] Mündigkeit in statischen Gesellschaften ist das vollendete Eingewiesensein in den Kult, den moralischen Kodex, in die einfachen Arbeitstätigkeiten und Formen des Zusammenlebens. Diese Mündigkeit kann prinzipiell die vorgegebenen Gehalte und Strategien der verschiedenen Lebensbereiche nicht übersteigen, weil sie die Autorität des Herkommens unter Androhung vielerlei Sanktionen anerkennen muss. Die subjektive Vernunft hat gegenüber den institutionalisierten Formen des Lebens gar keine kritische Chance. Der Übertritt der Heranwachsenden in die Gemeinschaft der Erwachsenen ist ein relativ glatter Übergang, ausgewiesen durch die Beherrschung umlaufender Lebenslehren und Lebenstechniken.

Ganz anders liegen die Verhältnisse in einer hochindustrialisierten und im Grunde dynamischen Gesellschaft. Die Zukunft erscheint hier nicht so sehr als Repetition der Vergangenheit, sondern als Horizont neuer Möglichkeiten. Der Generationswechsel vollzieht sich als dauernder Aufbruch und Übergang in veränderte Lebensverhältnisse, zu deren Beherrschung die Kenntnis der Überlieferung nur einen geringen Teil beitragen kann. Die Mündigkeit kann hier nicht als ein einmal erreichter Zustand verstanden werden, der sich lebenslang bewährt, sondern sie will immer wieder neu erobert sein und sich in neuen Eroberungen produktiv bewähren. Es leuchtet ein, dass für den Erzieher die Erziehung zur innovatorischen Mündigkeit ein erheblich schwierigeres Problem ist als die Erziehung zu einer Mündigkeit, deren Gehalt unveränderlich festlegt oder der nur geringen, lang dauernden Veränderungen unterworfen ist.

M7 Das Thema der Pädagogik (Herwig Blankertz)

Thema der Pädagogik ist die Erziehung, die den Menschen im Zustand der Unmündigkeit antrifft. Erziehung muss diesen Zustand verändern, aber nicht beliebig, sondern orientiert an einer unbedingten Zwecksetzung, an der Mündigkeit des Menschen. Wo aber findet die Pädagogik den Maßstab für Mündigkeit? Nach Auskunft der Geschichte der europäischen Pädagogik ist der Maßstab nicht willkürlich gesetzt, sondern in der Eigenstruktur der Erziehung enthalten. Diese Struktur steht in der Spannung zu den die Erziehung überformenden und überwältigenden Normauflagen. Doch auch dann, wenn die Erwachsenen nur die Bewahrung des Vorgegebenen wünschen, nur Gehorsam Einübung, Nachahmung und Nachfolge verlangen, liegt das Ziel in der Freigabe der Erzogenen. Denn der Nachwuchs muss das Tradierte schließlich selbstständig, in eigener Verantwortung und unter Berücksichtigung im Einzelnen nicht vorhersehbarer Situationen verwalten, interpretieren und verteidigen. Wie die kommende Generation ihren Auftrag erfüllen und bewähren wird, kann inhaltlich von den Erziehern nicht vorweggenommen werden und ist darum prinzipiell nicht operationalisierbar. Wer pädagogische Verantwortung übernimmt, steht im Kontext der jeweils gegebenen historischen Bedingungen unter dem Anspruch des unbedingten Zweckes menschlicher Mündigkeit – ob er das will, weiß, glaubt oder nicht, ist sekundär. Die Erziehungswissenschaft arbeitet eben dies als das Primäre heraus: Sie rekonstruiert Erziehung als den Prozess der Emanzipation, d.h. der Befreiung des Menschen zu sich selbst.

Abb. 1.8: Herwig Blankertz (1927–1983)

M8 Das pädagogische Paradox (Helmut Peukert)

Der entscheidende Grundzug der neuzeitlichen praktischen Philosophie liegt zweifellos darin, dass der Mensch in seiner Freiheit als Zweck in sich selbst begriffen wird. Die wechselseitige Anerkennung dieser Freiheit ist dann der Grundakt praktischer Vernunft. Ihn zu vollziehen macht die Würde menschlichen Handelns aus. Man braucht dazu nur an die am weitesten reichende Formulierung des kategorischen Imperativs von Kant zu erinnern: „Handle so, dass du die Menschheit sowohl in deiner Person, als in der Person eines jeden anderen jederzeit zugleich als Zweck, niemals bloß als Mittel brauchest." Diese unbedingte gegenseitige Anerkennung von Freiheiten ist auch der Ort, an dem ein Allgemeines wieder denkbar wird. Denn sie liefert das Kriterium, nach dem alle Handlungsregeln der Kritik

unterzogen und geprüft werden müssen, ob sie universale Geltung beanspruchen dürfen. […]
Das Grundproblem dürfte sein, dass diese Formulierung der neuzeitlichen Ethik eben von der Konzeption des autonomen, voll ausgebildeten Subjekts ausgeht, das aufgrund seiner „Kompetenzen" frei über Wirklichkeit verfügt und seine Grenzen nur an der freien Verfügung des anderen Subjekts findet. Der Normalfall der pädagogischen Beziehung ist ja aber, dass mindestens einer der Beteiligten noch nicht voll über alle „Kompetenzen" verfügt, dass ein elementares Ungleichgewicht herrscht, das anfällig für Machtausübung ist. Die Folge ist, dass von einer Ethik der Freiheit aus der pädagogische Bezug paradoxen Charakter erhält. […] Im pädagogischen Handeln geht es ja darum, jemanden erst dazu zu befähigen, dass er in Freiheit mir zustimmen oder widersprechen kann. Eine pädagogische Ethik will nicht nur Konsensmöglichkeiten für vorgetragene Ansprüche prüfen, sondern dazu verhelfen, Ansprüche überhaupt erst selbstständig artikulieren zu können. Sie will denen, die noch nicht oder – weil sie zu verstört sind – nicht mehr reden können, erst zum Wort verhelfen. Es scheint deshalb notwendig, den Grund von Ethik tieferzulegen. Die freie Anerkennung des anderen in seiner Freiheit bedeutet zu wollen, dass er er selbst werden kann, und zwar im Modus intersubjektiv reflektierter Selbstbestimmung.

Abb. 1.9

M9 Allgemeinbildung heute (Wolfgang Klafki)

Ich halte es für notwendig und teils mittelfristig, teils langfristig für möglich, in den Lehrplänen der Schulen aller Staaten und Gesellschaften einen Block von international bedeutsamen Rahmenthemen festzulegen und sie dann, der jeweiligen weiteren Entwicklung entsprechend, sozusagen fortzuschreiben. Die Themen dieses Unterrichtsblocks betreffen epochaltypische Schlüsselprobleme der modernen Welt, und sie müssten den gemeinsamen inhaltlichen Kern internationaler Erziehung bilden. […]

Zum bildungstheoretischen Begründungszusammenhang
Bevor ich mich der didaktischen Erörterung der Schlüsselproblem-Frage zuwende, skizziere ich in zwei Thesen das Verständnis von Bildung als „Allgemeinbildung" (bzw. „allgemeine Bildung"), das ich meinen Überlegungen zugrunde lege.

Abb. 1.10: Wolfgang Klafki (1927–2016)

1. Bildung muss m. E. heute als selbsttätig erarbeiteter und personal verantworteter Zusammenhang dreier Grundfähigkeiten verstanden werden:
- als Fähigkeit zur Selbstbestimmung jedes Einzelnen über seine individuellen Lebensbeziehungen und Sinndeutungen zwischenmenschlicher, beruflicher, ethischer, religiöser Art;
- als Mitbestimmungsfähigkeit, insofern jeder und jede Anspruch, Möglichkeit und Verantwortung für die Gestaltung unserer gemeinsamen kulturellen, ökonomischen, gesellschaftlichen und politischen Verhältnisse hat;
- als Solidaritätsfähigkeit, insofern der eigene Anspruch auf Selbst- und Mitbestimmung nur gerechtfertigt werden kann, wenn er nicht nur mit der Anerkennung, sondern mit dem Einsatz für diejenigen und dem Zusammenschluss mit ihnen verbunden ist, denen eben solche Selbst- und Mitbestimmungsmöglichkeiten aufgrund gesellschaftlicher Verhältnisse, Unterprivilegierung, politischer Einschränkungen oder Unterdrückungen vorenthalten oder begrenzt werden.

2. Bildung muss m. E. auch heute als Allgemeinbildung oder allgemeine Bildung verstanden werden, und zwar in einem dreifachen Sinn:
- Wenn Bildung tatsächlich als demokratisches Bürgerrecht und Bedingung der Selbstbestimmung anerkannt wird, so muss sie Bildung für alle sein.
- Sie muss (zweitens), sofern das Mitbestimmungs- und das Solidaritätsprinzip konkret eingelöst werden sollen, einen verbindlichen Kern des Gemeinsamen haben und insofern Bildung im Medium des Allgemeinen sein. Anders formuliert: Sie muss verstanden werden als Aneignung der die Menschen gemeinsam angehenden Frage- und Problemstellungen ihrer geschichtlich gewordenen Gegenwart und der sich abzeichnenden Zukunft und als Auseinandersetzung mit diesen gemeinsamen Aufgaben, Problemen, Gefahren. Der Horizont, in dem dieses uns alle angehende Allgemeine bestimmt werden muss, kann heute nicht mehr national, ja nicht einmal nur eurozentrisch begrenzt werden, er muss universal, muss ein Welt-Horizont sein.
- Bildung muss drittens, sofern das Grundrecht auf die „freie Entfaltung der Persönlichkeit" gewährleistet werden soll, als Bildung in allen Grunddimensionen

menschlicher Fähigkeiten verstanden werden, also als Bildung
- der kognitiven Möglichkeiten,
- der handwerklich-technischen Produktivität,
- der Ausbildung zwischenmenschlicher Beziehungsmöglichkeiten, m. a. W.: der Sozialität des Menschen,
- der ästhetischen Wahrnehmungs-, Gestaltungs- und Urteilsfähigkeit,
- schließlich und nicht zuletzt der ethischen und politischen Entscheidungs- und Handlungsfähigkeit.

Abb. 1.11

M 10 Pädagogik der Teilhabe (Eckart Liebau)

Mündigkeit, Selbstbestimmung, Bildung, Arbeits-, Liebes- und Spielfähigkeit lauten einige der zentralen pädagogischen Ziele. Sie sind nicht ohne Widerspruch. […] Wenn man allein den zur Mündigkeit gehörenden Aspekt der Selbstbestimmung aufnimmt, zeigen sich bereits wesentliche Konsequenzen. Denn Selbstbestimmung ist als Zielkategorie nicht aufgebbar, wenn man das Programm der Moderne nicht insgesamt aufgeben will. Aber Selbstbestimmung, soll sie nicht destruktiv werden, hat eine Kehrseite; sie bedeutet nicht nur Recht, sondern auch Verantwortung. Denn gesellschaftlich und alltäglich praktisch einlösen lässt sie sich nur als Recht auf Teilhabe, auf Partizipation. Autonomie bedeutet daher gerade nicht Vereinzelung, gerade nicht Isolierung, gerade nicht Trennung. […] Richtig verstandene Autonomie hat die Kehrseite der öffentlichen Verantwortung; sie ist nie bloß egozentrisch oder egoistisch; sie bezieht vielmehr Gemeinsinn ein. Verantwortung kann freilich nur übernommen werden, wenn es auch entsprechende Teilhabemöglichkeiten gibt. […]
Mündigkeit als Ziel der Erziehung kann man übersetzen als aktive Teilhabefähigkeit in den verschiedenen Lebensbereichen der Arbeit, der Öffentlichkeit und Politik, der Kultur und Kunst, der Wissenschaft, der Religion und des Alltags. Der Erwerb von Mündigkeit impliziert also den Bezug auf diese Dimensionen der Lebensführung – dies alles freilich unter dem Primat ethisch-moralischer Erziehung. Natürlich ist damit nur eine Stufe im lebensbegleitenden Bildungs- und Selbstentfaltungsprozess angegeben. Pädagogisch ist indessen die Stufe der Mündigkeit deswegen von besonderer Bedeutung, weil sie das Ende der Erziehung und damit den Übergang zur Selbsterziehung markiert, die grundsätzlich auf allen Dimensionen fortgesetzt werden kann. Je undeutlicher die Zukunftsperspektiven nicht nur für die nachwachsende Generation, sondern auch für die erwachsene Gesellschaft im Ganzen werden, desto wichtiger wird ein solches breites Verständnis von Mündigkeit. Es gewinnt zumal unter den Bedingungen einer höchst unsicheren Zukunft der klassischen Arbeitsgesellschaft, die offensichtlich ihrem Ende entgegengeht, immer stärkere Bedeutung. Es ist daher nicht nur für die Zukunft unseres Bildungssystems, sondern für die Gesellschaft im Ganzen entscheidend, Mündigkeit nicht nur auf politische Beteiligungsfähigkeit und berufliche Brauchbarkeit, sondern auf Lebensbewältigung im Ganzen zu beziehen. Arbeit und Beruf als klassische Medien der Teilhabe werden auch in Zukunft wesentlich bleiben, auch wenn die Formen sich radikal wandeln werden und man heute noch nicht sagen kann, wie die künftige bezahlte Arbeit beschaffen sein wird. […]
Die Dimensionen sind bereits angesprochen, auf die sich Werterziehung als Pädagogik der Teilhabe zu beziehen hat. Erziehung zur Arbeit bildet den ersten Bezugspunkt – Arbeit bildet schließlich die Grundlage allen gesellschaftlichen Lebens. Das gesellschaftliche Leben muss gestaltet werden – Bildung zur Politik stellt daher die zweite wesentliche Dimension dar. Kultur und Kunst geben nicht nur dem Leben Form, sondern bilden zugleich die Medien, in denen sich Subjektivität entfalten kann; sie bilden daher den dritten Bezugsbereich. […] Für die Werteerziehung im engeren Sinne bilden Wissenschaft, Religion und Ethik zentrale Dimensionen. Schließlich aber ist es der Lebensalltag, in dem die Menschen mit den verschiedenen Bezugsbereichen umgehen und in dem sie ihre Werte finden und leben müssen. […]
So notwendig eine pädagogische Erweiterung der Teilhabemöglichkeiten in den verschiedenen Dimensionen der gesellschaftlichen Praxis auch ist, so deutlich müssen zugleich die Grenzen des Konzepts gesehen werden. Es ist eine der Errungenschaften der Neuzeit bzw. der Moderne, dass die Schule für die jüngere Generation als ein gesonderter Raum des Lernens und Aufwachsens eingerichtet und durchgesetzt worden ist, der sich an einer pädagogischen Eigenlogik orientiert und von den anderen Bereichen der Gesellschaft relativ deutlich abgegrenzt und getrennt ist. Die Vorbereitung der nachwachsenden Generation auf die Erwachsenen-Existenz und damit auf die mit allen Rechten und Pflichten verbundene Teilhabe an der Gesellschaft kann in der modernen Gesellschaft nicht mehr wie in vormodernen Gesellschaften gleichsam „nebenbei" erfolgen, durch Mitmachen also und damit durch mimetisches Lernen am und das Sammeln von Erfahrungen im Alltag; diese Vorbereitung erfordert vielmehr einen immensen zeitlichen, räumlichen, sozialen, kulturellen und ökonomischen Aufwand. Sozialisation und implizite Erziehung müssen immer stärker durch explizite Erziehung ergänzt, erweitert, korrigiert werden. Dies gilt umso stärker, umso mehr symbolische Kompetenzen für die Lebensbewältigung des Erwachsenen erforderlich werden. Natürlich behält die Präsentation der Welt im Alltag des Kindes auch weiterhin wesentliche Bedeutung; die notwendigen erweiterten Weltzugänge werden jedoch erst durch die symboli-

Abb. 1.12: Eckart Liebau

sche Repräsentation der Welt in der Schule zugänglich und erschlossen.

Die Trennung der Schule von den anderen Bereichen der Gesellschaft bildet indessen nicht nur die Voraussetzung für einen systematisch angeleiteten Erwerb von praktischen und insbesondere symbolischen Kenntnissen und Fähigkeiten; sie ermöglicht vielmehr auch, der jungen Generation einen – wenn auch zeitlich und substanziell begrenzten – Schonraum für ihre Entwicklung zur Verfügung zu stellen, in dem mit Fehlern und „Defiziten" aller Art anders umgegangen werden kann und muss als in der übrigen Gesellschaft. In pädagogischer Perspektive gelten Fehler und Defizite zunächst einmal als – unter Umständen sogar besonders wichtige und produktive – Lern- und Entwicklungsanlässe und nicht als Sanktionsgrund. Dieser Umgang mit Fehlern und Defiziten ist gerade deshalb möglich, weil in der Schule in der Regel nicht die gesellschaftliche Praxis selbst, sondern ihre symbolische Repräsentation im Mittelpunkt steht. Gerade weil Kinder und Jugendliche als „noch nicht fertig" gelten, wird ihnen ein (relativer) Entwicklungsfreiraum eingeräumt, der sie noch nicht mit der vollen Last erwachsener Mündigkeit und damit umfassender Verantwortung auch für die eigene Person und ihr Handeln beschwert. Sie sollen ja erst mündig werden; die Schule soll ihnen auf diesem Entwicklungsweg helfen, die nötigen Voraussetzungen zu erwerben. Damit ist eine erste systematische Grenze des Teilhabekonzepts bezeichnet: auch die Einräumung von Teilhabe-Chancen muss im schulischen Rahmen prinzipiell unter pädagogischen und didaktischen Gesichtspunkten begründet und legitimiert werden, zum Beispiel also auf alters- und entwicklungsspezifische Aspekte ebenso Rücksicht nehmen wie auf das Recht auf den Fehler.

Die zweite systematische Grenze ergibt sich aus den Bezugsbereichen selbst. Schulisch initiierte Teilhabe an der Erwerbsarbeit findet ihre Grenze einerseits spätestens dort, wo die Gefahr der „Kinderarbeit", also der ökonomischen Ausbeutung des kindlichen oder jugendlichen Arbeitsvermögens auftaucht, andererseits spätestens dort, wo die Arbeitsanforderungen die Kompetenzen der Schüler überfordern – das Steuerpult eines Atomkraftwerks ist nicht teilhabefähig. Teilhabe an Politik stößt nicht nur im Blick auf die Schüler, sondern auch im Blick auf die Schule und die Lehrer auf rechtliche Grenzen – unmittelbare parteipolitische Aktivität z. B. ist der Schule glücklicherweise verwehrt. Teilhabe an Kunst und Kultur stößt dort an ihre Grenzen, wo es um die Unverfügbarkeit des kreativen künstlerischen Aktes, also um den Kern der künstlerischen Tätigkeit geht. Ähnliches gilt für die Teilhabe an der Wissenschaft; weder ist die wissenschaftliche Kreativität teilhabefähig noch stehen die wissenschaftlichen Rationalitätsmuster zur Disposition. Teilhabe an Religion hört spätestens bei der Unverständlichkeit der fremden Religion und der Unbedingtheit des individuellen Glaubens auf. Teilhabe am Alltag schließlich findet ihre Grenze z. B. im Respekt vor der Privatsphäre.

Abb. 1.13

Abb. 1.14

M11 Wer ist ein gebildeter Mensch? (Robert Spaemann)

Gebildete Menschen sind nicht nützlicher als ungebildete, und ihre Karrierechancen sind nicht besser. Die öffentlichen Schulen sind nicht daran interessiert, gebildete Menschen hervorzubringen. Für gebildete Menschen ist das kein Einwand. Warum nicht? Was ist ein gebildeter Mensch?
1. Ein gebildeter Mensch hat den animalischen Egozentrismus hinter sich gelassen. Zunächst ist ja jeder von uns im Mittelpunkt seiner Welt. Er setzt alles Begegnende zur „Umwelt" herab und stattet es mit Bedeutsamkeiten aus, die die eigene Bedürfnisnatur widerspiegeln. Der Gebildete hat begonnen, die Wirklichkeit als sie selbst wahrzunehmen. „Bilden" heißt objektive Interessen wecken, „sich bilden" heißt „sich objektiv machen". [...] Gebildet ist, wen es interessiert, wie die Welt aus anderen Augen aussieht, und wer gelernt hat, das eigene Blickfeld auf diese Weise zu erweitern.

Abb. 1.15: Robert Spaemann

2. Ein gebildeter Mensch ist imstande, dies bewusst zu tun. Sein Selbstwertgefühl leidet nicht darunter, sondern wächst damit zugleich. Der Ungebildete nimmt sich selbst sehr ernst und sehr wichtig, aber sein Selbstwertgefühl, seine Selbstachtung ist gleichzeitig häufig gering. Der Gebildete weiß, dass er nur „auch einer" ist. Er nimmt sich nicht sehr ernst und nicht sehr wichtig. Aber da er sein Selbstwertgefühl nicht aus dem Vergleich mit anderen

bezieht, hat er ein ausgeprägtes Gefühl für seinen eigenen Wert. Selbstrelativierung und Selbstachtung sind für ihn kein Widerspruch. Überhaupt ist diese Paradoxie kennzeichnend für sein Weltverhältnis. Fast nichts ist für ihn ohne Interesse, aber nur sehr weniges wirklich wichtig.

3. Das Wissen des gebildeten Menschen ist strukturiert. Was er weiß, hängt miteinander zusammen. Und wo es nicht zusammenhängt, da versucht er, einen Zusammenhang herzustellen oder wenigstens zu verstehen, warum dies schwer gelingt. Er lebt nicht so in verschiedenen Welten, dass er bewusstlos von der einen in die andere hinübergleitet. Er kann verschiedene Rollen spielen, aber es ist immer er, der sie spielt.

4. Der gebildete Mensch spricht eine differenzierte, nuancenreiche Umgangssprache. Er beherrscht oft eine Wissenschaftssprache, aber er wird von ihr nicht beherrscht und braucht wissenschaftliche Terminologie nicht als Krücke in der Lebensorientierung und in der Verständigung mit anderen. […]

5. Der gebildete Mensch zeichnet sich aus durch Genussfähigkeit und Konsumdistanz. Schon Epikur wusste, dass beides eng zusammenhängt. Wer sich wirklich freuen kann an dem, was die Wirklichkeit ihm darbietet, braucht nicht viel davon. Und wer mit wenigem auskommt, hat die größere Sicherheit, dass es ihm selten an etwas fehlen wird. […]

6. Der gebildete Mensch kann sich mit etwas identifizieren, ohne naiv oder blind zu sein. Er kann sich identifizieren mit Freunden, ohne deren Fehler zu leugnen. Er kann sein Vaterland lieben, ohne die Vaterländer anderer Menschen zu verachten, vor allem diejenigen Vaterländer, die ebenfalls von ihren Bürgern geliebt werden. Das Fremde ist ihm eine Bereicherung, ohne die er nicht leben möchte – kein Grund, sich des Eigenen zu schämen. Identifikation bedeutet für ihn nicht Abgrenzung, sondern […] Anverwandlung. […]

7. Der gebildete Mensch kann bewundern, sich begeistern, ohne Angst, sich etwas zu vergeben. Insofern ist er das genaue Gegenteil des Ressentimenttyps, […] des Typs, der alles kleinmachen muss, um sich selbst nicht zu klein vorzukommen. Er kann neidlos bewundern und sich an Vorzügen freuen, wie er sie selbst nicht besitzt. Denn er zieht sein Selbstwertgefühl nicht aus dem Vergleich mit anderen. So fürchtet er auch nicht, durch Dankbarkeit in Abhängigkeit zu geraten. Ja, er hat nicht einmal etwas gegen Abhängigkeit von Menschen, denen er vertraut. Er zieht das Risiko, von seinen Freunden enttäuscht zu werden, der Niedertracht vor, ihnen zu misstrauen.

8. Der gebildete Mensch scheut sich nicht zu werten, und er hält Werturteile für mehr als für den Ausdruck subjektiver Befindlichkeit. Er beansprucht für seine eigenen Werturteile objektive Geltung. Gerade deshalb ist er auch bereit, sie zu korrigieren. Denn was keine objektive Geltung beansprucht, braucht auch nicht korrigiert zu werden. Der gebildete Mensch hält sich für wahrheitsfähig, aber nicht für unfehlbar. […] Gebildete Menschen haben im Umgang mit der Welt genügend Unterscheidungsvermögen entwickelt, um sich Qualitätsurteile zuzutrauen. Sie wissen, dass es Kunstwerke gibt, die bedeutender sind als andere, und Menschen, die besser sind als andere. Und wenn sie das auch nicht beweisen können, so zeigt sich doch, dass gebildete Menschen zu einer zwanglosen, unwillkürlichen Übereinstimmung in den meisten dieser Urteile kommen.

9. Der gebildete Mensch weiß, dass Bildung nicht das Wichtigste ist. Ein gebildeter Mensch kann sehr wohl zum Verräter werden. Die innere Distanz, die ihn auszeichnet, macht ihm den Verrat sogar leichter als anderen Menschen. Bildung schafft eine menschenwürdige Normalität. Sie bereitet nicht auf den Ernstfall vor und entscheidet nicht über ihn. […] Jemand kann ein wohlgeratener Mensch sein und doch der Versuchung unterliegen, wortbrüchig zu werden. Jemand kann ein kümmerlicher Mensch oder ein Schlawiner sein und im entscheidenden Augenblick anständig bleiben und seinen Mitmenschen nicht im Stich lassen. Nicht jeder, der in Ausnahmesituationen sittlich handelt, macht dabei im Übrigen eine gute Figur. […]

10. Es gibt aber einen Punkt, da kommen Gebildetsein und Gutsein zwanglos überein. Der gebildete Mensch liebt die Freundschaft, vor allem die Freundschaft mit anderen gebildeten Menschen. Gebildete Menschen haben aneinander Freude, wie Aristoteles sagt. Überhaupt haben sie mehr Freude als andere. Und das ist es, weshalb es sich – unabhängig von den Zufälligkeiten gesellschaftlicher Wertschätzung – lohnt, ein gebildeter Mensch zu sein.

M12 Ein entzauberter Begriff von Mündigkeit (Markus Rieger-Ladich)

Vergleicht man nun die unterschiedlichen Redeweisen von Mündigkeit, fallen zwei sehr unterschiedliche Muster auf: Während die pädagogischen Beiträge fast durchgängig auf den Terminus Mündigkeit zurückgreifen, weil dieser nicht nur erlaubt, das hehre Ziel der pädagogischen Bemühungen zu markieren, sondern auch noch einen Gegenbegriff mit sich führt, der für hinreichend überschaubare, klare und eindeutige Verhältnisse sorgt, greifen die französischen Theoretiker – ebenfalls von ganz unterschiedlichen Traditionen aus – auf ihn zurück, um die binäre Logik des Entweder/Oder zu unterlaufen und ein Denken vorzubereiten, das die Zuflucht zu den geschilderten Extremen vermeidet. Statt immer wieder neu ein manichäisches Weltbild zu bemühen und Schutz bei dem Entwurf einer zweiwertigen Welt zu suchen, sensibilisieren Foucault, Bourdieu und Lyotard dafür, dass sich die Unterscheidung Mündigkeit/Unmündigkeit extremen Vereinfachungen und künstlichen Polarisierungen verdankt. Im Rückgriff auf Kant zeigen sie vielmehr, dass jede Bemühung um eine selbstbestimmte, verantwortliche Form der Lebensführung eingelassen ist in zahlreiche Formen der Abhängigkeit, die allein deshalb unhintergehbar sind, weil sie bereits vor jeder Anfechtung durch das Individuum existieren […]. Mündigkeit und Unmündigkeit bezeichnen daher – außerhalb des juristischen Diskurses – nicht zwei diametral entgegengesetzte Zustände, die völlig unvermittelt einander gegenüberstehen, sondern sie erweisen sich als auf vielfältige Weisen miteinander verflochten und verwoben. Nur weil sie den Purismus der Extreme vermeiden, gelingt es ihnen, dieses komplizierte Verhältnis freizulegen: Noch

1. Kapitel

in den entmündigendsten Strukturen – sei es in der frühen Kindheit oder in extremen gesellschaftlichen Abhängigkeitsverhältnissen – entdeckt der Einzelne ‚Spielräume des Verhaltens' (Waldenfels), in denen er sich dem Zugriff wenigstens partiell entziehen kann. Umgekehrt verhält er sich allerdings auch in jenen Situationen, in denen er doch scheinbar völlig selbstbestimmt handelt, nie völlig unabhängig von Spuren der Subjektivierung, habituellen Prägungen und machtförmigen Feldeffekten. Mündigkeit und Unmündigkeit sind daher – dies ließe sich von den französischen Lektüren lernen – nie in Reinkultur gegeben: Sie liegen stets in uneindeutigen, komplizierten Mischverhältnissen vor, die die Verstellung einer trennscharfen Unterscheidung als Chimäre entlarven.

Um die Bewegung des widerständigen Sujet-Subjekts nun auch vom pädagogischen Diskurs aus genauer beobachten und besser beschreiben zu können, gilt es ‚Mündigkeit' ganz gezielt als einen relationalen Begriff zu konzipieren, der das Zugleich von Abhängigkeit und Widerstand, von Disziplinierung und Aufbegehren, von Unterwerfung und Kritik betont und das Streben nach Überschreitung der existierenden Grenzen mit der Anerkennung der Angewiesenheit auf andere verknüpft. Zwingend notwendig wird diese grundlegende Neuformulierung, weil das abstrakte und idealisierte Bild des mündigen Subjekts verfälschend und verzerrend wirkt, sobald es aus dem juristischen Diskurs übernommen und in den der Erziehungswissenschaft hineinkopiert wird. Während schon im Rechtssystem an zentraler Stelle ganz gezielt mit der Fiktion eines rechtsfähigen, verantwortlichen, mündigen Subjekts gearbeitet wird, um die elementaren Verfahren der Rechtsprechung absichern und einen eindeutigen, rechtsfähigen Adressaten der Urteile präsentieren zu können [...], erweist es sich für die Erziehungswissenschaft als höchst fatal, an dieses abstrakte Leitbild anzuschließen und auf die Macht der Imagination zu vertrauen. Weil der pädagogische Diskurs nicht über die gleiche performative Kraft wie der juristische verfügt, zieht hier das Vertrauen auf die Wirkung von Idealvorstellungen verhängnisvolle Konsequenzen nach sich: Während dieser tatsächlich in der Lage ist, immer wieder neu Individuen zu mündigen Subjekten zu erklären und ihnen einen neuen rechtlichen Status zu verleihen – bzw. ihnen diesen auch wieder zu entziehen –, bleibt die pädagogische Rede vom mündigen Subjekt eigentümlich machtlos und führt zu keinen vergleichbaren Folgen. Die Steigerung der Leistungsfähigkeit des pädagogischen Terminus Mündigkeit hängt daher – nur scheinbar paradox – gerade von seiner schrittweisen Entzauberung ab. Dass sich ein solchermaßen ‚entzauberter' Begriff der Mündigkeit, der ausdrücklich die Verstrickungen betont, die die Condition humaine prägen, für den Diskurs der Erziehungswissenschaft wertvoller erweisen könnte als jene beliebten Erlösungsformeln wie Autonomie und Identität, die doch vornehmlich unserer Eitelkeit und unserem Narzissmus schmeicheln, hat jüngst Käte Meyer-Drawe nachdrücklich betont. Angeregt von Immanuel Kant und dessen untrüglichem Gespür für die Zweideutigkeiten und Widersprüchlichkeiten in der Natur des Menschen, skizziert sie die Konturen eines veränderten Verständnisses von Mündigkeit, das die beschriebenen Einschränkungen und Begrenzungen dezidiert als theoretischen Gewinn verbucht: „Mündigkeit könnte in Bezug auf pädagogische Kontexte die anzustrebende Lage meinen, in der die zu Erziehenden Selbstbestimmung unter bestimmten Bedingungen erreichen, also in Bezug auf die systematische Rückerinnerung an die zwielichtige Doppelnatur des Subjekts die Fähigkeit, die Differenz von Souveränität und Unterworfensein zu gestalten" [...]. Statt immer wieder die Kommunikation von pädagogischen Leitbegriffen mit Pathos aufzuladen, ginge es – so Meyer-Drawe weiter vornehmlich „um ein neues Verständnis der Strukturen menschlicher Existenz, das die Möglichkeiten in der Differenz der Lebensextreme von Freiheit und Gewalt, von Selbstbestimmung und Unterdrückung aufsucht und nicht an einen Ort verbannt, der zwar makellos, aber unerreichbar ist" [...].

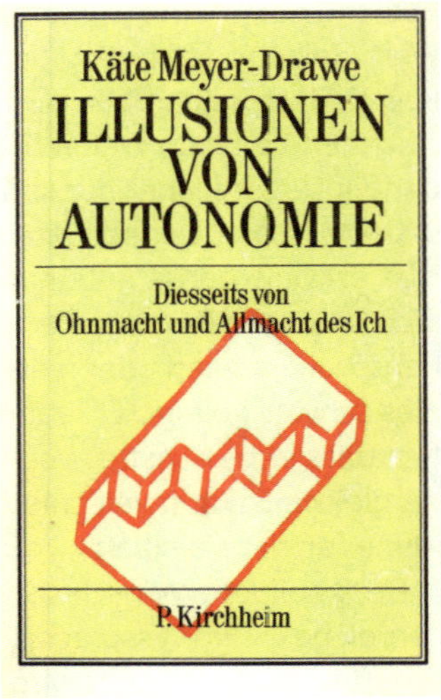

Es ginge darum, die elementare Abhängigkeit des Menschen anzuerkennen, seine undurchschaute Beteiligung an der eigenen Unterwerfung einzugestehen, seine unleugbare Endlichkeit zu akzeptieren, seine unhintergehbare Angewiesenheit auf andere nicht länger zu verdrängen – und gleichwohl den Impuls jener beharrlichen und immer wieder neu ansetzenden ‚Arbeit an den Grenzen' (Foucault) wachzuhalten und diese ganz gezielt zu unterstützen. Zweifellos büßt das Subjekt des Ringens um Mündigkeit in der Folge dieser Neubeschreibung einige seiner heroischen Attribute ein: im Gegenzug aber wird dafür an die – häufig vernachlässigte – Einsicht erinnert, dass dieser Kampf um eine weitgehend selbstbestimmte Existenzform, die die unterschiedlichen Formen der Abhängigkeit, der Disziplinierung und der Unterwerfung in immer neuen Anläufen zu überwinden oder zu unterlaufen sucht, von einem einzelnen, isolierten Individuum ohnehin kaum zu gewinnen ist.

Abb. 1.16

M13 Moral des Zeigens (Klaus Prange)

Auf den ersten Blick scheint es nicht besonders schwer zu sein, genauer anzugeben, worin eine gute Erziehung im Unterschied zur schlechten besteht. So erwarten wir von den Eltern, dass sie sich anhaltend um ihre Kinder kümmern, schlechte Einflüsse abwehren und geeignete Lerngelegenheiten schaffen, dass sie darauf achten, wie sie mit der Schule und ihren Lehrern zurechtkommen, dass sie ihnen helfen, wo sie nicht weiterwissen und ermutigen, wo sie verzagen, sie beruhigen und vor allem: sie nicht aufgeben, wenn sie versagen. Doch diese Angaben bleiben für sich genommen zu vage, vor allem, wenn das Prädikat „gut" auf die zentrale Operation des Erziehens, das Zeigen, bezogen werden soll. Es genügt nicht zu sagen, es komme darauf an, etwas gut zu zeigen, wenn nicht näher angegeben wird, worin dessen Maßstäbe bestehen. […]

Eine Möglichkeit, hier festen Boden zu gewinnen, liegt darin, auf das Ergebnis zu sehen. So verfahren wir ja auch im technisch-mechanischen Bereich: Die Wagenreparatur ist gut, wenn sie gelungen ist. Aber das reicht nicht nur nicht, sondern führt in die Irre, sobald wir es mit den Beziehungen unter unseresgleichen zu tun haben. Da kann erstens immer der Fall auftreten, dass eine gute, fachgerechte Verfahrensweise nach den Regeln des Kunstwissens dennoch nicht zu dem gewünschten Ergebnis führt. Für den Fall der Erziehung bedeutet das: Die Eltern und Lehrer haben alles richtig gemacht, aber dennoch nicht das Lernen in der gewünschten Weise erreicht. Auch eine gute Erziehung kann misslingen, auch eine gute Schule ist für manche Schüler und Studenten zu schwer und kennt Versager, auch gute Lehrer haben schlechte Schüler. Insofern kann das Ergebnis nicht das entscheidende Kriterium dafür sein, ob das Erziehen gut war oder nicht, selbst wenn man vernünftigerweise einräumt, dass ein Lehrer nicht gut sein dürfte, der lauter Versager hat. Und zweitens kann der Fall eintreten, dass eine nachlässige, schlechte und durch vielerlei Umstände erschwerte Erziehung dennoch bei Einzelnen zu guten Ergebnissen führt. Die Kinder bringen es trotz schlechter Voraussetzungen zu etwas im Leben, trotz miserabler Lehrer und unterdurchschnittlicher Hochschulen zu hervorragenden Leistungen. In beiden Fällen zeigt sich darin noch einmal die relative Selbstständigkeit des Lernens gegenüber dem Erziehen, sodass es wenig sinnvoll erscheint, die Qualität des Erziehens an den jeweiligen Ergebnissen festzumachen.

Wenn diese Möglichkeit ausgeschlossen ist, bleibt nur der Weg, die Form des Erziehens, das heißt: das Zeigen selber in seinen verschiedenen Modi zum Stützpunkt für die Moral des Zeigens zu wählen. Als Frage gefasst: Was habe ich zu beachten, um einigermaßen zuverlässig etwas so zu zeigen, damit es gut gelernt werden kann, auch ohne die Gewissheit, dass es tatsächlich gelernt wird? Welche Maßstäbe das sind, soll jetzt erst summarisch aufgeführt und dann im Einzelnen erläutert werden. Es geht um die folgenden drei Maßgaben oder Maßstäbe für die Moral des Zeigens:

Das Zeigen muss erstens verständlich, zweitens zumutbar und drittens anschlussfähig sein.

Zum Ersten: Was immer wir zeigen, haben wir so zu zeigen, dass es sachlich richtig, einsichtig und nachvollziehbar ist. Man könnte dies das Gebot der Rationalität nennen. Es schließt alles bloße Geraune aus, auch die Eitelkeit, eine eigene unauslotbare Tiefe zu suggerieren und gewissermaßen Propheten- und Guruautorität in Anspruch zu nehmen. Der französische Sozialphilosoph Raymond Aron hat in seinen Lebenserinnerungen den Lehrer als den Repräsentanten der Wahrheit gekennzeichnet, und zwar einer Wahrheit, die für alle gilt und im Prinzip jedem Normalsinnigen zugänglich ist. […] Aber das gilt nicht nur für Lehrer, es gilt immer dann, wenn wir anderen etwas so zeigen, dass sie es sich zu eigen machen und es selber wieder zeigen können. Insofern gehört zur Verständlichkeit nicht nur die sachliche Richtigkeit, sondern auch die Kunst des Darstellens und didaktische Fantasie, um das „Zusehen recht zu erleichtern, in alle Vorgänge die beste Einsicht zu gewähren", wie es Brecht vom Schauspieler verlangt hat. „Macht das sichtbar!" […] Es versteht sich, dass es dabei nicht nur um das Zusehen geht, sondern um alles, was in einer Erziehungsszene so vergegenwärtigt wird, dass es nicht bloß begriffen, sondern auch geübt und dem Verhaltensrepertoire zugeführt wird.

Damit hängt, wie leicht zu sehen ist, die zweite Maßgabe zusammen. Was wir zeigen und dem Lernen ansinnen, muss zumutbar sein. Wir haben immer zu berücksichtigen, was die Kinder oder Schüler oder die Teilnehmer eines Kurses schon können und was nicht, ob es sich nun um eine körperliche Fähigkeit oder eine Fertigkeit, eine Übung oder eine gedankliche Leistung handelt, oder ob wir zu einem bestimmten Verhalten auffordern. Das geschieht ja auch vernünftigerweise, indem wir das Alter, das Geschlecht, die Lern- und Sprachvoraussetzungen, die Anlagen und Umstände bedenken, die die Lernenden mitbringen, um sie da – wie man heute gern sagt – abzuholen, wo sie schon oder noch sind. Allerdings nicht, um sie da zu lassen, sondern um sie dorthin zu bringen, wo sie noch nicht sind. Insofern enthält die Maßgabe der Zumutbarkeit das Gebot der Achtung, ohne die das Erziehen zur Abrichtung oder manifesten Unterdrückung wird. Achtung beruht auf der Anerkennung der anderen als Person, und wir verstoßen gegen das Gebot der Achtung, wenn wir die unvermeidlichen Zumutungen des Zeigens nicht der Fassungskraft und Lernfähigkeit der Adressaten anmessen, aber auch dann, wenn wir es versäumen, ihre Lernmöglichkeiten anzusprechen, und sie durch Allotria unterbieten.

Bleibt die letzte Maßgabe: Anschlussfähigkeit. Damit soll Folgendes gemeint sein: Auch wenn wir etwas verständlich und zumutbar zeigen, sind wir nicht geschützt davor, etwas Überflüssiges oder Bangloses zum Lernthema zu machen, etwas, das vielleicht nur uns selber im Augenblick wichtig ist, ohne eine Bedeutung für die Zukunft der Lernenden gewinnen zu können. Mit anderen Worten: Wir haben darauf zu achten, dass die Lernenden mit dem, was wir ihnen zeigen und damit als Lernaufgabe präsentieren,

Abb. 1.17

auch etwas anfangen können, um es selbstständig fortzusetzen und anzuwenden, sei es für weiteres Lernen, sei
115 es direkt für lebenspraktische Zwecke. Was die Elementarerziehung angeht, zu Hause, im Kindergarten und in der Grundschule, ist das auch ohne größere Schwierigkeiten zu erkennen: laufen, sprechen, lesen, schreiben, rechnen und meinetwegen auch noch die Computerbedienung – das
120 können wir jedem als anschlussfähig zumuten. Schwieriger wird es, wenn das Lernen sich thematisch differenziert und der Lehrkanon anspruchsvoller wird. Der dort entstehenden Unsicherheit lässt sich prinzipiell nur dadurch begegnen, dass die Lernenden schrittweise selber darüber
125 entscheiden, was sie lernen wollen und was nicht, welches Buch sie lesen, welches Instrument sie erlernen wollen und mit wem sie sich befreunden. Das ist aber nicht nur ein Notbehelf, und zwar deshalb nicht, weil es bei der Anschlussfähigkeit um Zukunft geht, die sich schlechthin
130 nicht vorweg bestimmen, sondern nur erahnen lässt. Sie ist vielmehr das, was uns Freiheit ermöglicht, und insofern steckt in der Maßgabe der Anschlussfähigkeit das große Motiv und der Wert der Freiheit, transformiert in die Praxis des Zeigens und Lernens. Didaktisch gesehen bezieht
135 sich insofern die Maßgabe der Anschlussfähigkeit auf die „Zukunftsbedeutung" [...] dessen, was gezeigt und dem Lernen angesonnen wird. [...]
Man könnte sagen, diese Moral des Zeigens sei für beliebige Erziehungsabsichten einsetzbar, wie eine Waffe, mit
140 der sich man sowohl legitim verteidigen wie brutal über andere herfallen kann. Mit anderen Worten: diese Moral sei auch für totalitäre Regime verwendbar und verschaffe überdies noch der Erziehung zu fragwürdigen Zwecken ein gutes Gewissen und trage damit dazu bei, nachgera-
145 de verbrecherische Sozialsysteme unbesehen zu stützen. Dem ist entgegenzuhalten, dass die angegebenen Maßgaben keineswegs ethisch neutral sind. Ihnen sind, um dies noch einmal herauszuheben, allgemeine Vorgaben eingeschrieben: das Gebot der Achtung in der Maßgabe
150 der Zumutbarkeit, das Gebot der Wahrheit in der Maßgabe der Verständlichkeit und das Gebot der Freiheit in der Maßgabe der Anschlussfähigkeit. Das ist der Grund, weshalb das Erziehen, wenn es diese Maßgaben beachtet, in einen manifesten Widerspruch zu sozialen Systemen gerät, in
155 denen eben diese Gebote nicht oder nur eingeschränkt zur Geltung kommen. Aber richtig ist, dass dieser Widerspruch sich nicht in Programmen und als ausdrücklicher Protest manifestiert, sondern darin, dass die erzieherische Praxis im gegebenen Fall die gesellschaftlich-politische Praxis
160 dementiert. Dafür spricht die Erfahrung, dass es Zeugnisse guter Erziehung gerade auch in totalitär verfassten Gesellschaften gibt.
Diese relative Selbstständigkeit der Erziehung gegenüber dem sozialen System kann man sich ergänzend an
165 den Fehlformen der Erziehung klarmachen. Sie bestehen in der Verkennung und Missachtung der angegebenen Maßgaben: Die Indoktrination verstößt gegen das Wahrheitsgebot, die Manipulation gegen die freie Anschlussfähigkeit und die Sozialkonditionierung gegen das Gebot
170 der Achtung. Es sind dies innerhalb der Erziehung Verstöße gegen die Ordnung und Logik des Zeigens zum Zwecke des Lernens. Sie finden sich prinzipiell sowohl in geschlossenen wie in offenen
175 Gesellschaften, auch wenn es sich faktisch so verhalten dürfte, dass geschlossene Gesellschaften eine Disposition zu Indoktrination
180 und Manipulation haben, sozusagen als Bestandsgarantie ihres Funktionierens, und offene Gesellschaften von sich aus die dem Zei-
185 gen angemessene Moral favorisieren. Insofern dürfte der Gedanke nicht abwegig sein, dass die Tendenz zur offenen Gesellschaft sich auch einer Erziehung verdankt und einer Erziehung bedarf,
190 die von der Moral des Zeigens bestimmt ist, auch wenn es übertrieben wäre, daraus zu schließen, dass der Erziehung eine Leitfunktion für den gesellschaftlich-politischen Entwicklungsprozess zukommt. Gut erzogene Menschen machen noch keine gute Gesellschaft, und auch in einer
195 einigermaßen guten Gesellschaft wird schlecht, nachlässig, gleichgültig und miserabel erzogen, ebenso wie es z. B. Eltern unter den Bedingungen einer Diktatur möglich ist, ihre Kinder „gut" zu erziehen, nämlich so, dass die Maßgaben der Verständlichkeit, Zumutbarkeit und Anschluss-
200 fähigkeit zur Geltung kommen.

Abb. 1.18

M14 Einige Kriterien von „Bildung" (Jörg Ruhloff)

Abschließend hebe ich ohne Anspruch auf Originalität [...] fünf begrifflich-kriteriale Bedeutungszüge
5 heraus, die mir heute für einen pädagogischen Begriff von Bildung als unverzichtbar erscheinen.
Erstens: Bildung bedeutet
10 *Emanzipation.* Das ist die Freisetzung von der unmittelbaren Maßgeblichkeit von Voreingenommenheiten, Sitten, Gewohnheiten, Praktiken und Einstellun-
15 gen, die uns durch Sozialisation zuwachsen und die uns, ohne dass wir es merken, in bestimmten Lebensausrichtungen, z. B. in geschlechts- oder sozialschicht- oder kulturtypischen Verhaltensmustern, Bedürfnissen, Interessen
20 und Neigungen festhalten. Bildung entbindet gleichsam von den verinnerlichten Instanzen, die uns unter Umgehung unserer Reflexion lenken und uns das Leben in diesen Lenkungen als selbstverständlich gut und richtig erscheinen lassen. Diese befreiende Entbindung bedeutet
25 nicht, sozialisatorische Bindungen einfach abzustreifen,

Abb. 1.19: Jörg Ruhloff

um gleichsam von einem Nullpunkt an neu zu beginnen. Sie bedeutet zunächst einmal, sich solcher Bindungen in ihrer Fragwürdigkeit bewusst zu werden. Damit aber werden diese allerdings in ihrer ungeprüften Lenkungsmacht gebrochen und der Beurteilung, auch möglicher Veränderung, ausgesetzt.

Zweitens: Emanzipation ist nur möglich und geht einher mit der Erschließung dessen, was schon durchdacht worden ist und mit der einsichtigen Beteiligung an der Erkenntnis und der Gestaltung der sachlichen und mitmenschlichen Verhältnisse. *Bildung besagt demnach Partizipation am kulturell erreichten Wissen und Können.* Wissen bedeutet, in ein begründetes, durchdachtes Verhältnis zu dem zu gelangen, womit wir es zu tun haben. Zu gewissen Vorstellungen, Meinungen, Einstellungen und Fertigkeiten gelangen wir auch ohne Bildung. Im Horizont des alltäglichen Lebens kennen wir die Dinge zunächst und zumeist unter dem Vorzeichen ihrer Verwendbarkeit und Verwertbarkeit. Der Schalter macht Licht oder den Fernseher an. Der Computer taugt zum Spielen. Der Hahn mit dem roten Punkt lässt warmes Wasser fließen. Beteiligung am Wissen bedeutet, zu diesen anfänglichen Vorstellungen auf Distanz gehen zu können, ohne lebensweltliches Umgangswissen damit einfach zu ersetzen oder zu vernichten. Was etwas sei und warum es sich so verhalte, was etwa elektrisches Licht ist, woher es kommt, wie und wodurch es erzeugt wird, wann es erfunden wurde und welche Folgen das hatte, wird in der Distanz von der Umgangseinstellung dann beispielsweise gefragt. Wissen bedeutet nicht automatisch Macht und Herrschaft über Dinge und Menschen. Zunächst einmal versetzt es uns in ein anderes, auf sachliche Ordnungen und Regeln gestütztes Verhältnis zu ihnen. Ein wesentlicher Aspekt dieses Verhältnisses ist es, von uns absehen zu können. In der Perspektivenerweiterung des wissenschaftsgestützten Wissens tritt der Baum z. B. hervor nicht mehr nur als das Holz, das mir den Blick verstellt und an dem ich mich stoßen kann, sondern als ein Lebewesen, das innerhalb der biologischen Ordnung eine bestimmte Stelle einnimmt und Funktion ausübt. Das braucht uns nicht zu hindern, ihn trotzdem abzuhacken. Aber das biologische Wissen um seine Stelle im Lebenszusammenhang stellt ihn zunächst einmal frei von unseren Verfügungsabsichten und Zwecksetzungen. Das bildende Eindringen in Frage- und Wissensordnungen versetzt uns in das Verhältnis von Weltbetrachtern und Weltbeurteilern, die von der Voreingenommenheit frei werden können, dass alles nur zu ihrem Nutzen und Verbrauch eingerichtet ist. Das Bemühen um sachliche Erkenntnis ist nicht identisch mit einer Steigerung des menschlichen Herrschaftsbereichs. Bildung mit Wissen zu verbinden, besagt also nicht, sie mit der neuzeitlichen Vorstellung vom Menschen als kleinerem Schöpfergott zu identifizieren. Es kann auch die Einsicht in Ohnmacht mit sich bringen, und im Prozess seines „Erwerbs" ist Wissen stets auch mit Leiden verbunden.

Drittens und viertens: Zum Wissen und damit zur Bildung gehören *Kritik und Skepsis*. – Zunächst einige Bemerkungen zur Kritik: Ihre Grundbedeutung ist: im Bewusstsein von Regeln zu unterscheiden. So unterscheiden z.B. Juristen, wenn ein Todesfall aufgrund menschlicher Einwirkung vorliegt, zwischen Mord und Totschlag. Sie ordnen den Fall aufgrund von Kriterien dem Regelungsbereich von Gesetzen zu. Oder wir unterscheiden als Pädagogen zwischen einem fruchtbaren, das Lernen fördernden Irrtum und einem ausschließlich frustrierenden Irrweg, der in einer Sackgasse mündet.

Zwei Richtungen kritischen Unterscheidens sind auseinanderzuhalten. Zumeist wird nur die eine wahrgenommen und die Kritik damit halbiert. Die *erste* Richtung der Kritik bezieht sich darauf, einen unklaren Fall einer geltenden Regel zuzuordnen. Ein bestimmtes Wissen darum, wann ein pädagogisches Problem vorliegt, führt beispielsweise zu dem kritischen Urteil, den Fall einer extremen Gewalttätigkeit von Schülern nicht mehr als zum Normalbereich pädagogischer Probleme gehörend einzustufen und ihn an die Psychotherapie oder an die Polizei zu delegieren. Aber worauf beruht die Gewissheit der Regel, von der eine solche Einschätzung geleitet ist? Auf diese Frage bezieht sich der *zweite* kritische Einsatz, mit dem die Kritik erst vollständig wird. Naturwissenschaftliches Wissen und methodisches Können erlauben uns beispielsweise eine kritische Unterscheidung zwischen subjektiv-meinungshaften Spekulationen über Naturvorgänge und intersubjektiv überprüfbaren Erkenntnissen. Kritisch vervollständigt ist solches Wissen aber erst dann, wenn wir uns auch der Restriktion unseres Naturverständnisses unter der Perspektive seiner mathematisch-naturwissenschaftlichen Deutung bewusst werden. Mit derartigen Fragen nach den Voraussetzungen, die unser regelgeleitetes Wissen bestimmen und begrenzen, geht das Wissen in das philosophische Nachdenken über. Das muss nicht gleich immer in einen fachphilosophischen Lehrgang einmünden. Die Einübung einer vollständigen Kritik, die nicht bloß danach fragt, ob zum Beispiel ein Streitfall nach geltendem Recht richtig entschieden worden ist, sondern auch danach, welche Vorstellungen von Gerechtigkeit der gegebenen Gesetzeslage zugrunde liegen und woraus sie ihre Legitimität ziehen, ist auch bereits diesseits von ausgearbeiteten philosophischen Gerechtigkeitstheorien möglich.

Wenn es sich nun so verhalten sollte, dass wir absolute, unzweifelhaft gewisse Voraussetzungen für unser Wissen gar nicht erreichen können, dann bezieht sich die vollständige Kritik als ein Moment von Bildung darauf, die Grenzen unseres Wissens zu Bewusstsein zu bringen. Gebildet ist dann, wer nicht nur zu einem möglichst weiten Wissenshorizont gelangt ist, sondern wer im Wissen um die Voraussetzungsgebundenheit seines Wissens und damit zugleich um sein Nichtwissen weiß. Ohne Voraussetzungen scheint überhaupt kein Wissen möglich zu sein. Bleiben wir jedoch gegen die Fragwürdigkeit dieser Voraussetzungen blind, dann schlägt das Wissen, das uns zunächst über den Dogmatismus des unüberprüfbaren Meinens und Behauptens hinausführt, in einen Dogmatismus höherer Art um.

An dieser Stelle schließt das Moment der Skepsis als ein viertes Kriterium von Bildung an. Skepsis ist nicht dasselbe wie Skeptizismus. Nicht gemeint ist also die in sich widersprüchliche Lehre, an allem aus Prinzip zu zweifeln. Skepsis heißt prüfendes Umherschauen. Wer skeptisch prüfend Umschau hält, der sucht zu einem Urteil über die Lage zu

kommen, in der sich etwas und in der er sich befindet.
Er urteilt nicht aufgrund des erstbesten Blicks, sondern hält nach alternativen Sichtweisen Ausschau, zögert sein Urteil hinaus, hält es vielleicht auch einmal ganz zurück, wenn keine Handlungsnötigung besteht. Das skeptische Umschauhalten ist die Bewegung, die von der kritischen Einsicht in die Voraussetzungsabhängigkeit unseres Wissens hervorgerufen wird. Kritik und Skepsis sind die Haltungen, in denen das menschliche Dilemma zum Ausdruck kommt, uns in allem, was wir wissen und tun, implizit oder explizit auf Regeln zu stützen, ohne dass diese Regeln ein über jeden Zweifel erhabenes Fundament sind oder haben. [...]
Fünftens: Der Umstand, dass Regeln, nach denen wir je individuell und im sozialen Zusammenhang unser Leben mit dem Anspruch auf Richtigkeit führen, nicht auf einem nachweislich absolut gültigen Fundament aufruhen, verweist auf das fünfte Kriterium, das ich für einen heute vertretbaren Bildungsbegriff hervorheben möchte. *Zur Bildung gehören auch der Mut und die Fantasie, nach neuen Regeln zu suchen.* Das ist nicht der Vorschlag, wahllos herumzuprobieren. Die Frage nach Neuem wird ja veranlasst durch das Gewahrwerden von Unzulänglichkeiten derjenigen Deutungen und Praktiken der Lebensführung, auf die wir uns bislang eingelassen hatten. [...] Regelerfindung oder -entdeckung setzen die Fähigkeit voraus, sich aus überkommenen Sichtweisen zu lösen, gleichwohl aber an sachlichen Problemen orientiert zu bleiben. Ein Beispiel für einen solchen Blickwechsel ist es etwa, statt immer nur Ausländer wahrzunehmen, die sich integrieren und an das geltende Regelsystem von Zuwanderungsstaaten anpassen sollen, Menschen wahrzunehmen, die in ihren kulturspezifischen Lebensmustern und Gewohnheiten nicht aufgehen, sondern als Mitsprecher an der Suche nach kulturenübergreifenden sozialen Lebensformen teilnehmen, auch wenn sie schweigen bzw. dazu gezwungen sind.
Alle genannten Kriterien für einen Bildungsbegriff, der vor Bildungsgerede schützen könnte,
- **Emanzipation** als Gewahrwerden von unbemerkt einengenden Voreingenommenheiten und Verhaltensmustern,
- **Partizipation** als Beteiligung am geschichtlich erreichten Wissen und Können,
- **Kritik** als Zuordnung von Sachverhalten zu Regeln und als Frage nach den Voraussetzungen der Gültigkeit von Regeln,
- **Skepsis** als Umschauhalten, Weiterdenken und Zurückhaltung von absolutistischen Urteilen, schließlich der
- **Mut** zur Findung und Erprobung neuer Regeln,

all das fasse ich in die Formel zusammen, dass Bildung heute bedeuten könnte, seine Vernunft auf problematisierende Weise zu gebrauchen. Damit wird etwas ausgeschlossen, nämlich die Flucht aus dem Denken zugunsten einer Selbstfindung, Selbstverwirklichung und Selbsterfahrung, die das Heil in bislang nicht gekosteten Erlebnissen, Empfindungen und Gefühlen sucht. Mit der Betonung des problematisierenden Vernunftgebrauchs wird aber auch ausgeschlossen, Vernunft als ein herrscherliches Vermögen zu verstehen, das uns befriedigende Problemlösungen und angemessene Problemstellungen immer schon vorab garantiert. Das Problematische am Vernunftgebrauch scheint darin zu liegen, dass wir mit Ideen, Begriffen und Theorien eben nicht alles in den Griff bekommen, was uns bedrängt, ohne Begriffe und Theorien aber gar nichts, und dass wir über die Vernunft hinaus nichts haben, woran wir uns so halten können, dass bei allem Widerstreit eine verbesserungsbedürftige Daseinsgestaltung in relativer Gemeinsamkeit möglich ist. Bildung könnte der Zugang dazu sein und eine Alternative zu gewaltsamer Selbstbehauptung oder zum Verkriechen in das liebe Ich.

M15 Bildsamkeit und Mündigkeit (Friedhelm Brüggen)

Man kann den Kern des pädagogischen Sinnes von Bildsamkeit, der den großen pädagogischen Entwürfen in der Zeit zwischen 1760 und 1830 zugrunde liegt, wie folgt deutlich machen: Die neuzeitliche Frage nach der Bestimmung des heranwachsenden Menschen ist – negativ formuliert – weder durch Verweis auf die Vorgegebenheit einer ständisch-herrschaft-

Abb. 1.20: Friedhelm Brüggen

lichen Gesamtordnung zu beantworten noch bestimmt sich dessen Bildsamkeit vermöge der fertigen Gestalt einer genetischen Anlagendisposition oder vermöge der determinierenden Prägungskraft einer gesellschaftlichen Umwelt. Positiv verbirgt sich hinter dieser Frage die an den Erzieher ergebende Aufforderung, das erzieherische Handeln so zu gestalten, dass der Heranwachsende – nach einer Formulierung Dietrich Benners – an seiner eigenen Bestimmung selbsttätig mitwirken kann. Die Frage nach der Bestimmung des Menschen ist daher pädagogisch nur über die auch erzieherisch zu ermöglichende vernünftige Selbstbestimmung und Freiheit des Heranwachsenden zu beantworten. Der unbestimmten Bildsamkeit und Freiheit des heranwachsenden Menschen vermag die Erziehung nur gerecht zu werden, wenn sie, anstatt den Heranwachsenden durch die Geltungskraft der bestehenden Sitte und Lebensform zu bestimmen und zu regieren, durch vielseitigen Unterricht dessen selbsttätige Urteilskraft herausfordert, fördert und leitet. Das jedenfalls ist die normative Grundidee, die dem von Humboldt und anderen entworfenen nicht mehr berufs- und standesspezifisch ausgerichteten, sondern allgemeinbildenden öffentlichem Bildungswesen zugrunde liegt. Dieser pädagogische Grundgedankengang ist daher in einem strikten Sinne weder autoritär oder herrschaftlich noch antiautoritär oder bloß herrschaftsfrei zu nennen. Er ist vielmehr an eine spezifisch pädagogische Handlungs- oder Interaktionsstruktur gebunden, die um ihren Zweck und ihre Aufgabe weiß, sich selbst schrittweise überflüssig zu machen, indem sie die an den Heranwachsenden im Akt der Erziehung ergehende

Fremdaufforderung zur Selbsttätigkeit in die Selbstaufforderung zur Selbsttätigkeit zu überführen hilft. Im neuzeitlichen Begriff der Bildsamkeit treffen daher zwei Bedeutungskomponenten zusammen: zum einen die mit dem Zusammenbruch und Legitimitätsverlust der ständischen Ordnung einhergehende anthropologische Einsicht in die Unbestimmtheit und geschichtliche Offenheit des Menschen und zum anderen die Forderung nach praktischer Anerkennung seiner Freiheit und Selbstbestimmungsfähigkeit. Er bezeichnet darum nie nur die bloße Lernfähigkeit des Menschen, seine Formbarkeit und Plastizität. Vielmehr ergeht mit diesem Begriff zugleich die praktische Aufgabe an den Erzieher, die Personalität (Selbstzweck) des Heranwachsenden anzuerkennen, der nicht nur Zwecke und Werte übernehmen, sondern selbst als ein Zwecke setzendes und zum Bewerten aufgefordertes Wesen angesehen werden soll. [...]
Bildsamkeit und Mündigkeit sind [...] gleichsam zwei Seiten derselben Medaille, insofern Bildsamkeit die (transzendentale) Voraussetzung und Mündigkeit das Ziel und den Zweck einer nichtaffirmativen Erziehung und Bildung bezeichnen. [...]
Der Begriff Mündigkeit meint eine Zweck- und Grenzbestimmung der erzieherischen Einwirkungen der älteren Generation auf die jüngere. Diese Einwirkungen finden ihren Zweck in der Befähigung der nachwachsenden Generation zu selbstständigem Denken und Handeln, und exakt darin liegt auch ihre Grenze, insofern Erziehung, Bildung und Unterricht weder zeitlich noch sachlich beliebig ausgedehnt werden dürfen. Wenn nämlich der Endpunkt der Erziehung nach Schleiermacher gerade darin besteht, dass die Erziehung „allmählich verschwindet" und in das Selbsterziehungsverhältnis des erwachsenen Menschen überführt wird, dann bringt er damit die zeitliche oder temporale Verlaufsstruktur der modernen Erziehung überhaupt zum Ausdruck. Mündigkeit meint – pädagogisch – gerade nicht ein trennscharf definiertes, womöglich auch noch messbares oder irgendwie operationalisierbares Ziel, sondern – darin steckt eine Analogie zum Rechtsbegriff der Mündigkeit, keine Identität – eine kontinuierliche Ermöglichung vieler Mündigkeiten. Mündig und selbstständig wird der Heranwachsende aber nicht in einer nur möglichen, sondern stets in einer irgendwie immer schon bestimmten und durch das Handeln vorangegangener Generationen geformten Welt, also der Welt des Menschen. Aus diesem Grund setzt Mündigkeit und Mündigwerden die nicht schon für spätere berufliche Zwecke bestimmte lernende Aneignung einer gemeinsamen kulturellen Welt ebenso voraus wie die Bereitschaft und die Fähigkeit, am Bestand einer solchen Welt bewahrend und innovierend mitzuwirken.

M16 Bildung. Plädoyer wider die Verdummung (Andreas Dörpinghaus)

1. Bildung ist nicht Ausbildung

[...] Der Mensch wird eben nicht gebildet, sondern er bildet sich, und zwar ausschließlich in der reflexiven Auseinandersetzung mit sich, der Welt und in der Diskussion mit anderen Menschen und Kulturen. So verbinden wir mit Bildung die Möglichkeit, uns in unserem Menschsein zu verbessern, die in uns ruhenden Möglichkeiten zu verwirklichen, eine bestimmte Haltung zur Welt einzunehmen, die Welt mit anderen Augen zu sehen, kluge, begründete Entscheidungen fällen zu können und in der Lage zu sein, unser Leben nach vernünftigen Gesichtspunkten führen zu können. Das Existenzielle schwingt im Bildungsgedanken mit, Bescheid zu wissen im Leben und eine eigene Antwort auf die Frage zu finden, woran wir sind. Es ist für uns wichtig, Probleme gemeinsam zu durchdenken und zu beraten, uns z. B. an den Fragen der Wissenschaft oder des guten Zusammenlebens abzuarbeiten und so ein fragendes Denken zu üben.

Abb. 1.21: Andreas Dörpinghaus

Die geheime Logik, die hinter dem großen Wunsch nach Ausbildung und Anwendbarkeit von Bildung und Wissen steht, ist die Verwertbarkeit und der Rückfluss von Humankapital. Die Nutzbarmachung von Bildung und ihre Unterordnung unter das ökonomische Gesetz des Profits befördern Bildung aber nicht – im Gegenteil. Bildung und der Mensch sind Selbstzweck, dürfen also nicht als Mittel missbraucht werden. Der Mensch geht in seinem Menschsein nicht darin auf, Humankapital und Mittel für beliebige Zwecke zu sein. Der Philosoph Immanuel Kant benannte diese Selbstzweckhaftigkeit als die unantastbare Würde des Menschen, die den Grundpfeiler unserer Idee vom Zusammenleben bildet.

2. Bildung ist die Sorge um sich und die Weise der Selbstgestaltung

[...] Seit der Antike wird mit Bildung die Möglichkeit gedacht, dass Menschen an sich und ihrer Gegenwart arbeiten können, dass sie ihre Lebenszeit gestalten und ihr Leben führen können sollten. Damit steht Bildung in der Tradition dessen, was die Sorge um sich als eine Weise der Selbstgestaltung genannt wird.
Diese Selbstsorge meint keineswegs, wie unser Verständnis auf den ersten Blick nahelegen könnte, eine egoistische Selbstliebe. Im Gegenteil: Sich um sich zu sorgen als eine Form der Selbstgestaltung, enthält gerade, dass man auf vieles achten möge und aufmerksam, ja wachsam sein Leben führen sollte, und zwar als eine Art Praxis der Freiheit, mit dem Ziel verbunden, sich selbst zu regieren und nicht regiert zu werden.

Diese Sorge umfasst dabei sehr Unterschiedliches: Die Sorge um die endliche Lebenszeit, um das Zusammenleben und um Gerechtigkeit, die Sorge darum, was wahr ist, was mit welchen Gründen gewusst werden kann, sie enthält den richtigen Umgang mit den Begierden, der Lust und dem Körper, sie bezog sich auch auf die Ernährung, auf die Pflege der Freundschaften, um das richtige Wirtschaften und die richtige Lebensplanung.

Bildung ist also eine sehr umfassende Reflexion auf die wichtigen Dinge der Lebensführung, sodass deutlich wird, dass die Sorge um die Ausbildung nur ein Teil dieser weitreichenden Überlegungen ist. Immanuel Kant beschreibt gegen Ende des 18. Jahrhunderts diese umfassende Sorge durch den uns bekannteren Begriff der Mündigkeit, und bis heute fordern wir mit dem Begriff der Bildung die Möglichkeit ein, dass junge, aber auch erwachsene Menschen mündig werden können sollten.

Auch Mündigkeit umfasst daher, anders als oft in einem zu einfachen Gebrauch, der sie auf den Begriff der Selbstbestimmung reduziert, gerade nicht nur die eigene Lebensführung, sondern untrennbar damit verbunden, die Frage nach dem guten Zusammenleben der Menschen. Das heißt, es kommt eine grundlegende ethische Dimension mit Bildung ins Spiel, sodass der Philosoph und Kulturkritiker Theodor W. Adorno mahnt, dass der Mensch kein richtiges Leben in einem falschen führen könne. Bildung ist als Selbstgestaltung eine Einübung in das Leben, verbunden mit dem Ziel, vielleicht Dichter seines Lebens zu werden, Möglichkeiten für sich zu entdecken und zu verwirklichen, um aus seinem Leben etwas zu machen, was man sich zu machen wünscht. […]

3. Bildung ist die Suche nach Erkenntnis und Verständigkeit

Bildung ist ein leidvoller Prozess, der mitunter mit Schmerzen verbunden ist. Das überrascht vielleicht zunächst, wird aber verständlich, wenn wir uns verdeutlichen, dass Bildung nicht bloße Informiertheit oder oberflächliche Halbgebildetheit meint. Schließlich verbinden wir mit ihr den Anspruch, dass sie auch mit Wissen und Erkenntnis zu tun haben möge. Nun ist uns heute der Gedanke verloren gegangen, dass Bildung „schmerzhaft" sei und mit Leiden und Erkenntnis zu tun habe. Stattdessen stehen heute eher der von außen veranlasste Spaß und die Erhöhung von Reizen – statt der Schulung der Aufmerksamkeit – hoch im Kurs. […]

Der Nobelpreisträger Werner Heisenberg erzählt als den Ausgangspunkt seines naturwissenschaftlichen Denkens immer wieder die Geschichte, dass er als Schüler auf dem Dach des Priesterseminars in München Wache hielt und beim Lernen der Griechischvokabeln über Platons Timaios quasi gestolpert sei. Heisenberg wollte eigentlich nur griechische Vokabeln lernen, im gegenwärtigen Jargon, seine Übersetzungskompetenz im Altgriechischen trainieren, als er in dem Timaios etwas las, was ihn „anmachte" und nicht mehr losließ, was einen Stachel hinterließ, der Zeit seines Lebens verblieb. Platon erläutert dort die kleinsten Elemente der Materie, die aus geometrischen Figuren bestünden. Ein für den jungen Heisenberg gänzlich abwegiger Gedanke, ausgesprochen von einem der größten Philosophen. Dieses Faktum brachte seinen Denkhorizont, seine Interpretation von Welt und sein Selbstverständnis in Bewegung. Das Gelesene ließ sich für ihn nicht mehr so einfach in das bisherig Gedachte, in die bisherige Sicht einfügen, etwas stimmt nicht mehr. Bildungsprozesse haben mit solchen Fragen zu tun, mit Fragen, deren Antwort nicht schon bereitliegt.

4. Bildung ist ein Sichfremdwerden

Bildung hat es mit einem Sichfremdwerden zu tun, weil sie ihren Ort im Zwischen von Eigenem und Fremdem hat. Sich von etwas infrage stellen zu lassen, dem Nicht-Wissen den Primat einzuräumen und den Irrtum als menschlich zu betrachten, sind daher unverzichtbare Momente. Bildung umfasst so eine Transformation des Selbst; man muss […] etwas an sich ändern. Dabei kommt es nicht etwa im Geiste einer universalen Vernunft darauf an, dass alle Menschen durch Bildungsprozesse gleich werden, sondern darauf, dass jeder anschließend eine andere Sicht und ein anderes, reflexives Selbstverständnis hat.

Der Bildungsprozess impliziert das Sichfremdwerden im Zwischenraum von Eigenem und Fremdem, und nur in diesem Spielraum sind für den Menschen Erfahrungen möglich. Bildung ist eine Antwort auf Erfahrungen, die wir machen. Heute dürfte zunehmend die Frage sein, wie es Bildung geben soll, wenn Erfahrungen gar nicht mehr erst gemacht werden, auf die Bildung die Antwort ist. Wenn Wilhelm von Humboldt „Welt" als Metapher für das Fremde, das sich der Aneignung entzieht, zugleich als den Gegenstand von Bildung ansieht, unterstreicht er diesen wichtigen Zusammenhang von Eigenem und Fremdem für den Bildungsprozess. Bildung ist für ihn eine, wie er es nennt, Wechselwirkung zwischen Ich und Welt. In dieser Wechselwirkung befördern sich die menschlichen Kräfte und Fähigkeiten in der Auseinandersetzung mit den Gegenständen. Bildung entsteht nur in der Auseinandersetzung mit Fremdem. Mit anderen Worten: Das Sichfremdwerden ist eine Voraussetzung und Bedingung für ein Andersdenken- und ein Andersmachenkönnen.

Wenn Bildung die Verhältnisse zu sich, den anderen und der Welt umfasst, wird nunmehr deutlich, dass es wesentlich um eine Gestaltung von Verhältnissen geht, die stets in einer Verwobenheit von Fremdem und Eigenem gründen. Diese Fremdheit meiner selbst durchzieht den Selbstbezug als ein leibliches Wesen, den intersubjektiven Bezug zu anderen Menschen und Kulturen und schließlich den zur Welt, die als fremde den Menschen stets in seiner Existenz infrage stellt. Bildung im Zwischen von Eigenem und Fremdem ist stets ein Wagnis, ein hypothetisches Leben (Robert Musil) auf schwankendem Untergrund. Der Mensch hat nun einmal, sofern er mündig sein will, für sein Leben keine Bedienungsanleitung.

5. Bildung ist ein Wartenkönnen und eine Verzögerung

Bildung ist eine soziale Praxis. Wenn wir uns wechselseitig „Bildung" unterstellen und wenn wir Bildung als etwas betrachten, das für das Zusammenleben relevant sein sollte, drängt sich die Frage auf, was wir tatsächlich mit solchen Zuschreibungen tun. Zunächst könnte es hilfreich sein zu überlegen, was wir durch eine solche Zuschreibung von Bildung eigentlich ausschließen. Nun, wir betrachten und behandeln uns nicht als Wesen, die beispielsweise mit einem Schema von Reiz und Reaktion gut beschrieben sind, die einer unbefragten Verbindung von Gesolltem und Verhalten folgen, die nur funktional ausgebildet werden. Stattdessen betrachten und behandeln wir uns als Wesen, die Gründe haben für ihr Handeln, nicht bloße Reize und im Rahmen einer Welt des Sinns und der Bedeutung eben nicht reagieren, sondern antworten.

Eine solche Absage an die Verbindung von Reiz und Reaktion lässt sich über den Gedanken fassen, dass Bildung mit den Verzögerungen der unmittelbaren und kürzesten Verbindungen im Denken, Handeln und Urteilen zusammenhängt. Im Moment der Verzögerung entstehen allererst die Erfahrungsspielräume, die Bildungsprozesse ermöglichen, die nicht gewissermaßen in der Reaktion auf eine Frage bestehen, sondern in einer Antwort, die die Frage selbst umgreift. Die unmittelbare Reaktion wird gehemmt und verhindert. Etwas, das möglicherweise auf den Fortgang nahezu drängt und den Abschluss sucht, wird verzögert, sodass eine andere Ebene der Sicht eröffnet wird. Diese Verzögerung markiert als Grenzphänomen den Übergang von der bloßen Nutzbarmachung von etwas hin zur Frage nach seinem Sinn und seiner Bedeutung.
[…]

Abb. 1.22

6. Bildung als kulturelles Gedächtnis

Bildung ist eine Arbeit an einem kulturellen Gedächtnis, das Fragen und mögliche Antworten bewahrt, die für den Menschen und die Gesellschaft Orientierung bieten können. Mit dem kulturellen Gedächtnis ist verbunden, dass die Bildung des Menschen über seine Lebenszeit hinausragt und man nach Herkünften fragt, wenn über Zukünftiges nachgedacht wird. In die Geschichte zu blicken, ein Bewusstsein zu entwickeln für die eigene historische Situation, von der aus Verstehen stattfindet, bewahrt vor naiver Weltbegegnung, zugleich wird das eigene Denken infrage gestellt. Menschen haben zu jeder Zeit anders gedacht, und nur wer das versteht, weiß, dass die Dinge, die gegenwärtig so unumstößlich zu sein scheinen, geworden sind und daher – und das ist das Wichtigste – auch anders sein könnten, als sie sind. Zum kulturellen Gedächtnis im Bildungsgedanken gehören aber nicht nur das Wissen um die eigene Geschichtlichkeit, sondern auch die sogenannten Kulturgüter. Diese Kulturgüter sind aber nicht um ihrer selbst willen da oder werden etwa tradiert, weil sie Werte wären. Sie sind zunächst nichts anderes als besagte Umständlichkeiten, die die schnellen und naiven Lösungen des Menschen verzögern, durch die Menschen auf Distanz zur Welt gehen und sich im Spiegel ihrer Kultur verstehen lernen. Das kulturelle Gedächtnis ist ein Spiegel, in dem das Fremde im Eigenen, die Vergangenheit im Gegenwärtigen sichtbar wird. Die Beschäftigung mit Kunst, Literatur und Musik, Sprache, Religion, Wissenschaft, Recht, Ökonomie und Geschichte, Natur und Technik ist immer die Beschäftigung des Menschen mit sich selbst, seinem Denken, seinen Gefühlen und den Formen ihres Ausdrucks. Der Kulturphilosoph Ernst Cassirer nannte solche kulturell orientierenden Umständlichkeiten symbolische Formen, um zu betonen, dass die Beschäftigung mit ihnen eine Interpretation der Gegenwart ist. Daher ist es wichtig, dass Menschen sich mit kulturellen Inhalten auseinandersetzen, um die Welt verändern und gestalten zu können. Es geht also bei der Bildung des Menschen nicht um die Anhäufung historischen Wissens, um als gebildet zu gelten, sondern um ein vielseitiges Interesse für diejenigen Fragen, die zur Orientierung wichtig sind und auf die Menschen gemeinsame Antworten als Sinnentwürfe suchen. Allerdings haben diese Umständlichkeiten einen Nachteil; sie sind umständlich und sperren sich der Nutzbarmachung. Wie könnte man Antigone gewinnbringend unterbringen, was bringt der Faust im Kontext des Humankapitals, was die Beschäftigung mit der kopernikanischen Wende oder der Unschärferelation. Diese Beschäftigung mit kulturellen Inhalten kann keine lediglich nutzbar zu machende sein, weil sie just in diesem Moment ihre kostbare und überlebenswichtige Funktion für eine Kultur und Gesellschaft nicht mehr erfüllte. Es ist naiv zu glauben, eine Gesellschaft wäre ohne Kultur überlebensfähig, ohne grundständige Orientierung und ethische Reflexion auf sich selbst. […]

Die Schulen und die Universitäten verdanken wir der Bildung, nicht umgekehrt. Schule und Universität haben die Aufgabe, dass Menschen die Dinge anders sehen können als vorher, Fragen haben, die sie vorher nicht hatten, Nicht-Wissen zu vermitteln und den Möglichkeitssinn zu bewahren. Bildung ist die Unterbrechung der Verdummung, herkömmliche Ordnungen werden fragil und neue Horizonte, weite und ungeahnte, öffnen sich, oft. Darin war und ist Bildung immer aktuell, in der gebotenen Vorsicht gegen Dummheit und in der Widerständigkeit gegen die Verdummung.

M17 Das Pädagogische – Umrisse eines Prinzips (Armin Bernhard)

Pädagogisches Handeln ist ein professioneller Eingriff in die Subjektwerdung von Kindern und Jugendlichen, der pädagogisches Problembewusstsein und pädagogisches Urteilsvermögen voraussetzt. Pädagogik ist Aufbau- und
5 Entwicklungsarbeit im prekären gesellschaftlichen Prozess der Subjektwerdung der Heranwachsenden. Sie ist demzufolge in jeweils besonderer Weise auf diejenigen Grundvorgänge bezogen, die in der Erziehungswissenschaft als Erziehung und Bildung bezeichnet werden, erst mit Bezug
10 auf diese basalen Prozesse kann das Charakteristische pädagogischen Handelns bestimmt werden. Pädagogisches Handeln ist eine spezifische Form sozialen Handelns, das die Notwendigkeit der Integration der heranwachsenden Menschen in einen Gesellschaftsverband (also die Herstel-
15 lung seiner Soziabilität und Sozialität) mit der Perspektive der Mündigkeit und Autonomie verknüpft. Pädagogik beinhaltet insofern ein auf seine eigene Überwindung hin orientiertes Verhältnis zwischen Menschen, als die Freigabe der Heranwachsenden, ihre Loslösung aus Herrschafts- und
20 Abhängigkeitsverhältnissen ihre grundlegende Intention darstellt. Pädagogik ist in gesellschaftlichen Reproduktionszwängen angesiedelt, die sie nicht ignorieren kann, da die Ermöglichung von Mündigkeit und Autonomie an die Bewältigung dieser auf der Subjektwerdung des Menschen
25 lastenden Zwänge geknüpft bleibt. Die Kunst des pädagogischen Handelns besteht darin, die Heranwachsenden in ihren Bemühungen zu unterstützen, in dieser Gesellschaft überlebens- und handlungsfähig zu werden und zugleich in Selbstbestimmung die eigenen (kollektiven) Lebensverhält-
30 nisse gestalten zu können. Erziehung und die Ermöglichung von Bildung gehören demzufolge zu den vordringlichen Aufgaben pädagogischen Handelns. Weil sich die basalen Eigenschaften und Fähigkeiten zur Partizipation an den gesellschaftlichen Lebensverhältnissen nicht über natürli-
35 che Entwicklungsprozesse quasi automatisch aufbauen, ist Pädagogik als eine *reflektierte Praxis der Erziehung* grundlegend für die Subjektwerdung. Sie sucht das Subjekt im Aufbau seiner Persönlichkeit zu unterstützen, zu stabilisieren und an die Schwelle zur Mündigkeit zu führen.
40 Diese Integrationsaufgabe der Erziehung ist jedoch pädagogisch nur legitimierbar, wenn sie in ihrer Gesamtperspektive auf den systematischen Zugewinn an individueller und kollektiver Selbstbestimmung gerichtet ist. Schließlich ist die Freigabe der Heranwachsenden das Ziel von Pä-
45 dagogik, ihre Selbstbefreiung aus den Netzwerken von Abhängigkeit und Herrschaft. Pädagogik enthält grundlegend die Aufgabe der *Ermöglichung*, der *Initiierung*, der *Provokation von Bildung*. Denn erst über Bildung können diejenigen ästhetischen, moralischen und intellektuellen
50 Eigenschaften und Fähigkeiten freigesetzt werden, die Geschichte und Gesellschaft in ihren Strukturen und Gesetzmäßigkeiten kenntlich machen. Erst in der Bildung kann das Subjekt seine individuelle Geschichte im Kontext von Gesellschafts- und Sozialisationsgeschichte begreifen ler-
55 nen und damit seine Handlungsfähigkeit in einem emanzipativen Sinne entwickeln. Bildung heißt Erweiterung des Bewusstseins, Aufsprengen des vorhandenen Horizonts unserer Wahrnehmung, Erschließung von Welt und damit neuer Handlungsmöglichkeiten. Da Bildung nicht erzwun-
60 gen werden kann, sondern die Bildungsbereitschaft des Individuums immer schon voraussetzt, kann pädagogisches Handeln diese Aufgabe nur in indirekter Weise vollziehen. Die pure Vermittlung von Bildungsinhalten allein ist unpädagogisch, weil sie spontane Bildungsschleifen eher verhin-
65 dert als ermöglicht, obgleich diese für eine emanzipative Bildung unerlässlich sind. Dennoch ist Pädagogik gerade in ihrer indirekten Beziehung zu Bildung bedeutsam, weil sie deren zündende Impulsgeberin sein kann, ohne Kinder und Jugendliche durch fremdbestimmte Lernprozesse zu über-
70 wältigen. Pädagogisches Handeln kann Räume für Entdeckungsmöglichkeiten schaffen, es kann Gelegenheiten und Anlässe für Zueignungsprozesse zur Verfügung stellen, es kann Selbstverständlichkeiten problematisieren und damit zur Bildung provozieren und motivieren – den Prozess der
75 Bildung selbst kann es nicht organisieren.

M18 Erziehung und Bildung (Dietrich Benner/Zhengmei Peng)

Abb. 1.23: Dietrich Benner

Erziehungsprozesse zeichnen sich dadurch aus, dass das Verhältnis zwischen Erziehenden und zu Erzie-
5 henden nicht-reziprok ist. Wer erzieht, wird nicht erzogen, und wer erzogen wird, erzieht nicht. Bildungsprozesse finden dagegen
10 in einer Wechselwirkung mit anderen und der Welt statt. Man erzieht sich nicht selbst, sondern wird erzogen, aber man bildet sich
15 in Wechselwirkung mit der Welt. Aufgrund ihrer kategorial unterschiedlichen Strukturen können Bildungsprozesse nicht durch Erziehung und diese nicht durch Bildungsprozesse substituiert werden. Erziehung muss, um nicht zu pervertieren, ihr Ende antizipieren, das dort erreicht
20 wird, wo Heranwachsende selber zu denken beginnen und eigenverantwortlich handeln. Bildungsprozesse können dagegen der Erziehung vorangehen, sie begleiten oder ihr nachfolgen. Im Unterschied zu Erziehungsprozessen finden sie in allen Lebensaltern statt und sind auf kein Ende hin
25 ausgerichtet.
Die genannten Unterscheidungen erlauben es nun, die Eigenlogiken von und die Übergänge zwischen Erziehung, Bildung und Aufklärung genauer zu unterscheiden und ihre Beziehungen zum Begriff der Mündigkeit zu reflektieren.
30 Zur Eigenlogik der Erziehung gehört, dass pädagogisches Handeln eine Interaktion zwischen Erwachsenen und Heranwachsenden ist, von denen die einen erziehen, die andere erzogen werden.
Erziehung verlangt nicht, dass die Erziehenden in einem
35 vollen Sinne mündig und in einem perfekten Sinne ge-

bildet und aufgeklärt sind. Erziehung darf ebenso wenig unterstellen, dass die zu Erziehenden gänzlich unmündig sind. Sie hat es mit dem Mündigwerden von Heranwachsenden zu tun, die bildsam sind und lernen sollen, ohne
40 pädagogische Unterstützung ein individuelles Leben zu führen sowie am öffentlichen und gemeinsamen Leben zu partizipieren.

Die Fähigkeit, erzogen zu werden und lernend an der eigenen Erziehung mitzuwirken, wird nicht durch Erziehung
45 erzeugt. Sie ist dieser vielmehr – uneinholbar – vorausgesetzt. Erziehen und erzogen werden können nur bildsame Wesen, die ‚von Natur' in der Lage sind, neue Erfahrungen zu machen und über diese mit anderen zu kommunizieren. Bildsamkeit schließt die Fähigkeit ein, vorausgegangene
50 Lernprozesse reflektieren und neue entwerfen zu können. Sie ist nicht mit der Fähigkeit zu lernen identisch, sondern verweist auf eine Relation, in der sich die an ihrer Bildung arbeitenden Menschen wechselseitig als bildsam anerkennen. Eine gegenseitige Anerkennung als bildsame Wesen
55 ist nicht für die Sphäre der Erziehung, sondern für Bildungsprozesse jenseits der Erziehung konstitutiv. In der Erziehung muss der Erziehende den zu Erziehenden als bildsam anerkennen, ohne dies daran zurückzubinden, dass auch er von dem zu Erziehenden als bildsam anerkannt wird. Für
60 interaktive Bildungsprozesse ist hingegen eine wechselseitige Anerkennung der Bildsamkeit konstitutiv. Zur Logik von Bildungsprozessen gehört, dass sie nicht zwischen Erziehenden und zu Erziehenden und auch nicht zwischen Mündigen und Unmündigen, sondern zwischen sich Bilden-
65 den stattfinden, die ihre über Wechselwirkungen mit der Welt vermittelten Erfahrungen austauschen und reflektieren können. In interaktiven Bildungsprozessen stehen sich darum nicht Gebildete und Ungebildete gegenüber, sondern verhalten sich Lernende über die ganze Lebensspanne
70 bildsam zu sich selbst, zu einander und zur Welt. Während Erziehungsprozesse nicht-reziprok und intergenerationell strukturiert sind und die Erziehenden eine besondere pädagogische Verantwortung für die zu Erziehenden tragen, können Bildungsprozesse sowohl innerhalb ein
75 und derselben Generation als auch zwischen Angehörigen unterschiedlicher Generationen stattfinden. Funktion der Erziehung ist es, für nachwachsende Generationen Anschlüsse an aktuelle Bildungsprozesse zu sichern, Funktion von Bildung ist es, Erfahrungen auszutauschen und Ver-
80 ständigungsprozesse zu strukturieren.

M 19 Erziehung und Macht (Andreas Dörpinghaus/Ina Katharina Uphoff)

Erziehung ist ein durch Macht strukturiertes Verhältnis von Erziehenden und zu Erziehenden. Dabei treten die Machtstrukturen nicht immer offen zu Tage und sind erst recht keine Faktoren, die zur Erziehung hinzukommen und dadurch
5 vermeidbar wären, wie es die Antipädagogik oder auch die antiautoritäre Erziehung nahelegen. Vielmehr ist Erziehung als solche schon durch Macht gekennzeichnet. Um das zu verstehen, bedarf es zunächst einer Klärung des oft nur abwertend gebrauchten Machtbegriffs. An sich beschreibt
10 der Begriff der Macht zunächst lediglich eine produktive Struktur menschlicher Verhältnisse […]. Im Kontext von Erziehung geht es dabei vor allem um die Frage, wie sich der Mensch als freiheitliches Subjekt hervorbringt, damit er sich als der, der er sein soll, auch tatsächlich versteht.
15 Hilfreich ist in diesem Kontext die Unterscheidung zwischen einer repressiven Macht als Herrschaft oder Gewalt und einer produktiven Macht. Während Herrschaft und Gewalt als autoritäre Machtstrukturen die Frei-
20 heit des Einzelnen durch Unterwerfung vernichten wollen, nutzt die produktive Macht gerade eine suggerierte Freiheit zur selbst
25 gewählten und darin produktiven Unterwerfung. In beiden Fällen schreibt sich die Macht dem Körper oder Leib durch Disziplinierun-
30 gen ein, wird also inkorporiert und zum vorreflexiven sowie wesenhaften Bestandteil der Subjektivität.

Abb. 1.24

Damit wird auch deutlich, dass jeweils repressive und pro-
35 duktive Machtpraxen unterschiedliche Disziplinartechniken implizieren.

Die gezielte repressive Einwirkung auf das Handeln der Zöglinge über körperliche Züchtigung reicht bis weit in die Geschichte der Erziehungspraktiken zurück und hat
40 zumeist das erzieherische Ziel, den Willen des Zöglings zu brechen. Bis in die Gegenwart hinein wird der „kleine Klaps" als legitim betrachtet, und körperliche Strafen gelten nach wie vor als probat. Historisch betrachtet ist eine solche repressive Machtausübung rückläufig. Der Grund
45 liegt allerdings nicht, wie zu vermuten wäre, in einem grundsätzlichen Wandel der Erziehungsstile – vom sogenannten Befehls- zum Verhandlungshaushalt – sondern vielmehr in einem veränderten Verständnis von Disziplinierung im Kontext einer produktiven Machtstruktur […].
50 Die Disziplinierung wird vor allem im 18. Jahrhundert nach dem Vorbild der Pastoralmacht […] produktiv gewendet. Dieser Begriff Michel Foucaults (1926–1984) verdeutlicht die Verwobenheit einer auf das Seelenheil des Einzelnen gerichteten subtilen „Führung der Führungen" (Foucault),
55 die das Ziel der Herstellung einer normativen Subjektivität sowie einer normalen „Identität" durch permanente Selbstentzifferung und Überwachung hat. Der Mensch wird zum Objekt einer pastoralen, auf sein Wohl gerichteten erzieherischen Sorge, die auch Kontrolle genannt wird.
60 „Diese Form der Macht ist auf das Seelenheil eingerichtet (im Unterschied zur politischen Macht). Sie ist opferbereit (im Unterschied zum Herrschaftsprinzip), und sie individualisiert (im Unterschied zur richterlichen Macht). Sie ist koextentensiv mit dem Leben und dessen Fortsetzung
65 nach dem Tod. Sie ist mit der Erzeugung von Wahrheit verbunden, und zwar der Wahrheit des Einzelnen." (Foucault)
Insgesamt sind die Formen der Macht Weisen, wie man denken, handeln und urteilen soll, wem man den Vorzug

gibt, was man verabscheut, wessen man sich schuldig fühlt oder sich zu schämen hat. Hier setzt die Erziehung an, bei der Konstitution eines Individuums als Subjekt, das einer normativen Identität gerecht werden soll, die sich letztlich in den Leib einschreibt. Ziel ist die Unterwerfung der zu Erziehenden bei gleichzeitiger Erhöhung ihrer Produktivkräfte. Unter diesem Aspekt ist die Macht der Erziehung eine produktive Technologie, die freiheitliche Individuen erzeugt, Menschen, die das tun, was sie sollen und die in der machtstrukturierten Selbstregierung (Gouvernementalität) kulminiert […].

M20 Erziehung und Bildung als Stätten des Scheiterns (Markus Rieger-Ladich)

[Das pädagogische Feld] […] muss als privilegierte Stätte des Scheiterns gelten: Betrachtet man Erziehung und Bildung als jene sozialen Praktiken, deren systematische Reflexion im Zentrum der Erziehungswissenschaft steht, fällt unmittelbar ins Auge, inwiefern sie von den hier interessierenden Phänomenen kontaminiert sind.
Richten wir zunächst den Blick auf Erziehung. Ohne an dieser Stelle auf ein bestimmtes Paradigma zu rekurrieren, kann doch festgehalten werden: Erziehungspraktiken kennen keine Erfolgsgarantie, sie sind hochprekär und überaus riskant. Die Ursache liegt darin, dass sich der Erzieher mit einer Vielzahl von Quellen der Ungewissheit konfrontiert sieht […]: Zunächst ist der Adressat der eigenen Bemühungen hinreichend intransparent und daher auch die Wahl der adäquaten Mittel nicht eben einfach; die Effekte der Handlungen sind kaum einmal verlässlich vorhersagbar; es muss überdies mit Störungen unterschiedlicher Art gerechnet werden: mit eigenwilligen Reaktionen des Adressaten, mit streuenden Effekten, mit ungewollten Nebeneffekten, mit irritierenden Rückkopplungen und anderen Unwägbarkeiten mehr […]. So unterschiedlich die erziehungstheoretischen Zugänge im Detail sind, gemeinsam ist den meisten, dass sie davon Abstand nehmen, Erziehung als eine verlässlich planbare, hinreichend erfolgssichere Unternehmung zu entwerfen. Stattdessen legen sie nahe, Erziehung als eine soziale Praxis zu begreifen, die störanfällig ist, die keine Kausalitäten kennt, die von zahlreichen Quellen der Ungewissheit gespeist wird und damit auf empfindliche Weise vom Scheitern bedroht ist.
Der Befund fällt für den Bildungsbegriff ähnlich aus, wenn auch etwas weniger scharf konturiert. Ob man Bildung nun – kollektiv – als einen langgestreckten, historischen Emanzipationsprozess interpretiert oder – individuell – als eine Transformation von Selbst- und Weltverhältnissen […], in beiden Fällen kommt man zu einem vergleichbaren Befund: Auch Bildungsprozesse entziehen sich einer präzise kalkulierten Planbarkeit; sie werden nicht von Kausalbeziehungen regiert; stattdessen verweisen sie auf Phänomene der Kontingenz und des Unvorhersehbaren. Bildung vollzieht sich mithin weitgehend ungesteuert; sie verdankt sich Konstellationen und Ereignissen, die sich nicht planmäßig erzeugen lassen. Bildungsprozesse im emphatischen Sinne kennen also keinen störungsresistenten, detailliert ausgearbeiteten Masterplan […].
Auch wenn sich das pädagogische Feld nun über den Versuch der Verstetigung und Institutionalisierung dieser Praktiken konstituiert, wäre es doch für die Bemühungen um die Weiterentwicklung der Reflexionskultur wenig förderlich, das Scheitern noch länger zu vernachlässigen. […] So verdienstvoll es ist, dass Otto Friedrich Bollnow das Scheitern aus der Perspektive der Pädagogischen Anthropologie in den Blick nahm, so problematisch ist doch die Form, in der dies geschah: Bollnow hatte Mitte der 1950er-Jahre in einem Beitrag, der den Titel trug „Das veränderte Bild vom Menschen und sein Einfluss auf das pädagogische Denken", dafür geworben, bei der Arbeit an der Pädagogik als einem Theoriegebäude nicht allein die „stetigen Vorgänge" zu berücksichtigen, sondern auch mit unstetigen Vorgängen zu rechnen […]. Unvermeidlich sei es daher, „die klassische Pädagogik der stetigen Erziehungsformen durch eine entsprechende Pädagogik der unstetigen Formen zu erweitern" […]. Als er wenige Jahre später Überlegungen zum Verhältnis von „Existenzphilosophie und Pädagogik" […] vorlegte, knüpfte er an die Unterscheidung Stetigkeit/Unstetigkeit erneut an und verschärfte seine Kritik an der zeitgenössischen Pädagogik: Statt Krisen noch länger zu bagatellisieren, müssten diese zum Anlass werden, über Erziehung auf grundlegend neue Weise nachzudenken. Er beschließt seine Ausführungen mit einem bemerkenswerten Resümee: „Es sind nur einige Hinweise, um deutlich zu machen, wie fruchtbar es wäre, das Problem des Scheiterns in der Erziehung als grundlegendes pädagogisches Problem durchzuarbeiten, und zwar nicht als irgendeines ‚dummen' Zufalls, sondern als einer immer vorhandenen Möglichkeit, die von vornherein in den Ansatz jeder Erziehung mit hineingenommen werden muss" […]. Dieser Einschätzung ist uneingeschränkt zuzustimmen; seine ganze „Fruchtbarkeit" wird das Problem des Scheiterns freilich erst dann entfalten, wenn es nicht länger als ein „schicksalhaftes Element" […] ausgegeben wird, so Bollnow im selben Text, sondern als ein komplexes soziales Phänomen, das auf vielfache Weise gerahmt ist, das auf Machtverhältnisse verweist, auf hegemoniale Kämpfe und nicht zuletzt auf die Verstrickung des Bildungssystems in die Reproduktion sozialer Ungleichheit.

M21 Intentionale und funktionale Erziehung (Dorle Klika/Volker Schubert)

Dass Menschen geboren werden und sterben und dass sie in einer selbst geschaffenen Welt leben, für die ihre genetische Ausstattung nicht ausreicht oder zu umfassend und zu flexibel ist, macht es erforderlich, dass jeder
5 Neuankömmling eine ganze Menge lernen muss, um sich möglichst bald einigermaßen in der Welt zurechtfinden zu können. Darauf reagieren Gesellschaften – im Interesse ihres eigenen Fortbestands, der zugleich der Fortbestand der nachwachsenden Generation ist – auf die eine oder andere
10 Art und recht unterschiedlich. Die Summe dieser Reaktionen auf die Entwicklungstatsache nennen wir mit Bernfeld […] Erziehung. Sie bezeichnet also kein verblasenes Ideal und keinen hehren Anspruch, auch nicht den anmaßenden Versuch, zarte Kinderseelen für das raue gesellschaftliche
15 Leben zuzurichten, sondern einen unvermeidlichen gesellschaftlichen Tatbestand. Fraglich ist nur, wie Erziehung aussieht.

Dieser weite Erziehungsbegriff hat den Vorteil, dass er eine analytische Perspektive zeigt, in der Erziehung (das
20 was die älteren Generationen mit der jüngeren Generation anstellen) übergreifend untersucht werden kann. Anders als der enge, personale Erziehungsbegriff kann er überdies deutlich machen, dass einerseits die pädagogische Verantwortung weiter reicht als die individuellen guten Absich-
25 ten, weil Erziehung als gesellschaftlicher Prozess von vornherein auch gesellschaftlicher Verantwortung unterliegt, dass eben deshalb aber andererseits die individuelle pädagogische Verantwortung begrenzt ist, weil Erzieher und Zögling sich vor jeder bewussten Erziehungsmaßnahme
30 in einer bestimmten gegenständlichen und sozialen Welt befinden, die ihrerseits „erzieht" […].

Allerdings bringt dieses weite Verständnis von Erziehung auch Probleme mit sich. Das wohl schwerwiegendste ist, dass der Erziehungsbegriff zu weit ist und damit unhand-
35 lich wird. Ein früher, heute nicht mehr sehr häufig verwendeter Versuch, das Problem zu lösen und die begrifflichen Unschärfen zu beheben, die sich mit der Entdeckung eines weiten Verständnisses von Erziehung ergeben haben, stellt die Differenzierung von funktionaler und intentionaler Er-
40 ziehung dar. Unter funktionaler Erziehung wird dabei der „absichtslose" Einfluss der Verhältnisse und des Geflechts sozialer Interaktionen verstanden; intentionale Erziehung verweist demgegenüber auf „von erklärter Erziehungsabsicht geleitete Akte" […]. Hinter dieser Unterscheidung
45 steckt […] Einsicht, dass von Sitten, Traditionen und Gewohnheiten, von der in einer Umgebung allgemein vorherrschenden, aber unaufdringlich wirkenden Atmosphäre und den gesellschaftlichen Zusammenhängen der jeweiligen Umgebung in starkem Maße entwicklungsbestim-
50 mende Einflüsse ausgehen. Schon durch das bloße Dasein der Eltern beispielsweise, durch das bloße Dabeisein bei deren Lebensbewältigung wird das Kind viel nachhaltiger geformt als durch ausdrückliche Erziehungsmaßnahmen, die ohnehin vergleichsweise selten sind. Hinzu kommen
55 die vielfältigen Einflüsse der „Straße" oder der Medien, gegen die intentionale Erziehung meist machtlos ist. Dieser funktionalen Erziehung steht die intentionale Erziehung gegenüber, womit all jene Erziehungsmaßnahmen zusammengefasst werden sollen, die bewusst und absichtlich
60 zumeist in der Face-to-Face-Beziehung vorgenommen werden und entsprechend in persönlicher erzieherischer Verantwortung stehen.

Das Hauptproblem dieser Unterscheidung […] liegt darin, dass bewusste intentionale Erziehung kaum von der funk-
65 tionalen Erziehung, den übrigen Einflüssen, abgrenzbar ist. Auch analytisch kann die Unterscheidung kaum trennscharf vorgenommen werden. Mutter und Vater wirken erzieherisch sowohl durch die Art, wie sie leben, wie sie ihre Wohnung einrichten, wie sie handeln, sich verhalten,
70 miteinander umgehen, durch ihre Präsenz, wie durch ausdrückliche Ermahnungen beispielsweise, die überdies – obgleich gleichlautend – in verschiedenen Kontexten ganz unterschiedliche Bedeutungen haben können. Ebenso wirkt eine Lehrerin oder ein Erzieher, eine Sozialpädagogin
75 durch körperliche Präsenz, Haltung, Stimme oder „Ausstrahlung" ebenso wie durch geplante pädagogische Handlungen, ganz zu schweigen von den übrigen Einflüssen: Gestaltung der Umgebung und nicht zuletzt die anderen Kinder bzw. Jugendlichen. Als zusätzliche Komplikation
80 kommen noch die ungewollten Nebenwirkungen geplanter erzieherischer Maßnahmen hinzu, die nicht selten viel nachhaltiger sind als die geplanten Maßnahmen selbst. […]

Abb. 1.25

Bei der gegenwärtig sehr verbreiteten Unterscheidung von
85 Sozialisation und Erziehung stellt sich ein ganz ähnliches Problem. Sozialisation bezeichnet hier den übergreifenden Prozess, „die Gesamtheit der Lernprozesse im weitesten Sinne" […], Erziehung dagegen lediglich die intentionale Erziehung, „intentionales, geplantes und dabei normativ
90 orientiertes Handeln" […]. Sozialisation wäre demnach mit einem weiten Begriff von Erziehung […] nahezu identisch. Dagegen bliebe Erziehung auf das enge Verständnis begrenzt – wie gesagt mit dem Problem einer einigermaßen klaren Abgrenzung.

95 Unterscheidungen wie die zwischen funktionaler und intentionaler Erziehung oder zwischen Sozialisation und Erziehung im engen Sinne sind nicht eindeutig oder gar trennscharf. Das müssen sie auch gar nicht sein.

Ihr Wert für die wissenschaftliche und praktische Auseinandersetzung liegt vielmehr darin, dass sie eine in
100

pädagogischen Prozessen unaufhebbare Problemstruktur festhalten. Erziehung, gleichgültig ob wir sie im weiten Sinne der „Summe der Reaktionen einer Gesellschaft auf die Entwicklungstatsache" oder als isolierten Akt einer bewusst versuchten Einflussnahme auf ein heranwachsendes Subjekt verstehen, ist immer funktional und intentional zugleich, enthält stets Elemente von Sozialisation und intentional geplantem Handeln, geschieht teilweise nicht bewusst, unbeabsichtigt und teilweise bewusst. Das muss bei der Beschreibung von Dimensionen des Erzieherischen berücksichtigt werden.

M 22 Grundlagen pädagogischen Denkens und Handelns (Volker Ladenthin/ Anke Redecker)

Bildung entsteht aus Wechselseitigkeit – ohne in ihr aufzugehen: Ein sich selbst überlassener Mensch würde sich selbst ebenso verfehlen wie einer, der von einem anderen zum Werkzeug eines vorgesetzten Zweckes moduliert wird. Erst im Dialog wird jenes pädagogische Paradox gelöst, das darin besteht, einem anderen zur Selbstbestimmungsfähigkeit (Autonomie) zu verhelfen. In der Regel findet dieser Dialog im Medium gesprochener und geschriebener Sprache statt, einem Medium, das zugleich Gemeinsamkeit wie Differenz voraussetzt. Durch die vorausgesetzte Gemeinsamkeit wird wechselseitige Verständigung möglich, die jedoch nie zu einem Identischwerden der Dialogpartner führt. Ein Ergebnis kann also nicht vorhergesagt, sondern nur intendiert werden. Nicht-intentionale Ergebnisse von Dialogen sind schwer zu beschreiben und zu verhindern [...] und sie können, pädagogisch betrachtet, durchaus sinnvoll sein: So besteht die Grundidee der Kunstpädagogik darin, die nachfolgende Generation zum Anfertigen (oder Verstehen) von Kunstwerken zu befähigen, die bisher nicht bekannt sind, also auch nicht operationalisiert beschrieben und daher gelehrt werden können. Der Lehrende regt in Sprache den Lernenden an, sich selbst zu bilden und etwas bisher Unbekanntes zu schaffen.
Bildung als Selbsttätigkeit fordert Anregung und Hilfestellung, Ermutigung und Begleitung. Im pädagogischen Dialog leitet der Lehrende seinen Schüler, ohne ihn indoktrinierend zu führen. [...]
Die [...] Theorie des Dialogs [...] ist daher nicht einfach eine mögliche Form pädagogischer Interaktion, sondern die fundamentale regulative Idee für alle Formen pädagogischer Interaktion [...]. Lernen bedeutet, ausgehend von Fragen [...] eigenständig auf vernünftig begründeter Geltung beruhende Antworten zu finden. Die Aufgabe des Lehrenden besteht in einer Aufforderung zur Selbsttätigkeit unter dem Anspruch von Geltung und auf der Grundlage einer pädagogischen Rhetorik, die die Sprache jedes Menschen als eine selbst zu konstituierende versteht. [...]

Pädagogik ist wesentlich bestimmt durch
• das Prinzip der Geltung und
• das Prinzip der Bildsamkeit.

Abb. 1.26

Beide Prinzipien bilden notwendige Grundlagen des Pädagogischen. Sie sind die Bedingungen der Möglichkeit einer gelingenden pädagogischen Interaktion. Ohne diese beiden Voraussetzungen wäre Bildung nicht möglich. Was aber ist gemeint, wenn von Geltung und Bildsamkeit die Rede ist?

1. Das Prinzip der Geltung

Bildung ist In-Geltung-Setzung. Das, was gelernt wird, soll als „wahr" anerkannt werden. Dies kann es nur, wenn es methodisch erworben wird. Dass das Gedachte gelten soll, ist eine Anforderung, die hirnphysiologisch nicht zu fundieren ist [...], denn methodisches Denken lässt sich nicht biologisch begründen. Pädagogik basiert auf philosophischen Grundlagen, doch sie ist nicht Philosophie. Denn in ihr geht es nicht um die Frage der Geltungsbegründung, sondern um die der In-Geltung-Setzung.
Das Gedachte soll logisch konsistent und folgerichtig sein. Geltung betrifft auch die praktische Vernunft, also dasjenige, was jeder Einzelne in moralischen Fragen urteilt, entscheidet und tut. Nicht nur das Wissen soll gelten, sondern auch das Werten.
Freilich stellen pädagogische Situationen nur den Ort dar, an dem Wissen und Werten gelernt werden – sie sind nicht der Ort der Bewährung von Wissen und Werten, weil beides nur unter restloser Eigenverantwortung stattfinden kann (vgl. das Zurechnungsprinzip in der Rechtsprechung): Kinder bedürfen daher der Institutionen, um moralische Situationen praxisentlastet reflektieren zu können, zum Beispiel anhand fiktiver Beispiele in Erzählungen oder Theaterstücken. Im Ausgang von solchen Beispielen können sie eigene Entscheidungssituationen analog meistern. Hierbei ist die Schule der Ort des Erprobens im Umgang mit der eigenen reflektierenden Urteilskraft. Schule ist nicht der Ort der Entscheidungsbeurteilung durch die Lehrperson, denn die Persönlichkeit des Lernenden bleibt unverfügbar.

2. Das Prinzip der Bildsamkeit

Gerade weil ein „Wissensgefälle" zwischen Lehrendem und Lernendem besteht und der Lehrer bei seinem Schüler nicht den Erfahrungsreichtum voraussetzen kann, den er selbst besitzt, achtet er den Schüler in seiner Bildsamkeit

als denjenigen, der seinen individuellen und vielleicht ganz neuartigen, eventuell sogar besseren Bildungsweg geht. Bildsamkeit bedeutet, dass der Lernende sich selbst
85 bestimmen muss, indem er seine eigenen Erfahrungen sammelt und sie auf Geltung hin befragt. Bildsamkeit als die Aufgabe, sich selbst bestimmen zu müssen, ist eine existenzielle Aufgabe des Menschen, der sich seine Bestimmung auf der Grundlage von Vernunft selbst gibt.
90 Er hat die Freiheit, sich in das Verhältnis zu seinen Mitmenschen, der Welt und sich selbst zu setzen, sich nicht nur erkennend, sondern auch wertend damit auseinanderzusetzen. Und er tut dies auf seine ganz eigene Art.

M 23 Bildung als begründetes Urteilen (Klaus Zierer/Julian Nida-Rümelin)

Klaus Zierer: Wenn ich über Bildung spreche, spreche ich auch immer über den Menschen, über ein Verständnis von ihm, wie er sich zeigt und wie man ihn verstehen kann. Dies kann nicht ohne die Auseinandersetzung mit Gründen
5 geschehen. In Ihren Arbeiten haben Sie diesen Gedanken mit dem Begriff des Humanen umschrieben, mit der „Philosophie einer humanen Bildung". Können Sie darlegen, was Sie unter dem Humanen im Kontext von Bildung verstehen, sodass wir die theoretischen Überlegungen „Warum
10 brauche ich ein Menschenbild und wie sieht es aus?" mit Inhalten füllen können?
Julian Nida-Rümelin: Sehr schön lässt sich das am schon angesprochenen Begriff des Grunds entwickeln. Durch Platon hat die Pädagogik ihren Ursprung in der Philosophie,
15 und zwar mit der These, dass wir als vernunftfähige Wesen, als vernünftige Menschen uns selbst ein Urteil bilden sollten. Es geht darum, Gründe abzuwägen und so zu einem Urteil zu kommen. Keineswegs bedeutet das, wiederzugeben, was Autoritäten uns vorbeten, Wissen oder Kenntnis-
20 se für andere Zwecke zu instrumentalisieren.
Erst einmal geht es um die Frage: „Wie verhält es sich wirklich?", und dazu brauche ich eine gewisse Geduld, ich muss mir Argumente anhören, ich muss mir Gegenargumente anhören, ich muss das Vernommene abwägen können, ich
25 muss mir überlegen, auf was wir uns gemeinsam beziehen können, was die gemeinsamen Ausgangspunkte unserer Argumente sind und so weiter. Das ist der Inhalt des berühmten Theaitetos-Dialogs bei Platon, in dem es darum geht: „Was ist eigentlich Wissen?". Das Ergebnis ist: Wissen
30 ist nicht lediglich eine Überzeugung, die wahr ist, sondern eine Überzeugung, die erstens wahr ist und zweitens die besten Gründe für sich hat.
Der amerikanische Philosoph Edmund Gettier hat […] gezeigt, dass es Situationen gibt, in denen die eigenen
35 Überzeugungen wahr und wohlbegründet sind und trotzdem nicht als Wissen gelten können. Wissen ist gebunden an zwei zentrale Dinge: erstens an die Idee der Wahrheit. Ohne Wahrheit existiert kein Wissen. Kurzum: Bestandteil von humaner Bildung ist, Menschen als Urteilende ernst zu
40 nehmen. Genau das ist ein wesentlicher Bestandteil dieser humanen, auch humanistischen Konzeption. Und damit man es nicht missversteht, es geht um das Urteilen.

Zweitens ist Wissen an eine praktische Dimension gebunden. Angenommen, ich könnte jemanden am besten dazu
45 bringen, mir zuzustimmen, indem ich ihn bedrohe, dann könnte ich mir Argumente ersparen. Das ist Anti-Humanismus und bedeutet: Ich setze immer das Instrument ein, mit dem ich meine Ziele am einfachsten erreiche. Die Idee der humanen Bildung hält dagegen und sagt: „Nein,
50 Wissen, ein zentrales Bildungsziel, ist nicht erreichbar, indem ich jemanden manipuliere und überrede, sondern nur durch den Austausch von Gründen, und das setzt einen wechselseitigen Respekt, eine Anerkennung voraus." Damit wären wir noch bei der theoretischen Dimension.
55 Bildung hat aber immer auch eine praktische Dimension, man versteht die Welt erst, wenn man sich praktisch mit ihr befasst, zum Beispiel durch Experimente. Man begreift erst, wie eine Technik funktioniert, wenn man selbst handwerklich, also haptisch, tätig war.
60 Die ungute Trennung zwischen dem Theoretischen und dem Praktischen führt dazu, dass beide Seiten verlieren. Das Praktische verliert die Dimension des tieferen Verständnisses und das Theoretische verliert den Bezug zu den Dingen und Vorgängen. Praxis hängt also eng mit The-
65 orie zusammen, Theorie ist ohne Praxis gar nicht möglich. Eine Praxis muss aber vor allem über die Zeit hinweg in sich stimmig sein. Menschen, die permanent
70 bereuen, was sie getan haben, haben ein Problem im Leben. Deswegen ist ein zentrales Bildungsziel die Fähigkeit, die eigene Praxis
75 kohärent zu gestalten. Jetzt sind wir wieder beim Begriff des Grunds, denn die Gründe sind es, die das Abwägen ermöglichen:
80 Soll ich dieses oder jenes tun, passt dieses und jenes eigentlich zusammen, und wie sieht das in der langfristigen Perspektive aus,

Abb. 1.27

85 wenn ich mich jetzt so oder so verhalte? Ist es sinnvoll, wenn ich mir für die Zukunft vornehme, dieses oder jenes zu realisieren? Diese Stimmigkeit, die Kohärenz der Praxis, hängt also mit Gründen zusammen, und Gründe sind nicht ohne theoretische Einsicht zu haben.
90 Theorie und Praxis sind in diesem Verständnis humaner Bildung also aufs Engste miteinander verknüpft, und das Ganze hat eine ethische Dimension. Den wechselseitigen Respekt, die Anerkennung habe ich schon genannt, aber es kommt noch etwas hinzu, nämlich das Vertrauen in die
95 menschlichen Fähigkeiten. Wenn wir der Meinung sind, dass das Austauschen von Gründen uns der Wahrheit nicht näherbringen wird, dann brauchen wir es erst gar nicht zu versuchen. Das heißt, wir benötigen einen gewissen Optimismus, ich nenne das „epistemischen Optimismus", näm-
100 lich den Optimismus, dass wir uns durch das Austauschen von Gründen den Dingen, wie sie sind, annähern können.

1. Kapitel

Weiterführende Aufgabe

In Heft 1 von „Perspektive Pädagogik", S. 27f. haben Sie bereits den Text von Oliver Hechler zur Begründung erzieherischen Handelns kennengelernt. Sie finden ihn auch unter PP-Code 🌐 9gc2h3. Damals ging es darum, zu Beginn des Pädagogikunterrichts eine erste zusammenfassende Orientierung zu den pädagogischen Grundbegriffen und zur pädagogischen Perspektive zu entwickeln.

Jetzt können Sie überprüfen, wie sich Ihr Verständnis der pädagogischen Perspektive erweitert und vertieft hat.

Erläutern Sie dazu den Text und vergleichen Sie Ihre aktuellen Erläuterungen mit denen von damals.

Texte zu den pädagogischen Grundbegriffen in den Heften von „Perspektive Pädagogik"

Die Begriffe **Erziehung** und **Bildung** spielen – explizit oder implizit – in allen Texten eine Rolle. Hier sind – ohne Anspruch auf Vollständigkeit – Verweise auf die Texte in diesem Kapitel, in denen die beiden pädagogischen Begriffe explizit aufgegriffen werden. Darüber hinaus werden Hinweise auf weitere wichtige Begriffe gegeben, die in diesem Kapitel eingeführt werden. In der dritten Spalte werden Hinweise auf Texte in den anderen Heften von „Perspektive Pädagogik" gegeben. Sie können zu „Erziehung" und „Bildung" sowie untereinander in Bezüge gebracht werden. Dabei sind Visualisierungen hilfreich. Sie kennen sicherlich zahlreiche Varianten, z.B. Concept Map, Strukturlegetechnik.

Begriffe	... in diesem Kapitel	... in anderen Heften von „Perspektive Pädagogik"	
Autorität/ Macht	M 5, M 6, M 19	PP1, S. 25:	Bernhard: Das pädagogische Verhältnis in der Geisteswissenschaftlichen Pädagogik
		PP1, S. 75:	Fuhrer: Der autoritative Erziehungsstil
		PP1, S. 77:	Fuhrer: Drei Dimensionen autoritativer Erziehung
		PP3, S. 13:	Bott: Erziehung zum Ungehorsam
		PP3, S. 14:	Neill: Antiautoritäre Erziehung in Summerhill
		PP4, S. 46:	Sesink: Jugend und Autorität im Generationenverhältnis
		PP5, S. 32:	Bernhard: Prinzipien der Erziehung im Nationalsozialismus
		PP5, S. 34:	Bisky: Dogmas Anstalt
		PP5, S. 136:	Ladenthin: Selbstbestimmung und Geltungsansprüche
Bildsamkeit	M 15, M 17, M 22	PP1, S. 21:	Ladenthin: Was ist Bildung?
		PP1, S. 27:	Hechler: Begründung erzieherischen Handelns
		PP1, S. 94:	Menck: Die Funktion der Anthropologie für die Pädagogik
		PP2, S. 22:	Rekus u.a.: Bildsamkeit und Selbsttätigkeit als pädagogische Grundprinzipien
		PP2, S. 84:	Klika/Schubert: Bildsamkeit: das nicht festgestellte Tier
		PP3, S. 40:	Rousseau: Freiheit und Vervollkommnungsvermögen (Perfectibilité)
		PP4, S. 42:	Rekus: Begabung und Bildsamkeit
Bildung	M 2, M 3, M 4, M 9, M 11, M 14, M 15, M 16, M 18, M 20, M 22, M 23	PP1, S. 16:	Krautz: Was ist Bildung?
		PP1, S. 21:	Ladenthin: Was ist Bildung?
		PP1, S. 119:	Ladenthin: Zukunft und Bildung – ein Paradox?
		PP3, S. 77:	Schäfer: Bildung als Selbstbildung
		PP4, S. 10:	Fatke/Merkens: Bildung über die Lebenszeit
		PP4, S. 93:	Müller: Differenz und Interdependenz therapeutischen und pädagogischen Handelns
		PP4, S. 122:	Tippelt/Gebrande: Formale, non-formale und informelle Bildungsprozesse

Erziehung und Bildung als pädagogische Grundbegriffe

Begriffe	... in diesem Kapitel	... in anderen Heften von „Perspektive Pädagogik"	
		PP4, S. 136:	Kade/Nolda: Bildungsbiografisches Gestalten als Ergebnis von (Bildungs-)Ereignissen und (Bildungs-)Entscheidungen
		PP4, S. 136:	Schäfer: Bildung und Erziehung als Perspektiven auf Personwerdung
		PP5, S. 129:	Nieke: Zehn Ziele Interkultureller Erziehung und Bildung
		PP5, S. 135:	Rekus/Ladenthin: Transkulturelle Bildung
		PP5, S. 136:	Ladenthin: Selbstbestimmung und Geltungsansprüche
Demokratie und Erziehung	M 1, M 5	PP5, S. 29:	Scholtz: Formationserziehung im Nationalsozialismus
		PP5, S. 46:	Sander: Staatsbürgerkunde als Kernfach politischer Bildung in der DDR
		PP5, S. 51:	Beutelsbacher Konsens
		PP5, S. 67:	Oser/Althof: Die Entstehung des „Just-community"-Ansatzes
		PP5, S. 74:	Dewey: Der demokratische Gedanke in der Erziehung
		PP5, S. 76:	Reinhardt: Mündige Bürger – Ziele der politischen Bildung
		PP5, S. 78:	Magdeburger Manifest zur Demokratiepädagogik
		PP5, S. 82:	Reichenbach: Partizipation unter Ungleichen
		PP5, S. 83:	Grammes: Überwältigungsverbot
Erziehung	M 5, M 12, M 13, M 17, M 18, M 19, M 20, M 21, M 22	PP1, S. 11:	Marotzki u.a.: Die Grundstruktur von Erziehung
		PP1, S. 22:	Koller: Weil ich möchte, dass du selbstständig denkst
		PP1, S. 25:	Bernhard: Das pädagogische Verhältnis in der Geisteswissenschaftlichen Pädagogik
		PP1, S. 27:	Hechler: Begründung erzieherischen Handelns
		PP1, S. 32:	Kaiser/Kaiser: Erziehungsziele
		PP1, S. 37:	Reichenbach: Autonomie- und Kontrollpädagogiken
		PP1, S. 55:	Drieschner: Erziehung und Unterricht als Fremdaufforderung zur Selbsttätigkeit
		PP1, S. 80:	Herbart: Der pädagogische Takt
		PP2, S. 19:	Prange: Zeigen und Lernen
		PP2, S. 20:	Prange: Lernen und Erziehen: die pädagogische Differenz
		PP2, S. 122:	Flitner: Vom Gehorsam zur Einsicht
		PP3, S. 40:	Rousseau: Erziehung zum Menschen
		PP3, S. 42:	Rousseau: Negative Erziehung
		PP4, S. 136:	Schäfer: Bildung und Erziehung als Perspektiven auf Personwerdung
		PP5, S. 49:	Indoktrination und Manipulation (Lexikonartikel)
		PP5, S. 60:	Rekus: Compassion: Begründung der Konzeption
		PP5, S. 63:	Oser/Althof: Der progressive Ansatz der Moralerziehung
		PP5, S. 77:	Sliwka: Demokratie-Lernen als Aufgabe der Schule?
		PP5, S. 82:	Reichenbach: Partizipation unter Ungleichen
		PP5, S. 83:	Grammes: Überwältigungsverbot
		PP5, S. 129:	Nieke: Zehn Ziele Interkultureller Erziehung und Bildung
Formen erzieherischen Handelns	M 13, M 21, M 22	PP1, S. 39:	div. Autoren: Formen erzieherischen Handelns
		PP1, S. 57:	div. Autoren: Erziehungsstile
		PP2, S. 19:	Prange: Zeigen und Lernen
		PP3, S. 66:	Oser: Die pädagogische Präsupposition
		PP3, S. 100:	Esser/Wilde: Die räumlich vorbereitete Umgebung
		PP3, S. 101:	Montessori: Das Entwicklungsmaterial
		PP4, S. 52:	Riegel: Die Bühne als Schule
Mündigkeit/ Selbstbestimmung/ Autonomie	M 1, M 5, M 6, M 7, M 8, M 10, M 12, M 15, M 17, M 18	PP1, S. 80:	Reichenbach: Kritik des Erziehungsstilansatzes
		PP3, S. 9:	Roth: Was ist „Entwicklungspädagogik"?
		PP4, S. 46:	Sesink: Jugend und Autorität im Generationenverhältnis
		PP5, S. 76:	Reinhardt: Mündige Bürger – Ziele der politischen Bildung
		PP5, S. 101:	Gruschka: Das Verhältnis von Funktionen und Normen als Ausgangspunkt einer Kritik an der Schule
		PP5, S. 120:	Krautz: Kompetenzen machen unmündig

1. Kapitel

Begriffe	... in diesem Kapitel	... in anderen Heften von „Perspektive Pädagogik"	
Paradox, pädagogisches	M 8, M 22	PP1, S. 55:	Drieschner: Erziehung und Unterricht als Fremdaufforderung zur Selbsttätigkeit
Partizipation/ Teilhabe	M 10, M 14, M 17	PP1, S. 107:	Ladenthin: Schule, Enkulturation und Bildung
		PP2, S. 100:	Göhlich u.a.: Dimensionen des Lernens
		PP4, S. 9:	Nittel/Siewert: Lebenslauf und Biografie
		PP4, S. 10:	Fatke/Merkens: Bildung über die Lebenszeit
		PP4, S. 37:	Hurrelmann/Quenzel: Entwicklungsaufgaben im Jugendalter
		PP4, S. 38:	Ecarius: Kritik des Konzepts der Entwicklungsaufgaben
		PP4, S. 40:	Hurrelmann/Albrecht: Politisches Engagement der Generation Y
		PP4, S. 114:	Beck u.a.: Die Bedeutung des Berufs für Entwicklung und Persönlichkeit des Einzelnen
		PP4, S. 117:	Brater: Beruf und Biografie
		PP4, S. 119:	Tippelt: Beruf und Lebenslauf
		PP4, S. 122:	Tippelt u.a.: Formale, non-formale und informelle Bildungsprozesse
		PP5, S. 67:	Oser/Althof: Die Entstehung des „Just-Community"-Ansatzes
		PP5, S. 70:	Kohlberg: Moralische Entwicklung und demokratische Erziehung
		PP5, S. 74:	Dewey: Der demokratische Gedanke in der Erziehung
		PP5, S. 76:	Reinhardt: Mündige Bürger – Ziele der politischen Bildung
		PP5, S. 77:	Sliwka: Demokratie-Lernen als Aufgabe der Schule?
		PP5, S. 78:	Magdeburger Manifest zur Demokratiepädagogik
		PP5, S. 80:	Friedrichs: Was ist ein Klassenrat?
		PP5, S. 82:	Reichenbach: Partizipation unter Ungleichen
Sozialisation	M 21	PP1, S. 103:	Geulen: Was ist Sozialisation?
		PP1, S. 104:	Marotzki u.a.: Erziehung und Sozialisation in der Familie
		PP3, S. 32:	Hurrelmann: Sozialisation und Erziehung in den Familien
		PP3, S. 63:	Mead/Joas: Der Mensch als Wesen der Interaktion: „I", „Me" und „Self"
		PP4, S. 30:	Hurrelmann/Quenzel: Zehn Maximen der sozialisationstheoretischen Jugendforschung
		PP4, S. 114:	Beck u.a.: Die Bedeutung des Berufs für Entwicklung und Persönlichkeit des Einzelnen
		PP4, S. 117:	Brater: Beruf und Biografie
		PP4, S. 119:	Tippelt: Beruf und Lebenslauf
		PP5, S. 40:	Tenorth: Wirkungen und Nebenwirkungen des Bildungssystems in der DDR

2. Bildung und Identität

In diesem Kapitel werden Sie aus unterschiedlichen Perspektiven an einem Problem arbeiten können, das im Zentrum pädagogischen Denkens und Handelns steht. Der Erziehungswissenschaftler Michael Winkler (Universität Jena) hat es so formuliert: „Mit Identität wird für die Pädagogik das Problem als unhintergehbar und doch relevant festgehalten, dass Menschen zwar Individuen, eigenartig und eigenwillig sind, aber doch soziale Wesen, die ohne andere Menschen nicht leben können, nicht außerhalb von Situationen, nicht ohne gemeinsame Lebenspraxis, vielleicht auch nicht ohne soziale und kulturelle Institutionen, die sie entweder selbst gestalten oder auf die sie verpflichtet werden."

Ausgehend von einem Ihnen schon bekannten Beispiel lernen Sie im ersten Abschnitt einen klassischen Text der soziologischen Identitätsforschung kennen: das Buch „Soziologische Dimensionen der Identität" von Lothar Krappmann.
In einem zweiten Abschnitt finden Sie Anregungen für eine pädagogische Sicht auf Identität. Den Gewinn beider Perspektiven können Sie anschließend an aktuellen Diskussionen um virtuelle Identitäten und den Verlust realer Identitäten im modernen Internet erproben.

2.1 Die soziologische Perspektive auf Identität

In **M1** finden Sie Auszüge aus dem Roman „Das verborgene Wort" von Ulla Hahn, in denen sie – mit autobiografischen Anklängen – das Aufwachsen Hildegard „Hilla" Palms in einfachen Verhältnissen im ländlichen Dondorf schildert. Hilla beschreibt zunächst gegen den Willen des Vaters einen höheren Bildungsweg und ist zwischen den einfachen Familienverhältnissen und den Versprechungen von Kultur, Bildung, Studium und ökonomischer Eigenständigkeit hin- und hergerissen. Das zeigt sich in der Sprache (Kölsch versus Hochdeutsch), aber auch in Verhaltensweisen des Alltags wie dem Benehmen bei Tisch. Auf der Geburtstagsfeier ihrer bürgerlichen Schulfreundin Doris blamiert sie sich beim Essen. Daraufhin versucht sie, den „richtigen" Umgang mit Messer und Gabel zu lernen, was insbesondere bei ihrem Vater auf Unverständnis stößt.

M1 Irritierende Erfahrungen eines Arbeiterkinds (Ulla Hahn)

Es gab Rinderbraten, Erbsen, Soße und Kartoffeln, als ich beim Sonntagsessen zeigte, was ich konnte. Es war nicht leicht, die Erbsen auf die Gabel und mit links in den Mund zu bugsieren, ohne dass die Hälfte wieder herunterkullerte.
5 Das Fleisch in passende Stücke zu schneiden dagegen ein Kinderspiel. Niemand schien mich zu beachten. Der Vater quetschte wie immer Gemüse, Kartoffeln und Soße zu einem Brei, schnitt das Fleisch klein, belud die Gabel mit hohen Haufen und schaufelte diese, den Kopf in die linke
10 Hand dicht über den Teller gestützt, den rechten Unterarm vom aufgesetzten Ellenbogen aus kaum hebend und senkend, in den Mund, wo sie unter Schmatz- und Schlucklauten hinuntergedrückt wurden. Niemand sprach ein Wort. Ich hatte meinen Teller halb leer gegessen, als plötzlich
15 eine Hand meine Linke umklammerte. Ich schrie auf, ließ die Gabel fallen.
Ach nä, höhnte der Vater und ergriff meine Gabel. Met ner Javvel ze äsee es der wall nit fürnähm jenuch. Dann brochs de se jo och nit.
20 Der Vater warf die Gabel auf den Boden, setzte den Fuß darauf. Es knirschte. Josäff, die Javvel, schrie die Mutter. Haal de Muul, sagte der Vater. Eh dä Teller hie nit leer es, steht dat Blaach hie nit op.
Ich versuchte, Erbsen und Kartoffeln mit dem Messer zu
25 zerdrücken, es spritzte und quatschte. Ich musste die Kartoffeln mit den Fingern festhalten, das soßentriefende Fleischstück in die Finger nehmen und ablecken, bevor ich hineinbeißen konnte. Die Arme über der Brust verschränkt, zurückgelehnt, sah der Vater zu. Sonntags trug
30 er ein weißes Hemd, es gab die ersten bügelfreien Nyltesthemden, und eine seiner zwei Krawatten; heute die gelbe mit den schwarzen Punkten. Er zog sie immer sehr eng zusammen und lockerte sie weder während des Essens noch wenn er sich danach auf dem Sofa zum Mittagsschlaf
35 ausstreckte.
Jitz lurt ösch ens dat Blaach an. Un sujet will unser enem zeje, wie mer esse soll. Lurt ösch ens de Fenger an! Ich hatte Erbsen, Kartoffeln, Soße zerquetscht, ganz wie der Vater. Hob den Teller an die Lippen, kippte ihn an und
40 schnappte überm Tellerrand nach dem Brei, wobei die Portionen zu groß ausfielen und auf das Wachstuch platschten. Un dat soll Benämm sin!, frohlockte der Vater. Die Mutter nahm mir den Teller weg und wischte schweigend die Speisereste vom Tisch. Dä sull sesch jet schamme, knurrte
45 die Großmutter und ließ die Herdringe klappern.
Zum Sonntagspudding knallte sie mir wie den anderen einen Löffel hin. Der Vater schob sein Schälchen zurück und ging in den Stall.

Zu Hause benutzte ich bei gemeinsamen Essen nur noch Besteckstücke, die erlaubt waren, aber wie ich sie handhabte, ließ keinen Zweifel daran, dass ich speiste und nicht aß. Nicht selten kamen dabei Kauen und Schlucken zu kurz. Ich nahm es in Kauf, stand vom Tisch auf, hungrig, aber unbesiegt.

Aufgabe

In vielen Filmen ist „Identität" offen oder verdeckt das Thema. Auf den folgenden Seiten finden Sie immer wieder Plakate von solchen Filmen.

Sie können einen oder mehrere Filme auswählen und die Darstellung der Identitätsproblematik in ihnen mit Hilfe des nun präsentierten Instrumentariums analysieren.

M2 Zur Entstehung des Buches „Soziologische Dimensionen der Identität" (Lothar Krappmann)

Als Studentenvertreter in den Sechzigerjahren stieß ich auf Daten, die zeigten, dass es kaum Arbeiterkinder in den damaligen Universitäten gab (sie sind auch heute eklatant unterrepräsentiert). Mein Soziologiestudium wurde von diesem Thema der Zusammenhänge von sozialer Herkunft und Bildungsweg eines Kindes massiv beeinflusst.

Abb. 2.1: Prof. Dr. Lothar Krappmann (*1936), Max-Planck-Institut für Bildungsforschung, Berlin

In den Sechzigerjahren geisterte ein katholisches Landarbeitermädchen aus Niederbayern durch viele Diskussionen, das alle Faktoren der Bildungsbenachteiligung auf sich vereinte, wirtschaftliche Engpässe, wenig Bildungsanregungen, Geschlechtsdiskriminierung, unzureichende regionale Bildungsangebote, aufklärungsfeindliche Religion (ich will jetzt nicht diskutieren, wie viel fragwürdige Pauschalurteile in diesem Bild steckten). Dieses sprichwörtliche Mädchen vom Land ins Gymnasium zu holen, war unsere Kampfparole. Warum verließ es seine einschränkenden Lebensumstände nicht und machte Abitur? Mir schimmerte auf, dass dies ein Identitätsproblem sein könnte.

Ich entdeckte soziologische Diskussionen, die unter der Überschrift ‚Statusinkonsistenz und ihre Folgen' geführt wurden. Wir Bildungswerber wollten dieses katholische Landarbeitermädchen aus Niederbayern, bei dem alle Benachteiligungen zusammenpassen, in eine Statusinkonsistenz locken. Wir wollten ihr eine Lebensposition anbieten, in der Bildungsstand, kulturelle Gewohnheiten, Familien- und andere Sozialbeziehungen nicht mehr übereinstimmen würden. Unser niederbayrisches Objekt der Befreiung mag das geahnt haben und geblieben sein, wo sie sich auskannte und man sie kannte – wo ihre Identität gesichert war. Statusinkonsistenz kann das Leben sehr belasten. Sie kann Folge von sozialem Auf- und Abstieg sein, von Krankheit und Unfall, von Wandel in Technik und Wirtschaft, Naturkatastrophen oder Krieg. Soziologen korrelierten damals den inkonsistenten Sozialstatus mit Verhaltensmustern der Menschen und ihrem psychischen Wohlbefinden und fanden unerwartet häufig vom Üblichen abweichendes Verhalten, massive Vorurteile, autoritäre Einstellungen, politischen Radikalismus, Gewaltausübung, Depression und Suizid und manches mehr.

Abb. 2.2

Jedoch zeigen nicht alle Statusinkonsistente solches Verhalten. Ich begann mich für diejenigen zu interessieren, die trotz Statusinkonsistenz nicht als depressiv, gewalttätig oder rechtsextrem auffielen. Ich formulierte die Hypothese, dass Menschen, die an Statusdiskrepanzen nicht zerbrechen, Fähigkeiten besitzen, die ihnen helfen, die verschiedenen, schwer vereinbaren Aspekte ihrer sozialen Existenz miteinander zu verbinden. […]
[Ich wollte] klären, wie der Mensch mit seinen vielen Rollen umgeht, die ihn zu zerteilen oder in Widersprüchen zu zerreiben drohen, noch dazu in einer Welt, die Erwartungen immer wieder neu formuliert. Da der Mensch die Erwartungen aus den verschiedenen Rollen, diskrepante Erwartungen anderer Menschen und veränderte Handlungsmöglichkeiten nicht einfach wegschieben kann, muss er schwer zu Vereinbarendes zusammenhalten, muss er balancieren.
Ich wollte diese Prozesse empirisch erforschen. Ich wollte prüfen, ob Personen, deren Identität durch inkonsistente Verhältnisse und widersprüchliche Interaktionserfahrungen verunsichert und bedroht wird, mit diesen Kompetenzen in die Lage versetzt werden, belastende und zerstörerische Wege zu meiden, die ihnen nur vermeintlich Sicherheit verschaffen. Als solche Wege sah ich autoritäres Verhalten an, Vorurteile, Gewalt oder auch den Rückzug in Depression oder gar den Suizid. Mein Buch war ursprünglich einmal als Einleitungskapitel für ein solches Forschungsprogramm vorgesehen.
Als ich wusste, dass Untersuchungen von Eltern-Kind-Beziehungen zunächst mein Arbeitsbereich sein würden, habe ich dieses Identitätskonzept in einer eigenständigen Arbeit dargestellt, die nicht mehr auf die Folgen von Statusinkonsistenz, sondern auf die Sozialisationsprozesse hin ausgerichtet war, in denen diese grundlegenden Kompe-

tenzen entstehen. Wesentlich ist für Sozialisationstheorien, dass sie zwar auch bewusste Vermittlung von Wissen und Können einbeziehen, aber vor allem analysieren, was Kinder unabhängig von Erklärungen und Einübungen in ihrer sozialen Umwelt erleben. Kinder lesen Bedeutungen und Regeln aus dem ab, was sie alltäglich sehen und hören, erleiden und genießen, und lernen dabei, sich in ihr soziales Umfeld einzupassen.

Aufgaben

1. Krappmann schreibt: „[Ich wollte] klären, wie der Mensch mit seinen vielen Rollen umgeht, die ihn zu zerteilen oder in Widersprüchen zu zerreiben drohen, noch dazu in einer Welt, die Erwartungen immer wieder neu formuliert." Erläutern Sie diesen Satz mit Bezug zum Text und mit Hilfe des Romanbeispiels von Hilla Palm sowie selbst gewählten Beispielen.
2. Am Ende des Textes skizziert Krappmann die Leistung von Sozialisationstheorien. Erklären Sie seine Ausführungen.
3. Erläutern Sie den Unterschied zwischen Sozialisationstheorien auf der einen und Erziehungs- bzw. Bildungstheorien auf der anderen Seite.

Krappmann versucht, das Dilemma eines jeden Individuums zu beleuchten, einerseits auf seine Mitmenschen (Interaktionspartner) einzugehen und sich andererseits als Individuum mit eigenen und beständigen Besonderheiten zu präsentieren.
Um seine Antworten auf dieses Dilemma zu verdeutlichen, nutzt Krappmann zwei Beispiele.

M3 Identität und Beteiligung an Interaktionsprozessen (Lothar Krappmann)

Menschen, die einander treffen – sei es aus Zufall oder vorbereitet und mit Absicht; sei es, dass sie schon lange miteinander bekannt sind oder dass sie sich zum ersten Mal in ihrem Leben sehen –, haben im Allgemeinen nicht voll übereinstimmende Vorstellungen über die Situation, in der sie sich begegnen, und über das Verhalten, das in ihr verlangt wird. Wenn ein Prozess kommunikativen Handelns entstehen soll, ist entscheidend, dass die Beteiligten sehr schnell feststellen, wer ihre Gegenüber sind und welche Erwartungen sie an diese Situation knüpfen.
Zwei Episoden können verdeutlichen, welche Vorgänge gemeint sind. Was geschieht beispielsweise, wenn ein unternehmungslustiger Mann ein ihm noch unbekanntes Mädchen auf einer Party trifft? Das verwirrende Spiel gegenseitiger Einschätzungen und Rücksichtnahmen, vorgegebener Normen und angestrebter Ziele sowie zunächst entworfener Pläne und später revidierter Absichten zeigt etwa folgende Grundlinien: Nachdem die beiden jungen Leute miteinander bekannt gemacht worden sind, spricht er sie an, um sich zunächst über allgemeine Themen zu unterhalten, über die jeder etwas sagen kann. Dabei versucht er, herauszufinden, „wie sie ist", und auch sie bemüht sich, einen Eindruck von ihm zu gewinnen. Im Allgemeinen ist er darauf bedacht, sich selbst in gutem Licht erscheinen zu lassen. Möchte sie gern über ein Konzert plaudern, wird er darauf – wenigstens zu Beginn – eingehen, sofern er dazu überhaupt etwas zu sagen weiß. Ist er hierzu nicht imstande, wird er ein gleichwertiges Thema anschneiden, um nicht als geistlos und ungebildet eingestuft zu werden. Hält er selbst nichts von Politik, wird er mit politischen Argumenten so lange vorsichtig sein, als er nicht weiß, was seine Partnerin denkt. Nehmen wir an, der junge Mann möchte die Bekanntschaft über diesen Abend hinaus fortsetzen. Er wird dann herausfinden müssen, ob das Mädchen bereit ist, sich mit ihm zu verabreden. Fordert er sie unvermittelt auf, am nächsten Wochenende allein mit ihm wegzufahren, riskiert er eine Absage und den Abbruch der Beziehung überhaupt. Lädt er sie hingegen ein, sich einer größeren Gruppe von Freunden und Bekannten anzuschließen, die jeden Samstagnachmittag gemeinsam zum Schwimmen gehen, hat er größere Aussichten auf Erfolg. Sie wiederum hat sicher schon bald gemerkt, dass er „Absichten" hat. Vielleicht ermuntert sie ihn. Ist er ihr jedoch unsympathisch oder fühlt sie sich schon an jemand anderen gebunden, wird sie ihm zu erkennen geben, dass er sich keine Hoffnungen machen sollte, bei ihr etwas zu erreichen. Entweder lenkt sie das Gespräch beharrlich auf harmlose Themen oder sie erwähnt beiläufig ihren Freund. Will sie vielleicht doch diesen Abend mit ihm verbringen, da die anderen Gäste sie langweilen, ist es für sie wichtig, einerseits zu verhindern, dass sie feste Einladungen und konkrete Aufforderungen ausdrücklich zurückweisen muss, und andererseits nicht so zurückhaltend aufzutreten, dass ihr Gegenüber sein Interesse ganz verliert.
Diese Skizze genügt, um Elemente und Strategien von Interaktionen sichtbar zu machen, die sich immer wieder aufzeigen lassen. Wer der andere ist und wie er die Situation interpretiert, ist nicht nur bei der Begegnung zweier einander fremden Menschen ungewiss, wie ein zweites von Anselm Strauß vorgetragenes Beispiel zeigt: Ein Ehemann kommt wie üblich von der Arbeit nach Hause und bemerkt, dass seine Frau ihn etwas weniger herzlich begrüßt als sonst und sich sehr schnell, ohne weitere Erklärungen, wieder zurückzieht. Der Mann wird versuchen, sich den

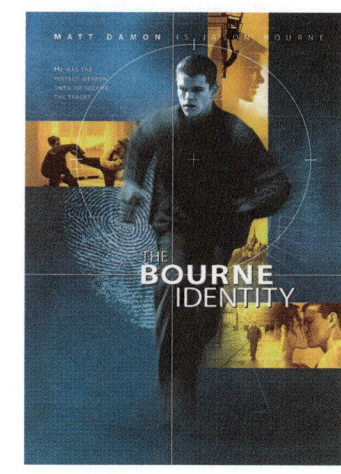

Abb. 2.3

Vorgang zu erklären. Er kennt zwar seine Frau, aber er muss sich jetzt bemühen, ihr Auftreten in dieser Situation mit vielen möglicherweise relevanten Umständen in Beziehung zu setzen. Läuft irgendwo das Wasser über oder brennt ein Essen an? Fühlt sie sich nicht wohl, oder hat sie einen Grund zu Vorwürfen? Er wird gut daran tun, verschiedene Hypothesen vorsichtig zu testen, denn falls sie krank ist, wäre es wenig liebevoll, wenn er sich über den Empfang beschweren würde. Ist sie jedoch ernsthaft über ihn verärgert, wäre sie wahrscheinlich erst recht böse, wenn er sich erkundigte, ob ihr die Milch übergekocht sei.

Die Erwartungen der sich in einer Situation begegnenden Interaktionspartner können desto weiter auseinanderklaffen, je weniger die Situation vorstrukturiert ist. Sowohl der Fall, dass die Interpretationen vollständig übereinstimmen, als auch die gegenteilige Alternative, dass die Interpretationen überhaupt keine Gemeinsamkeit aufweisen, sind in dem Modell von Interaktion, das den hier zu entwickelnden Analysen zugrunde gelegt wird, nicht „normal". „Normal" beziehungsweise „nicht normal" soll sich hier wohlgemerkt nicht auf tatsächliche statistische Häufigkeiten beziehen. Es ist durchaus möglich, dass in sehr vielen Interaktionsprozessen annähernd deckungsgleiche, weil stereotype Situationsinterpretationen oder aufgrund von Blockierungen total unübersetzbare Situationsinterpretationen vorherrschen. Aber gerade dies soll kein Kriterium für „Normalität" sein. Gemeint ist vielmehr: Unter Bedingungen einer Kommunikation, in der die Interaktionspartner überhaupt die Chance haben, eigene Erwartungen vorzutragen, ist anzunehmen, dass jeder von ihnen aufgrund seiner persönlichen Biografie und der besonderen Kombination von Rollen, die er in anderen Interaktionssystemen innehat, eine von der seiner Partner in mancher Hinsicht unterschiedene Situationsdefinition in die Interaktion mitbringt. Die Interaktion wird jedoch erst dann ablaufen können, wenn die Interaktionspartner plausible Vorstellungen entwickelt haben, wer ihre Gegenüber sind und in welcher Situation sie sich befinden. Darüber hinaus wird es in einem gewissen Ausmaß nötig sein, Einverständnis über die Interpretation der Partner und der Situation zu erzielen. Die vorhin angeführten Beispiele zeigen, dass jeder Interaktionspartner sowohl selber Erwartungen zum Ausdruck bringt als auch die Interpretationen des anderen in seinem Auftreten berücksichtigt.

Eine Übereinstimmung über die Identität der Beteiligten und die Interpretation der Situation ist das Ergebnis eines Prozesses, in dem Erwartungen ausgetauscht und nach und nach einander angeglichen werden. Interaktionspartner A versucht zu erkunden, wer Interaktionspartner B ist. Nun hängt jedoch nicht zuletzt auch von A ab, wer sein Gegenüber B ist, denn B wird in diesem Interaktionsprozess nur in einer Identität aufzutreten vermögen, die sein Partner A ihm zuzugestehen bereit ist. Kommt keine ausreichende Einigung zustande, wird die Interaktion abgebrochen, weil die Partner nicht mit einem befriedigenden Verlauf rechnen können. A kann allerdings B die Anerkennung der von diesem gewünschten Identität auch nicht um jeden Preis vorenthalten, denn er selbst benötigt hinwiederum Anerkennung für die Identität, die er selbst in die Interaktion einbringen möchte. So haben alle Interaktionspartner Gründe, die Erwartungen der anderen zu berücksichtigen, wenn sie ihr Auftreten und Verhalten in einem beginnenden Interaktionsprozess bestimmen.

Aufgaben

1. Krappmann schreibt am Ende des Textauszuges: „Die vorhin angeführten Beispiele zeigen, dass jeder Interaktionspartner sowohl selber Erwartungen zum Ausdruck bringt als auch die Interpretationen des anderen in seinem Auftreten berücksichtigt. Eine Übereinstimmung über die Identität der Beteiligten und die Interpretation der Situation ist das Ergebnis eines Prozesses, in dem Erwartungen ausgetauscht und nach und nach einander angeglichen werden." Analysieren Sie die beiden Fallbeispiele unter dieser Perspektive.

2. Entwickeln Sie eigene Beispiele, die die im Zitat zum Ausdruck gebrachte These veranschaulichen.

Im nächsten Abschnitt interpretiert Krappmann die Beispiele. Dabei führt er einige Fachbegriffe ein.

M4 Interaktion und Identität (Lothar Krappmann)

Wie die geschilderten Beispiele zeigen, stehen am Beginn der Interaktion zugleich das Hinhören auf die Erwartungen des anderen und die Darstellung der eigenen Identität. Es ist müßig zu fragen, was bei der Begegnung zweier möglicher Interaktionspartner zuerst kommt, denn die Unterscheidung ist eine analytische. Auf der einen Seite muss jeder Interaktionspartner auch von Anfang an seine Erwartungen vortragen, weil die anderen sie gleichfalls als Orientierung für den Fortgang des Interaktionsprozesses benötigen. Würde das Individuum zunächst nur auf die Erwartungen der anderen achten, fehlte sein eigener Beitrag; würde es sich ohne Rücksicht auf die Erwartungen der anderen präsentieren, so riskierte es eine völlige Fehleinschätzung der Situation. […]

Die Notwendigkeit einer subjektiven Selbstdarstellung besteht immer, wenn Interaktion – also kommunikatives Handeln zwischen Partnern, die einander den Anspruch auf zu wahrende Identität zugestehen – gesichert werden soll; denn solange sich ein Individuum von allen anderen unterscheidet, wird es auch nicht voll unter die üblichen Kategorisierungen subsumierbar sein. Es wird folglich gut daran tun, über die Verwendung von allgemein benutzten Symbolen hinaus, die soziale Positionen, Kategorien von Personen und Interaktionsbereiche bezeichnen, möglichst umfassend seine besonderen Absichten und Wünsche sichtbar zu machen, um die Möglichkeit zu ihm entsprechender Interaktion zu wahren. Allerdings darf es sich auch nicht so sehr als einmaliges Individuum präsentieren, dass die anderen es überhaupt keiner Kategorie mehr zuordnen können, weil auch dann seine Möglichkeiten zur Beteiligung an Interaktion gemindert werden.

Beim Hinhören auf die Erwartungen der anderen sind die Probleme nicht geringer. Was er ist und als was er sich versteht, erschwert es dem Einzelnen, die möglichen Interaktionspartner zu identifizieren. Er hat bestimmte Kategorien für andere Personen zur Verfügung, in die er seine Gegenüber mithilfe bestimmter Kennzeichen, die er an ihnen entdeckt, einordnet. Er unterliegt dabei immer wieder der Gefahr, subjektive Interpretationen, die die anderen ihrem Auftreten geben, zu übersehen. Während das Individuum seine eigene Identifikation durch andere und damit seine Beteiligung an Interaktion förderte, wenn es möglichst subjektiv die allgemein verwandten Symbole für seinen Status und seine Intentionen interpretierte, wird nun umgekehrt von ihm verlangt, sich selbst und seine bisherigen Erfahrungen zunächst möglichst weit zurückzustellen, um aufnehmen zu können, was der Partner über

Abb. 2.4

sich selbst aussagen will. Falls also das Individuum sich in einer bereits – wenigstens teilweise – vorstrukturierten Interaktionssituation beteiligen will, wird zunächst von ihm gefordert, sich aufzugeben, sich seiner selbst zu entäußern. Der nächste Schritt besteht dann darin, dass das Individuum die Erwartungen, die es aus der möglichst adäquat erkannten Identität des Interaktionspartners ableitet, als der eigenen Identität nicht voll entsprechend darstellt. Das bedeutet, dass es nun die Kategorien, die an es herangetragen werden, auf der Grundlage seiner eigenen Interaktionsverpflichtungen interpretiert – das heißt teilweise negiert – und diese Interpretation in den Interaktionsprozess wieder einzubringen versucht.

Zweimal tritt folglich eine Negation auf: zuerst dort, wo das Individuum sich davon lösen muss, wer es nach seiner bisherigen Biografie ist, um für angesonnene Erwartungen offen zu sein. Ist es dazu in der Eingangsphase von Interaktion nicht imstande, dann versagt es an der Aufgabe, sich auf mögliche Interaktionspartner einzustellen. Diese werden es dann als einen wenig anpassungsfähigen Menschen einstufen, der voller „Vorurteile" steckt. Aus der Sicht beider Seiten erscheint Interaktion nicht möglich. Zum zweiten Mal muss das Individuum negieren, wenn es zeigt, dass der Rahmen vorgegebener Erwartungen, die es zunächst aufgenommen hat, seinen eigenen Intentionen nicht genügt. Mit Rückgriff auf das, was es durch seine Biografie geworden ist, lehnt es den gegebenen Erwartungsrahmen als nicht ausreichend ab. Gelingt ihm dies nicht, erschöpft es sich in den an es herangetragenen Erwartungen. Es geht in ihnen auf. Die möglichen Interaktionspartner können in diesem Falle nicht feststellen, ob das Individuum und in welcher Weise es „mehr" ist, als die angenommenen Kategorien ihm zuschreiben. Wie noch zu zeigen sein wird, gefährdet nicht nur ungenügendes Eingehen auf die Erwartungen der anderen, sondern auch die fehlende subjektive Interpretation dieser Erwartungen die Interaktion. Diese Vorgänge von Ablehnung und subjektiver Interpretation haben eine unmittelbare Rückwirkung auf die Interaktionspartner, die vor demselben Problem von Negation und Affirmation stehen. [...]

Offenbar ist die Identität des Individuums beides zugleich: antizipierte Erwartungen der anderen und eigene Antwort des Individuums. G. H. Mead hat diesen doppelten Aspekt der Identität in seinem Begriff des „Selbst" berücksichtigt, der ein „me", die von den anderen übernommenen Einstellungen, und ein „I", die individuelle Antwort auf die Erwartungen der anderen, enthält. Nach seiner Analyse beginnt ein Interaktionsvorgang damit, dass die Interaktionspartner die Erwartungen der anderen zu erkennen versuchen und sie dann in die Planung ihres Verhaltens aufnehmen, um eine gemeinsame Interaktionsbasis zu schaffen. Diese Antizipation geschieht nach G. H. Mead dadurch, dass ein Interaktionspartner sich an die Stelle seines Gegenübers versetzt und die Situation aus dessen Perspektive betrachtet. Auch sich selbst sieht er folglich dann mit den Augen und aus dem Blickfeld des anderen. G. H. Mead nannte diesen Weg, die Einstellung eines Interaktionspartners zu antizipieren, „taking the role of the other" – „Übernahme der Rolle des Anderen". „Role taking" erlaubt dem Individuum, sich auf den Interaktionspartner einzustellen. Es ist nach G. H. Mead die Voraussetzung für Handlungskontrolle und somit für kooperatives Handeln. [...]

Die Folgerungen für den Prozess der Identitätsformung sind unschwer zu ziehen. Teilnahme an Interaktionen verlangt, sich auf die Erwartungen der anderen einzustellen. Dies gelingt über die Teilhabe an gemeinsamen Symbolsystemen, deren verschlüsselter Gehalt an Verhaltenserwartungen zugleich Interaktionsregeln darstellt. Den Interaktionspartnern ist es keineswegs möglich, nach Belieben zu verfahren, sondern sie sind gezwungen, Erwartungen der anderen und vorab definierte Interaktionsregeln in ihre Selbst- und Situationsdefinition aufzunehmen. Aus G. H. Meads Beschreibung des „role taking" geht hervor, dass der Aufbau einer Identität innerhalb eines Interaktionssystems, obwohl Sprache und Denken die Verlagerung der Handlungskontrolle ins Individuum selber ermöglichen, ein sozialer Prozess ist. Wer man ist, kann immer nur mithilfe sozial anerkannter Symbole dargestellt werden und verlangt stets nach der Ratifizierung durch andere. Dies

gilt nicht nur für Interaktion in bürokratisch strukturierten Organisationen oder in durch eingefahrene Gewohnheiten geprägten Familien, also in Rolleninteraktionen, die die
130 Verhaltenserwartungen an ihre Mitglieder weitgehend definieren und deren Einhaltung durch Sanktionen garantieren, sondern auch für die zufällige, spontane Interaktion. Auch in ihr kann sich niemand ohne Anerkennung durch die anderen in irgendeiner Identität präsentieren.
135 Was aber ist persönlich an einer Identität, die nur vielfach gebrochener Reflex der Erwartungen der anderen zu sein scheint? [...]

Aufgaben

1. Beschreiben Sie die Funktionen der beiden Negationen.
2. Erläutern Sie den Begriff „role taking" mithilfe Ihrer Kenntnisse zu G. H. Meads Theorie des symbolischen Interaktionismus.
3. Erklären Sie das folgende Zitat: „Offenbar ist die Identität des Individuums beides zugleich: antizipierte Erwartungen der anderen und eigene Antwort des Individuums."
4. Erläutern Sie mithilfe der Begriffe Negation und „role taking" die beiden Beispiele.

M5 Balancierende Identität (Lothar Krappmann)

Offenbar muss jede Identität im Hinblick auf die sozialen Erwartungen problematisch sein, weil diese prinzipiell unerfüllbar sind. Es ist schon darauf verwiesen worden, dass die Gründe hierfür sowohl in den bestehenden
5 Mehrdeutigkeiten und Widersprüchlichkeiten der gerade ablaufenden Interaktion zu finden sind als auch in der Tatsache, dass jeder an meh-
10 reren Interaktionssystemen – gleichzusetzen mit: Rollensystemen – beteiligt ist, die ihn auf Bezugsgruppen mit zum Teil recht verschiedenen oder
15 einander sogar ausschließenden Erwartungen verweisen. Das Ergebnis der Bemühungen, den divergierenden Erwartungen im Hinblick auf
20 eine soziale Identität in einer Weise zu entsprechen, die Interaktion sichert, ist E. Goffmans „phantom normalcy", die Schein-Normalität. Die „phantom normalcy" ist also die „Lösung" des Identitätsproblems im Hinblick auf die
25 gleichzeitig relevanten Erwartungen aus sämtlichen Interaktionssystemen, an denen ein Individuum zurzeit beteiligt ist und die mehr verlangen, als erfüllbar ist. Da „phantom normalcy" darin besteht, dass das Individuum durch seine „Als-ob"-Übernahme angesonnener Erwartungen mehr von
30 sich ausdrückt, als die gerade aktuelle Interaktionssituation verlangt, eröffnet sie dem Individuum die Chance, in den nebeneinanderstehenden Interaktionsprozessen als dasselbe aufzutreten beziehungsweise wiedererkennbar zu sein. Es stellt nämlich durch die „Als-ob"-Übernahme der
35 Normen in jeder Interaktionssituation auch einen Bezug zu seinen anderen Rollen her, um auf diese Weise zu erkennen zu geben, dass es den Anforderungen dieser Situation nicht voll entsprechen kann und darf.

„Phantom normalcy" ist folglich ein Mittel, Individualität zu
40 gewinnen. „Wirkliche Normalität" – oder wie immer man den Gegensatz von „phantom normalcy" bezeichnen will – besäße ein Individuum dann, wenn es sich alle Identitätsnormen voll zu eigen machen könnte, indem es sich,
45 selbst ohne Vorbehalte und unter Ausschaltung möglicher Doppeldeutigkeiten, mit der Terminologie seiner Bezugsgruppen oder Inter-
50 aktionspartner definiert. Abgesehen von der Frage, ob eine derartige „wirkliche Normalität" tatsächlich möglich wäre, ist bereits
55 aus der Beschreibung eines Individuums mit „wirklicher Normalität" zu folgern, dass es in seiner Gruppe nicht mehr erkannt werden
60 könnte, da es sich mit allen Erwartungen deckt. Man begegnet in ihm nur der Gruppe, nicht einem Individuum. Anders im Falle des Individuums mit „phantom normalcy". Es bewahrt eine individuelle Identität, weil es die sozia-
65 len Identitätsnormen nicht voll übernimmt, sondern nur respektiert, und zwar indem es trotz Benutzung dieser Normen, ohne die es sich als Interaktionspartner nicht etablieren kann, zu erkennen gibt, dass es doch unter sie nicht gänzlich zu subsumieren ist.
70 Die Balance des Individuums zwischen Akzeptierung angesonnener sozialer Identität und gleichzeitigem Widerstand gegen sie ist aber nur ein Element im Aufbau einer Ich-Identität. Bis hierher wurde das Problem der Identität gleichsam nur in der horizontalen Ebene, nämlich
75 im Hinblick auf die gleichzeitige Beteiligung des Individuums an mehreren Interaktionsprozessen, betrachtet. Das Identitätsproblem betrifft aber ebenso die vertikale, die Zeitdimension, also den Lebenslauf des Individuums, in dem dieses sich immer wieder mit neuen sozial definier-
80 ten Identitäten konfrontiert sieht. Wie bereits dargestellt, zielt E. Goffman auf das Problem von Identitätsgewinnung und Identitätserhaltung im Zeitablauf mit dem Begriff der „personal identity". Während der Einzelne im Hinblick auf die verschiedenen gleichzeitigen Interaktionssysteme das
85 Problem zu lösen hat, wie er als ein und derselbe auftre-

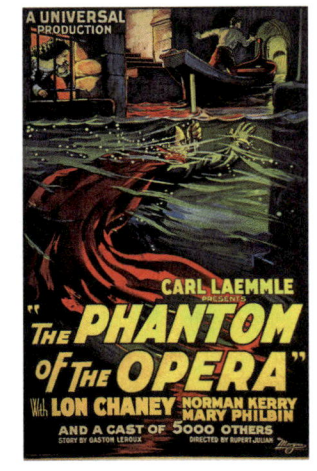

Abb. 2.5

Abb. 2.6: Der Android Data aus der Serie Star Trek

Bildung und Identität

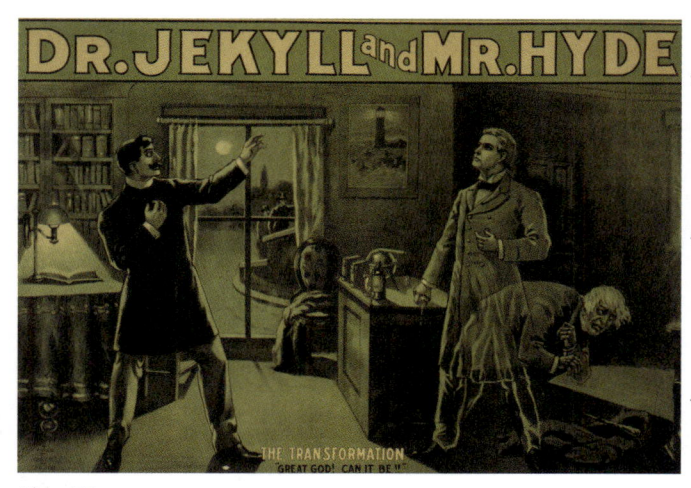

Abb. 2.7

ten kann, obwohl er sich in jeder Interaktion im Horizont verschiedener Erwartungen artikulieren muss, steht er im Hinblick auf die Zeitdimension vor der Frage, wie er seinen Lebenslauf als kontinuierlich zu interpretieren und darzustellen vermag, obwohl er in verschiedenen Lebensphasen auf sehr unterschiedliche Art versucht hat, die Balance einer Ich-Identität aufrechtzuerhalten.

Es ist sinnvoll, mit E. Goffman davon auszugehen, dass auch die „personal identity" – ebenso wie die „social identity" – ein Gegenstand der Definition durch andere ist. Wie im Fall der „social identity" wird sich auch in der Zeitdimension die Ich-Identität erst aus der Auseinandersetzung des Individuums mit der ihm angesonnenen „personal identity" herausschälen. „Personal identity" im Sinne Goffmans ist also nicht eine freie Leistung des Individuums, sondern der Begriff bezieht sich auf eine dem Individuum durch seine Interaktionspartner zugeschriebene Biografie. Diese Biografie betont die Einzigartigkeit des Individuums, denn seine Lebensgeschichte wird als anders angesehen als die aller anderen Individuen. Zugleich wird in ihr Kontinuität unterstellt, da sie voraussetzt, dass die Ereignisse im Ablauf eines Lebens zu einer Lebensgeschichte integriert werden können, in der frühere Vorkommnisse und Erfahrungen spätere beeinflusst haben und beeinflussen werden. Einzigartigkeit und Kontinuität gehören insofern zusammen, als die Kontinuität des Individuums seine Einzigartigkeit voraussetzt, weil nur dann das Individuum zu verschiedenen Zeitpunkten als dasselbe identifizierbar ist. Einzigartigkeit hinwiederum verlangt Kontinuität, weil sie bedeutet, dass das Individuum seine Besonderheit gegen die ihm angetragenen Definitionen der anderen festzuhalten vermag. Der Ort der Entstehung und Zuschreibung für „personal identity" ist wiederum der jeweils aktuelle Interaktionsprozess. Die Erwartungen der Interaktionspartner, denen das Individuum ausgesetzt ist, enthalten stets auch Implikationen für eine in ihrer Art einmalige Lebensgeschichte. Das Interesse der Interaktionspartner an einer Biografie dient folglich ebenfalls der Sicherung des Interaktionsprozesses, weil eine offengelegte Biografie Motive antizipierbar macht und damit Handlungskontrolle erlaubt. Das Individuum seinerseits steht vor der Notwendigkeit, seine Vergangenheit je nach den Erfordernissen des Interaktionsprozesses neu zu interpretieren, um ebenfalls zur Sicherung des Fortgangs der Interaktion beizutragen. Allerdings würde die Beteiligung des Individuums am Interaktionsprozess wiederum sowohl durch die volle Übernahme des von den anderen angesonnenen Lebenslaufes als auch durch vollständige Ablehnung gefährdet werden. Die Gründe sind denen sehr ähnlich, die das Individuum gehindert haben, sich die „social identity" voll zu eigen zu machen oder sie gänzlich abzulehnen. Die ihm von den anderen zuerkannte Einzigartigkeit isoliert es von seinen Partnern, weil die angesonnene Biografie jedes Individuum zu einem besonderen macht, das sich von allen anderen unterscheidet. Die dem Individuum zugeschriebene Einzigartigkeit lässt nämlich für die Interaktionspartner fraglich werden, ob es überhaupt imstande ist, auf angesonnene Erwartungen einzugehen. In Anlehnung an E. Goffmans Terminologie ist folglich festzustellen, dass es gerade die dem Individuum auf Grundlage seiner Lebensgeschichte zugeschriebene Einzigartigkeit der „personal identity" ist, die es im Rahmen des Interaktionsprozesses „stigmatisiert".

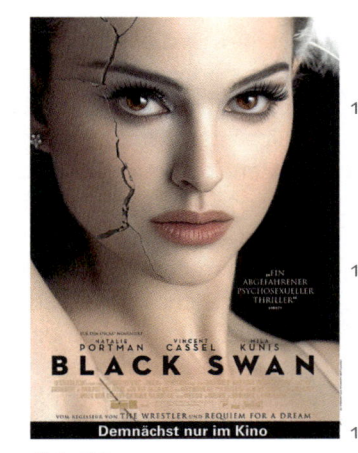

Abb. 2.8

Abb. 2.9: Szene aus dem Horrorfilm „Dead of Night" (1945)

Die zugeschriebene „personal identity" gehört daher zu den gewichtigsten Gründen, den Erwartungen, die mit der angetragenen „social identity" verknüpft sind, nicht voll entsprechen zu können. Aber auch hier steht das Individuum wieder vor Alternativen, zwischen denen es sich hindurchwinden muss, um seine Interaktionsbeteiligung zu erhalten. Behauptet das Individuum die ihm zugeschriebene Einzigartigkeit zu unnachgiebig, ist es möglicherweise nicht mehr in der Lage, den Balanceakt einer „phantom normalcy" in einer Form aufrechtzuerhalten, die kommunikatives Handeln über gemeinsame Symbolsysteme noch erlaubt. Andererseits führt auch die völlige Ablehnung der „personal identity" zu Problemen in der Beteiligung am Interaktionsprozess. Das Individuum würde sich in diesem Falle weigern, eine einzigartige Lebensgeschichte zu besitzen, in der spätere Ereignisse durch frühere beeinflusst wurden und werden. Es scheint somit durch nichts mehr behindert zu sein, auf die Erwartungen der jeweiligen Interaktionspartner einzugehen, indem es sich voll den angebotenen Definitionen und Interpretationen unterwirft.

39

Damit ist aber jener Grenzfall erreicht, in dem Interaktion deswegen zusammenbricht, weil ihre Grundvoraussetzung weggefallen ist, nämlich das Auftreten voneinander verschiedener und daher auf kommunikatives Handeln angewiesener Individuen, deren Definitionen und Interpretationen nicht übereinstimmen.

Die Lösung, die dem Individuum hilft, im Hinblick auf die ihm angetragene „personal identity" Interaktion zu erhalten, ist in Analogie zur Strategie gegenüber der angesonnenen „social identity" zu suchen. J. Habermas macht darauf aufmerksam, dass an dieser Stelle eine Lücke im Goffman'schen Begriffsapparat auftritt. Er schlägt daher vor, entsprechend dem Goffman'schen Begriffspaar von „social identity" und „phantom normalcy" der „personal identity" einen Begriff entgegenzusetzen, der die nur scheinbare Übernahme der zugeschriebenen Einzigartigkeit und Kontinuität zum Ausdruck bringt. J. Habermas spricht deshalb von einer „phantom uniqueness". Wie die „phantom normalcy" das Individuum in die Lage versetzt, in den verschiedenartigen Interaktionssystemen jeweils als ein und dasselbe aufzutreten und doch auf die verschiedenen Erwartungen einzugehen, so ermöglicht die „phantom uniqueness", Einzigartigkeit und Kontinuität zu wahren und doch wandlungsfähig zu bleiben.

„Phantom uniqueness" bewegt sich wie „phantom normalcy" auf einer „Als-ob"-Basis, denn das Individuum agiert, als ob es einzigartig wäre, und hält doch die Gemeinsamkeit mit den Interaktionspartnern fest. Es verhält sich so, als ob es Kontinuität wahre, und zeigt doch, dass es auf Anforderungen eingegangen ist und eingehen wird, die sich nicht in eine stetige Biografie einordnen lassen. Dieser „Als-ob"-Charakter der „phantom uniqueness" wird von allen an der Interaktion Beteiligten respektiert, denn er dient dem Individuum und seinen Partnern. So sehr die Andersartigkeit des anderen Voraussetzung für seine sinnvolle Interaktion ist, so wenig Nutzen haben die Interaktionspartner von einer Einzigartigkeit ihres Gegenübers, die sich nicht für den Fortgang kommunikativen Handelns in gemeinsame Symbole und identifizierbare Erwartungen übersetzen lässt und deshalb keine Antizipation von Einstellungen erlaubt. Das Individuum selbst ist darauf angewiesen, sich durch seine Besonderheit nicht in Isolation bringen zu lassen, sondern trotz Besonderheit mit anderen in geteilten Symbolsystemen und Erwartungshorizonten zu interagieren.

Abb. 2.10: Erving Goffman (1922–1982)

Ebenso wie die „phantom normalcy" entspringt auch die „phantom uniqueness" nicht individuellem Ausdrucksstreben, sondern entsteht aus strukturellen Notwendigkeiten des Interaktionsprozesses. Der Druck auf das Individuum durch die angesonnenen Identitäten geht jedoch in verschiedene Richtungen. Im Falle der „social identity" wird verlangt, sich den allgemeinen Erwartungen unterzuordnen, im Falle der „personal identity" dagegen, sich von allen anderen zu unterscheiden. Es wird also zugleich gefordert, so zu sein wie alle und so zu sein wie niemand. Auf beiden Dimensionen muss das Individuum balancieren, weil es, um Interaktion nicht zu gefährden, weder der einen noch der anderen Anforderung noch beiden voll nachgeben noch sie gänzlich verweigern kann. Zugestanden wird dem Individuum daher eine „Als-ob"-Basis des Verhaltens in mehrfacher Hinsicht. Gegenüber der Anforderung, sich den allgemeinen Erwartungen unterzuordnen, erlaubt sie ihm, sich so zu verhalten, „als ob" es auf diese eingehe, um durch diesen Vorbehalt möglich zu machen, auch die Anforderung, anders zu sein als die anderen, noch aufzugreifen. Gegenüber dieser Anforderung, anders zu sein als die anderen, wird das Individuum sich jedoch ebenfalls nur so verhalten, „als ob" es eine Einzigartigkeit zu behaupten gewillt sei, um die gleichzeitige Anforderung auf Unterwerfung unter die allgemeinen Erwartungen nicht vollständig zu missachten.

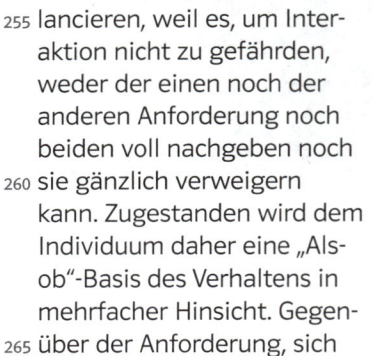

Abb. 2.11

Der vom Individuum verlangte Balanceakt ist also eine Leistung, die zwei Dimensionen der Handlungsorientierung zu berücksichtigen hat: ein Ausgleich zwischen den divergierenden Erwartungen der Beteiligten muss sowohl in der gleichsam horizontalen Dimension der „social identity" und „phantom normalcy" als auch in der vertikalen Zeitdimension von „personal identity" und „phantom uniqueness" erreicht werden, wobei die Balance in jeder der Dimensionen durch die, die in der anderen eingenommen werden muss, mitbestimmt wird. Diese Balance aufrechtzuerhalten, ist die Bedingung für Ich-Identität. Ich-Identität wird dem Individuum zuerkannt, das gerade unter Ausnutzung der Identitätsnormen der anderen und im Medium gemeinsamer Symbolsysteme seine besondere Individualität festhalten kann. Das Individuum akzeptiert Erwartungen und stößt sich zugleich von ihnen ab, und zwar jeweils im Hinblick auf andere divergente Erwartungen, die ebenfalls Anerkennung fordern. Rücksichtnahme auf andere Erwartungen, die eine vollständige Erfüllung der gerade aktuellen Erwartung nicht erlauben, bedeutet aber zugleich, dass diese anderen Erwartungen in das Verhalten im augenblicklichen Interaktionszusammenhang eingebracht werden. Das Individuum vermag sich hier folglich auch mit dem zu repräsentieren, was es außerhalb dieser Interaktion ist und war. Auf diese Weise wird ihm möglich, sich in seinem Streben nach Balance zwischen den verschiedenen Anforderungen darzustellen. Es zeigt, wie es Ich-Identität zu gewinnen und aufrechtzuerhalten trachtet. Die Besonderheit des Individuums, seine Individualität, bezieht das Individuum aus der Art, wie es balanciert.

Aufgaben

1. Beschreiben Sie zunächst die Begriffe, die Krappmann mit Bezug auf andere Autoren in diesem Abschnitt einführt: „Als-ob"-Basis, personal identity, social identity, phantom normalcy, phantom uniqueness, Balance, Ich-Identität.

2. Erläutern Sie die Bezüge zwischen diesen Begriffen. Dazu können Sie auch geeignete Visualisierungen benutzen.

3. Erklären Sie seine Position der balancierenden Identität, indem Sie den letzten Abschnitt Satz für Satz kommentieren.

Abb. 2.12

M6 Identitätsfördernde Fähigkeiten (Lothar Krappmann)

Wenn das Individuum in der Lage sein soll, hinreichend jene Ich-Identität zu entwickeln, die der erfolgreiche Fortgang des Interaktionsprozesses verlangt, muss eine Reihe von gesellschaftlichen und individuellen Bedingungen
5 erfüllt sein. Voraussetzungen auf der Seite der Gesellschaft sind flexible Normensysteme, die Raum zu subjektiver Interpretation und individueller Ausgestaltung des Verhaltens, zu „role making", offenlassen, sowie Abbau von gesellschaftlicher Repression, der verbürgt, dass diese Um- und
10 Neuinterpretation von Normen und ihre Übersetzung nicht negativ sanktioniert werden. Vom Individuum auf der anderen Seite wird gefordert, dass es sowohl aktive Fähigkeiten, wie Antizipation von Erwartungen anderer, Interpretation von Normen und Präsentation eigener Erwartungen,
15 als auch passive, wie Toleranz für Erwartungsdiskrepanzen und für unvollständige Bedürfnisbefriedigung, besitzt. [...]

Rollendistanz

Als erste Voraussetzung für Errichtung und Wahrung von Identität erscheint, dass das Individuum überhaupt in der
20 Lage ist, sich Normen gegenüber reflektierend und interpretierend zu verhalten. Von Beginn der Analyse an wurde unterstellt, dass das Individuum zwar die Erwartungen der anderen aufgreifen und sich auf ihrer Grundlage präsentieren muss, zugleich aber wurde auch von ihm verlangt, dass
25 es sichtbar macht, inwiefern es unter die angesonnenen Erwartungen nicht voll subsumierbar ist.
Die hier vorgelegte Interaktionsanalyse forderte vom Individuum die Fähigkeit, sich über die Anforderungen von Rollen zu erheben, um auswählen, negieren, modifizieren
30 und interpretieren zu können. Diese Fähigkeit, die das Individuum für erfolgreiche Interaktion benötigt, soll in Übernahme der Begriffsbildung E. Goffmans als Fähigkeit zur „Rollendistanz" bezeichnet werden. [...]
E. Goffman erklärt das Auftreten von Rollendistanz mit
35 ihrem Beitrag zu einem ungestörten Ablauf von Interaktionsprozessen und mit den Möglichkeiten, die sie für eine Präsentation von Identität bietet. Er zeigt, dass ein Individuum, das – wie es anders kaum denkbar ist – mehr Rollen innehat als die eine, die es gerade ausübt, auf Rol-
40 lendistanz in seinen Interaktionen nicht verzichten kann, jedenfalls so lange nicht, wie die Anforderungen dieser Rollen nicht von vornherein harmonieren. Da die Rollenerwartungen tatsächlich vielfach inkongruent sind und das Individuum oft überfordern, bietet Rollendistanz einen
45 Weg, in einer Rolle zu handeln, ohne die anderweitigen Rollenbeziehungen völlig abzuschneiden. Sie hilft dem Individuum, sich nicht voll an das Schicksal einer Rolle zu binden, sondern der Beteiligung in einer Rolle einen bestimmten Stellenwert in einem Gesamtbild zuzuweisen,
50 das das Individuum von sich in einer bestimmten Situation aufrechterhalten möchte. Distanz gegenüber einer Rolle zieht ihre Kraft also aus den sonstigen Engagements des Individuums. Die jeweils übernommene Rolle wird durch die anderen Rollen interpretiert. Diese stehen allerdings
55 nicht als ein Arsenal von Deutungsmöglichkeiten zur Verfügung, das keiner weiteren Interpretation bedürfte, sondern auch sie müssen jeweils neu definiert und in ihrer Relevanz bestimmt werden, und zwar nicht zuletzt im Hinblick auf die Anforderungen der aktuellen Situation und der in ihr
60 eingenommenen Rolle. Somit muss das Individuum sich um eine Synthese aller seiner Rollen gleichzeitig bemühen. Das aber zeigt, dass Rollendistanz nicht ausreichend beschrieben wird, wenn sie als Voraussetzung für Identitätsgewinnung beziehungsweise als eine Fähigkeit, die zu
65 Identität verhelfen kann, begriffen wird. Wo Rollendistanz sichtbar wird, tritt ein Individuum auf, das Ich-Identität wenigstens in gewissem Ausmaße bereits errichtet hat; und wo ein Individuum sich um Ich-Identität bemüht, kann es nicht umhin, sich zu seinen verschiedenen Rollen distan-
70 ziert zu verhalten. Ohne den Rückgriff auf eine zu etablierende Ich-Identität fehlt dem Individuum der Bezugspunkt, von dem aus es den Anforderungen einer Rolle Widerstand entgegensetzen oder sie modifizieren kann. Rollendistanz ist ein Korrelat der Bemühung um Ich-Identität. [...]

„Role taking" und Empathie

75 [...] Rollendistanz beziehungsweise Distanz zu Normen ist folglich als Voraussetzung für das Mead'sche „role taking"

anzusehen, also für jene Fähigkeit, die heute im Allgemeinen als Empathie bezeichnet wird.

Empathie ist in der Mead'schen Tradition eine rein kognitive Fähigkeit. Sie bedeutet die Möglichkeit, die Erwartungen von Interaktionspartnern zu übernehmen. Sie ist ein Element im Kommunikationsprozess, der Interaktionen zu kontrollieren hilft. Walter Coutu versucht, „role taking" eindeutig gegen „role playing" abzugrenzen. […] „Role taking" betreffe stets die Rolle eines anderen, in die sich das Individuum versetzt, während „role playing" sich auf die eigene Rolle beziehe. Dabei dürfe allerdings nicht vergessen werden, dass „role taking" dazu diene, die eigene Rolle in einem Interaktionsprozess zu entwerfen. In diesem Sinne hat R. H. Turner den Vorgang des „role taking" als einen „role making process" bezeichnet. […] Auch Empathie ist sowohl Voraussetzung wie Korrelat von Ich-Identität. Ohne die Fähigkeit, die Erwartungen der anderen zu antizipieren, ist die Formulierung einer Ich-Identität nicht denkbar. Jedoch bestimmt auch die jeweils ausbalancierte Ich-Identität durch die Art, in der sie Normen und Bedürfnisdispositionen aufgenommen hat, die Möglichkeiten des „role taking" mit: Die Ich-Identität, die das Individuum in einer bestimmten Situation errichtet, legt Grenzen fest, über die hinweg der Person „role taking" schwerfällt. Dennoch sollte eine Identitätsbildung, die auf je neuer Interpretation von Verhältnissen und Erfahrungen beruht, das Individuum befähigen, auch Einstellungen wahrzunehmen, die für es – wenigstens zunächst – nicht akzeptierbar erscheinen. Es muss nämlich bei immer wieder erfolgreichem Bemühen um die Wahrung seiner Identität nicht ständig Angst haben, die Balance zu verlieren, weil sich die Erwartungen anderer mit nicht integrierten Antriebsenergien gegen die Organisationsversuche des Ichs verbünden könnten. […]

Ambiguitätstoleranz
Rollendistanz und Empathie sind Fähigkeiten, die dem Individuum helfen, neue und auch zur aktuellen Situation in Widerspruch stehende Daten und Mitteilungen wahrzunehmen und selber zum Ausdruck zu bringen. Sie stellen daher für das Individuum auch eine Belastung dar, denn sie konfrontieren es mit Erwartungen, die den seinen widersprechen und in sich widersprüchlich sein können. Diese Inkongruenzen treten bereits in den Interaktionen zwischen zwei Partnern auf, da sich bei dem üblichen unvollständigen Normenkonsens die gegenseitigen Erwartungen von Interaktionspartnern im Regelfall nicht decken. Die Diskrepanz ist nicht nur auf der kognitiven Ebene zu diagnostizieren: Aufgrund der Notwendigkeit, sich in den gegenseitigen Erwartungen aufeinander einzustellen, um sich zu verständigen und einen vorläufigen „working con-

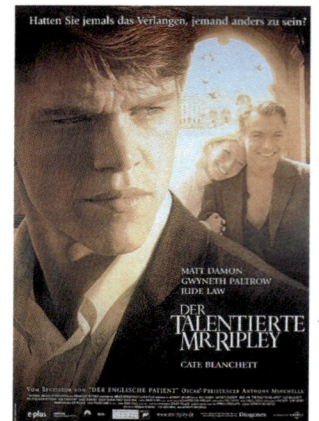

Abb. 2.13

sensus" zu erreichen, ist damit zu rechnen, dass unter den „ausgehandelten" Bedingungen die Interaktion nicht mehr in vollem Maße den Bedürfnissen der Partner entspricht und sie daher teilweise unbefriedigt lässt. Jedes interagierende Individuum ist folglich gezwungen, neben der Befriedigung, die ihm eine Interaktion gewährt, ein gewisses Maß an gleichzeitig auftretender und durch eben diese Interaktion erzeugter Unbefriedigtheit zu ertragen.

Dass die an Interaktionen beteiligten Individuen stets Vorbehalte aufrechterhalten müssen und auf voneinander verschiedene Handlungsperspektiven nicht verzichten können, wurde bereits begründet. Es ist darauf zurückzuführen, dass alle Interaktionspartner versuchen müssen, in jeder Situation eine Identität aufrechtzuerhalten und zu präsentieren, die ihre Besonderheit festhält. Nur wenn seine Identität dies leistet, das heißt, wenn sie trotz gemeinsamer Kommunikationsbasis gerade die Verschiedenheit der Erwartungen und Bedürfnisse zum Ausdruck bringt, eröffnet sie dem Individuum Aussichten, an Interaktionen teilzunehmen und darin wenigstens einen Teil seiner Bedürfnisse zu befriedigen. Um der Interaktion willen, die allein seine Bedürfnisse stillen kann, muss das Individuum ebenso Wert darauf legen, dass seine Partner ihre Ich-Identität entfalten können. Das bedeutet aber, dass das Individuum gerade an der Artikulation der Inkongruenz von Erwartungen und Bedürfnissen aufgrund der notwendigen Inkongruenz der Ich-Identitäten interessiert sein muss. Ohne Interaktionen kann es keine Befriedigung seiner Bedürfnisse erhoffen; ohne die einander eingeräumte Möglichkeit der Wahrung einer Ich-Identität gibt es keine Interaktionen; somit aber muss sich das Individuum prinzipiell mit Divergenzen und Inkompatibilitäten abfinden. Sie kennzeichnen nicht nur den Rollenkonflikt, sondern sind Bestandteile jeglicher Interaktionsbeziehungen. […]

Abb. 2.14

Die Fortsetzung dieses Textes von Krappmann zu den Auswirkungen von Abwehrmechanismen auf die Wahrung einer Ich-Identität finden Sie unter PP-Code 3w8f3s.

Aufgaben

1. Geben Sie mit Bezug auf Textstellen wieder, wie Krappmann die Begriffe definiert, die die Grundqualifikationen des Rollenhandelns bezeichnen.
2. Erläutern Sie die Begriffe mithilfe von selbst gewählten Beispielen.

2.2 Die pädagogische Perspektive auf Identität

Gilt uns die zuvor primär als soziales Phänomen beschriebene Identität als (normatives) Ziel pädagogischen Handelns, so wäre nach „Mitteln", nach Handlungsweisen zu fragen, mit Hilfe derer die Identitätsentwicklung von Kindern und Jugendlichen gefördert werden kann.

Einen ersten pädagogischen Zugriff auf die Identitätsproblematik liefert Krappmann selbst, wenn er die identitätsfördernden Fähigkeiten pädagogisch anzubahnen versucht.

Die sich anschließenden Texte problematisieren Identität und Identitätsförderung aus einer genuin pädagogischen Perspektive bzw. der Perspektive einer pädagogischen Anthropologie.

M7 Identitätsbildung bei Kindern und Jugendlichen – Möglichkeiten einer pädagogischen Unterstützung (Lothar Krappmann)

Balance und Verbindlichkeit
[…] Dies führt zur Frage, wo die Identität fördernden Kompetenzen erworben werden. Sie wurzeln in frühen Interaktionserfahrungen der Kinder. Falls Kinder mit Menschen
5 aufwachsen, die selber interaktionsfähig sind, werden sie ausreichend Gelegenheiten zur Rollendistanz, Empathie und Ambiguitätstoleranz finden, in denen sich diese Fähigkeiten entwickeln können. Voraussetzung ist, dass Kinder ermutigt, angeleitet und auch respektiert werden, wenn
10 sie sich mit Widersprüchen und Unklarheiten auseinandersetzen und dabei möglicherweise Erwartungen verletzen. Zu diesen Menschen gehören außer Mutter, Vater, Großeltern, Geschwistern und Freunden auch Erzieherinnen, Lehrerinnen und Lehrer. Sie alle sollten handlungsfähige,
15 mündige und freie Menschen sein.
Mit ihnen und ihren Erwartungen balanciert die sich entwickelnde Identität nicht beliebig, sondern im Rahmen gemeinsamer Bemühungen um Anteilnahme, wechselseitige Unterstützung, Fairness und Wahrhaftigkeit. Das ist kein
20 Harmonieangebot, denn Enttäuschung, Missverständnisse, Streit gehören dazu. Immer müssen Kinder allerdings Anerkennung spüren. In diesen Prozessen bilden sich keine inhaltslosen Fähigkeiten, die was auch immer ausbalancieren, sondern, wenn es gut geht, die Kompetenzen,
25 menschenfreundliche Interaktionen und Beziehungen hervorzubringen. Wenn Vernachlässigung, Gewalt, Missbrauch das Kind dieser frühen Erlebnisse berauben, wird es jedoch schwer, das Verhältnis zu anderen Menschen auf Grundprinzipien guten gemeinsamen Lebens zu gründen. Aber
30 weder sollten wir die misshandelten Kinder abschreiben, noch vergessen, dass die meisten Erwachsenen einige Narben abbekommen haben. […]

Identitätsaufgaben auf allen Altersstufen
Ich habe die Identitätsentwicklung nie auf eine Entwick-
35 lungsphase eingegrenzt, wenn auch die Zeiten, in denen Kinder und Jugendliche ihre sozialen Beziehungen und Handlungsmöglichkeiten ausweiten, junge Menschen besonders auf die Frage zurückwerfen, wer bin ich eigentlich, wie sehen mich die anderen, wie passt dies zu mir, wie
40 jenes, was ertrage ich, was toleriere ich, was nicht. Die Jugendzeit ist ganz besonders die Zeit des Experimentierens, des Schockierens, der plötzlichen Umschwünge, der Radikalität und der Sensibilität zugleich. Ich folge jedoch Erikson, der betont, dass alle Altersphasen Identitätsaufga-
45 ben stellen.
Ich selber habe im Rahmen meiner Untersuchungen über die Sozialentwicklung von Kindern im Grundschulalter beobachtet, wie geschickt Kinder bereits in diesem Alter vorgehen, um sich unter den divergierenden Erwartungen von
50 Schule, Eltern und Freunden zu behaupten. Viel Aggression und viele Tränen erklären sich aus Verzweiflung, von den anderen nicht so wahrgenommen zu werden, wie man gesehen werden möchte. Oft durchkreuzen sich die Forderungen der Schule, die Erwartungen der Eltern und die
55 Wünsche der Freundinnen, der Freunde – ein großartiges, manchmal aberwitziges Feld der Identitätsbehauptung – mit raffinierten Strategien, schmerzlichen Niederlagen und spektakulären Triumphen.
Den Jugendlichen stellen sich besondere Probleme. Nach
60 dem Schwinden unflexibler Normen und starrer Rollen, die meine Generation noch plagten, stehen sie vor der Möglichkeit und dem Anspruch, ihr Leben nach individuellen Entscheidungen zu gestalten. Diese Klärungen brauchen Zeit. Aber, so sagen uns die Jugendsoziologen, Zeit wird
65 zunehmend knapp. Lern-, Bildungs- und Entwicklungsanforderungen steigen und werden […] verdichtet. Weitere Zeit nimmt den Jugendlichen, dass sie mit neuer Technik,

Moden und Events mithalten wollen. Nicht von ungefähr hat Erikson von einem Moratorium gesprochen, das die
70 Identitätsgewinnung fördere, von einer Zeit des Innehaltens und der Besinnung auf dem Weg zu Identität. Jugendliche sind heute oft außer Atem. […]

Schule und Förderung von Identität
Hieran will ich bei meinen Bemerkungen zu dem, was die
75 Schule zur Förderung der Identitätsentwicklung tun kann, anknüpfen. Die Möglichkeiten der Schule darzustellen, ist für mich nicht einfach, denn es ist eine eigene Aufgabe, ein Entwicklungsthema der Heranwachsenden pädagogisch umzusetzen. Wahrscheinlich würde ich mich sicherer füh-
80 len, wenn ich entsprechende Unterrichtsprojekte miterlebt und vielleicht auch selber ausprobiert hätte, Jugendliche in diese Problematik zu verwickeln.
Jedenfalls habe ich keinen Zweifel, dass ein Element der Identitätsförderung darin besteht, Kinder an ihrem Lernen
85 und an der Gestaltung des Zusammenlebens in der Schule, erst recht in einer Ganztagsschule zu beteiligen. In der Beteiligung formt sich Identität, weil Kinder von sich etwas zeigen müssen, ihre Meinung, und auch Antwort erhalten, die ihnen immer auch spiegelt, für wen sie gehalten wer-
90 den.
Können in der Schule auch gezielt Rollendistanz, Empathie und Ambiguitätstoleranz gefördert werden? Es handelt sich um Qualitäten der Person, die sie letztlich nur selber erzeugen kann. In einer gewissen Ausprägung hat
95 jeder junge Mensch diese Fähigkeiten schon erworben, bevor er oder sie in die Schule kommt. Jeder, jede macht irgendetwas nicht mit, distanziert sich; jeder fühlt sich in irgendwelche Notlagen empathisch ein; jeder erträgt einen Zwiespalt, der nicht aufhebbar ist – nur nicht genug, in zu
100 engen Bereichen, nicht reflektiert. Das Potenzial bedarf der Kultivierung.
Zu diesem Ziel sollte die Schule zum einen Kenntnisse und Einsichten vermitteln. Kinder und Jugendliche müssen mehr darüber wissen, wie verschieden die Welt ist, wie ver-
105 schieden Menschen in dieser Welt denken und fühlen, welche Handlungsmöglichkeiten ihnen zur Verfügung stehen, welche Zwänge auf ihnen lasten. Sie müssen verschiedene Perspektiven wahrnehmen, damit sie merken, wie schwer es ist, nachzuvollziehen, wie andere sich in dieser Welt ver-
110 stehen, und auch erkennen, wie viele Probleme nicht ohne Rest zu lösen sind. Aktuelle Themen, historische Beispiele, Literatur, Filme, Zeitungsmeldungen wären mein Einstieg. Dilemmata würde ich präsentieren und hoffentlich gäbe es Zeit, sie auszuloten.
115 Ich glaube, dass Verwirrung, Unsicherheit, Neugier, Ärgernis dosiert erzeugt werden müssen, sicher in dosierter Weise, um unreflektierte Selbst- und Weltdeutungen ins Wanken zu bringen und dann erleben zu können, welche Relevanz sie haben. Menschen, nicht zuletzt junge Men-
120 schen, sollten sich den Ungewissheiten, Diskrepanzen, Widerwärtigkeiten, aber auch den Chancen und Träumen dieser Welt aussetzen, um herauszufinden, wo sie selber hingehören, wofür sie sich einsetzen und welche Prinzipien sie verteidigen wollen und müssen. Und für all das
125 brauchen Kinder und Jugendliche Herausforderungen und Zeit. Herausfordernde Inhalte gibt es reichlich. Aber hat die Schule Zeit? Hat sie Zeit, Perspektiven zu entdecken und zu erwägen, Zeit, Identitätserkundungen zu fördern?
Ich setze mich über Wissensvermehrung hinaus für So-
130 zialpraktika auf höheren Klassenstufen ein: Mitarbeit in Krankenhaus, Suppenküche, Kindertagesstätte in schwierigem Umfeld. Danach Aufarbeitung: Was habe ich erlebt? Was bedeutet es? Wie ist es mir dabei ergangen? Ich habe beobachtet, dass Jugendliche aus sogenannten guten, aber
135 doch nicht immer wohlgeordneten Verhältnissen verwirrt waren, aufgewühlt, manche auch abwehrend, aber weithin fasziniert und begeistert. Haben Schulen Zeit für derartige Projekte, für etwas, was manche Eltern nur für Allotria erklären? Viele dieser Jugendlichen waren dankbar, etwas
140 von einer Welt zu spüren, in die sie sonst kaum hineinschauen können, Fragen ausgesetzt zu sein, die sie vorher nicht hatten, und dann darüber reden zu können, engagiert, aber ohne dass ihnen das Richtige aufgedrängt wird: just talking im besten Sinne.

Aufgaben

1. Geben Sie die von Krappmann angeführten pädagogischen Handlungsmöglichkeiten übersichtlich strukturiert wieder.

2. Erläutern und ergänzen Sie sie. Greifen Sie dazu auch auf Ihre Kenntnisse aus den bisherigen Kursen zurück, insbesondere auf den Text Krappmanns in „Perspektive Pädagogik" Heft 3, S. 70 f.

3. Erörtern Sie sie im Hinblick auf Realisierungsmöglichkeiten.

Anregungen zur Weiterarbeit

1. Krappmann nennt sein Buch „Soziologische Dimensionen der Identität". Arbeiten Sie heraus, inwiefern er eine soziologische Perspektive auf Identitätsbildung entwickelt.

2. Erörtern Sie Leistungen und Grenzen dieses Ansatzes aus pädagogischer Perspektive. Beziehen Sie dabei vor allem Ihre Kenntnisse zu Bildungstheorien ein.

M8 Die subjektive Verarbeitung der Erziehung im Lebenslauf (Werner Loch)

1. Der Edukand als Subjekt seiner Erziehung
[…] Was aus den Intentionen der Erzieher wird, hängt davon ab, was die Erzogenen in ihren Lebensläufen daraus machen. Das gilt besonders dann, wenn die Erziehung als
5 Beschränkung erfahren worden ist, die man zu überwin-

den sucht. Die subjektive Verarbeitung der Erziehung im Lebenslauf erstreckt sich nicht nur auf das, was in einem Individuum als Ergebnis des Erziehungsprozesses habituell geworden ist; sie beginnt vielmehr schon in den Zeiten, wo man aktuell erzogen wird. Bereits während der pädagogischen Interaktionen können erhebliche Differenzen zwischen dem Verständnis, das die Erzieher, und dem, das die Zöglinge von der Erziehung haben, auftreten. Das bleibt den Erziehern zwar oft verborgen, weil dieser Konflikt umso weniger offen zutage tritt, je jünger die Zöglinge sind, je größer der autoritative Anspruch der Erzieher und je geringer ihre Fähigkeit zu pädagogischem Verstehen ist. Aber die Geschichte der Autobiografie bietet eine Fülle von Belegen, in denen die Autoren erzählen, wie sie sich schon in der Kindheit und erst recht im Jugendalter von der Erziehung distanzierten, die man ihnen zuteilwerden ließ. Solche Zeugnisse sind keineswegs nur ein modernes oder neuzeitliches Phänomen, sie gehen bis ins Altertum zurück. Sogar in der Mythologie kann das Schicksal, das dem Helden bestimmt ist, durch seine Erziehung nicht vermieden werden. Das gilt von Ödipus bis Parzival. Die „persona" des Edukanden ist zu allen Zeiten eine Maske, hinter der sich vieles verbirgt, von dem die Erzieher keine Ahnung haben. Unter der Oberfläche der Erziehungsprozesse beginnt das Ich früh, seine eigenen Wege zu gehen. Ohnehin sind die pädagogischen Interaktionen, zu denen das Kind gezwungen wird, für es nur eines der vielen Rollenspiele, die es spielt, und werden in dem Maße, wie das Kind sie als eine Last empfindet, durch die Spiele relativiert, die ihm Spaß machen. Oft entwickelt sich das Ich nicht durch die Erziehung, sondern trotz der Erziehung, die es bekommt. Der Drang des kindlichen und jugendlichen Ichs zur Selbstbestimmung scheint einer der mächtigsten Faktoren der Persönlichkeitsentwicklung im Lebenslauf zu sein. Die Formen von Brutalität, deren sich die Erziehung in vielen Gesellschaften und Epochen bedient, scheinen in den Edukanden – wo es ihnen nicht gelingt, deren Willen zu brechen – früh eine Art von Opposition des Ichs hervorzurufen, das sich unaufhaltsam nach eigenen Gesetzen zu entwickeln beginnt. Im Gegensatz dazu stellen alle zivilisierten Formen der Erziehung bezeichnenderweise die „Selbsttätigkeit" des Zöglings als wichtigstes Prinzip seiner „Bildsamkeit" in Rechnung. Als Prozess wie als Habitus hat die Erziehung in dieser Freiheit des Edukanden eine Grenze, die sie entscheidend definiert. Dieses Kriterium macht das Phänomen der Erziehung, selbst in seinen unzivilisierten Erscheinungsformen, von allen Praktiken der unmittelbaren Verhaltensänderung unterscheidbar. Denn Dressur, Gehirnwäsche, Suggestion und dergleichen versuchen, das Verhalten eines Lebewesens an Reizbedingungen zu binden, denen es zwangsläufig nach einem vorgesehenen Reaktionsmuster folgt, ohne Chance, diesen Ablauf durch einen Willensakt unterbrechen oder sich davon distanzieren zu können, weil er nicht mehr seiner Selbstkontrolle unterliegt.

2. Die Freiheit des Edukanden

Das als Freiheit des Edukanden bezeichnete Phänomen soll zunächst durch einige Beispiele aus verschiedenen Gesellschaften und Epochen veranschaulicht werden. Diese Beispiele sprechen für die Behauptung, dass das sich entwickelnde Ich die Fähigkeit hat, sich schon während des Prozesses seiner Erziehung von der Rolle des Edukanden zu distanzieren. [...]

„Ich sage ja natürlich nicht, dass ich das, was ich bin, nur durch Deine Einwirkung geworden bin. Das wäre sehr übertrieben (und ich neige sogar zu dieser Übertreibung). Es ist sehr leicht möglich, dass ich, selbst wenn ich ganz frei von Deinem Einfluss aufgewachsen wäre, doch kein Mensch nach Deinem Herzen hätte werden können [...]. Jedenfalls waren wir so verschieden und in dieser Verschiedenheit einander so gefährlich, dass, wenn man es hätte etwa im Voraus ausrechnen wollen, wie ich, das langsam sich entwickelnde Kind, und Du, der fertige Mann, sich zueinander verhalten werden, man hätte annehmen können, dass Du mich einfach niederstampfen wirst, dass nichts von mir übrig bleibt. Das ist nun nicht geschehen, das Lebendige lässt sich nicht ausrechnen, aber vielleicht ist Ärgeres geschehen ... Nun behieltest Du ja mir gegenüber tatsächlich erstaunlich oft recht, im Gespräch war das selbstverständlich, denn zum Gespräch kam es kaum, aber auch in Wirklichkeit. Doch war auch das nichts besonders Unbegreifliches: Ich stand ja in allem meinem Denken unter Deinem schweren Druck, auch in dem Denken, das nicht mit dem Deinen übereinstimmte und besonders in diesem. Alle diese von Dir scheinbar unabhängigen Gedanken waren von Anfang an belastet mit Deinem absprechenden Urteil; bis zur vollständigen und dauerhaften Ausführung des Gedankens das zu ertragen, war fast unmöglich ...

Da ich als Kind hauptsächlich beim Essen mit Dir zusammen war, war Dein Unterricht zum großen Teil Unterricht im richtigen Benehmen bei Tisch. Was auf den Tisch kam, musste aufgegessen, über die Güte des Essens durfte nicht gesprochen werden – Du aber fandest das Essen oft ungenießbar; nanntest es das ‚Fressen'; das ‚Vieh' (die Köchin) – hatte es verdorben ... – ... das wären an sich vollständig unbedeutende Einzelheiten gewesen, niederdrückend wurden sie für mich erst dadurch, dass Du, der für mich so ungeheuer maßgebende Mensch, Dich selbst an die Gebote nicht hieltest, die Du mir auferlegtest. Dadurch wurde die Welt für mich in drei Teile geteilt, in einen, wo ich, der Sklave, lebte, unter Gesetzen, die nur für mich erfunden waren und denen ich überdies, ich wusste nicht warum, niemals völlig entsprechen konnte, dann in eine zweite Welt, die unendlich von meiner entfernt war, in der Du lebtest, beschäftigt mit der Regierung, mit dem Ausgeben der Befehle und mit dem Ärger wegen deren Nichtbefolgung, und schließlich in eine dritte Welt, wo die übrigen Leute glücklich und frei von Befehlen und Gehorchen lebten. Ich war immerfort in Schande, entweder befolgte ich Deine Befehle, das war Schande, denn sie galten ja nur für mich; oder ich war trotzig, das war auch Schande, denn wie durfte ich Dir gegenüber trotzig sein, oder ich konnte nicht folgen, weil ich zum Beispiel nicht Deine Kraft, nicht Deinen Appetit, nicht Deine Geschicklichkeit hatte, trotzdem Du es als etwas Selbstverständliches von mir verlangtest; das war allerdings die größte Schande. In dieser Weise bewegten sich nicht die Überlegungen, aber das Gefühl des Kindes." [Franz Kafka: Brief an den Vater]

„Ich bin ein verschüchtertes und ängstliches Kind gewesen, aber so artig und ergeben, wie ich mich gab, war ich bestimmt nicht. Das Bild vom Musterschüler und aufopfernden Sohn scheint mir selbst heute als etwas zweifelhaft. Nicht, dass ich bewusst Theater gespielt hätte und scheinheilig gewesen wäre. Hinsichtlich meines guten Willens war ich durchaus guten Glaubens. Aber Notstand und Notwehr bedienen sich oft der List. Zur Selbsterhaltung gehört ebenfalls ein gewisser Selbstbetrug: er erleichtert einem die aufgezwungene Heuchelei." [Ernst Erich Noth: Erinnerungen eines Deutschen]

Die vorstehenden Fälle zeigen exemplarisch, welches Phänomen der Terminus „Freiheit des Edukanden" bezeichnet. Er bezeichnet die mit der Geburt beginnende Verselbstständigung des Ichs in den Lernprozessen seiner Erziehung. In diesen Lernprozessen des Säuglings-, Kindes- und Jugendalters entwickelt sich das Ich durch die verschiedenen Phasen der Angstabwehr, des Trotzes, des Egozentrismus und des Narzissmus zu einem Selbst, das normalerweise mit keiner der Rollen, die es in den pädagogischen und anderen sozialen Interaktionen spielt, identisch ist, und zwar um so weniger, je stärker es diese Rollen als Zwang erfahren muss. Unter diesen anthropologischen Bedingungen kann die Erziehung den Prozess der Ich-Entwicklung nur in dem Maße fördern, wie es ihr gelingt, dem in der Rolle des Edukanden lernenden Individuum die Freiheit zu geben, die es zu seiner Selbstverwirklichung benötigt. Ihre curriculare Funktion, die Vorbereitung des Edukanden auf seinen künftigen Lebenslauf, kann die Erziehung nur erfüllen, wenn sie ihm in seiner Rolle den Spielraum zum Selbst-Verstehen und Selbst-Tun gibt, den er sich sonst, im Widerspruch zu den Absichten der Erzieher, nahezu unvermeidlich selber nimmt. Wenn die Erzieher eine Chance haben sollen, dass die Erzogenen ihre Absichten im Lebenslauf verwirklichen, müssen sie sie bereits im Erziehungsprozess als selbstständige Partner mitspielen lassen. [...]
Da der Erzieher so auf die Mitwirkung der zu erziehenden Individuen an ihrer Erziehung angewiesen ist, kann der Erziehungsvorgang nicht zulänglich begriffen werden, wenn man ihn nur als Handlung im Sinne einer einseitigen Subjekt-Objekt-Beziehung aufzufassen versucht. Vielmehr hat der Erziehungsvorgang prinzipiell den Charakter einer Interaktion im Sinne einer gegenseitigen Beziehung, in der jeder Partner gleichsam Subjekt und Objekt zugleich ist, was die führende Rolle des Erziehers nicht beeinträchtigt, sondern überhaupt erst zur Wirkung kommen lässt. [...]
In ihrer ganzen Ausdehnung wird diese Freiheit des Edukanden gegenüber seiner Erziehung jedoch erst in der Dimension seines Lebenslaufs sichtbar. Hier vermag er seine Erzieher besser zu verstehen, als sie sich selber verstanden haben. Die Selbstverwirklichung des Individuums im Lebenslauf ist die Bewährung der Entwürfe der Erziehung, die es mit auf den Weg bekommen hat. Was es davon verwirklicht, ist seine individuelle Erziehungswirklichkeit.

Aufgaben

1. Arbeiten Sie heraus, inwiefern Werner Loch den Edukanden (auch) als Subjekt seiner eigenen Erziehung betrachtet und worin seine Freiheit besteht.
2. Erklären Sie anhand der Beispiele von Franz Kafka und Ernst Erich Noth sowie dem Textauszug von Ulla Hahn (M1), was die Freiheit des Edukanden mit der sich entwickelnden Identität der Heranwachsenden zu tun hat.
3. Der hier als anthropologische Grundannahme unterstellten Freiheit der Kinder und Jugendlichen werde in allen „zivilisierten Formen der Erziehung bezeichnenderweise die ‚Selbsttätigkeit' des Zöglings als wichtigstes Prinzip seiner ‚Bildsamkeit' in Rechnung" gestellt. Erläutern Sie diese These Lochs.

M9 Problemstellungen der Pädagogik (Klaus Mollenhauer)

Sofern wir mit Kindern leben, müssen wir – es geht gar nicht anders – mit ihnen unser Leben führen; wir können uns als gesellschaftliche Existenzen nicht auslöschen, können uns nicht tot oder neutral stellen. Das ist zwar eine Trivialität, aber die gleichsam erste und ernsteste pädagogische Tatsache. Erziehung ist deshalb zuallererst Überlieferung, Mitteilung dessen, was uns wichtig ist. Kein pädagogischer Akt ist denkbar, in dem der Erwachsene nicht etwas über sich und seine Lebensform mitteilt, willentlich oder unwillkürlich. Je komplexer die soziale Welt wird, je weniger zugänglich für das Kind all jene Verhältnisse werden, in denen es in seiner biografischen Zukunft wird leben müssen, je weniger also in seiner primären Lebenswelt all das enthalten ist, was es für seine Zukunft braucht, vor allem dann, wenn die Zukunft des Gemeinwesens nicht mehr zuverlässig prognostiziert werden kann, umso dringlicher wird ein zweites Grundproblem: die pädagogische Kultur einer Gesellschaft muss dann mit der Schwierigkeit fertig werden, wie gleichsam „auf Vorrat" gelernt werden kann. Das hat zur Folge, dass nun neben die „Präsentation" des durch die Erwachsenen vorgelebten Lebens die Aufgabe tritt, die der kindlichen Erfahrung unzugänglichen Teile der gesellschaftlich-historischen Kultur in irgendeiner Weise zur Kenntnis zu bringen. Die Erwachsenen müssen nun aus dem Ganzen auswählen und das Ausgewählte in eine für

Abb. 2.15

das Kind/den Jugendlichen verarbeitungsfähige Form bringen. Zu diesem Zweck treten Institutionen, die sich dies zur Aufgabe machen, ins Spiel; aber auch die Beziehungen der Erwachsenen zueinander werden anders, ebenso die
40 Beziehungen in den primären Lebensverhältnissen (Haushalt und Familie) und also auch die Beziehungen zwischen Erwachsenen und Kindern: Repräsentation der Lebensformen ist nun das wichtigste Bildungsproblem.
Wer sich dergestalt dem
45 jungen Menschen zuwendet, unterstellt, dass dieser lernen kann; und nicht nur dies: er unterstellt, dass er sich auch bilden will,
50 obwohl er häufig auf Hindernisse und Blockierungen stößt. Im Prinzip, so denkt der Erwachsene, und so wünscht das Kind, sind sol-
55 che Hindernisse überwindbar. Dieses Problemfeld nennen wir seit Herbart Bildsamkeit.
Die Bildsamkeit des Men-
60 schen – nicht nur des Kindes – unterstellen wir als Disposition, als Möglichkeit. Sichtbar für den Erwachsenen und erlebbar für das Kind wird sie nur, wenn das Kind tätig ist. Zu dieser Tätigkeit
65 muss es aufgefordert werden; allerdings nicht für irgendein „Tätigsein", für Tätigkeit überhaupt (in einem derart allgemeinen Sinne könnte man auch sagen, Tiere seien tätig), sondern für jene Art von Tätigkeit, die Vernunftkräfte erfordert und deshalb Vernunft bei denen voraussetzt, die zur
70 Tätigkeit auffordern. Diese Tätigkeit heißt Selbsttätigkeit. Zum Abschluss schließlich frage ich, was wir meinen könnten, wenn wir vom „Selbst" sprechen, das in dieser Weise tätig wird, in dieser Tätigkeit sich bildet, und von dem Verhältnis, das das Ich zu ihm einnimmt. Derartige Probleme
75 werden heute zumeist unter dem Namen „Identität" diskutiert.

Abb. 2.16

Aufgaben

1. Bestimmen Sie, auch aufgrund Ihrer Vorkenntnisse, was Mollenhauer mit den pädagogischen Begriffen „Präsentation", „Repräsentation", „Bildsamkeit" und „Selbsttätigkeit" meint.
2. Vergleichen Sie Krappmanns Vorschläge, die Identitätsbildung bei Kindern und Jugendlichen zu unterstützen, mit der von Loch benannten und von Mollenhauer angedeuteten „Aufforderung zur Selbsttätigkeit".

M10 Schwierigkeiten mit Identität (Klaus Mollenhauer)

Seit wir nicht mehr selbstverständlich davon ausgehen können, dass die Menschen annehmen, alles Getrennte finde sich im Jenseits vereint wieder, die Antwort auf die Frage, wer ich bin und sein werde, sei in der Gruppenzu-
5 gehörigkeit verbürgt oder in einer hier schon sich vollstreckenden Ordnung der Welt – seitdem scheint die Frage, wer ich bin und sein werde oder sein möchte, zu den wesentlichen und beunruhigenden zu gehören. Das sprachliche Etikett, mit dem diese Problemstellung versehen wird,
10 heißt „Identität". Es gibt nur wenige Ausdrücke der Theorie-Sprache, die eine derartige Verbreitung gefunden haben – und zwar innerhalb eines guten Jahrzehnts. Es scheint, als liefe ein großer Teil der Orientierungsprobleme, mit denen Menschen heute zu tun haben, in diesem Wort zusammen.
15 Was Religion, Weltanschauung, Sozialstruktur, Nationalität, Gruppenzugehörigkeit nicht mehr hergeben, soll nun Identitätsfindung und Selbsterfahrung leisten. Da liegt es nahe, dass der Gebrauch dieses Schlüsselwortes inflationär wird. Ärgerlich ist nur, dass das im wissenschaftlichen Diskurs
20 geschieht; der inflationäre Gebrauch des Wortes „Identität" fördert nämlich nicht seine theoretische und praktische Brauchbarkeit. „Problemwolke mit Nebelbildung" hat ein philosophischer Kritiker (Marquard) deshalb die Identitätsmode genannt. Das ist verständlich, denn „Identität"
25 begegnet uns besonders in der pädagogisch relevanten Literatur in den verschiedensten Zusammenstellungen: Identitätssuche und Identitätsfindung, Gruppen-Identität, ethnische Identität, Klassenidentität, Identitäts-Diffusion und Identitätszerstörung, schließlich auch Rollen-Identität und
30 Ich-Identität und gelungene Identität; jedenfalls scheint der eine sie zu haben, der andere nicht, usw. Man hat den Eindruck, dass gar kein genau bestimmtes Problem mehr mit diesem Vokabular bezeichnet wird. Dennoch haben diese Redeweisen etwas Plausibles, insofern nämlich, als
35 sie auf jene Sinnorientierungskrise reagieren und deshalb nicht nur Gerede sind, sondern Symptom eines vermutlich wichtigen Problems.

Zum Begriff
Ich will nun nicht die einigermaßen verworrene Diskussion
40 referieren, sondern eine Bestimmung des Begriffs skizzieren, die mir bildungstheoretisch ergiebig scheint. (Ich grenze von vornherein aus der Problemstellung alle jene Sachverhalte aus, für die es bewährte andere Bezeichnungen gibt – die aber neuerdings häufig auch „Identitätsproble-
45 me" heißen, vor allem Individualität, Charakter, Gruppenzugehörigkeit.) Mit Identität sollen also höchstens solche Sachverhalte bezeichnet werden, die es mit dem Verhältnis des Menschen, der „ich" sagt, zu dem, was dieses Ich über sich aussagt, zu tun haben, und zwar soll der Begriff selbst
50 nur dieses Verhältnis meinen.
Dem Wortsinne nach – und das klingt in allen gegenwärtigen Verwendungen des Wortes mindestens an – bedeutet Identität immer eine Einheit des Vielerlei, z. B. einen identischen Sinn in dem zunächst verschieden Erscheinenden. In
55 dieser Bedeutung ist beispielsweise der Satz zu verstehen:

Ich bin in den verschiedenen Situationen a und b mit mir identisch geblieben. Der Satz „ich bin identisch" (ohne den Zusatz „mit mir") ist offensichtlich Unsinn. Man kann also nicht „identisch sein" oder „Identität haben", wie eine Eigenschaft. Wenn nun aber Identität die einheitsstiftende Beziehung sein soll, die das Ich zu sich selbst hat, und wenn zudem die Rede von Identitätsstörung oder -zerstörung sinnvoll sein soll, dann wird unterstellt, dass es ein Optimum für jenes, einen einheitlichen Sinn zwischen allem Verschiedenen konstruierende Verhältnis gebe, ja dass im Idealfall alles, was einen einzelnen Menschen betrifft, in diesen Sinn integriert werden kann. Es ist offensichtlich, dass dies eine unsinnige Unterstellung ist.

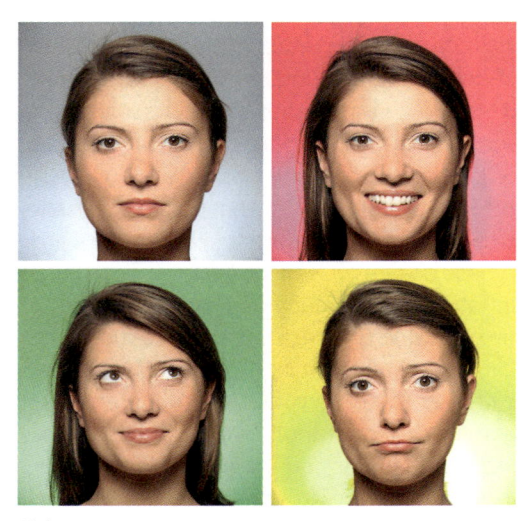

Abb. 2.17

Denken wir beispielsweise nur an die sozialen Beziehungen. Wäre jener optimale Fall die normative Richtmarke, dann müsste es prinzipiell möglich sein, dass ein Mensch in allen seinen Beziehungen jenen einheitlichen Sinn (seine Identität) wahrt; das würde bedeuten, dass er sie alle in dieser Hinsicht kontrollieren kann. Eine einfache Rechnung zeigt, dass das ein schlechter Scherz ist: Die geforderte Integrationsleistung nimmt mit anwachsender Zahl von Beziehungen nach der Formel $(N^2-N)/2$ zu. Denkt man nicht nur an persönliche Beziehungen, sondern auch an Beziehungen zu anderen Daten (Objekten, Situationen, Zeit-Distanzen usw.), die in das Identitäts-Konzept zu integrieren wären, dann ergäben sich beispielsweise bei nur 50 solcher Daten $(50^2-50)/2=1225$ zu kontrollierende Beziehungen. Das geht nicht. Auf diese Situation kann das Individuum nur „fragmentarisch" (Simmel), mit Vereinfachungen (Luhmann/Schorr) reagieren.

Was übrig bleibt, ist noch kompliziert genug, vor allem in pädagogischen Verhältnissen. Das Charakteristische eines Bildungsprozesses besteht ja gerade in seiner Dynamik, das heißt in einer immer anderen Organisation jener Vereinfachungen, und zwar aus zwei Gründen: Erstens bleibt in jedem derart vereinfachenden „Selbstbild" vieles unberücksichtigt, aber dennoch im Leben des Kindes anwesend; das „Mögliche" ist mehr als das „Wirkliche"; oder das aus der Wirklichkeit als identitätsrelevant Ausgelesene ist weniger als die Wirklichkeit; das Selbstbild ist also im Prinzip labil. Es ist aber zweitens auch aus Gründen labil, die in der zeitlichen Stufung des Bildungsganges liegen, besonders in der Tatsache, dass die Bewegung der Bildung, die Selbsttätigkeit, zeitliche Vorwegnahmen (Antizipationen) erfordert, also immer schon ein Stück über sich selbst hinaus sein muss. Das Verhältnis, das Identität heißt, besteht also aus der Differenz zwischen dem, was empirisch der Fall ist, und dem, was möglich wäre; die vereinfachende Selektion aus der empirischen Vielfalt ist ein zeitlicher Vorgriff auf Zukünftiges, ist – wie Sartre sagt – ein Entwurf, aber ein immer riskanter. Ich möchte deshalb vorschlagen, Folgendes anzuerkennen:

1. Um überhaupt so etwas wie einen einheitsstiftenden Sinn in die Vielfalt meiner Weltbezüge hineinzubekommen, muss ich diese Vielfalt vereinfachen.
2. Bezieht sich diese Vereinfachung nicht auf die Welt außer mir, sondern auf mich selbst, dann nennen wir das Muster, in dem die Vereinfachung geordnet ist, das „Selbstbild".
3. Das Selbstbild ist prinzipiell labil, weil die in ihm nicht geordneten Erfahrungs- oder Wahrnehmungsteile meiner selbst jederzeit zur Bedeutsamkeit aufrücken und mich deshalb zur Umorganisation meines Selbstbildes veranlassen können.
4. Der gleiche Sachverhalt, der mich zur Vereinfachung in einem Selbstbild drängt, drängt mich auch, an ihm möglichst dauerhaft festzuhalten. Zugleich aber drängen mich andere Sachverhalte (neue Situationen, das „Großwerden-Wollen" des Kindes), mein Selbstbild zu revidieren. In der einen Hinsicht ist die Veränderungszumutung, in der anderen die Stabilitätszumutung bedrohlich.
5. Anerkennt man die Behauptungen 1–4, dann ist die Frage, was da noch „Identität" heißen soll. Ich sehe nur dies: Identität gibt es nur als Fiktion, nicht aber als empirisch zu sichernden Sachverhalt. Diese Fiktion aber ist eine notwendige Bedingung des Bildungsprozesses, denn nur durch sie bleibt er in Gang. Identität ist eine Fiktion, weil mein Verhältnis zu meinem Selbstbild in die Zukunft hinein offen, weil das Selbstbild ein riskanter Entwurf meiner selbst ist. Wenn ich das anerkenne, dann verliert die Rede, ich sei mit meinem Entwurf identisch, ihren Sinn, weil ich nämlich dann auch anerkennen müsste, dass ich dauernd ein anderer sein könnte. Könnte ich mich denn vielleicht mit jenem Risiko identifizieren? Das ist wohl kaum denkbar. Der Satz etwa „ich bin ein Risiko" gibt keinen Sinn, es sei denn, ich wäre – in irgendeinem Sinne – ein Risiko für andere. Sinnvoll wäre er höchstens, wenn er bedeutete „ich bin mir zweifelhaft"; dies nämlich könnte, nach dem über das Selbstbild Gesagten, bedeuten: „Ich zweifle an der Stabilität meines Selbstbildes." Sofern nun dieserart Zweifel immer angebracht sind und mein Verhältnis zu meinem Selbstbild zum Gegenstand haben, gibt es Identität in Fragen der Bildung des Menschen nur als Problem, nicht aber als Tatsache. Der Satz „ich bin mit mir identisch" ist nur noch als Ideologie sinnvoll. Richtig wäre beispielsweise die Formulierung: „Der Entwurf, den ich mir von mir mache – und den ich mir unter dem Eindruck der Entwürfe, die andere sich von mir machen, mache – und mein Verhältnis zu ihm, im Hinblick auf das, was ich sein könnte, ist mir ein Problem." Insofern gibt es, jedenfalls für die pädagogische Theorie, keine Identitäten, sondern nur Identitätsprobleme.

Bildung und Identität

Aufgaben

Am Ende dieses Abschnitts formuliert Mollenhauer die zentrale These so: „Insofern gibt es, jedenfalls für die pädagogische Theorie, keine Identitäten, sondern nur Identitätsprobleme."

Um diese These zu verstehen, können Sie in mehreren Schritten vorgehen:

1. Mollenhauer schreibt: „Wenn nun aber Identität die einheitsstiftende Beziehung sein soll, die das Ich zu sich selbst hat, und wenn zudem die Rede von Identitätsstörung oder -zerstörung sinnvoll sein soll, dann wird unterstellt, dass es ein Optimum für jenes, einen einheitlichen Sinn zwischen allem Verschiedenen konstruierende Verhältnis gebe, ja dass im Idealfall alles, was einen einzelnen Menschen betrifft, in diesen Sinn integriert werden kann. Es ist offensichtlich, dass dies eine unsinnige Unterstellung ist." Erklären Sie diese Sätze im Detail.

2. Erläutern Sie die Thesen am Ende des Abschnitts.

3. Bildsamkeit meint für Mollenhauer offensichtlich nicht nur, dass für den Erzieher die Bestimmung des Edukanden letztendlich unbestimmt ist, sondern dass sie zunächst – und immer wieder – auch für den Edukanden unbestimmt ist.
Arbeiten Sie daran anschließend heraus, inwiefern Mollenhauer Identität als bildungstheoretisches Phänomen begreift.

4. Vergleichen Sie Mollenhauers Konzept von Identität mit Krappmanns Konzept. Arbeiten Sie vor allem die Unterschiede heraus.

Mollenhauers Ausführungen zu den grundlegenden Problemstellungen der Pädagogik schlossen mit der These: „Insofern gibt es, jedenfalls für die pädagogische Theorie, keine Identitäten, sondern nur Identitätsprobleme." Die nächsten Texte ermöglichen Ihnen ein vertiefendes Verständnis dieser These.

M11 Identitätsprobleme. Pädagogische Schwierigkeiten mit einem Begriff (Volker Ladenthin/Gabriele Schulp-Hirsch)

Vorgestern noch hatten die langen, gelb gefärbten Haare ihr Gesicht strähnig umrahmt. Der basaltgraue Pullover hatte sie umhüllt, sich über die faserige Jeans gedehnt. Heute waren die Haare kurz und blond und ihre Fingernägel
5 lackiert. Die schwarze Kleidung unterstrich die energischen Sätze, die sie sprach. War es wirklich die gleiche Schülerin, die noch vorgestern mit leiser Stimme von ihrer Angst vor der Deutscharbeit erzählt hatte? Hatte sie nur die Kleidung gewechselt oder hatte sich ihre Person verändert?

10 **Identitätstheorien**
Wir sind gewohnt, diesen und ähnlichen Vorkommnissen in der Alltagswelt mit Identitätskonzepten zu begegnen. Dabei verstehen wir unter Identität die Fähigkeit, eine konsistente Persönlichkeit herauszubilden. Identität ist die
15 Forderung nach der Konsistenz des Denkens und Handelns, die Aufgabe, seine Lebensgeschichte als kontinuierliche Einheit zu erleben und gegenüber unterschiedlichen Anforderungen zu verteidigen. […]

Ich-Identität: in sich konsistent
20 Der Einzelne erfährt das eigene Ich auf dem Umweg über die Erfahrung anderer von sich. Die Fähigkeit zu reziproker, wechselseitiger Spiegelung wird zur Voraussetzung persönlicher Identität, nämlich leibliches Eigenerleben mit Fremderleben des eigenen Erlebens zu verbinden. Das
25 Bestreben, personale und soziale Identität gleichzeitig aufrechtzuerhalten, kann durch entgegenkommende oder behindernde soziale Beziehungen entweder gestützt und bestärkt oder geschwächt und zerstört werden. Ausbalancierung des Eigenerlebens und der Fremdwahrnehmungen
30 und -erwartungen wird in dieser Sicht zum Zentralproblem menschlicher Beziehungen. […] Damit wird das Thema Ich-Identität gesellschaftstheoretisch interessant. Denn Sozialstrukturen und Kultur bestimmen Möglichkeiten und Ausmaß von zwischenmenschlichen Spiegelungen und be-
35 stimmen die Anforderungen an Ausbalancierungen. Dabei

Abb. 2.18

wird deutlich, dass beide Modelle von Ich-Identität von Ich-Annahmen ausgehen: Im psychologischen Modell werden diese substanztheoretisch interpretiert, im soziologischen durch wechselseitige Anerkennung gesellschaftlich legiti-
40 mer Autorität. Ich-Identität ist diesen Modellen gemäß nur dann ausgebildet, wenn diese in sich konsistent ist. […]

Hilft Identität bei der Selbstbestimmung?
Es scheint nun, dass die Vorstellung einer dem Menschen zukommenden „Identität" eine moderne Vorstellung ist
45 und in der Moderne kompensatorische Funktion hat. Während nämlich in traditionalen Gesellschaften die Sitten der Gemeinschaft (Ständegesellschaft) oder eine teleologische

Sozialphilosophie (aristotelische Entelechie, mittelalterlicher Ordo) bestimmten, woran der Einzelne seine Subjektivität zu orientieren habe, sind mit dem Anbruch der Moderne diese konventionellen oder teleologischen Bestimmungen nicht mehr allgemein verbindlich durchzusetzen.

Die Moderne: Geistige und soziale Mobilität
Die Anthropologien der Moderne (des postkonventionellen Zeitalters) bestimmen den Menschen nicht mehr in seinen Zielen; sie geben den zufälligen Zustand der Gesellschaft nicht als vorbestimmt aus. Sie bestimmen vielmehr den Menschen spezifisch durch die Aufgabe, dass er sich selbst bestimmen muss. Die Folge ist, dass alle nachkonventionellen Gesellschaften die persönliche Lebensgestaltung in die Verantwortung des einzelnen Menschen legen. Staat und soziale Gemeinschaft haben nicht mehr die Aufgabe (oder das Recht), dem Einzelnen eine Lebensgestaltung vorzuschreiben. Die Mobilität der Menschen hat zudem faktisch dazu geführt, dass die Sitte der näheren Umgebung nicht mehr immer als verbindlich und handlungsleitend angesehen wird. Sitte und Sittlichkeit sind nicht deckungsgleich.
In dieser „postkonventionellen" Situation stellt sich die Frage, wie der Einzelne sich denn selbst bestimmen kann, in aller Radikalität. Nicht mehr die Frage: „Wie kann ich werden, der ich sein soll", sondern die Frage: „Wer bin ich und woher weiß ich, wer ich bin?" ist in der Moderne die Schlüsselfrage nach dem Verhältnis des Menschen zu sich selbst. […]

Die Reichweite der Identitätskonzepte
Die Frage ist nur, ob Identitätskonzeptionen das leisten können, was sie versprechen: nämlich aus der Forderung nach Konsistenz jene Handlungssicherheit zu gewinnen, die in früheren Zeiten die Sanktionen des sozialen Systems oder die ideellen Entwürfe der Sozialphilosophie leisteten. Der Umstand, dass Identitätstheorien gerade das Problem interkultureller Lebensentwürfe nicht lösen können, deutet an, dass hier grundsätzliche Probleme liegen. […]

Konsistenz statt Freiheit?
Welche Forderungen nach Konsistenz sind das? Wer stellt sie auf? Warum ist Konsistenz gut?
Es scheint, dass die in der Ständeordnung begründete Forderung nach inhaltlich festgelegtem sozialen Verhalten durch die Forderung nach Konsistenz ersetzt worden ist. Die Identitätstheorien versuchen, im formalen Prinzip der Konsistenz jene Sicherheit zu finden, die in früheren Zeiten durch die inhaltliche Forderung, dass der Schuster bei seinen Leisten bleiben soll, formuliert war. Gewissermaßen rettet man in den Identitätsforderungen die Ziel-(„Telos")-Orientiertheit traditionaler Gesellschaften in eine Welt, in der Ziele nicht mehr allgemein verbindlich bestimmt werden können.
Zwar wird in Identitätskonzepten nicht mehr gefordert, dass der Schuster, weil er als Schuster geboren wurde oder der Organismus des Staates den Schuster braucht, sich wie ein Schuster verhalten solle. Aber indem man fordert, dass sich der, der sich einmal zu etwas bestimmt hat, auch künftig demgemäß zu verhalten habe, wie er sich einmal bestimmt hat, ist die alte Vorstellung einer Selbstbestimmung als Selbstfindung (von etwas Vorausgesetztem) aufbewahrt. Man möchte sich durch Identität der lästigen Freiheit entledigen, sich selbst bestimmen zu müssen. […]

Identität als Wahrheits-Ersatz?
Identitätskonzepte binden Handlungsregeln an Konsistenzforderungen: „Handle immer so, dass deine Handlung zu deinem bisherigen Handeln nicht in Widerspruch steht." Was aber geschieht, wenn man bisher ohne genügend Sachkenntnis und unmoralisch gehandelt hat? Darf man dann aus Konsistenzgründen nichts hinzulernen und moralisch werden? […]

Ist Identität Wahrheit?
Das psychische Gebot und die soziologisch feststellbare Tatsache der Handlungskonsistenz geraten also in einen fundamentalen Konflikt mit dem sachlichen Gebot der Sachangemessenheit und der Sittlichkeit. Angesichts von Wahrheit und Sittlichkeit können aber nicht psychologische Konzepte für seelische Gesundheit geltend gemacht werden, etwa dergestalt: Es ist meiner Identität abträglich, wenn ich etwas hinzulerne, was keine Vor-Urteile verändert. Oder: Es tut meiner seelischen Gesundheit jetzt gut zu stehlen und zu morden; deshalb sind für mich Diebstahl und Mord gerechtfertigt.
Es scheint, als hätten in unserer Gesellschaft genau diese Identitätsvorstellungen und -forderungen sittliche Forderungen ersetzt. Es scheint, als setze man Identität mit Sittlichkeit gleich: Wer mit sich in Übereinstimmung handelt, der kann nicht irren und handelt schon sittlich gut. Niemand aber handelt schon dadurch sachangemessen und sittlich, dass er die Prinzipien seiner bisherigen Urteile – denn das ist formale Konsistenz – fortsetzt.

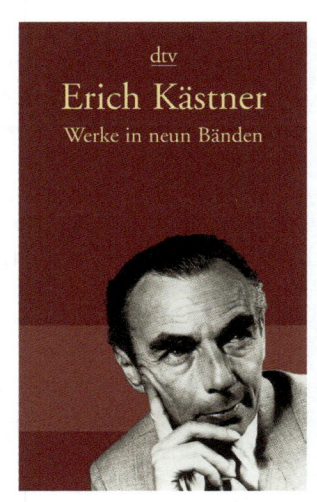

Abb. 2.19

Identität als Lernziel?
Identität kann aus den genannten Gründen nicht zum Lernziel werden. Zuerst einmal stehen Lernen und Identitätsbildung in keinem vorab harmonischen Verhältnis. Es könnte sein, dass wir Dinge lernen, die unser bisheriges Leben – also unsere Identität – in den Grundfesten erschüttern. So schreibt – um ein Beispiel zu nennen – Erich Kästner über seine Lernerfahrungen in der Lehrerbildung: „Ich besuchte, als ich nach dem Ersten Weltkrieg heimkam, ein Reformgymnasium und ich bekenne, nie in meinem Leben wieder so gestaunt zu haben wie damals, als ich plötzlich Professoren erlebte, die […] ihre Schüler […] wie ihresgleichen behandelten. Ich war überwältigt." Offenbar war das alte Ich, die alte Identität überwältigt. „Zum ersten

Mal erlebte ich, was Freiheit in der Schule war und wie weit sie gestattet werden konnte, ohne die Ordnung zu gefährden" (Kästner, S. 73). Lernen wird hier als Bruch mit der Identität verstanden.

Unterricht (und Erziehung) haben nicht die Aufgabe, die bisherige Identität der Schülerinnen und Schüler zu bewahren oder auch nur, sie sich bewähren zu lassen. Die Schülerinnen und Schüler sollen lernen, richtig zu denken und gut zu handeln: Unter Umständen kann dies zum Bruch mit ihrer bisherigen Identität führen.

Identität ohne Ende

Sich in Übereinstimmung mit sich selbst zu denken, das war eine Forderung, die Kant an den mündigen Menschen stellte. Damit war gemeint, nicht widersprüchlich zu argumentieren und angesichts der subjektiv gewussten Wahrheit wahrhaftig zu sprechen. Nicht gemeint war damit, im Gebot der Lebenskonsistenz Kriterien oder sogar einen Ersatz für Wahrheit und Sittlichkeit zu sehen. Das psychologische Identitätsgebot enthebt nicht der Aufgabe, Irrtümer einzusehen, auch, wenn man auf diesen Irrtümern sein ganzes Leben aufgebaut hat. Das psychologische Identitätsgebot enthebt auch nicht der Aufgabe, aus Gründen der Sittlichkeit auch so zu handeln, dass die psychische Identität gefährdet ist.

Aufgaben

Erarbeiten Sie den Text im reziproken Verfahren, indem Sie sich an den Abschnitten orientieren.

1. Um Ihr Verständnis des Textes zu überprüfen, können Sie den Schlussteil des Textes erklären (die letzten Sätze in „Identität als Lernziel" und den Abschnitt „Identität ohne Ende"). Ziehen Sie dazu auch selbst gewählte Beispiele heran.

2. Erläutern Sie den Unterschied zwischen Identitätsbildung in vormodernen und „nachkonventionellen", modernen Gesellschaften. Beachten Sie dabei auch die These: „Es scheint, dass die in der Ständeordnung begründete Forderung nach inhaltlich festgelegtem sozialen Verhalten durch die Forderung nach Konsistenz ersetzt worden ist."

3. Beurteilen Sie diese Behauptung. Greifen Sie dazu auch auf Ihre Kenntnisse der Ansätze von Krappmann und Loch zurück.

4. Setzen Sie die Position von Ladenthin/Schulp-Hirsch in Beziehung zu Ihnen bekannten Bildungstheorien.

2.3 Identitätsdiffusion Jugendlicher durch soziale Netzwerke?

Sherry Turkle hat Kinder und Jugendliche zum vernetzten Leben befragt, über erste Internetseiten, Browser, Suchmaschinen – zunächst am stationären Computer, dann an Mobilgeräten wie Smartphones –, über E-Mail, Chat und Diskussionsforen bis zu Blogs, Online-Nachrichten und sozialen Netzwerken wie beispielsweise Facebook.

Einen der anonymisierten Befragten stellen wir im folgenden Textauszug vor:

M12 Die Gefahren der Selbstdarstellung (Sherry Turkle)

Brad sagt nur halb im Scherz, dass er Angst davor habe, seine Selbstdarstellung im Online-Leben mit seinem „wahren" Ich zu verwechseln. Weil er noch nicht am Ende seiner Identitätsfindung angelangt ist, macht es ihn nervös, Dinge über sich zu posten, von denen er nicht wirklich weiß, ob sie wahr sind. Es belastet ihn, dass die Dinge, die er im Netz über sich verbreitet, sich darauf auswirken, wie die Menschen ihn im wahren Leben behandeln. Das sei schon des Öfteren geschehen. Brad ringt darum, auf Facebook mehr „er selbst" zu sein, aber dies sei schwierig. Er sagt, zwar versuche er, auf Facebook „ehrlich" zu sein, könne aber kaum der Versuchung widerstehen, „den ‚richtigen' Eindruck zu erwecken". „Wenn ich auf Facebook etwas schreibe", sagt er, „bin ich immer auf die Wirkung bedacht. Ich frage mich: Falls ich es so schreibe, klinge ich dann vielleicht verklemmt? Oder wenn ich es anders schreibe, klinge ich dann wie jemand, dem alles egal ist?" Er gibt sich Mühe, „auf Facebook spontaner zu sein … aktiv zu sagen: ‚So bin ich, das mag ich und das nicht'", aber er hat das Gefühl, Facebook würde seine Anstrengungen „pervertieren", weil eine Selbstoffenbarung an Menschen gerichtet sein sollte, „denen etwas an mir liegt". Für Brad verlieren die Dinge an Bedeutung, wenn man sie im Rahmen des eigenen Profils veröffentlicht.

Das Internet kann beim konstruktiven Spiel mit der Identität eine hilfreiche Rolle spielen, obwohl es, wie wir gesehen haben, nicht einfach ist zu experimentieren, wenn jeder Versuch archiviert wird. Aber Brad gesteht, dass er auf Facebook nur wisse, wie man mit der großen Masse umgeht. Wir haben gesehen, wie lange er überlegt, in welcher Reihenfolge er seine Lieblingsbands aufzählen soll. Er grübelt nach, welche Filme er als Favoriten auflisten soll und welche ihn wie einen Langweiler oder Sexisten aussehen lassen könnten. Es besteht eine gute Chance, dass die Leute es positiv aufnehmen würden, falls er die Harry-Potter-Bücher als Lieblingslektüre auflistet. Aber gleichzeitig besteht die Gefahr, dass es ihn weniger sexy erscheinen lassen würde. Brad erzählt, dass die Leute im wahren Leben erkennen können, dass man cool ist, selbst wenn man einige uncoole Dinge mag. In einem Profil ist kein Platz für Fehler. Man wird auf eine Reihe richtiger und falscher Entscheidungen reduziert. „Im Online-Leben", sagt er, „geht es immer um die Außenwirkung." Brad fasst seine Unzufriedenheit mit einem altmodischen Wort zusammen:

Das Online-Leben hemme die „Authentizität". Er möchte andere Menschen direkt erleben. Wenn er liest, was andere auf Facebook über sich selbst schreiben, habe er das Gefühl, lediglich ein Zuschauer bei ihrer coolen Selbstdarstellung zu sein.

[…] Brad beschließt letztlich, sein digitales Leben zu verlassen. […] Wenn er einen Freund treffen möchte, ruft er an, verabredet sich und stattet ihm einen Besuch ab. Er sagt, das Leben beginne, sich wieder natürlicher anzufühlen. „Menschen lernen sprechen und sich in die Augen zu schauen, bevor sie lernen, mit einer Tastatur umzugehen, deshalb halte ich Ersteres für die grundlegende, fundamentale Kommunikationsart", konstatiert Brad. Auf die digitale Verbundenheit zu verzichten, bedeute, so Brad, „drei gehaltlose Gespräche gegen eine wirklich nette soziale Aktivität mit einer einzigen Person einzutauschen". Er räumt ein, dass „der Verzicht auf computergestützte Kommunikation die Menge an Sozialkontakten begrenzt, die man pro Tag haben kann", aber er bedauere diesen Verlust nicht: „Ich habe lieber fünf wirkliche Freunde, die mir nahestehen, als dreißig Internet-Bekanntschaften, die sich als sogenannte Freunde bezeichnen."

Ich begegne anderen Jugendlichen wie Brad, die sich freiwillig eine Medien-„Fastenzeit" auferlegen. Einige hören auf, SMS zu schreiben, andere lassen die Finger von Instant Messages. Weil es für das soziale Leben so zentral ist, besteht der maßgebliche Schritt darin, Facebook zu verlassen. Einige von ihnen sind, wie Brad, erschöpft vom Druck, sich selbst darzustellen. Andere sagen, sie fänden sich „grausam" – das Online-Leben unterdrückt gesunde Hemmungen. Wieder andere haben festgestellt, dass sie den Kontakt zu ihren „realen" Freunden verlieren, während sie stundenlang ihre Kontakte in den sozialen Netzwerken pflegen. Einige, aber noch nicht viele, rebellieren gegen den Umstand, dass Facebook – buchstäblich – ihre Lebensgeschichte besitzt. Einige glauben, Facebook würde dazu verleiten, sich selbst und andere Menschen auf oberflächliche Weise zu beurteilen. Sie zerbrechen sich den Kopf darüber, welche Fotos sie von sich hochladen. Sie bearbeiten ihre Facebook-Fotos, um besser auszusehen. Doch trotz all dieses Aufwandes ist die Facebook-Seite letztlich eine Fiktion, die vorgaukelt, dass der Inhalt mit einer Art aristokratischer Lässigkeit erstellt wurde. Luis sagt: „Es ist wie mit einem Mädchen, das zu stark geschminkt ist und sich zu viel Mühe gibt. Eigentlich soll es auf Facebook ja so aussehen, als hätte man sich nicht viele Gedanken gemacht. Aber keiner glaubt an das Märchen: ‚Oh, ich hab nur schnell ein bisschen Zeug hochgeladen … Ich bin total cool. Ich hab so viele andere Sachen zu tun.' Man sieht, dass diese Leute den ganzen Tag auf Facebook sind. Wem wollen die eigentlich etwas vormachen?" Sein Tonfall wird wehmütig: „Es muss schön gewesen sein, als man einen Menschen einfach durch eine persönliche Unterhaltung kennengelernt hat." Aus all diesen Gründen empfinden viele Heranwachsende den Ausstieg als immense Erleichterung.

Die Gründe für diese Verweigerung – einen direkteren Weg zu sich selbst und zu seinen Mitmenschen zu finden, ein weniger künstliches Leben ohne Selbstdarstellung zu führen, ein Leben, das sich realer anfühlt – klingen wie die, die Henry David Thoreau vor fast zwei Jahrhunderten an den Walden-Weiher führten.

Abb. 2.20

Aufgaben

1. Benennen Sie die Identitätsprobleme, die Brad durch die Nutzung des Internets empfindet.

2. Erklären Sie die Identitätsprobleme Brads sowohl aus interaktionistischer Perspektive (Krappmann) als auch aus der pädagogischen Perspektive auf Identität, die Loch, Mollenhauer und Ladenthin/Schup-Hirsch eingenommen haben.

3. Brad hat selbst „das digitale Leben verlassen". Diskutieren Sie, ob und wie Eltern auf einen problematischen Umgang ihrer Kinder, etwa mit Facebook, reagieren können bzw. sollen.

M13 Lückenlose Persönlichkeitsprofile (Markus Morgenroth)

Viele der Datenschnipsel, die irgendwo von Ihnen existieren, werden von Unternehmen verkauft, ohne dass Sie selbst jemals einen einzigen Cent sehen würden. Wo, wann, zu welchem Zweck und mit welchen Konsequenzen Ihre Daten gehandelt werden, wissen Sie nicht. Mitunter wissen das selbst die Datenhändler nicht, die sich ganz dem Credo des US-Geheimdienstchefs Keith Alexander verschrieben haben: Man braucht erst den Heuhaufen, um die Stecknadel darin zu suchen. Die Menge der Daten treibt ihren Wert in die Höhe. „Mehr ist immer besser", das hat auch der Chief Technology Officer der CIA, Ira Hunt, auf einer Big-Data-Branchenkonferenz 2013 unmissverständlich klargemacht. „Da man Punkte nicht verknüpfen kann, die man nicht hat, versuchen wir grundsätzlich alles zu sammeln, was wir sammeln können, und es für immer zu behalten. Wir stehen sehr kurz davor, sämtliche von Menschen generierten Informationen verarbeiten zu können. Wir wollen ein Werkzeug, das erklärt, wie all diese Menschen in allen nur denkbaren Wegen in Verbindung stehen."

Wir müssen gar nicht nach Amerika blicken, um nervös zu werden. Der Datenhandel blüht auch in Deutschland. Der Landesdatenschutzbeauftragte Joachim Wahlbrink ist sich sicher, dass „mit jeder Information, die irgendwie verwertet werden kann, gehandelt wird. Selbst mit hochsensiblen Gesundheitsdaten. Egal ob das jeweilige Geschäft nun gesetzlich erlaubt ist oder nicht. Die Geheimnistuerei der IT-Branche spricht Bände".

Zu Deutschlands bekanntesten Datenhändlern zählen unter anderem: Bertelsmann, Otto und die Deutsche Post. Sie alle haben unter ihren Konzerndächern für weitere Datenkategorien wie Melde-, Umzugs- und Bonitätsdaten zahlreiche Unternehmen aufgebaut oder dazugekauft. Dieser Schachzug hat ihnen einen quasi grenzenlosen Zugang zu unseren Daten gesichert. Jetzt schöpfen sie aus dem Vollen.

Die Datenbanken der Datenhändler enthalten detaillierte Informationen zu jedem Haushalt, teilweise liegen die Informationen sogar für jede einzelne Person vor. Um jede noch so winzige Lücke im Persönlichkeitsprofil zu schließen, zapfen die Datenhändler immer neue Quellen an. Liegen zu bestimmten Punkten keine Daten vor, heißt das nicht, dass auf eine Angabe verzichtet wird. Fehlende Daten werden mittels statistischer Methoden aus vorliegenden Daten näherungsweise errechnet. In Amerika weiß der Datenhändler Acxiom, dessen Namen Sie sich gut merken sollten, laut „New York Times" mehr über das Leben der Amerikaner als das FBI. Pro Haushalt listet Acxiom, das seit vergangenem Jahr auch mit Facebook zusammenarbeitet, 1500 Einzelangaben in seiner Datenbank auf. Laut eigenen Angaben erwirtschaftet Acxiom weltweit mehr als eine Milliarde Dollar Umsatz im Jahr und verfügt über 500 Millionen aktive Konsumentenprofile, darunter 44 Millionen aus Deutschland. Gut möglich, dass Acxiom auch Sie in seiner Datenbank führt. Wie umfangreich die Profile sind, zeigen folgende Beispiele gespeicherter Merkmale:

- Name
- aktuelle Adresse sowie Anzahl Haushalte im Haus, Anzahl Gewerbe im Haus, Straßentyp, Bebauungstyp, Ausländerindex, Alters- und Familienstruktur
- vorherige Adresse(n)
- E-Mail-Adresse(n)
- Telefonnummer(n)
- Geburtstag
- Geschlecht
- Beziehungsstatus
- Anzahl der Kinder
- Name der Kinder
- Alter der Kinder
- kultureller Hintergrund/Ethnie
- beruflicher Status
- höchster Schulabschluss
- finanzielle Situation
- Bonität, Haushaltseinkommen
- Kaufkraft (aufgeschlüsselt nach verschiedenen Branchen)
- Zielgruppensegment, Acxiom beispielsweise teilt in Deutschland die Bevölkerung, basierend auf Alter, Familientyp und Sozialstatus, in 14 Hauptgruppen ein: Alleinerziehend & statusarm, Midlife-Single & gut situiert, Goldener Ruhestand & aktiv und so weiter. Basierend auf verschiedenen Lifestyle-Merkmalen erfolgt eine Kategorisierung in bis zu 214 Untergruppen wie: Raucher/Nichtraucher, bevorzugtes Werbemedium, Angaben zu sogenannten Lifestyle-Affinitäten, unter anderem in den Bereichen Freizeit (z. B. Mode, Diät, Garten, Computer, Haustiere, Kunst und Kultur, Rätselraten, Preisausschreiben, Technik, Wirtschaft), Medien, Sport, Telekommunikation, Finanzdienstleistung/Versicherung und Tourismus.
- Konsumverhalten, zum Beispiel im Bereich Gesundheit. Hier stuft Acxiom die Personen in Desinteressierte, Nachlässige, Bequeme, Informierte, Ängstliche oder Souveräne ein. Geht es um Versicherungen, lauten die Bezeichnungen: Treuer Vertreterkunde, Preisorientierter Rationalist, Anspruchsvoller Delegierer, Überforderter Unterstützungssuchender, Distinguiert Konservativer oder Skeptisch Gleichgültiger.
- Internetnutzung, DSL-Verfügbarkeit, Mobilfunknutzung
- Milieuzuordnung: Etabliertes Milieu, Intellektuelles Milieu, Postmodernes Milieu, Modernes bürgerliches Milieu, Traditionelles bürgerliches Milieu, Statusorientiertes Milieu, Modernes Arbeitnehmermilieu, Traditionelles Arbeitermilieu, Konsummaterialistisches Milieu und Hedonistisches Milieu
- Angaben über die vorhandenen Pkws

Laut eigenen Marketingprospekten liefert Acxiom sogar Kundenprofile, die sich zum Beispiel so lesen:

Kauft ein bei	Aldi, Rewe, Edeka
Durchschnittlicher täglicher Fernsehkonsum	2 Stunden
Hauptversicherer	HUK-Coburg
Hauptbank	Sparkasse
Monatliche Ausgaben in Euro für:	
Zeitschriften/Zeitungen	30,–
Bücher	15,–
Internet	7,–
Musik-CDs	40,–
Bevorzugte Urlaubsart	Bade-/Strandurlaub Erholungsurlaub, Cluburlaub

Zeitungen/Zeitschriften	„Bild", „Bild am Sonntag", „Computer Bild", regionale Tageszeitung, „TV Spielfilm"
Lesethemen	Sport, Haus/Wohnen, Garten, Erziehung, Zeitgeschehen
Freizeit/Hobbys	Kino, Video, Lesen, Computer/Internet, Reisen, Fahrrad fahren, Inlineskaten, Fußball, Joggen

Aufgaben

1. Vergleichen Sie ein derartiges Persönlichkeitsprofil im Internet mit den „sozialen Positionen", die Ralf Dahrendorf dem fiktiven Studienrat Schmidt zur Erläuterung des Menschen als homo sociologicus (vgl. „Perspektive Pädagogik" Heft 3, S. 61 f.) zugeschrieben hat.

2. Erläutern Sie, inwiefern die von Netzwerkcomputern verschiedener Unternehmen gesammelten Verbrauchermerkmale zur Identitätsdiffusion beitragen können.

3. Entwerfen Sie konkrete pädagogische Maßnahmen, wie Kinder und Jugendliche vor Persönlichkeitsprofilen – „Identitäten" – großer Firmen geschützt werden können. Wo liegen die Grenzen pädagogischer Maßnahmen?

Texte zu den pädagogischen Grundbegriffen in den Heften von „Perspektive Pädagogik"

Bildung ist – neben **Erziehung** – der Grundbegriff der Pädagogik. Mit dem Bildungsbegriff haben Sie sich regelmäßig im Rahmen Ihres Pädagogikunterrichts beschäftigt.

Im Folgenden finden Sie – ohne Anspruch auf Vollständigkeit – Hinweise auf Texte in anderen Heften von „Perspektive Pädagogik", in denen explizit Bezug auf **Identität** genommen wird:

PP3, S. 17:	Freud: Der psychische Apparat
PP3, S. 63:	Mead/Joas: Der Mensch als Wesen der Interaktion: „I", „Me" und „Self"
PP3, S. 67:	Mead: Spielen und Identitätsentwicklung
PP3, S. 77:	Schäfer: Bildung als Selbstbildung
PP4, S. 20:	Erikson: Entwicklung der Identität
PP4, S. 20:	Erikson: Identität gegen Rollenkonfusion
PP4, S. 22:	Erikson: Intimität gegen Isolierung
PP4, S. 24:	Übersicht über das psychosoziale Entwicklungsmodell Eriksons
PP4, S. 30:	Hurrelmann/Quenzel: Zehn Maximen der sozialisationstheoretischen Jugendforschung
PP4, S. 37:	Hurrelmann/Quenzel: Entwicklungsaufgaben im Jugendalter
PP4, S. 38:	Ecarius: Kritik des Konzepts der Entwicklungsaufgaben
PP4, S. 39:	Hurrelmann: Ich-Identität und Biografie-Management in der Lebensphase Jugend
PP4, S. 42:	Rekus: Begabung und Bildsamkeit
PP4, S. 114:	Beck u.a.: Die Bedeutung des Berufs für Entwicklung und Persönlichkeit des Einzelnen
PP4, S. 117:	Brater: Beruf und Biografie
PP4, S. 119:	Tippelt: Beruf und Lebenslauf
PP5, S. 129:	Nieke: Zehn Ziele Interkultureller Erziehung und Bildung

3. Erziehungsziele und Erziehungspraxis in der Bundesrepublik von 1949 bis 1989

Viele der Erziehungs- und Bildungstheorien, die Sie kennengelernt haben, sind normativ hoch anspruchsvoll. Es wäre eine Illusion anzunehmen, dass die in ihnen gesetzten Ansprüche und Anforderungen in der Erziehungspraxis auch umgesetzt würden. Man muss sehr genau zwischen den Ebenen der Erziehungs- und Bildungstheorien und den tatsächlichen Verhältnissen in den Familien, den anderen pädagogischen Institutionen und im sozialen und medialen Umfeld unterscheiden. Die Erziehungswissenschaft ist deshalb auf die empirische Sozialisationsforschung und sozialgeschichtliche Bildungsforschung angewiesen. Sie untersuchen Erziehungs- und Bildungsprozesse in ihren tatsächlichen Gestalten und Verläufen im Kontext von sozialen, politischen und ökonomischen Verhältnissen. Sie kennen aus anderen Heften von „Perspektive Pädagogik" bereits Ergebnisse und Methoden der empirischen und historischen Bildungsforschung (etwa über die Pädagogik im Nationalsozialismus, in der DDR oder die PISA-Studien).

In diesem Kapitel können Sie die Leistungen und Grenzen der empirischen und historischen Bildungsforschung an einem weiteren Themenbereich exemplarisch aufarbeiten. Es geht um die tatsächlichen Erziehungsverhältnisse und -ziele in der „alten" Bundesrepublik von 1949 bis 1989. In den erziehungs- und bildungshistorischen Forschungen ist es Konsens, dass es zunächst eine Phase der „Restauration", des Versuchs der Wiederherstellung von Verhältnissen aus der Zeit vor der nationalsozialistischen Herrschaft, gab. In dieser Zeit herrschten traditionelle Vorstellungen von Erziehung, von Familie, von den Rollen der Jungen und Mädchen, Männer und Frauen vor. Die christlichen Kirchen spielten eine starke Rolle im gesellschaftlichen Leben und in der Erziehung. Diese Phase wurde in den Sechzigerjahren abgelöst. Es setzten sich zunehmend freiere Formen des Umgangs mit Kindern in den Familien und den pädagogischen Institutionen durch. Die Experimente zur „antiautoritären Erziehung", die im Kontext der „Studentenbewegung" vorgenommen wurden, lieferten dazu Vorlagen, die in der Öffentlichkeit kontrovers diskutiert wurden. In den Siebziger- und Achtzigerjahren führte die Auflösung der traditionellen Vorstellungen von Erziehung und Bildung zu einer zunehmenden Pluralisierung der Erziehungsverhältnisse. Bei vielen Eltern und professionellen Pädagoginnen und Pädagogen stellte sich eine Verunsicherung über den „richtigen" Umgang mit Kindern und Jugendlichen ein. Infrage gestellt wurde auch die Struktur des „gegliederten" Schulsystems, in dem bereits nach dem vierten Schuljahr die Entscheidung getroffen werden musste, welche weiterführende Schule das Kind besuchen sollte.

Am Ende des Kapitels stehen Texte, die den wissenschaftlichen Ansatz der empirischen und der historischen Bildungsforschung vorstellen und kritisch reflektieren.

3.1 Aspekte der Erziehung in der Bundesrepublik von 1949 bis 1989

Die Texte dieses ersten Abschnitts führen exemplarisch in Aspekte der Erziehungspraxis der Bundesrepublik in den Jahren 1949 bis 1989 ein. Sie gehören unterschiedlichen Textsorten an. Es gibt einen autobiografischen Text, einen Romanauszug, einen Abschnitt aus einer Fernsehdokumentation und einen Ausschnitt aus einem Erziehungsratgeber. Am Ende steht ein wissenschaftlicher Text aus dem Bereich der historischen Sozialisationsforschung.

3. Kapitel

Aufgaben

Sie können die folgenden Texte arbeitsteilig erschließen.

1. Beachten Sie genau, um welche Textsorte es sich jeweils handelt und welche Folgerungen daraus für die Analyse der Erziehungsverhältnisse gezogen werden können und müssen.
2. Analysieren Sie die Darstellung der Erziehungsverhältnisse, indem Sie die Texte mit Hilfe pädagogischer Kriterien erschließen. Solche pädagogischen Kriterien können sein: Erziehungsziele; Werte und Normen, die bei der Erziehung eine Rolle spielen; Verfahren bzw. Formen des (pädagogischen) Handelns, die beim Umgang mit den Kindern eingesetzt werden; beteiligte Personen und ihre Rollen bei der Erziehung; gesellschaftliche Verhältnisse; Wirkungen bei den zu Erziehenden etc. Die Texte bieten nicht zu allen Kriterien Informationen an. Sie müssen deshalb die Kriterien genau auf den Text, den Sie bearbeiten, auslegen.
3. In den Texten werden Erlebnisse und Erfahrungen einzelner Menschen wiedergegeben. Erörtern Sie, wie man vorgehen müsste, um wissenschaftliche Aussagen über die Erziehung in der Bundesrepublik zwischen 1949 und 1989 zu gewinnen.

Zuerst erinnert sich die 1953 geborene Ulrike Speckmann an ihre Kindheit in den Fünfziger- und beginnenden Sechzigerjahren. Der Text erschien zuerst 2004.

M1 Kinder, die was wollen, die kriegen was auf die Bollen (Ulrike Speckmann)

Dieser Reim hatte einen tiefen Wahrheitsgehalt, denn ein eigenständiges, eigensinniges Kind galt als schlecht erzogen und wurde streng gemaßregelt. Kinder sagten nicht „Ich will", sondern „Ich möchte bitte" und grundsätzlich
5 hatten Kinder wenig zu wollen. Wenn ich als Kleinkind in irgendeiner Sache nicht nachgeben wollte, ging meine Mutter mit mir zum Fenster und sagte: „So, jetzt werfen wir mal das Böckchen zum Fenster raus", da sah ich es dann fortfliegen und gab nach.
10 Der ‚Struwwelpeter' war ein sehr beliebtes Kinderbuch, das sich in jedem Haushalt fand, in dem Kinder erzogen wurden. Die fatalen
15 Folgen kindlichen Fehlverhaltens werden dort bunt bebildert und drastisch vorgeführt: Der ‚Suppenkasper', der die Suppe nicht
20 essen mochte, wird fadendünn und stirbt, ‚HansguckindieLuft', der Träumer, fällt ins Wasser und ertrinkt, der ‚Fliegende Robert'
25 schwebt mit dem Schirm weit in die Welt und findet nicht mehr zurück, Paulinchen bleibt allein zu Haus, fängt an zu zündeln und muss elendig verbrennen, der ‚Zappelphilipp' reißt das Tischtuch herunter und stürzt mitsamt Tisch und Stuhl zu Boden, „und die Mutter blicket stumm, auf dem
30 ganzen Tisch herum", Max und Moritz werden vom Müller zu Schrot gemahlen. Das war deutlich.
Mädchen hatten hübsch und niedlich zu sein, Jungen waren kleine Kavaliere. „Gib das schöne Händchen", die Jungen machten einen „Diener" zur Begrüßung, die Mädchen
35 einen „Knicks". Vorlaut und altklug zu sein, war verpönt. „Sprich nur, wenn du gefragt wirst." „Quod licet iovi, non licet bovi" war die Antwort auf empörte Einwände wie: „Aber du hast doch auch …" Der Ochse war ich, in jedem Fall. Es war irgendwie tabu, beim Grübeln erwischt zu wer-
40 den. Man musste immer in Aktion sein, beschäftigt sein: „Was sitzt du herum, hast du nichts zu tun?" Stimmungen, Probleme, Befindlichkeiten oder gar Launen waren nicht der Rede wert: „Man trägt seine Gefühle nicht spazieren." „Zeige mir deine Freunde, und ich sage dir, wer du bist",
45 das war eine goldene Regel zu Freundschaften und Vorlieben, die nicht in die Vorstellungen der Eltern passten. Wer schlechte Freunde hat, ist selbst nichts wert. „So kannst du mit deinesgleichen reden, nicht mit uns." Meinesgleichen, das waren andere Kinder, andere Jugendliche, jedenfalls
50 solche, deren Wert weit unter dem der Eltern lag. Lange zerbrach ich mir den Kopf darüber, was an den anderen und an mir wohl schlechter sei als an den Eltern, warum wir nicht gleich waren.
„Aber das ist doch meins!" – „Mach die Augen zu, was du
55 dann siehst, das ist deins." Das klang in meinen Ohren wie: Dir gehört nichts, du kannst auf nichts Anspruch erheben, wir haben alles in der Hand, dein Einwand zählt nichts, du zählst nicht. Dieses Gefälle, dieser Unterschied zwischen den Generationen galt als selbstverständlich, war nicht zu
60 hinterfragen und führte zu einer geringschätzigen Haltung gegenüber Kindern. Gehorchen war das Schlüsselwort. Oft dachte ich, aber die Erwachsenen waren doch auch mal Kinder, waren sie da auch weniger wert? Wann wird sich das umkehren? An welchem Punkt werde ich auch so
65 viel wert sein wie die Erwachsenen? Was muss ich tun? Ich erlebte meine Gefühle, Empfindungen, Zu- und Abneigungen als eine zu vernachlässigende Größe. Das war nicht so wichtig, darüber wurde hinweggegangen. Ich wurde nicht gefragt und nicht gehört, sondern es wurde mir versichert,
70 so wie wir – die Eltern – das sehen, ist es richtig. Anders kann man das nicht sehen, andere Ansichten gelten nicht. Als junge Frau setzte ich diese Geringschätzung meiner inneren Stimme fort. Ich achtete selten auf das, was ich empfand, sondern handelte und entschied sehr stark nach
75 von außen gegebenen Bedingungen. Auch wenn meine

Abb. 3.1

innere Stimme mich vor Entscheidungen warnte, hörte ich sie nicht. Ich übertönte sie mit Vernunftargumenten, Pflichtgefühlen und Angst vor Ablehnung. Es kostete mich viele Jahre und sehr viel Mühe, diese innere Stimme schätzen zu
80 lernen, sie deutlich wahrzunehmen, ihr zu vertrauen. […]
Es war selbstverständlich, dass eine Ehefrau kleiner als ihr Mann zu sein hatte, sie sollte zu ihm aufschauen. Andernfalls wäre er ein „Pantoffelheld". Für ein Mädchen war es ein großes Unglück, richtig „lang" zu werden, 1,80 m
85 oder gar 1,85 m? „Wie furchtbar, sie wird keinen Mann bekommen, dabei ist sie doch eigentlich so hübsch." Männer waren in meinen Augen groß, klug, vorausschauend, weise und hatten in jeder Lebenslage den Überblick. Als Kind dachte ich, alle Männer seien stark, abenteuerlustig,
90 über den Dingen des Alltags stehend und ausschließlich mit bedeutenden Entscheidungen beschäftigt. Das andere machten ja die Frauen. […]

Abb. 3.2

Damals schien mir die Welt der Männer aufregend, interessant und vielversprechend. Man konnte eine wichtige
95 Stellung im Beruf haben, man erfuhr die Hintergründe der Ereignisse, man konnte Auto fahren und an Sportwettkämpfen teilnehmen, man wusste Bescheid über seine beruflichen Fachgebiete, man wurde gehört und gefragt, man gehörte dazu. Männer folgten ihren Prinzipien und
100 schielten nicht auf den Beifall der Umgebung, sie arbeiteten hart, sorgten für ihre Familie und waren stolz darauf. Das war das Leben. […]
Ich würde warten, bis mich jemand wahrnähme, bis jemand mich verwendbar fände, ich würde nur antworten,
105 wenn ich gefragt worden wäre. Bei den langweiligen Schularbeiten motivierte ich mich mit der Fantasie, ich sei Angestellte in einem Büro und hätte vom Chef diese Aufgaben bekommen. Er würde mich loben, wenn ich sie rasch und fehlerfrei erledigt hätte.

110 Das Gefühl, nicht dazuzugehören und nur hinter einer Glaswand stehend beobachten zu können, wie andere leben, ist mir lange erhalten geblieben. Ein Frauenleben schien mir nicht so erstrebenswert, wenn ich von dem ausging, was ich täglich in meiner Umgebung wahrnehmen konnte. Das Le-
115 ben der Hausfrauen, und ich kannte keine berufstätige Frau, war voller häuslicher Arbeiten und fand fast nur zu Hause statt. Ich erlebte nie, dass eine Frau neben der Erfüllung ihrer Hausfrauenpflichten sich das Recht herausnahm, eigene Interessen zu verfolgen, eine Leidenschaft oder ein Hobby
120 zu haben. Wenn meine zahlreichen Onkel von Tennisturnieren, Segelbooten, Ausflügen mit dem Vespa-Roller oder anderen aufregenden Beschäftigungen erzählten, sah ich die dazugehörigen Frauen nachsichtig lächelnd im Plissee-Rock auf dem Sofa sitzen oder die nächste Mahlzeit vorbereiten.
125 Sicher interessierten sie sich für dies und das, sie gingen auch schon mal zum Sport, ins Kino, ins Theater. Was ich aber von Frauen nicht kannte, war, dass sie ihre Interessen wie die Männer in den Vordergrund rücken durften. Eine Spruchweisheit meiner Großmutter war: „Die Frau
130 muss den Kopf unter den Arm nehmen", und das hatte meine Mutter sich durchaus auch zu eigen gemacht. Sie versuchte zumindest, sich danach zu verhalten, und überlieferte mir als Tochter diese Weisheit als Orientierungshilfe. Ich erinnere mich deutlich, dass zum Beispiel in Filmen
135 fast ausschließlich dieses Frauenbild vorgeführt wurde. Die nette, hübsche, immer muntere Ehefrau, die kindlich und naiv wirkt, ihren Mann wie einen Vater anhimmelt und ihn mit einem hohen Stimmchen umgarnt, um ihre Wünsche durchzusetzen. Ein offenes Gespräch auf gleicher Augen-
140 höhe zwischen Mann und Frau kam nicht vor. Zumindest konnte ich so etwas in den öffentlichen Darstellungen, in Büchern, Filmen, Hörspielen, Zeitungen nicht erkennen. Die Ehe war das höchste Ziel eines Frauenlebens. Die zahlreichen sogenannten Mädchenbücher, ‚Pucki', ‚Nesthäk-
145 chen', ‚Hanni und Nanni' und so weiter berichteten davon mit nie erlahmendem Eifer. Ich las sämtliche ‚Pucki'-Bücher, aber mein heimlicher Traum war es, wie Puckis Vater Förster zu werden. Ich konnte mir nicht vorstellen, mit 18 Jahren zu heiraten und drei Söhne zu haben wie Pucki.
150 Es gab in meiner direkten Umgebung keine weiblichen Vorbilder für das Leben, das ich mir wünschte, und so entstand bei mir der Eindruck, es sei nicht richtig, so etwas zu wünschen. Ich erinnere mich nicht, dass ich den Wunsch, Förster werden zu wollen – dabei kam es mir vor allem auf
155 den Wald und die Tiere an –, geäußert habe. Ich glaube, ich habe mich selbst dafür ausgelacht.
Mädchenträume drehten sich um eine Ehe mit einem möglichst attraktiven, wohlhabenden Mann. Das führte zwangsläufig zu einer heftigen Konkurrenz unter den Mäd-
160 chen. Das Thema Aussehen, Kleidung, Attraktivität stand überall im Mittelpunkt. „Wer schön sein will, muss leiden", „Wer friert, hat keinen Charakter", diese und ähnliche Erkenntnisse begleiteten unsere modischen Entscheidungsprozesse. Von klein auf lernten wir, dass es erstrebenswert
165 und unbedingt erforderlich war, den Jungen, den Männern zu gefallen. War das nicht der Fall, entstand eine Leere, die ich in meiner kindlichen Fantasie nicht zu füllen wusste.
[…]

3. Kapitel

Abb. 3.3

„Junges Licht" heißt der 2004 erschienene autobiografische Roman von Ralf Rothmann. Der Autor (geb. 1953) erzählt von den Sommerferien des zwölfjährigen Bergarbeitersohns Julian, der mit seinen Eltern und einer jüngeren Schwester im Ruhrgebiet wohnt. In den folgenden Ausschnitten geht es um unterschiedliche Formen der Disziplinierung.
Der Roman wurde von dem Regisseur Adolf Winkelmann verfilmt. Premiere war 2016.

M2 Ralf Rothmann: Junges Licht

Ein häufig gehörtes Lob war: „Das Kind ist ja so beschei-
170 den." Eine Frau, die zielstrebig ihre Interessen verfolgt, wurde als kalt und berechnend abgelehnt. Eine alleinstehende Frau war entweder lächerlich oder eine moralisch zweifelhafte Person. Eine berufstätige Frau war entweder ein Mannweib oder sitzengeblieben. Eine kinderlose Frau
175 galt als Versagerin ohne Lebensinhalt. Ein Mädchen sollte zwar Männern gefallen, aber nicht den gleichaltrigen „grünen" Jungs, möglichst den älteren. Ein Mädchen sollte lernen, mit eventuellen Kollegen Bier zu trinken, aber niemals aus der Rolle fallen. Ein Mädchen sollte hübsch und
180 gut aussehend sein, aber nicht eitel sein oder sich schminken. Ein Mädchen sollte eine „Dame" werden, aber keine großen Ansprüche stellen. Ein Mädchen sollte aufgeweckt und fleißig sein, aber nicht zu viel Initiative entwickeln. Ein Mädchen sollte seine Interessen vertreten, aber nur, wenn
185 sie niemandem in die Quere kamen. Ein Mädchen sollte große Leistungen vollbringen, aber sich nicht zu sehr für eine Sache engagieren. Ein Mädchen sollte charmant und witzig sein, aber nur über die richtigen Witze lachen, „am Lachen erkennt man den Narren!" Schlussendlich hatte ich
190 das Gefühl, nichts richtig machen zu können und niemals den Ansprüchen zu genügen. Allzu schnell war ich bereit, meine eigenen Eindrücke und Wahrnehmungen zu hinterfragen, sie hintenan zu stellen oder ganz für falsch zu erklären. […]
195 Als ich einmal von drei Jungen nach Hause begleitet wurde, erdreistete sich einer von ihnen, mich auf der Straße zu küssen. Ich war entsetzt und begeistert und rannte verwirrt nach Hause. Anschließend erfuhr ich, dass er herumlief und jedem, der es hören wollte, berichtete, was ich für
200 eine Schlampe sei, die es mit jedem macht. Ich war zutiefst schockiert.
Es war der erste tiefe Blick in die Gefahren der Frauenidentität, denen ich im späteren Leben noch oft ausweichen musste. Entweder Heilige oder Hure, zwischen diesen bei-
205 den Abgründen der christlich-abendländischen Tradition musste ein Mädchen entlang balancieren. Nur der gerade Weg in die Ehe bewahrte die Frau vor Fehltritten und Abstürzen in einen von beiden.

In der Schule zog der krumme Dey die Vorhänge zu, die grelle Sonne tauchte das Zimmer in ein orangefarbenes Licht, und er ging von Tisch zu Tisch, überprüfte die Hausarbeiten und machte hier und da eine Notiz. Ich war der Einzige, der
5 sein Heft nicht aufgeschlagen hatte, und Godtschewski, mein Nachbar, stieß mich an. Doch ich hielt es geschlossen. Dey hatte gerade Tszimanek auf dem Kieker, kramte das Lineal aus der Tasche, drückte es ihm vor die Brust. „Mathematik ist gar nicht so schlimm. Sie kann sogar Spaß
10 machen. Denn sie ist nicht nur da, um Gewinne und Verluste zu berechnen, sie schärft auch unser logisches Empfinden." Er drehte an seinen Schläfenhaaren. „Glaubst du das?" Tszimanek fletschte die Zähne, und wieder stieß mein Nachbar mich an, wies auf das Heft. „Was ist?", flüsterte er, und ich
15 hielt die Hand so, dass er das Pflaster sah.
„Konnte nicht schreiben." Ich knibbelte eine Ecke los. „Hab mich verletzt."
Vorsichtig zog ich es ab. Der Ballen war rot angeschwollen, und die Wunde hatte eine Kruste aus geronnenem Blut,
20 die sie breiter erscheinen ließ, als sie war. An den Rändern quoll etwas Eiter hervor, und ich hielt die Finger leicht gekrümmt, als wären auch die Sehnen schon entzündet. Godtschewski machte große Augen, blies die Backen auf. Schüttelte den Kopf. „Aber du bist doch Rechtshänder."
25 Er grinste, und auch ich verzog den Mund; doch stockte mir der Atem. Ich fühlte eine jähe Hitzewelle im Gesicht, und dann wurde mir flau, und ich nahm nichts mehr wahr von dem Zischen und Flüstern ringsum, dem Blättern in Büchern. Ich starrte meine Hände an, als gehörten sie
30 nicht zu mir. Die Klinge mit links zu fassen, um mir damit in die Schreibhand zu schneiden – daran hatte ich überhaupt nicht gedacht, nicht eine Sekunde lang, und ich klebte das Pflaster unter die Bank und sah mich um. Dey stand zwei Reihen hinter mir.
35 Ich reckte den Arm hoch, schnippte mit den Fingern. Er hob den Kopf. An seinem Schlips war Kreide; er hatte graue Haare in der Nase. „Und?" „Darf ich austreten?" Meine Stimme klang zittrig. „Mir ist schlecht."
Er griff in die Brusttasche seines Sakkos, zog eine randlose
40 Brille hervor. Jetzt schienen seine Augen zu funkeln, und nachdem er mich gemustert hatte, blickte er rasch einmal auf mein Heft. „Dann geh aufs Klo. Aber in zwei Minuten bist du wieder hier." Die Flure waren menschenleer, und im Treppenhaus hallte das Klatschen meiner Sohlen auf dem
45 Boden wie hoch über mir. Das glatte Holz des Geländers war angenehm kühl. Ich wollte nicht über den Schulhof

gehen, wo die ganze Klasse mich sehen konnte, und rannte unter dem Vordach der Turnhalle zum Tor, vorbei an einer langen Wand aus Glasbausteinen. Stimmen dahinter, das Rufen und Kreischen von Mädchen, die Völkerball spielten, und manchmal sah ich ein schwarzes Sporthemd oder einen Arm, ein Bein, verzerrt wie hinter klarem Eis. Ich lief in das Wäldchen am Siedlungsrand, einer jungen, auf Schutt- und Schotterhalden angelegten Pflanzung, und auch hier war niemand um die Zeit. [...]

Es schlug zwölf, als ich mich auf den Heimweg machte, immer an den Gärten entlang. Aus den offenen Küchenfenstern kam das Klappern von Geschirr und Besteck, bei den Kaldes roch es nach Maggi-Sauce, bei Urbans nach Zwiebeln, und ich schaffte es, unsere Haustür zu erreichen, ohne jemandem aus der Klasse zu begegnen. Aus irgendeinem Grund erschienen mir die Treppenstufen höher als sonst. Die Wohnungstür war offen. Meine Mutter stand vor der Anrichte, schichtete gekochte Nudeln in eine Kasserolle und antwortete nicht auf mein leises, fast nur gehauchtes „Hallo". Jedenfalls nicht mit einem Gruß. „Wasch dir die Hände!" Sie sah kaum auf von ihrer Arbeit, und ich nickte, rührte mich aber nicht. Mein Speichel schmeckte seltsam, fast faulig, und ich kratzte an dem Schorf der Wunde herum, die plötzlich juckte. Die Gläser im Schrank zitterten leicht, als ein Auto am Haus vorbeifuhr, ein Lastwagen wohl. Auf dem Sofa stand meine Tasche, und in der Obstschale lag das Rechenheft. Meine Mutter blickte sich um. Eine dunkle Strähne baumelte vor ihren Augen, und sie strich sie mit dem Handrücken zur Seite. „Wirds bald?!" Im Bad drückte ich die Tür zu und wollte den Schlüssel umdrehen, doch sie hatte ihn abgezogen. Ich trank einen Schluck Wasser aus der Leitung und setzte mich auf die Toilette, weil ich plötzlich Durchfall bekam, wenig nur. Es war auch nicht so laut, wie ich es mir gewünscht hätte. Dann zog ich an der Kette und seifte mir die Finger ein, was etwas länger dauerte, weil das alte, schon etwas rissige Stück nicht richtig schäumte. Ich spülte sie ab, wusch sie erneut, und während ich nach dem Handtuch griff, betrachtete ich mein Gesicht im Spiegel. Es war blass, fast so blass wie das meiner kleinen Schwester voriges Jahr, nach der Operation. Ich öffnete den Schrank und nahm die Feile heraus, reinigte mir die Nägel. Doch war ich noch beim ersten Daumen, als meine Mutter auf die Klinke drückte – so abrupt, als hätte sie mit der Faust darauf geschlagen.

Sie neigte den Kopf ein wenig, und ihre Brauen, die angemalten Bögen, stießen fast zusammen über der Nasenwurzel. Ich ging an ihr vorbei in den Flur und hörte noch, wie sie den Schlüssel, wohl in der Schürze verborgen, wieder ins Schloss steckte. Im Wohnzimmer stellte ich das Radio lauter, und einen Moment lang kam es mir vor, als ob sich die Schritte meiner Mutter entfernten. Doch dann war sie plötzlich hinter mir und stieß mich über die Schwelle in die Küche, wo es nach süßer Tomatensauce und frisch gehackter Petersilie roch. „Wieso bist du aus der Schule fortgelaufen?" Sie kramte in der Lade, zog einen Holzlöffel hervor. Um meinen Mund herum war alles so weich, dass ich kaum ein Wort formen konnte. Trotzdem hatte sie mich verstanden. „Na und? Warum sollte er dich nicht schlagen. Wenn du keine Hausaufgaben machst, geschieht dir das recht. Bei uns wars auch nicht anders." Sie drehte sich um und drückte die Zigarette aus, die im Aschenbecher qualmte. Ihr Blick kriegte etwas Starres, Stieres, als sähe sie mich gar nicht, und dann griff sie mir auch schon in den Nacken, legte mir die Hand wie eine Zwinge ums Genick. Obwohl ich gerade gepinkelt hatte, verlor ich beim ersten Schlag etwas Urin und ließ mich auf den Boden fallen. Gewöhnlich prügelte sie so lange, bis sie nicht mehr konnte, und auch jetzt war sie nicht zu erweichen durch mein Schreien, das mit jedem Schlag mehr einem Kreischen glich. „Bitte nicht! Mutti nicht!" Sie wurde immer schneller, wie beim Teppichklopfen, traf auch schon mal den nackten Oberschenkel, und als der Kochlöffel zerbrach, machte sie mit der Hand weiter. Erst als es klingelte, ganz kurz nur, und Frau Gorny nach ihr rief und sie durch den Spalt der offenen Wohnungstür um eine Tasse Mehl bat, ließ sie ab von mir, stieß die Splitter mit der Schuhspitze unter den Herd und drehte sich um. „Aber sicher, Trudchen, einen Moment. Komm doch rein!" Sie kühlte ihren Arm unter fließendem Wasser, und ich stand auf und ging in die Stube, stellte das Radio aus. [...]

Abb. 3.4

Julian bleibt mit seinem Vater alleine zu Hause, während seine Mutter und die kleine Schwester einige Tage verreisen. Die fünfzehnjährige Nachbarin Marusha verunsichert ihn mit sexuellen Anspielungen. Schließlich beginnt sie ein Verhältnis mit seinem Vater. Julian beobachtet heimlich, wie dieser nachts aus dem Zimmer des Mädchens kommt. Der verstörte Julian, der auch Messdiener ist, geht zur Beichte.

Pfarrer Stürwald sah auf die Uhr, als ich in die Kirche kam. Das Kreuz aus Glas, das an zwei Drahtseilen von der Kuppel hing, gleißte regenbogenfarben in dem frühen Licht. „Was ist denn mit dir los?" Er faltete seine Schärpe zusammen. „Kein Zuhause? Es ist zehn vor sieben. Außerdem hast du gar keinen Dienst, oder?" „Nein. Erst Sonntag wieder. Aber ich möchte beichten."

„Heute? Gebeichtet wird am Samstag, Junge" „Aber vor der Frühmesse doch auch!" „Manchmal. Wenn Leute da sind. Doch du siehst ja: alles leer."

„Wieso? Ich bin da!"

Er schloss einmal kurz die Augen, seufzte. Dann öffnete er die Tür des halbrunden Beichtstuhls; die Gummidichtung machte ein saugendes Geräusch, als wäre ein Vakuum dahinter. „Also gut, dann komm. Mach schnell."

Ich kniete mich auf die gepolsterte Bank, ließ den Vorhang aber offen. Der Pfarrer legte sich die Schärpe wieder um und segnete mich durch das Maschengeflecht hindurch. Er roch nach Rauch.

Ich machte das Kreuzzeichen. „In Reue und Demut bekenne ich meine Sünden: Ich war ungehorsam, ich habe gelogen, ich habe gestohlen, und ich war unkeusch. Amen."

„So schnell nun auch wieder nicht." Stürwald flüsterte. „Was hast du denn gestohlen?"

„Na ja, nicht eigentlich gestohlen. Ich habs anschreiben lassen, auf die Rechnung meiner Eltern." „Und was wars? Schokolade? Kaugummi? Schundheftchen?"

Ich schüttelte den Kopf. „Bier und Zigaretten. Und eine Flasche Doornkaat."

Er schwieg einen Moment. Dann beugte er sich vor. „Aha. Und was hast du damit gemacht?" „Verschenkt", sagte ich. „Weil, ich wollte Mitglied im Tierklub bleiben, und die anderen haben gesagt ..." „Tierklub?"

„Ach, so'n Kinderkram. Es gibt auch kaum noch Tiere. Aber wir hatten sogar mal einen Nymphensittich. Und einen Jagdhund, den haben wir immer noch. Er hat was an den Gelenken, aber sonst ist er echt. Und wenn die Katze bald ihre Jungen kriegt, sind wir wieder mehr."

Er räusperte sich, es klang ungeduldig. „Na schön. Und wie war das jetzt mit dem Unkeuschsein?" Ich schluckte, sagte eine Weile nichts. Er zog seine Armbanduhr auf, und das Geräusch war so, als hätte die Stille plötzlich kleine Zähne.

„Na komm", beharrte er. „Wie warst du unkeusch? Allein, oder mit jemand anderem?" „Ich? Beides."

„Und als du mit jemandem unkeusch warst – wer hat da angefangen?"

„Angefangen? Ich nicht!"

„War es ein Mädchen oder ein Junge?"

„Eher ein Mädchen."

„Und was habt ihr gemacht?"

„Ich weiß nicht ..."

„Wie, du weißt nicht. Nun lass dir nicht jedes Wort aus der Nase ziehen. Habt ihr euch angefasst?" „Ja, aber nicht ohne Kleider. Sie hat mir die Hand gestreichelt, so von innen. Und wir haben uns geküsst. Das heißt, ich wollte sie küssen. Mit Zunge." „Hm. Und das war alles?"

Ich schwieg, und er bewegte die verschränkten Finger; die Gelenke knackten. „Tja, das ist vielleicht noch ein bisschen früh, aber deswegen hättest du nicht so dringend beichten müssen, Julian. Das hätte auch bis Samstag Zeit gehabt. Du kommst jetzt in ein Alter, in dem solche Anfechtungen zunehmen, weißt du. Doch das ist normal, und nicht alles ist gleich Sünde. Wichtig ist, dass du Gott nicht aus den Augen verlierst dabei. Wie beten wir im Vaterunser? Und führe uns nicht in Versuchung ... Schön und gut. Aber die Urfassung des Gebets lautet eigentlich anders, nämlich: Und führe uns in der Versuchung ... Siehst du den Unterschied?"

„Hm ..." Ich neigte den Kopf, knibbelte an meinen Fingernägeln. Leute kamen in die Kirche, ich hörte das Quietschen der Flügeltür. Jemand hustete. Der Pfarrer rückte näher an das Geflecht, so nah, dass ich die Haare in seinem Ohr sah. Und die Schuppen auf der Schulter. Ich räusperte mich. „Herr Stürwald?" „Ich höre, Junge. Ich höre."

„Ich hätte eine Frage. Oder eher eine Bitte. Ich meine, wo ich doch jetzt meine Sünden bekannt habe – könnte ich nicht auch noch für jemand anderen beichten?" „Du willst was? Für wen?" „Das kann ich nicht sagen."

„Wieso willst du für jemanden beichten? Das tut er doch am besten selbst, oder?"

„Er geht aber nicht in die Kirche. Nie."

[...] „Julian, hör auf jetzt! Ich darf es nicht!" Ein Speicheltröpfchen flog von seiner Lippe, und ich sah das Blitzen der Brille hinter den Maschen. „Du kannst hier doch nicht den ganzen Betrieb aufhalten!" Er hob zwei Finger, machte das Kreuzzeichen. „Ego te absolvo. Zwei Vaterunser und ein Ave-Maria." „Dank sei Gott!", flüsterte ich und stand auf. Der Organist hatte mit einer leisen Improvisation begonnen, und ich ging durch die Kirche, kniete mich in die letzte Bank. Ein paar alte Frauen saßen in dem modernen Raum mit den schrägen Säulen und sahen dem Küster beim Anzünden der Kerzen zu. Das Ewige Licht warf einen roten Schein an die gekalkte Wand, und ich betete zwei Ave-Maria und vier Vaterunser. Dann ging ich hinaus.

Abb. 3.5

Rainer Sennewald erinnert sich im folgenden Text daran, wie sich die Erziehungsverhältnisse in seiner Familie in den Sechzigerjahren veränderten.

M3 Die letzte Ohrfeige (Rainer Sennewald)

Die letzte Ohrfeige von meinen Eltern bekam ich Ende der Fünfzigerjahre. Sie blieb mir im Gedächtnis, weil sie so unerwartet kam und mir besonders ungerecht erschien. Wir waren gerade aus einem Dorf im Bayerischen Wald in die Großstadt Düsseldorf gezogen, und ich war nachmittags herumgestromert, wie ich es auf dem Land gewohnt war, und als ich abends nichts ahnend zurückkam, knallte es. [...]

Mein Vater war Zahnarzt und ein Vorbild an Disziplin: Ich kann mich nicht daran erinnern, als Kind jemals vor meinen Eltern aufgestanden zu sein. Meine Mutter war als Hausfrau in erster Linie für unsere Erziehung zuständig. Ich habe drei jüngere Geschwister, zwei Schwestern und als jüngsten meinen Bruder. Unsere Aufgaben waren klar verteilt: Meine Schwestern halfen bei der täglichen Küchenarbeit, ich musste Milch kaufen, den Müll von unserer Wohnung im dritten Stock in den Keller bringen und im Winter Kohlen von unten hochschleppen.

Vor den gemeinsamen Mahlzeiten am Wochenende sprachen alle Familienmitglieder im Chor ein kurzes Gebet:

„Komm, Herr Jesus, und sei unser Gast und segne, was Du uns bescheret hast."
Abends las meine Mutter im gemeinsamen Kinderzimmer aus einem Buch vor, und wieder sprachen wir ein Gebet:
25 „Ich bin klein, mein Herz ist rein, soll niemand drin wohnen als Jesus allein."
Ansonsten ging es nicht besonders fromm bei uns zu. Religion war bürgerliches Erbe, und dazu gehörte, dass ich, wie die meisten meiner evangelischen Klassenkameraden,
30 zum Konfirmationsunterricht ging.
Einmal sollten nur wir Jungen kommen, und in dieser Stunde klärte der Pfarrer uns auf. Er erzählte von der Fortpflanzung im Bienenreich und ermahnte uns, beim Duschen den Strahl nicht auf unser Geschlechtsteil zu richten. Unter
35 dem Tisch wurde derweil eine Bibel herumgereicht mit den aufgeschlagenen Seiten von Hesekiel 23, wo über deftiges sexuelles Treiben berichtet wird.
Die Konfirmation selbst fand im Rahmen eines traditionellen Familienfestes statt. Doch nur wenige Wochen später
40 vollzog ich beim Amtsgericht meinen Kirchenaustritt. Inzwischen hatte ich Hermann Hesse gelesen und war fasziniert von den Berichten über den Aufenthalt der Beatles beim indischen Guru Maharishi Mahesh. Ich wollte unbeeinflusst erst einmal andere Religionen kennenlernen.
45 Meine Eltern traten kurze Zeit später auch aus der Kirche aus. Doch meine Mutter wollte meinen Geschwistern Gerechtigkeit widerfahren lassen: Sie mussten nicht mehr zum Konfirmationsunterricht, aber zum passenden Zeitpunkt gab es ein Fest, von meiner Mutter „Jugendweihe"
50 genannt. Mit 14 Jahren begann ich, abends immer länger von zu Hause wegzubleiben. Ich ging in Konzerte oder in die Düsseldorfer Altstadt, bekannt als die „längste Theke der Welt", wo wir als Pennäler unser Taschengeld für Altbier ausgaben. Viele Jahre später erzählte mir meine Mutter,
55 wie sie besorgt im Bett so lange wach blieb, bis sie mich spät nachts heimkehren hörte. Die Geschwister wurden wieder in deutlichere Schranken gewiesen.

Abb. 3.6

Ende der Sechzigerjahre lag dann bei uns das Rowohlt-Taschenbuch des Pädagogen Alexander Sutherland Neill
60 auf dem Tisch: „Theorie und Praxis der antiautoritären Erziehung. Das Beispiel Summerhill". Einer der Kerngedanken: „Lieber ein glücklicher Straßenkehrer als ein neurotischer Professor".
Meine Schwestern und ich steuerten standesgemäß aufs
65 Abitur zu, doch als mein Bruder sich auf dem Gymnasium zunehmend unwohl fühlte, gaben meine Eltern ihn zur Lehre in eine Schreinerei.

Ab Mitte der Sechzigerjahre veränderte sich die Erziehungswirklichkeit in der Bundesrepublik nachhaltig. Viel diskutiert wurden Experimente einer kleinen Minderheit zur frühkindlichen Erziehung, die vor allem in Großstädten mit Universitäten im Zuge der „Studentenbewegung" entstanden. Großes Aufsehen erregte der Dokumentarfilm „Erziehung zum Ungehorsam", der im Dezember 1969 im ARD-Fernsehen ausgestrahlt wurde. Die folgenden Texte stammen aus dem Begleitbuch zum Film, das 1970 erschien.

M4 Antiautoritäre Erziehung (Kinderschule Frankfurt)

1. Entwicklung und Anspruch der Kinderschule
Im Juli 1967 entschlossen wir, d.h. einige pädagogisch interessierte Eltern, uns, eine Kinderschule (Integration von Kindergarten, Vorschule und später evtl. Grundschule) zu
5 eröffnen. […]
Der politische Anspruch unserer Arbeit ist:
Realisierung eines repressionsfreien Erziehungsstils in Form eines Experiments; Schaffung eines Modells, im Rahmen dessen gezeigt werden kann, dass innerhalb und
10 gegen eine repressive Gesellschaft eine freie, antiautoritäre Erziehungspraxis möglich ist. Ferner: Kritik an den bestehenden herkömmlichen Kindergärten – städtischen und konfessionellen, einschließlich Montessori und Waldorf […].

Tageslauf
15 Beginn der Kinderschule: 9.00 Uhr; Ende der Kinderschule: 16.00 Uhr.
Wir legen Wert darauf, dass die Kinder morgens alle möglichst zur gleichen Zeit gebracht werden, um ihnen die
20 täglich neue Kontaktaufnahme und Kollektivierung zu erleichtern, die immer neu mit gewissen Schwierigkeiten verbunden ist.
Die äußere Trennung von Elternhaus und Kinderschule bedingt, dass der Abbau der Fixierungen der Kinder auf die
25 Eltern durch die tägliche Rückkehr der Kinder in den familiären Rahmen zusätzlich erschwert wird. Besonders zeigt sich das jeweils an den Wochenenden.
Einen festgelegten Tageslauf im üblichen Sinne gibt es bei uns nicht; da wir ständig mit den neu auftauchenden Wün-
30 schen und Interessen der Kinder rechnen müssen, legen

wir uns mit unseren Vorstellungen über den Ablauf des Tages nicht fest.
Es werden bestimmte Aktivitäten wie Ausflüge, Spiele, Feste und Möglichkeiten für manuelle Beschäftigungen (Basteln, Malen, Zeichnen und Schnitzen, Tonarbeiten usw.) vorbereitet, wobei wir immer davon ausgehen, dass die Kinder von den angebotenen Möglichkeiten keinen Gebrauch machen müssen.
Wir konnten feststellen, dass die Kinder relative Desorientierung am frühen Morgen leichter überwinden und sich rascher zusammenschließen, wenn sie sich mit Hilfe eines Erwachsenen an einer vorbereiteten Aktivität gemeinsam beteiligen können. Meistens sind die Kinder anschließend in der Lage, freie Spiele, ihrer Fantasie entsprechend, zu gestalten.
Im Gegensatz zum herkömmlichen Kindergarten, in dem die Kinder aufgrund des fast überall herrschenden Personal- und Raummangels durch festgelegte Zeiten und Räume, durch vorgeschriebene Beschäftigung und Material unter dem Druck von Disziplinmaßnahmen in ihrer Bewegungsfreiheit stark eingeschränkt sind, haben die Kinder in unserem Projekt die Möglichkeit, sich ihren Neigungen entsprechend zu betätigen.
Das Gleiche gilt auch für das Essen. Die Kinder haben Gelegenheit, innerhalb ihres „Kinderrates" ihre Essenswünsche vorzutragen. Nach diesem Kochplan richten sich die Eltern, die in abwechselnder Reihenfolge täglich in der Kinderschule kochen. Das Mittagessen gibt es täglich zwischen 12.00 und 13.00 Uhr in der Küche der Kinderschule, wobei es den Kindern überlassen bleibt, das Essen gemeinsam mit anderen oder allein und außerhalb der Küche einzunehmen. Auch bei der Aufteilung der übrigen Räume haben die Kinder mitbestimmt. Ein großes Zimmer wird als Raum für ruhigere Aktivität benutzt; im zweiten großen Raum, dem sogenannten Tobezimmer, werden alle lauten Bewegungsspiele ausgeführt; ein kleiner Raum dient als Schul- und Unterrichtszimmer, für Kinder, die sich mit Lernmaterial beschäftigen wollen. Die Waschküche ist mit einer Feuerstelle ausgestattet, die jederzeit benutzt werden kann, und der vorhandene Garten wird bei jedem Wetter von den Kindern für die verschiedensten Aktivitäten benutzt.
Das Erzieherkollektiv (Lehrer und Eltern, wenn die Zeit es erlaubt) setzt sich täglich nach Schluss der Kinderschule zusammen, um sich unter anderem gemeinsam über geeignete Anregungen und Vorschläge über den Ablauf und Inhalt des folgenden Tages zu unterhalten. […]

Selbstregulierung
Unser Erziehungsprojekt beruht auf dem Prinzip der Selbstregulierung der kindlichen Bedürfnisse, d.h., das Kind soll in jedem Alter und auf allen Lebensgebieten (wie Essen, Schlafen, Sexualität, Sozialverhalten, Spielen, Lernen usw.) seine Bedürfnisse frei äußern und selbst regulieren können, es soll Gelegenheit haben und darin unterstützt werden, seine Interessen individuell und kollektiv zu erkennen und angemessen zu vertreten.
Wir gehen davon aus, dass die Triebstruktur des Menschen auf die Befriedigung aller Partialtriebe gerichtet ist. Die

Abb. 3.7

Verhältnisse innerhalb unserer Gesellschaft, die auf Triebverzicht ausgerichtet ist, schränken die Triebbefriedigung durch normative und moralische Regulierungen auf ein Minimum ein. Wir versuchen in unserem Projekt, den Kindern den nötigen Freiheitsspielraum zu schaffen, innerhalb dessen sie frei von den Anpassungsforderungen an eine Zwangs- und Leistungsgesellschaft fähig werden, Selbstregulierung zu verwirklichen. Dem liegt die Erkenntnis zugrunde, dass wir heute nicht mehr in einer Mangelgesellschaft, sondern in einer Überflussgesellschaft leben, in der nur selten die Realität Einschränkungen auferlegt, und Triebverzicht und Bedürfnisunterdrückung meistens nur aufgrund tradierter oder psychischer Realitäten gefordert wird.
Selbstregulierung ist als pädagogisches Programm, das Ziel und Methode umfasst, zu verstehen: ein sich selbst regulierendes Kind ist das pädagogische Ziel der Eltern und Erzieher. Weil sich Selbstregulierung auf jeder Altersstufe anders äußert (ein sich selbst regulierender Säugling – demgegenüber ein sich selbst regulierender Jugendlicher in der Pubertät), kann man Selbstregulierung als ein – nicht formales – Verhalten definieren, das als Produkt des Verhältnisses zwischen dem Kind und seinen Bedürfnissen auf der einen Seite und der materiellen sowie sozialen Umwelt auf der anderen Seite (nämlich kindliche und erwachsene Bezugspersonen) aufgefasst werden muss.
Ein selbstregulierendes Kind ist kein sich selbst überlassenes Kind im Sinne des „laissez-faire-Stils". Das Kind kann seine Bedürfnisse nur dann regulieren und seine eigene Interessenvertretung lernen, wenn es sich in der Geborgenheit eines stabilen Bezugsrahmens (Elternhaus, Kinderkollektiv) befindet. Die Voraussetzung für Selbstregulierung ist ein liebevolles Klima, wo affektive Zuwendung möglich ist, in dem keine festen, rigiden Deutungsmuster von den erwachsenen Bezugspersonen vorgegeben sind, sondern der Erfahrungsspielraum für das Kind in jeder Hinsicht offengehalten wird. Das Kind – je jünger es ist, desto weniger – ist noch nicht in der Lage, Bedürfnisse angemessen zu artikulieren oder zu verbalisieren. Das hängt nicht nur von der altersbedingten Unfähigkeit ab, Sprache als Kommunikationsmittel zu benutzen, sondern wird vor allem dadurch verursacht, dass die verschiedenen Bedürfnisse – je nach der entsprechenden Altersstufe – noch mehr oder weniger undifferenziert sind: Es hat ein vages

Gefühl des Unwohlseins, das für das Kind selbst noch nicht differenzierbar ist; der Säugling kann in einem solchen Fall z. B. durch sein Schreien der Mutter oder Bezugsperson ein Signal geben. Deren Aufgabe ist es, das Bedürfnis des Kindes zu erkennen und ihm Befriedigung und damit Lust und Freude zu verschaffen. Die Fürsorge der Erwachsenen für das Kind besteht darin, dass sie die unartikulierten und undifferenzierten Bedürfnisse erkennen und dem Kind helfen, unter verschiedenen Möglichkeiten zur Befriedigung ihrer Partialtriebe und Bedürfnisse zu wählen und zu unterscheiden. Hier wird von den Erwachsenen ein pädagogischer Eingriff vorgenommen, der im Gegensatz zur Manipulation kindlicher Bedürfnisse steht, da dem Kind auf diese Weise Lustgewinn einerseits und Freiheit und Selbstständigkeit andererseits ermöglicht wird.

An den dokumentierten radikalen Experimenten beteiligte sich nur eine kleine Minderheit der Eltern. Die neuen Erziehungspraktiken hatten jedoch nach und nach Auswirkungen auf die Praxis in den Vorschuleinrichtungen. Eine Übersicht über die Konzepte und die Auswirkungen der Pädagogik der 68er-Bewegung bietet der Text von Meike Baader unter PP-Code 97vm5k.

Die gesellschaftlichen und pädagogischen Veränderungen seit dem Ende der Sechzigerjahre führten zu einer Pluralisierung der Erziehungspraktiken. Viele Eltern wollten ihre Kinder nun anders erziehen, als sie es selbst in den Fünfziger- und Sechzigerjahren erlebt hatten. Das führte allerdings zu Verunsicherungen: Wie viel Freiheit war für Kinder gut? Wann mussten Grenzen gesetzt werden? Auf diese Unsicherheiten reagierte eine Ratgeberliteratur, die Orientierung in Erziehungsangelegenheiten versprach. Bis heute höchst erfolgreich sind die Bücher von Jan-Uwe Rogge. Sein Buch „Kinder brauchen Grenzen" erschien zuerst 1993 und wurde mehrfach neu aufgelegt. Unter PP-Code a6p23k finden Sie einen Textauszug aus diesem Buch.

Weiterführende Aufgaben

Die Texte **M1** – **M4** sowie der Text von Jan-Uwe Rogge (PP-Code a6p23k) geben Aspekte von Erziehung aus der Zeit der „alten" Bundesrepublik vor der Vereinigung der beiden deutschen Staaten wieder. Es gibt zahlreiche weitere Erziehungsverhältnisse, die in diesen Texten nicht angesprochen werden.

1. Recherchieren Sie in der Fachliteratur, in autobiografischen und journalistischen Texten oder der Belletristik zur Kindheit und Jugend in dieser Zeit und erweitern Sie die Perspektive.
2. Befragen Sie Menschen, die in dieser Zeit ihre Kindheit und Jugend erlebt haben. Entwickeln Sie dazu ein Konzept, das Ihre Fragen systematisch begründet.

Sie kennen Helmut Fend bereits als Schultheoretiker (Funktionen der Schule aus strukturfunktionaler Sicht, „Perspektive Pädagogik" Heft 5, S. 94–98). In seinem Buch „Sozialgeschichte des Aufwachsens" analysiert er mit den sozialwissenschaftlichen empirischen Methoden die Veränderungen des Aufwachsens, die Sozialisations- und Erziehungsverhältnisse und die damit zusammenhängenden Generationenverhältnisse. Ein Teil seiner Untersuchungen bezieht sich auf die Bundesrepublik seit 1949.
Das Buch erschien zuerst 1988. Wenn Fend sich auf „heutige" Verhältnisse bezieht, ist das zu beachten.

M5 Veränderungen des Eltern-Kind-Verhältnisses in der Bundesrepublik (Helmut Fend)

Mehr Freiheiten der heutigen Jugend

Jugendliche erkämpfen heute mehr Freiheiten, was sich auch darin ausdrückt, dass ein zentraler Konflikt mit den Eltern, nämlich die Kontrolle des abendlichen Ausgehens, heute anders geregelt wird […]. Während 1976 von den 15- bis 19-Jährigen fast die Hälfte berichtet, dass ihnen bezüglich des abendlichen Ausgehens keine Vorschriften gemacht werden, sagen das 1966 nur etwa 1 bis 2 %. Jugend ist heute nicht mehr die autoritätsgebundene und behütete Jugend, die es nicht wagt, gegen die Eltern aufzumucken.
Die Heterogenität in der Jugendgeneration hat sich allerdings vergrößert. Auch 1976 berichtet noch die Hälfte aller Schüler von Ausgehbeschränkungen, und 50 % der 10- bis 14-Jährigen würden sich nicht getrauen, einem Verbot der Eltern zuwiderzuhandeln. Von den 15- bis 19-Jährigen berichtet das immerhin noch fast ein Drittel der Jugendlichen. Der Rückgang gegenüber 1966 ist zwar unübersehbar, aber auch in den Siebzigerjahren gibt es noch große Gruppen von Jugendlichen, die in familiäre Behütung und Autorität eingebunden sind.

Wertwandel in den elterlichen Erziehungserwartungen

Ist dieser Freiraum der Jugendlichen ihren Eltern mühsam abgerungen, oder stehen dahinter nicht auch Änderungen in den Erwartungshaltungen der Eltern selber? Diese Frage zu stellen, bedeutet, nach dem Wertwandel in den elterlichen Erziehungserwartungen zu suchen. Autoritätsverhältnisse und strenge Erziehungspraktiken sind immer mit Erwartungshaltungen des sich Fügens, der Unterordnung und des Gehorsams gekoppelt. Argumentative Erziehungsformen korrespondieren in der Regel mit Erwartungshaltungen der Selbstständigkeit, Selbstverantwortung und Rücksichtnahme. Sie zielen auf die psychische Stärkung und Entscheidungsfähigkeit der Kinder und nicht so sehr auf deren äußerliche Einordnung in autoritätsgestützte Verhältnisse. Es gibt einige wenige Untersuchungen, die sich diesem Wertwandel, was Erziehungswerte angeht, gewidmet haben. Die wichtigste Zeitreihe repräsentieren die Emnid-Befragungen ab 1951. Drei Erziehungswerte sollten dabei jeweils in ihrer Bedeutung gewichtet werden:

- Gehorsam und Unterordnung,
- Ordnungsliebe und Fleiß,
- Selbstständigkeit und freier Wille.

Im historischen Verlauf wird nun sichtbar, dass das Erziehungsziel „Selbstständigkeit und freier Wille" eine Ausbreitung von 28 % auf 49 % der befragten Bevölkerung erlebt hat. Korrespondierend dazu sank die Betonung von Gehorsam und Unterordnung von 25 % auf 9 % […].

	Gehorsam und Unterordnung	Ordnungsliebe und Fleiß	Selbstständigkeit und freier Wille	Sonstige Antworten/ keine Antworten	
1951	25	41	28	6	100
1954	28	43	28	6	105
1957	25	48	32	8	113
1964	25	45	31	7	108
1965	19	53	31	5	108
1967	25	48	37	5	115
1969	19	45	46	7	116
1972	14	37	45	4	100
1974	17	44	53	5	119
1976	10	41	51	0	102
1978	12	46	48	1	107
1979	11	43	44	3	101
1981	8	38	52	2	100
1983	9	38	49	4	100

Abb. 3.8

Fragetext: „Auf welche Eigenschaften sollte die Erziehung der Kinder vor allem hinzielen: Gehorsam und Unterordnung, Ordnungsliebe und Fleiß oder Selbstständigkeit und freien Willen?" (mit Ausnahme einiger Jahre waren Mehrfachnennungen zugelassen). […] (BRD) (Angaben in Prozent)

Wenn man von der hier leider nicht näher aufklärbaren Problematik zeitweise erlaubter Mehrfachnennungen absieht und sich vor allem auf ca. 100 %-Nennungen konzentriert (1951, 1972, 1976, 1979, 1981, 1983), dann lohnt sich eine differenzierte Betrachtung. Sie zeigt einmal, dass der gewichtigste Wandel von den Fünfzigerjahren in die frühen Siebzigerjahre stattgefunden hat und 1976 praktisch abgeschlossen war. Aufmerksamkeit verdient auch die über alle Jahre stabil bleibende Bedeutungszuschreibung zu den Erziehungszielen „Ordnungsliebe und Fleiß". Wenn man der Einschätzung zustimmt, dass diese inhaltlich mit dem Wertsystem „Gehorsam und Unterordnung" mehr übereinstimmen als mit jenem von „Selbstständigkeit und freier Wille", dann können wir vermuten, dass die Erziehungsstile der Eltern heute „widersprüchlicher", „antagonistischer" geworden sind. Kinder zu erziehen, die aus freien Stücken und innerer Selbstständigkeit ordnungsliebend und fleißig sind, dies scheint die schwierige Erziehungsaufgabe zu sein, die sich Eltern heute stellen. […]

Erziehungsstile

Die epochalen Änderungen im Familienleben in der Phase der Jugendzeit bedürfen aber der Ergänzung durch die Charakterisierung der Umgangsformen von Eltern und Kindern miteinander, also einer Ergänzung durch die Schilderung der epochalen Wandlungen in den Erziehungswerten, Erziehungsvorstellungen und Erziehungsformen.

Die Erwartung, die man aus früheren Untersuchungen ableiten kann, lässt sich in die einfache Formel bringen, dass die kulturellen Wandlungsprozesse in der Nachkriegszeit zu einer zunehmenden Liberalisierung, zu einer zunehmend weniger strengen Erziehung geführt haben müssten. Oberflächeninformationen bestätigen dieses Bild, wenngleich sich Jugendliche im Jahre 1955 und Jugendliche im Jahre 1984 nur zu etwa 10 % voneinander in der erwarteten Richtung abheben. Erwachsene heute meinen aber, dass sie früher bedeutend strenger erzogen worden sind. Sie haben vergleichende Maßstäbe und kommen deshalb zu einem anderen Urteil. Eine differenziertere Auswertung einzelner Jahrgänge verfeinert aber das Bild. Offensichtlich war die Jugend nach dem Kriege […] so von unmittelbarer Not geprägt, von Vaterverlust und Berufsnot, dass pädagogisch-psychologische Fragen des Eltern-Kind-Verhältnisses eher in den Hintergrund getreten sind und die Kinder weitgehend ohne Kontrolle […] aufgewachsen sind. Erst für jene Jugendliche, die zwischen 1952 und 1960 groß geworden sind, dürfte sich wieder eine stärkere Konzentration auf das Eltern-Kind-Verhältnis ergeben haben. Dabei nehmen Jugendliche wahr, dass sie von Eltern streng erzogen werden, wobei diese Formulierung »strenge Erziehung« in der Regel einen positiven Bedeutungshof hat. Einen unübersehbaren Hinweis auf Wandlungsprozesse liefert uns die Zeitreihe der Antworten auf die Frage: „Würden Sie Ihre Kinder so erziehen, wie Ihre Eltern Sie erzogen haben, oder würden Sie es anders machen?" […]

Während bis in die Sechzigerjahre etwa 70 bis 80 % der Jugendlichen es genauso bzw. ungefähr so machen würden, sinkt dieser Anteil bei der Jugend in den Achtzigerjahren auf 53 %. Die Distanzierung von der elterlichen Erziehung hat sich zwischen 1965 und 1975 vollzogen […]. Für die Achtzigerjahre offenbart sich aber eine eigenartige Entwicklung: Die Erwachsenen des Jahres 1984, die bilanzierend berichten, dass sie ihre Kinder ganz anders erzogen haben als sie selber erzogen wurden, haben selber wieder Kinder, die (paradoxerweise?) ihre eigenen Kinder ganz anders erziehen würden, als sie selbst erzogen worden sind. Solange die Eltern ihre Kinder ungefähr so erzogen haben, wie sie selbst erzogen wurden, hatten sie auch Kinder, die diese Tradition fortsetzen wollten. Die Elterngeneration (1984), die überwiegend (54 % im Vergleich zu 26 % in den Fünfzigerjahren) berichtet, dass sie ihre Kinder anders erzogen hat, als es ihnen selbst ergangen ist, steht einer Jugendgeneration gegenüber, die erstmals in stärkerem Maße (48 % im Vergleich zu 22 % in den frühen Sechzigerjahren) äußert, sie möchte ihre Kinder anders erziehen.

Das erste belegbare Phänomen ist hier dies, dass offensichtlich erstmals in der Nachkriegszeit in den Siebzigerjahren Eltern ihre Erziehungsformen in größerem Ausmaß geändert haben – was immer die Ursachen sein mögen. Erstaunlich ist die Entwicklung nach dieser Phase: Nachdem die Eltern ihre Erziehungsvorstellungen geändert haben, melden sich deren Kinder erneut mit häufigeren Distanzierungen zu Wort. Sie äußern heute sogar mehr Kritik als früher – und dies schon bei gewandelten Erziehungsformen der Eltern. Wir müssen damit bei den Jugendlichen heute von einem weiteren Veränderungsschub ausgehen. [...] Die Änderungswünsche der Jugendlichen heute beziehen sich nicht auf ein Zurück in die Fünfzigerjahre zu mehr Strenge und mehr Behütetheit. Es ergibt sich eher folgendes Bild: Die Wandlungen, die die Erwachsenen selbst berichten, enthalten vor allem mehr Freiheiten und weniger Strenge, die Veränderungswünsche, die die Jugendlichen nennen, beziehen sich vor allem auf mehr Selbstständigkeit, mehr Verständnis, mehr Gleichberechtigung und mehr Zeit für die Kinder. Die Idealvorstellungen der Jugendlichen sind um Gleichberechtigung, Selbstständigkeit und Handlungsautonomie zentriert. Daraus ergeben sich komplementär die idealen Eigenschaften der Eltern: Verständnis, Einfühlungsvermögen, Zeit und Vertrauen. Es scheint beinahe so, als ob die Kinder, die ja eine veränderte Elterngeneration – im Vergleich zur Nachkriegszeit – erlebt haben, zur Artikulation, ja zur Eskalation dieser Erwartungen erst fähig werden, weil ihre Eltern bereits einen anderen Erziehungsstil mit mehr Freiheit, weniger Strenge und größerer Freizügigkeit praktiziert haben.

Hinter diesen Wandlungsprozessen stehen somit vermutlich sowohl Änderungen in den Ansprüchen, den Artikulationsmöglichkeiten und -fähigkeiten als auch in den Inhalten. Zinnecker hat dazu einen interessanten Interpretationsvorschlag entwickelt [...]: In den Fünfzigerjahren geht es noch stark um die elterlichen Strafpraktiken, insbesondere um die Prügelstrafe, um die hohen Forderungen an häusliche Mitarbeit und um soziale Kontrolle. Der zeitgeschichtliche Diskurs gruppiert sich also um Härte und Milde, um autoritäre Strenge oder liberale Güte. Die Diskussion um das Muster von Gehorsam und Strenge steht im Vordergrund.

Die alte patriarchalische Erziehungskultur von gerechter Strenge und komplementärer Güte beginnt sich anschließend immer stärker aufzulösen. Heute stehen die Gleichberechtigung des Kindes und die gleichberechtigte Diskussion („herrschaftsfreier Diskurs") im Vordergrund. Argumentationseinschränkungen aufgrund des Alters und des familiären Status werden immer weniger als gerechtfertigt empfunden. Das Thema des „Miteinander-Redens" wird jetzt dominant. Damit werden an die Eltern natürlich auch ganz andere Anforderungen an „kommunikative Fähigkeiten" gestellt. Die Jugendlichen erwarten somit einen stärker argumentativ bestimmten Beratungsprozess, einen gleichberechtigten Diskussionsstil. Zinnecker kennzeichnet den Prozess der Wandlung sehr plastisch mit der Formulierung ‚von der Erziehung zur Beziehung'. Kinder sind heute nach der herrschenden Leitvorstellung weniger Objekte der Erziehung als Partner im täglichen Zusammenleben.

Dass auf diesem gewandelten Hintergrund das Zusammenleben von Eltern mit ihren Kindern gerade in der Jugendphase nicht leichter geworden ist, belegen überraschenderweise viele Indikatoren. Die Konfliktintensität scheint gestiegen zu sein, gleichzeitig stellen die Kinder bereits in einem früheren Alter die Autorität der Eltern infrage, sie schreien ihre Eltern selber häufiger an, und sie distanzieren sich im Durchschnitt heute stärker von den erlebten Erziehungsformen als die Jugendlichen in den Fünfzigerjahren. Diese konfliktreichen Entwicklungstendenzen legen die Vermutung nahe, dass wir heute in einer Übergangszeit, was die Veränderung der familiären Erziehungskultur angeht, leben. Die überkommenen Erziehungsformen sind fraglich geworden, ein Zurück ist unmöglich, ohne dass sich aber bereits eine Sicherheit und „Erziehungsfreude" vermittelnde neue Erziehungskultur gefestigt hat. Diese Familiensituation ergibt sich in einer historischen Epoche, in der die objektiven Gefährdungen gerade der Jugendphase sicher nicht geringer geworden sind als früher. Damit meine ich den erleichterten Zugang zu Alkohol und Nikotin, die Vergrößerung der Konsumanreize, die gestiegene Bedeutung der schulischen Laufbahn für die Existenzsicherung, die Verschärfung der Berufsfindungsprobleme, die Gefährdung durch Frühschwangerschaften infolge größerer sexueller Freizügigkeit.

Aufgaben

1. Geben Sie wieder, welche „Wandlungsprozesse" im Bereich der Erziehung in der Zeit zwischen 1949 und 1989 stattgefunden haben.
2. Arbeiten Sie heraus, durch welche wissenschaftlichen Verfahren die Erkenntnisse, die der Autor referiert, gewonnen wurden.
3. Stellen Sie Bezüge zwischen den wissenschaftlichen Erkenntnissen, die Fend vorstellt, und den anderen Texten dieses Abschnitts her.
4. Fends Studie wurde 1988 veröffentlicht. Erörtern Sie, ob bzw. inwiefern seine Ergebnisse heute Geltung beanspruchen können.

M6 Wandel der Kindererziehung in Deutschland (Christian Pfeiffer)

Schweden war 1979 weltweit das erste Land, das das elterliche Züchtigungsrecht gestrichen hat. 24 weitere, darunter Deutschland zum Jahr 2000, sind seitdem gefolgt. Die große Mehrheit der Staaten […] konnte sich bisher nicht zu diesem Schritt entschließen. Dies überrascht angesichts der großen Zahl von Untersuchungen, die es zu den negativen Wirkungen des Schlagens von Kindern gibt. Ein Beispiel bietet unsere 2007/2008 bundesweit durchgeführte Befragung von 45 000 Neuntklässlern. Danach werden mit Gegenständen oder sonst massiv geschlagene Kinder später sechsmal häufiger zu Mehrfach-Gewalttätern als gewaltfrei und liebevoll erzogene. Dreimal so oft geraten sie in kriminelle oder rechtsextreme Jugendcliquen. Sie konsumieren fünfmal häufiger regelmäßig Cannabis und schwänzen viermal häufiger für mindestens zehn Tage im Jahr die Schule. Eine weitere Befragung zeigt die Folgen bei Erwachsenen. Wer in der Kindheit die Ohnmacht des Geschlagenen erlitten hat, möchte später dreimal häufiger eine scharfe Schusswaffe besitzen und sich so endlich mächtig fühlen. Außerdem befürwortet er tendenziell ein hartes Strafrecht sowie die Todesstrafe. Angesichts dieser Zusammenhänge versprechen die Daten einer Repräsentativbefragung aus dem Jahr 2011 zur Kindheit von 11 500 Menschen zwischen 16 und 40 Jahren wichtige Erkenntnisse. Die Ergebnisse der vom Bundesministerium für Bildung und Forschung geförderten Untersuchung können wir nun mit denen vergleichen, die wir vor 19 Jahren in gleicher Weise anhand einer Stichprobe mit 3300 Personen ermittelt hatten.

Seit 1992 hat sich der Anteil der einheimischen Deutschen, die zu Hause völlig gewaltfrei aufgewachsen sind, von 26,4 auf 52,1 Prozent fast verdoppelt. Auf der anderen Seite ist die Quote der massiv geschlagenen Kinder um etwa ein Fünftel auf 11,9 Prozent zurückgegangen, die der leicht gezüchtigten sogar um zwei Fünftel. Außerdem haben alle von uns gemessenen Formen elterlicher Zuwendung zugenommen. Drei von vier Eltern nehmen inzwischen ihre Kinder auf den Arm und schmusen mit ihnen.

Noch deutlicher wird der Wandel der Erziehungskultur, wenn wir die Antworten der 31- bis 40-Jährigen und die der 16- bis 20-Jährigen einander gegenüberstellen. Im Vergleich dieser beiden Kindheiten ist das massive Schlagen seit den Achtzigerjahren um mehr als die Hälfte von 15,6 auf 7,2 Prozent zurückgegangen. Das gewaltfreie Erziehen hat dagegen von 45,1 auf 62,8 Prozent zugenommen, das häufige Schmusen von 68,6 auf 75,2 Prozent. Ferner zeigt sich, dass der beschriebene Wandel der Erziehungskultur vor allem den Mädchen zugutekommt. Während sie vor 20 bis 30 Jahren im Vergleich zu den Jungen häufiger massiv geschlagen wurden, trifft das heute mehr die Jungen. Anders als früher liegen die Mädchen heute beim häufigen Schmusen mit den Eltern klar vorn.

Auch in türkischstämmigen Familien profitieren die Mädchen vom Wandel der Erziehungsstile – allerdings nicht die Jungen. Sie werden sogar häufiger als früher geschlagen; es zeichnet sich auch kein Anstieg der Zuwendung ab. Dagegen sieht es bei den Mädchen völlig anders aus. Das Prügeln ist auf weniger als die Hälfte zurückgegangen, die Zuwendung hat sich deutlich erhöht. Vor allem die türkischen Mütter haben ihren Erziehungsstil gegenüber den Mädchen verändert.

Insgesamt geht der Trend „weniger Hiebe, mehr Liebe" stärker von den Müttern aus als von den Vätern. Väter tun sich nach wie vor schwer damit, ihre Söhne in den Arm zu nehmen. Früher hat das nur jeder vierte getan, heute immerhin jeder dritte, während aber inzwischen jeder zweite mit seinen Töchtern entsprechend liebevoll umgeht. Schmusen ist nach wie vor überwiegend Sache der Mütter. Auch hier aber profitieren die Mädchen mehr als die Jungen. […]

Hat sich dieser Wandel der Erziehungskultur bereits positiv ausgewirkt? Ja: Die Jugendgewalt geht seit einigen Jahren zurück. Dies zeigen unsere seit 1998 wiederholt durchgeführten Schülerbefragungen ebenso wie die Statistiken der kommunalen Unfallversicherer. Letztere belegen, dass schwere schulische Gewalttaten seit 1997 um 40 bis 50 Prozent abgenommen haben. Und schließlich bestätigt sogar die Polizeiliche Kriminalstatistik trotz der steigenden Anzeigebereitschaft der Opfer den positiven Trend. Natürlich haben zu dieser erfreulichen Entwicklung auch andere Faktoren beigetragen. Aber mitentscheidend ist: Kinder werden heute von ihren Eltern weniger geschlagen und liebevoller erzogen als vor 20 oder 30 Jahren.

[…] Heute wissen wir: Wer als Kind nach oben buckeln muss, wird später nach unten treten. Gewaltfreie Erziehung aber fördert den aufrechten Gang.

Aufgaben

1. Geben Sie wieder, welchen Wandel es in der Erziehungskultur der letzten Jahrzehnte gegeben hat.
2. Stellen Sie Bezüge zwischen den wissenschaftlichen Erkenntnissen, die Pfeiffer vorstellt, und den anderen Texten dieses Abschnitts her.
3. Erörtern Sie die These, die der Autor im letzten Satz aufstellt.

3.2 Entwicklung des Schulwesens in der Bundesrepublik von 1949 bis 1989

In diesem zweiten Abschnitt lernen Sie Ergebnisse der sozialhistorischen Bildungsforschung zur Entwicklung des Schulsystems in der Bundesrepublik in der Zeit von 1949 bis 1989 kennen.

M7 Das Bildungswesen in der Bundesrepublik in den Fünfzigerjahren (Achim Leschinsky/Jens Naumann)

Im internationalen Vergleich mutet es einigermaßen erstaunlich an, dass in der Bundesrepublik der Fünfzigerjahre, zu einer Zeit, da in anderen östlichen wie westlichen Industriestaaten Bildungsreformen in Richtung auf eine
5 „Demokratisierung" und Ausweitung des Sekundar- und Hochschulbesuchs propagiert und zum Teil schon durchgeführt wurden, ein eher traditionelles und sozial hoch selektives Schul- und Hochschulwesen wiederaufgebaut wurde. Man kann insofern von einer bildungspolitischen „Restau-
10 ration" sprechen, auch wenn dies angesichts der gewaltigen Wiederaufbauleistungen in dem vom Krieg verwüsteten Land und angesichts vieler Erneuerungsbemühungen nicht einfach als Stagnation zu verstehen ist. Dabei ging es nicht nur um den Anschluss an Strukturen, die auf die Zeit
15 vor der NS-Herrschaft zurückgingen, vielmehr wurden Reformansätze der ersten Nachkriegszeit wieder rückgängig gemacht, die bereits in die Richtung der internationalen Reformtrends wiesen.
Dieser bildungspolitische Kurs in Westdeutschland, gegen
20 den Strom der internationalen Entwicklung, wird jedoch recht plausibel, wenn man ihn im Zusammenhang der politischen Konstellationen sieht, die durch die Folgen des verlorenen Krieges und der nationalsozialistischen Herrschaft bestimmt waren. In der Tat war die gesamte
25 Zeitspanne wesentlich geprägt durch die Einbindung der beiden deutschen Teilstaaten in die Systemauseinandersetzung zwischen Ost und West.
So prägten die Faktoren, die für das allgemeine kulturelle und politische Klima im ersten Jahrzehnt der Bundesrepu-
30 blik bestimmend waren, auch das Bildungswesen. Kulturpolitisch wichtig waren dabei insbesondere die Reaktionen auf
• den Totalitarismus und Chauvinismus des NS-Regimes,
• die Reeducation-Bemühungen der westlichen Besat-
35 zungsmächte nach 1945, insoweit sie als ungerechtfertigte Maßnahmen gegen legitime kulturelle Traditionen und nationale Interessen empfunden wurden, und
• die sozialistische Herausforderung in der sowjetischen Besatzungszone und ihre stalinistische Verschärfung
40 nach Gründung der Deutschen Demokratischen Republik (1949).
Neben der Reaktion auf diese Tatsachen sind zwei weitere Faktoren zu nennen, die gleichfalls – zumindest zum Teil – zu den Kriegsfolgen gehören.
45 Der eine war das Fehlen einer zentralstaatlichen Verantwortung für eine republikweite Bildungspolitik, verschärft in seiner Wirkung durch die Zerschlagung Preußens, das in der Vergangenheit ein großes kulturpolitisches Gewicht gehabt hatte. Der andere ergab sich daraus, dass es im
50 ersten Jahrzehnt der Bundesrepublik eine große Arbeitskräftereserve gab und dass bis zur Abriegelung der Grenze in Berlin 1961 der Zufluss qualifizierter Arbeitskräfte aus der Deutschen Demokratischen Republik anhielt. Zwischen 1945 und 1950 betrug der Zustrom von Flüchtlingen und
55 Vertriebenen (aus den ehemaligen Ostgebieten des Deutschen Reiches sowie der sowjetischen Besatzungszone) rund 9 Millionen Menschen; weitere 2 Millionen kamen bis 1960. Dadurch sah sich die rasch expandierende westdeutsche Industrie auch in den späten Fünfzigerjahren
60 nicht mit einem Mangel an qualifizierten Arbeitskräften konfrontiert. Dieses Problem aber gab in anderen Staaten eines der wichtigsten Argumente für die Erweiterung und Reform des Bildungswesens ab.
Das andere zentrale Argument der internationalen Dis-
65 kussion, nämlich die Forderung nach einer egalitären Bildungsstruktur, kam aufgrund des politischen Klimas der Fünfzigerjahre im Westen nicht zum Tragen. Dieses Klima war wegen der Erfahrung mit der nationalsozialistischen Vergangenheit wie mit der kommunistischen Gegenwart
70 im anderen Teil Deutschlands so ausgeprägt vergangenheitsorientiert, dass Ansätze zur Strukturreform der Sekundarstufe, die unter egalitären Vorzeichen nicht nur von der Sowjetunion, sondern auch von westlichen Besatzungsmächten eingeführt worden waren, zurückgenommen wur-
75 den. Programmatische Erklärungen in derselben Richtung, die in den frühen politischen Leitsätzen selbst der West-CDU (Ahlener Programm) enthalten waren, wichen unter diesen Umständen dem erstarkenden bildungspolitischen Traditionalismus.
80 Dieser Traditionalismus ist nicht als ein einheitliches und klar definiertes Programm zu verstehen. Er war vielmehr ein Amalgam verschiedener ideologischer Tendenzen, politischer Richtungen und sozialer Interessenstandpunkte, die einen gemeinsamen Nenner in Schul- und Universitäts-
85 strukturen traditioneller Art fanden. Die politische Kraft dieser Vorstellungen ergab sich gerade aus der Interessen-

Abb. 3.8

koalition unterschiedlicher Gruppierungen, die jedoch das eine gemeinsam hatten, dass sie ein hierarchisch gegliedertes Bildungswesen bevorzugten. Zu diesen Gruppen gehörten Mittelschichteltern und Gymnasiallehrer, maßgebliche Kräfte in den Kirchen, die Universitäten und große Teile der unternehmerischen Wirtschaft. Die Legitimität des bildungspolitischen Traditionalismus wurde einerseits durch seinen Gegensatz zu der nationalsozialistischen Politik mit ihrer antiintellektuellen, totalitären und antireligiösen Ausrichtung begründet, andererseits vertrug sich eine konservative Bildungsideologie nur zu gut mit dem Bestreben vieler Deutscher, die NS-Vergangenheit zu verdrängen. Zum Teil berief sich der bildungspolitische Traditionalismus gerade auf die nationale Tradition, die freilich nun eher in den Zusammenhang des „christlichen Abendlandes" gestellt wurde.

Der entsprechenden Bildungspolitik lagen ein traditionalistisches Gesellschaftsbild und idealistische Vorstellungen von der Rolle kultureller Eliten zugrunde, die überdies wissenschaftlich durch Vertreter biologistischer Begabungstheorien gestützt wurden.

Der Traditionalismus in der bundesrepublikanischen Bildungspolitik gewann jedoch seine besondere Schärfe in der Entgegensetzung zu den Entwicklungen in der sowjetischen Besatzungszone, der späteren Deutschen Demokratischen Republik. Die Gegensätze zwischen unterschiedlichen kulturpolitischen Tendenzen in der Bundesrepublik waren unbedeutend im Vergleich zu der Kluft, die diese ideologischen Positionen von den im anderen Teil Deutschlands herrschenden trennte. Diese Kluft deutete sich 1945/46 erst an; vertieft wurde sie ab Anfang der Fünfzigerjahre, als der Kalte Krieg auf allen Gebieten voll entfesselt war. Die Abschreckungswirkung der politischen Praxis in der DDR führte in der Bundesrepublik zu einem so allgemeinen Antikommunismus, wie er sich in den anderen westeuropäischen Ländern nicht durchsetzen konnte. So wurden angesichts der politischen, auch der bildungspolitischen Praxis in der sowjetisch besetzten Zone (SBZ)/DDR die verschiedensten Argumente egalitärer Kritik am Bildungswesen im westlichen Deutschland gleichgesetzt mit nationalsozialistischen oder stalinistischen Versuchen, kulturelle Uniformität und politischen Konformismus zu erzwingen. Mit dieser Argumentation gelang es, verschiedene Vorläufer der späteren Gesamtschulidee als Alternative zum dreiteiligen Bildungswesen politisch zu diskreditieren. Der relative bildungspolitische Immobilismus der Fünfzigerjahre in der Bundesrepublik ist nur erklärlich als Reaktion auf die sozialistische Herausforderung. […]

Der Mauerbau (August 1961) und die Kuba-Krise (1961/62) markierten einen Krisenhöhepunkt und Neubeginn im Ost-West-Verhältnis […]. Beide deutsche Staaten begannen ein eigenes Selbstbewusstsein auf der Grundlage der politischen Prinzipien und Mechanismen zu entwickeln, die ihnen westlicherseits und östlicherseits eingepflanzt worden waren. […]

In der Bundesrepublik wurde in der ersten Hälfte der Sechzigerjahre mit dem Schlagwort von der „Bildungskatastrophe" ein ganzes Bündel von Problemlagen und Grundorientierungen angesprochen, die Bildung in den Zusammenhang gesellschaftlicher und wirtschaftlicher Entwicklung stellten: Nicht nur um die Grenzen des Wirtschaftswachstums ging es, die sich aus einem unzureichenden Bildungsniveau der Bevölkerung ergeben, sondern auch um die mangelnde Sicherung von Chancengleichheit und Bürgerrechten.

Abb. 3.9

Aufgaben

1. Geben Sie wieder, welche Struktur das Bildungswesen in der Bundesrepublik Deutschland aufwies.
2. Arbeiten Sie heraus, welche Erziehungsziele mit dieser Struktur verfolgt wurden.
3. Erläutern Sie, welche Ursachen die Autoren für den Zustand des Bildungswesens in dieser Zeit anführen.
4. Untersuchen Sie, wie das Schulwesen zu dieser Zeit in Ihrer Stadt bzw. Ihrem Landkreis aussah.

M8 Schulreform und Bildungsexpansion in der Bundesrepublik Deutschland 1965–1990 (Hans-Georg Herrlitz/Wulf Hopf/Hartmut Titze/Ernst Cloer)

Eine Zusammenfassung der bildungspolitischen Vorstellungen der Fünfzigerjahre, verbunden mit vorsichtigen Veränderungsvorschlägen, legte 1959 der Deutsche Ausschuss für das Erziehungs- und Bildungswesen mit dem „Rahmenplan zur Umgestaltung und Vereinheitlichung des allgemeinbildenden öffentlichen Schulwesens" vor. Zwar rechtfertigte und bekräftigte der „Rahmenplan" im Wesentlichen noch einmal die Restauration des dreigliedrigen Schulsystems, eröffnete jedoch zugleich mit seinen bescheidenen Reformvorschlägen eine für die Sechzigerjahre politisch folgenreiche Bildungsreformdiskussion. […]

Der „Rahmenplan" des Deutschen Ausschusses für das Erziehungs- und Bildungswesen steht auf doppelte Weise an einem Wendepunkt der Bildungspolitik und Schulentwicklung der Nachkriegszeit: Wenige Jahre später – 1965 – beginnt der etwa 10 Jahre dauernde Versuch, von der Bundesebene aus eine umfassende Strukturreform des Schulwesens voranzutreiben. Aber auch in quantitativer Hinsicht – der Entwicklung der Bildungsbeteiligung in den verschiedenen Schulformen – beginnt Anfang der Sechzigerjahre eine historisch beispiellose, nun schon 30 Jahre anhaltende Expansion der „weiterführenden" Sekundarschulen und der Hochschulen. Beide Momente der Modernisierung – das qualitative und das quantitative – stehen seitdem in enger Wechselbeziehung. Reformdiskussion, tatsächliche Veränderung der Schulformen und Bildungsinhalte sowie die Entwicklung der Bildungsbeteiligung sind nicht isoliert voneinander verstehbar. [...]

Ausgangsbedingungen und Motive der Schulreform

Auf der Ebene der handlungsleitenden Motive der bildungspolitisch Verantwortlichen war die Modernisierung des Schulsystems zunächst aus den vermuteten ökonomischen Defiziten des Bildungswesens, vor allem der höheren Bildung und der Hochschule, begründet. So häufen sich gegen Ende der Fünfzigerjahre die Hinweise, dass eine Veränderung der Wirtschaftslage der Bundesrepublik Anpassungen im Bildungswesen erfordern könnte: Mit Erreichen der „Vollbeschäftigung" (2 % Arbeitslose nach damaliger Definition) und mit dem Schließen der Grenze zwischen DDR und BRD im Jahre 1961, über die ein beträchtlicher Anteil von hoch qualifizierten Arbeitskräften in den Westen übergewechselt war, drohte das knapper werdende Arbeitskräfteangebot einer der entscheidenden Engpässe für das allmählich sinkende Wirtschaftswachstum zu werden. Es erschien nur durch eine Intensivierung der Produktion, d. h. zunehmende Sachkapitalinvestitionen in höher entwickelte Technik, durch den Ausbau von Wissenschaft und Forschung aufrechterhaltbar zu sein. In diesem Zusammenhang gewannen volkswirtschaftliche Überlegungen, vor allem aus USA und England, Einfluss, die eine enge Verknüpfung von Investitionen in Ausbildung („Humankapital") und Wirtschaftswachstum behaupteten (Übernahme der Bildungsökonomie in der Bundesrepublik). Auch machte sich zunehmend die Konkurrenz der westlichen Länder untereinander sowie zwischen ihnen und den Ostblockländern bemerkbar. Spektakuläre technologische Durchbrüche (Atomenergie, Raumfahrt) warfen die Frage auf, ob in der Bundesrepublik genügend hoch qualifizierte Arbeitskräfte zur Verfügung ständen, um den technischen Fortschritt voranzutreiben.

Blieben die anfänglichen Bedarfsschätzungen noch sehr ungenau, so wurde den bildungspolitisch Verantwortlichen die ökonomische Dimension von Ausbildung und Erziehung in voller Schärfe bewusst, als aufgrund einer Fortschreibung der Schülerentwicklung die erste quantifizierte Prognose des Lehrerbedarfs in der Bundesrepublik Deutschland vorgelegt wurde. Nach der „Bedarfsfeststellung 1961–1970" der Kultusministerkonferenz aus dem Jahre 1963 hätte sich – unter der Voraussetzung, dass die Trends der Fünfzigerjahre nur fortgeschrieben würden – 1970 ein Fehlbestand von 50.000 Lehrern ergeben – fast so viel wie ein kompletter Abiturientenjahrgang. Georg Picht (1964) popularisierte die Ergebnisse der „Bedarfsfeststellung"; er prägte das Schlagwort von der „deutschen Bildungskatastrophe", die er in beschwörenden Worten als nationalen Notstand ausmalte. Konkret handelte es sich zunächst um den Eigenbedarf des Bildungswesens an Lehrkräften, den die zu steigernden Absolventenzahlen zu befriedigen hatten. Die Bildungsverwaltung zog aus diesen Signalen zwei bedeutsame Konsequenzen für die weitere Entwicklung:
(1) Den noch offenen Vorstellungen etwa des „Rahmenplans" über die notwendige Anpassung der Schule an gewandelte Anforderungen wurde ein klarer, einseitiger Richtwert gegeben: Erhöhung der Zahl der Abiturienten durch eine Reihe von Maßnahmen, die die Organisation des Schulwesens beibehielten, aber seine Durchlässigkeit erhöhten [...]. Damit war die Expansion der weiterführenden Schulen und der Universitäten unter Vernachlässigung der Probleme des beruflichen Bildungswesens vorprogrammiert.
(2) Verstärkung der Bildungsplanungsaktivitäten durch Aufbau eines entsprechenden Apparates in den Ministerien, Grundgesetzänderungen zwecks stärkerer Beteiligung des Bundes am – prinzipiell föderalistisch organisierten – Schulwesen, Einrichtung zentraler Beratungs- und Planungsgremien.

1965 wurde der „Deutsche Bildungsrat" als Nachfolgeorganisation des „Deutschen Ausschusses" gegründet. Anders als der „Deutsche Ausschuss" versuchte er, Vertreter der Bildungspolitik und -verwaltung stärker in die Arbeit zu integrieren, indem er einer „Bildungskommission" (vor allem Wissenschaftler) eine „Verwaltungskommission" zuordnete. Die „Gutachten und Studien" und „Empfehlungen" der Bildungskommission stellen die gründlichste Bestandsaufnahme und Konzeptentwicklung dar, die es in der Geschichte des deutschen Schulwesens gegeben hat. Die „Bund-Länder-Kommission für Bildungsplanung" schließlich war eine reine Verwaltungskommission, die Konzepte in Bildungspolitik umsetzen und dabei Bundes- und Länderebene koordinieren sollte.

Die empirische Untersuchung möglicher „Begabungsreserven" zur Deckung des Bedarfs an höher qualifizierten Absolventen identifizierte vier Gruppen der Bevölkerung, deren Bildungsfähigkeiten in keiner Weise dem tatsächlichen Besuch höherer Bildungseinrichtungen entsprachen. Indem dieser Tatbestand jedoch weniger als ein Problem der Aufschließung von „Begabungsreserven", sondern als Diskriminierung interpretiert wurde, orientierte sich die Bildungspolitik verstärkt am sozialpolitischen Ziel vermehrter Chancengleichheit. Eine der diskriminierten Gruppen waren Mädchen, die systematisch auf allen Stufen des Bildungssystems – vom Eintritt in die höhere Schule bis zum Hochschullehrerberuf – benachteiligt waren. Die zweite Gruppe bildeten Bewohner ländlicher Gebiete, in denen schlechte Wirtschaftslage und -struktur, stagnierende Bevölkerungsentwicklung und unzureichendes Bildungsangebot zusammentrafen. Als dritte benachteiligte Gruppe erwiesen sich die Katholiken im Vergleich zu den Protestanten. Und schließlich konnte man auch die Benachteiligung von Arbeiterkindern bzw. allgemeiner von Kindern aus Familien unterer Schichten nachweisen. So warf vor allem ein Zahlenpaar ein Schlaglicht auf die klassen- und schichtspezifische Benachteiligung: 50 % der erwerbstätigen Bevölkerung waren Arbeiter, aber nur 5 % der Studenten, die in der Regel später die Vorgesetzten der Arbeiter waren, stammten aus Arbeiterfamilien (Wintersemester 1962/63).

Abb. 3.11

Die von der empirischen Bildungsforschung Mitte der Sechzigerjahre vorgelegten Zahlen waren für kritische Zeitgenossen ein Beleg dafür, dass – wie Dahrendorf sich ausdrückte – „die soziale Frage in Deutschland immer noch nicht gelöst ist" […]. Der schon von aufgeklärten Wirtschaftsbürgern Mitte des 19. Jahrhunderts erhobene allgemeine Anspruch, die „soziale Frage" gerade durch Bildungspolitik lösen zu wollen, wurde wieder belebt und aufgrund der historisch mittlerweile entwickelten Bestimmung des Staates als Sozialstaat sowie gewonnener empirischer Einsichten über die sozialen Determinanten der Bildung und der beruflichen Stellung konkretisiert: Es reichte nicht aus, den Verfassungsgrundsatz des Rechts auf freie Wahl der Bildung und des Berufs – unabhängig von der Herkunft, der Konfession, der Nationalität usw. – lediglich als (negatives) Schutzrecht der Individuen vor dem Staat zu begreifen. Ja, es genügte auch nicht, etwa durch die Unentgeltlichkeit des Unterrichts ökonomische Hindernisse zu beseitigen, die das Recht auf Bildung einschränken. Die Wurzeln der Ungleichheit liegen tiefer. Wenn Teile der Bevölkerung aufgrund ihrer mannigfach diskriminierten Lebenslage verhaltensmäßig nicht in der Lage sind, von ihrem Grundrecht den vollen Gebrauch zu machen, dann muss der Staat als Sozialstaat sie

Abb. 3.12

aktiv dazu befähigen. Er muss entweder auf die sozioökonomische Lebenslage oder auf das von ihr beeinflusste individuelle Verhalten (oder auf beide zugleich) einwirken. Die Schule bildet die naturwüchsigen, in den Familien aufgrund unterschiedlicher Lebenslagen und innerfamilialer Unterschiede entstandenen ungleichen Ergebnisse des Sozialisationsprozesses dann nicht einfach als individuelle Leistungsunterschiede ab, sondern sie übernimmt gemäß der Konzeption „materialer Chancengleichheit" teilweise „private" Funktionen der Familie in planmäßiger, an politischen Zielen orientierter Form.

Das Prinzip der „materiellen Chancengleichheit" im Unterschied zur nur rechtlich-formalen Gleichheit vor dem Gesetz erfuhr in den politischen Traditionen des Liberalismus und der Sozialdemokratie als denjenigen Kräften, die die Bildungsreformen ab 1965 maßgeblich anregten und realisierten, eine unterschiedliche Interpretation. Für den Liberalen Dahrendorf, dessen Veröffentlichungen Mitte der Sechzigerjahre ähnlich richtungsweisend waren wie die von Picht, bedeutete „materiale Chancengleichheit" in der Tradition der Aufklärung die „Lösung der Menschen aus ungefragten Bindungen und Befreiung zu freier Entscheidung" […]. Allen vier im Bildungswesen diskriminierten Gruppen – Mädchen, Katholiken, Landbewohnern, Arbeitern – war ein Merkmal gemeinsam: ihr „Traditionalismus der Unmündigkeit", den es durch den reformerischen Schritt in die „Modernität" zu überwinden galt […]. Die Herstellung „materialer Chancengleichheit" reduzierte sich damit für Dahrendorf auf die Veränderung von Einstellungen (Mobilität, Wandlungsbereitschaft, Neugierverhalten usw.), an der Staat und Schule beteiligt sein sollten. Der Ungleichheit der Lebenslagen trug Dahrendorf nur insoweit Rechnung, als er sich für ein regional ausgeglicheneres Schulangebot aussprach, für alle Eltern die gleiche Informationsbasis ihrer Schulentscheidungen (Bildungswerbung) forderte und für die Eltern aus diskriminierten Gruppen die besondere Förderung der Bildungsmotivation anregte. Eine Strukturveränderung des Schulsystems sah Dahrendorfs Konzept nicht vor, sondern nur die Erweiterung der höheren Abschlüsse innerhalb getrennter, aber stärker pädagogisch fördernder Schultypen.

Die sozialdemokratische Vorstellung von „materialer Chancengleichheit" setzte demgegenüber andere Akzente: Auf der einen Seite betonte sie stärker den Gedanken der Kompensation von als defizitär erachteten Verhaltensweisen unterprivilegierter Kinder innerhalb der Schule. Was die empirische Familienforschung an sozial bedingten Defiziten des kindlichen Sprachvermögens, der Motivation, des Sozialverhaltens usw. ermittelt hatte, sollte durch entsprechende kompensatorische Maßnahmen innerhalb der Schule in etwa angeglichen werden. Auf der anderen Seite erhofften sich sozialdemokratische Politiker und ihnen nahestehende Wissenschaftler von einer massiven Erweiterung höherer Bildungsabschlüsse eine Veränderung der Lebensverhältnisse, die Ungleichheiten der Bildung bewirken. Wenn höhere berufliche Stellungen durch höhere Ausbildung zu erreichen waren, dann erschien die Kombination zwischen der Kompensation sozial bedingter Defizite in der Schule und der Expansion der weiterführenden Bildungsgänge als eine sinnvolle Strategie, um langfristig soziale Ungleichheiten abzubauen. Die Institution, die allein dies bewirken konnte, war nach Überzeugung der Sozialdemokraten, ihnen nahestehender politischer Kräfte (GEW, DGB) und einzelner Wissenschaftler die integrierte Gesamtschule […]. Sie auf der Ebene bundeszentraler Planungen zu verankern und in den Ländern als Schulversuch oder als normale Schulform schrittweise durchzusetzen, machte einen Großteil der schulpolitischen Kontroversen von 1965 bis 1980 aus. Entsprechende Auseinandersetzungen fanden in der Hochschulpolitik um die Gesamthochschule statt, die Universitäten und Fachhochschulen vereinen sollte. […]

Ergebnisse und Folgeprobleme von Schulreform und Bildungsexpansion

Die Bildungsexpansion und die Reformen des Schulwesens haben das quantitative Verhältnis der einzelnen Schulformen zueinander und ihre innere Zusammensetzung verändert. Sie haben die Hauptschule und ihre Klientel tendenziell zu „Modernisierungsverlierern" gemacht. Sie haben zu einer Anhebung des Niveaus schulischer Abschlüsse geführt und darüber hinaus zu einem Strukturwandel der Jugendphase beigetragen, der die Lebenssituation von Jugendlichen und jungen Erwachsenen verändert hat. […] Deskriptiv lässt sich immerhin feststellen, dass von den vier „klassischen" Benachteiligungen der Sechzigerjahre – nach Geschlechtszugehörigkeit, nach Religion, nach Region und sozialer Schicht – die ersten beiden in den Siebzigerjahren verschwunden sind, während sich regionale und schichtspezifische Unterschiede erhalten haben […]. Bildungsexpansion und -reform haben nicht dazu geführt, dass Arbeiterkinder im Vergleich zu Kindern aus mittleren und höheren Schichten entscheidende Gewinne der Bildungsbeteiligung erzielen konnten. Kinder aus allen Schichten bzw. Bildungsgruppen haben – in unterschiedlichem Grad – ihre Anteile an den berechtigenden Realschulen und Gymnasien erhöhen können. Die Differenzen zwischen den Schichten haben sich dabei jedoch nur wenig verändert. […]

Die Verlängerung der Jugendphase bedeutet eine Verlängerung des psychosozialen Moratoriums, das bei Studierenden in Form der Post-Adoleszenz bis zum Alter von 25 bis 30 Jahren dauern kann […]. Der Spielraum zum Erproben alternativer Lebensvorstellungen und -formen nimmt dadurch ebenso zu wie die Möglichkeit, post-materialistische Werte – wie Selbstentfaltung, Teilhabe an politischen Entscheidungen, Erhaltung der Natur – gegenüber materialistischen Werten (z. B. Wachstumssteigerung, Erhaltung der öffentlichen Sicherheit und Ordnung) vorzuziehen. So konnte Baumert […] zeigen, dass im Vergleich der Altersjahrgänge 1912–1935, 1936–1951 und 1952–1967 der Anteil von „Post-Materialisten" stetig zugenommen hat und dass ihr Anteil bei Befragten mit Hochschulreife stets am höchsten, bei Absolventen der Hauptschule am niedrigsten lag.

Aufgaben

1. Geben Sie wieder, wie sich die Strukturen des Schulwesens seit Beginn der Sechzigerjahre verändern.
2. Arbeiten Sie heraus, welche veränderten Ziele dabei leitend sind.
3. Erörtern Sie, ob bzw. inwiefern das gegenwärtige Schulwesen den damaligen Zielen der Bildungsreformen entspricht.

Die vom Deutschen Bildungsrat im „Strukturplan für das Bildungswesen" formulierten Ziele finden Sie hier: PP-Code h6u39j.

Der Bildungsforscher Bernd Zymek hat die besonderen Merkmale der Erziehungsverhältnisse, die in der Bundesrepublik Deutschland bis in die jüngste Vergangenheit vorherrschten, herausgearbeitet.

M9 Das deutsche Strukturmuster von Familie und Schule (Bernd Zymek)

Es gilt als das dominante Merkmal des deutschen Systems, dass hier der Staat quasi ein Schulmonopol ausübt: Anders als etwa in England, Dänemark und den Niederlanden, wo bis heute den Familien die Freiheit der Wahl zwischen verschiedenen öffentlichen und privaten Schulangeboten zur Absolvierung der allgemeinen „Unterrichtspflicht" zugestanden wird, lässt die in Deutschland 1920 eingeführte und in Art. 7,6 des Grundgesetzes indirekt bestätigte allgemeine obligatorische „Schulpflicht" auf der Ebene der Grundschule nur in ganz seltenen Ausnahmefällen private Schulen zu. Im Bereich der Sekundarschulen wurde im Verlauf des 20. Jahrhunderts der ehemals quantitativ und

Abb. 3.13

strukturell bedeutsame Privatschulsektor sukzessive abgebaut. Wegen des Berechtigungswesens haben in Deutschland Privatschulträger nur dann eine Überlebenschance, wenn sie als „private Ersatzschulen" die wichtigsten strukturellen und curricularen Merkmale des staatlichen Systems übernehmen.

Das ist aber nur eine Seite der Medaille. Es wird nur zu oft vergessen, dass komplementär zu dem staatlichen Schulmonopol – ja, vielleicht gerade deswegen – in Deutschland die Stellung der Familien gegenüber der öffentlichen Schule – strukturell und rechtlich – stark verankert und damit die pädagogische und soziale Wirksamkeit der schulischen Prozesse stärker eingegrenzt ist als in unseren Nachbarländern.

Das beginnt damit, dass in Deutschland die Schulpflicht relativ spät beginnt und die Institutionen der Vorschulerziehung als „Kindergarten" angelegt sind. In dieser frühkindlichen Entwicklungsphase – die in der Forschung seit Jahrzehnten als die sensible und langfristig entscheidende erkannt ist – findet in Deutschland ausdrücklich nicht „Schule" statt, also die Förderung systematischer Lernprozesse, sondern vor allem soziales Lernen und religiöse Sozialisation – ganz in der Tradition der mehrheitlich konfessionellen Träger dieses Bereichs. Die Institutionen der Vorschulerziehung sind in Deutschland strikt nach dem Subsidiaritätsprinzip organisiert, die entsprechenden Gesetze regeln vor allem die Bedingungen und den Umfang der Bezuschussung der privaten Träger, machen aber kaum curriculare Vorgaben. Das pädagogische Personal hat nicht die schulische Vorbildung und erziehungswissenschaftliche Ausbildung, um in dieser grundlegenden und sensiblen Phase kindlicher Entwicklung Lernprozesse auf dem Stand der entwicklungspsychologischen Forschung und der frühkindlichen Didaktik zu organisieren. Der Berufsstatus ist so niedrig angelegt, dass ein befähigter Nachwuchs für diesen Beruf nicht gewonnen werden kann. Der deutsche Kindergarten ist so organisiert, dass er nicht einmal die Funktion der Entlastung berufstätiger Eltern bei der elementaren Versorgung ihrer Kleinkinder erfüllt: Das Angebot wurde erst in den letzten Jahrzehnten so ausgebaut, dass man heute von einer flächendeckenden Versorgung sprechen kann. Der deutsche Kindergarten ist in der Regel eine Halbtagseinrichtung meist ohne Vorkehrungen für eine umfassendere Versorgung der Kinder (Mittags- und Nachmittagsbetreuung, Essen, Schlafen u.s.w.). Für dieses pädagogische Minimalangebot werden den Eltern – einkommensabhängig abgestuft – hohe monatliche Beiträge abverlangt.

Diese Stichpunkte unterstreichen, dass in Deutschland die systematische Förderung frühkindlicher Lernprozesse nicht in dafür ausgestalteten öffentlichen Institutionen stattfindet, sondern dass in dieser Phase das deutsche System vor allem auf die Versorgung und Förderung der Kinder durch nicht berufstätige Familienangehörige, in der Regel die Mütter, setzt. Jede Reform in diesem Bereich würde Eingriffe in traditionelle Rechte der konfessionellen Träger dieses Bildungsbereichs verlangen und das von ihnen geförderte mentale und soziale Muster von Familie und Erziehung infrage stellen.

Der deutsche Halbtagskindergarten setzt sich strukturell in der deutschen „Halbtags- und Unterrichtsschule" fort. Bis vor Kurzem war diese Art von Schule nicht einmal als Halbtagsschule für die Familien kalkulierbar, sodass in Deutschland schon die „verlässliche Halbtagsschule" als großes sozialpolitisches Reformprojekt ausgegeben werden konnte, zumeist durchgeführt von freien Trägern, unprofessionellem Personal, in nicht dafür geeigneten Räumlichkeiten und gegen Gebühren. Obwohl alle pädagogischen Reformschulen im 20. Jahrhundert als Ganztags- oder gar Internatsschulen angelegt waren und auch von deutschen erziehungswissenschaftlichen Experten weitgehend einmütig seit Jahrzehnten die Ganztagsschule als pädagogisch sinnvolle Einrichtung befürwortet wird, kollidiert der – seit Kurzem von allen Seiten geforderte – Ausbau von Ganztagsschulen und Ganztagsangeboten mit einem tief verwurzelten sozial- und berufsstrukturellen, familienpolitischen und mentalen Muster, das die deutsche Gesellschaft von den meisten unserer Nachbarländer unterscheidet: Der deutsche Halbtagskindergarten und die deutsche Halbtagsschule werden systematisch ergänzt – erstens – durch eine Geschlechterordnung und ein Familienmodell, das eine nicht berufstätige, höchstens teilzeitbeschäftigte, sich der ganztägigen Versorgung ihrer Kinder widmende Mutter und einen den Lebensunterhalt und -standard sichernden vollberufstätigen Vater vorsieht, – zweitens – durch das sogenannte Normalarbeitsverhältnis, das die volle Verfügbarkeit des Arbeitenden für den Betrieb, eine dauerhafte Berufstätigkeit und eine Entlohnung in einer Höhe vorsieht, dass damit eine Familie umfassend versorgt werden kann und – drittens – durch eine Familienpolitik, die

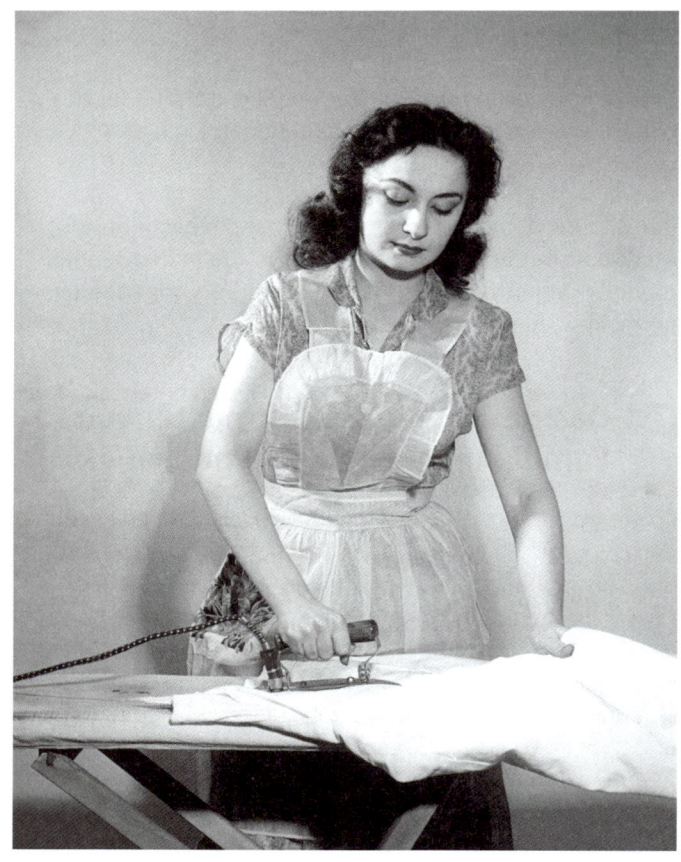

Abb. 3.14

dieses Muster familien-, sozial- und steuerrechtlich stützt bzw. fördert (Erziehungsurlaub, Kinderfreibeträge). […]
105 Aus der spezifisch deutschen Konstellation der Halbtagsschule und einer – in einigen Milieus sehr engen und langen, in anderen Milieus fehlenden – Familienbetreuung entstand in Deutschland eine ebenfalls spezifisch deutsche Jugendkultur, Jugendfreizeitkultur und Jugendhilfepolitik,
110 die in unseren Nachbarländern so nicht entstehen konnte und musste. In Ländern mit einer breiten Internatskultur, Ganztagsschulbetrieb bis etwa 16 Uhr und anschließend noch zu erledigenden Hausaufgabenverpflichtungen bleiben den Schülerinnen und Schülern erheblich weniger
115 Raum und Zeit für die Ausbildung einer freien und verbandlichen Jugend(freizeit)kultur als in Deutschland.

Aufgaben

1. Arbeiten Sie aus dem Text die Elemente des „deutschen Strukturmusters von Familie und Schule" heraus. Stellen Sie die Bezüge zwischen den Elementen anschaulich dar, indem Sie ein Schaubild anfertigen und erläutern.
2. Stellen Sie Bezüge zwischen Zymeks Thesen und anderen Texten diesen Kapitels her.
3. Erörtern Sie, inwiefern das beschriebene Strukturmuster heute noch Geltung besitzt.

3.3 Neuere Entwicklungen

Nach Veröffentlichung der ersten PISA-Studie im Jahre 2001 entwickelte sich in der inzwischen durch die neuen Bundesländer vergrößerten Bundesrepublik eine intensive Diskussion über die Gestaltung des Bildungssystems. Sie haben sich damit bereits anhand der Materialien in „Perspektive Pädagogik" Heft 5 auseinandersetzen können. Dabei ging es u.a. um die „Bildungsarmut" eines erheblichen Teils der Schülerinnen und Schüler und die Kompetenzorientierung in den Lehrplänen, die seither eingeführt wurden. Die folgenden Texte geben einen Einblick in zentrale Positionen, die dabei vertreten wurden. Sie sollen Sie zu Ihrem eigenen Urteil herausfordern.

M 10 Der gleiche Kindergarten – aber vier verschiedene Schulen (Jutta Allmendinger)

Dies ist die Geschichte von vier Kindern. Im Alter von drei Jahren, im Kindergarten, wurden sie dicke Freunde, schienen unzertrennlich. Heute, 15 Jahre später, leben sie in unterschiedlichen Welten und sind einander fremd. Ihre Ge-
5 schichte ist ein Spiegel unseres Schulsystems, das trennt, sortiert und spaltet, ein System, das sich trotz dauernder Veränderungen, trotz Pilotprojekten, trotz Lehrer- und Eltern-Engagement im entscheidenden Punkt nicht gewandelt hat: Es fördert Kinder und Jugendliche nicht so, dass
10 alle ihr Potenzial entwickeln können und eine hinreichende Grundlage für ihr Leben haben.
Und das ist die verschworene Gruppe: Alex, das Kind zweier Akademiker, ist mein Patensohn. Erkan ist der Sohn türkischer Händler. Jenny gehörte dazu, deren alleinerzie-
15 hende Mutter arbeitslos war, und schließlich Laura. Sie ist das leicht behinderte Kind eines Künstlers und einer Friseurin. Sie kamen als Dreijährige aus unterschiedlichen Welten und hatten unterschiedliche Lernerfahrungen. Alex war schon mit sechs Monaten in die Krippe gekommen.
20 Eine hervorragende private Einrichtung, die sich seine gut verdienenden Eltern leisten konnten. Erkan war nicht in die Krippe gegangen.
Seine Mutter war zu Hause und kümmerte sich um die große Familie. Erkan sprach nur Türkisch. Sein Kinderarzt
25 schlug deshalb vor, ihn mit vielen deutsch sprechenden Kindern zusammenzubringen. Jenny war aus anderen Gründen nicht in einer Krippe gewesen. Ihre alleinerziehende Mutter fand für sie keinen Krippenplatz. Jenny war ihr zweites Kind. Die junge, gescheite Frau war seit vielen
30 Jahren nicht erwerbstätig und verlor immer mehr den Halt. Als Jenny drei wurde, organisierte das Jugendamt für sie einen Integrationsplatz im Kindergarten.
So lernte Jenny Alex, Erkan und Laura kennen. Bei Laura war kurz nach ihrer Geburt eine zentrale Bewegungskoor-
35 dinationsstörung diagnostiziert worden, mittelschwer, therapierbar. Die Eltern wünschten sich, dass Laura möglichst normal aufwächst, und hatten nach vielen Absagen diesen Kindergarten gefunden.
Die vier Kinder schlossen sich schnell zusammen und
40 genossen ihre gemeinsame Zeit. Viele Geburtstage, viele Ausflüge, viele Wochenenden verbrachten sie miteinander. Alex war großmütig und redegewandt. Schnell lernte Erkan Deutsch und rechnete am besten. Jenny sog wie ein Schwamm alles auf, was sie sah und hörte. In Memory war
45 sie nicht zu schlagen. Laura zog mit, so gut es ging. Die Freunde bewunderten ihre fantasievollen Bilder.
Nach drei Jahren wurden die Freunde getrennt. War der Kindergarten noch frei wählbar, so wurde die Schule vom Wohnbezirk zugewiesen. Alex besuchte die gutbürgerli-
50 che Schule seines Stadtteils. Jenny und Erkan kamen auf Grundschulen, die in unmittelbarer Nähe ihrer Wohnungen lagen. Erkan wohnte in einer Gegend mit hohem Ausländeranteil. Jenny lebte in einer Neubausiedlung des sozialen Wohnungsbaus mit vielen Arbeitslosen.
55 Die Kinder entwickelten sich in ihren Klassen ganz unterschiedlich. Alex war alles andere als ein Selbstläufer. Er lernte nicht aus freien Stücken, brauchte viel Aufmerksamkeit. Als es zu Beginn der vierten Klasse um seine Perspektiven ging, stand für die Lehrer trotzdem fest, dass Alex

aufs Gymnasium gehörte. Bei diesen Eltern sei das doch klar.

Erkan wurde ein guter Schüler. Als einer von wenigen seiner Klasse erhielt er eine Realschulempfehlung. Seine Augen strahlten vor Stolz, als er die Neuigkeit erzählte.

Jenny dagegen bewältigte die Schule schlecht. Sie fehlte häufig. Das machten alle in ihrer Klasse so. Die Lehrer erkannten aber das Potenzial des Mädchens und empfahlen sie auf eine Realschule.

Und Laura? Sie wurde ein Jahr zurückgestellt. In dieser Zeit fanden ihre Eltern eine neu eingerichtete Integrationsschule. Das pädagogische Konzept stand, die Lehrpläne waren geschrieben, gute Sonderpädagogen wurden eingestellt. Auf Lauras Eltern machte die Schule einen hervorragenden Eindruck. Sie wurden enttäuscht. Man akzeptierte Laura nicht; sie würde die anderen Kinder herunterziehen, befürchteten deren Eltern. Nach Phasen völliger Erschöpfung gaben Lauras Eltern auf. Laura wechselte auf eine Förderschule.

Die vier Freunde verloren einander. Die Schule, das Leben unterschieden sich immer mehr und damit die Freunde, der Sport, die Musik, die Urlaube, die Sprache.

Alex besuchte das traditionsreiche Gymnasium, wie schon seine Vorfahren. Er hangelte sich von Klasse zu Klasse. Irgendwann flatterten den Eltern die Nerven. Alex erhielt Nachhilfe. Dann kam sein Auslandsjahr. Die Eltern hörten von einer internationalen Schule im englischen Cambridge. Alex bewarb sich und wurde tatsächlich angenommen. Die Schule packte ihn sofort. Er lernte von sich aus und in alle Richtungen. Begleitet wurde er von Lehrern, einem Tutor und vielen anderen Ansprechpartnern. Wie seine Eltern hatte auch ich erwartet, dass er rasch zurückkehren würde, doch das Gegenteil trat ein. Er wollte bleiben und dort sein Abi machen, obwohl das viel anstrengender als in seiner alten Schule war.

Erkan machte sich gut auf der Realschule. Er lernte problemlos und erreichte mit 16 ein gutes Zeugnis der mittleren Reife. Niemand fragte ihn, ob er nicht noch das Abitur ablegen wolle. Seinen Eltern kam das nicht in den Sinn, sie kannten das deutsche Schulsystem zu wenig. Erkan bewarb sich um Lehrstellen als Kfz-Mechatroniker. Schnell merkte er, dass Mitschüler mit typisch deutschen Namen eher zu einem Vorstellungsgespräch eingeladen wurden. Am Zeugnis lag es nicht, auch nicht an der Sprache; sein Deutsch war mittlerweile sehr gut. Als er sich endlich einmal vorstellen durfte, bekam er seinen Ausbildungsplatz.

Jenny ging zunächst auf eine Realschule. Sie war hellwach, aber die Schule fesselte sie nicht. Sie suchte Anerkennung und Halt. Auf der Straße, in ihrer Clique, fand sie beides. Nach zwei Jahren wurde Jenny auf eine Hauptschule zurückgestuft. Jenny war ernsthaft gefährdet, auch diese ohne einen qualifizierenden Abschluss zu beenden. Erst da schritten Lehrer und Sozialarbeiter ein. Jenny wurde in eine Praxisklasse aufgenommen. Der Kontakt zu erwerbstätigen Menschen tat ihr gut und motivierte sie. Sie schaffte den Abschluss. Da sie trotzdem keinen Ausbildungsplatz fand, belegte sie eine „berufsvorbereitende Bildungsmaßnahme" der Bundesagentur für Arbeit.

Als Laura in die zehnte Klasse versetzt wurde, war absehbar, dass sie die Förderschule ohne qualifizierenden Hauptschulabschluss beenden und auf dem freien Arbeitsmarkt keinen Ausbildungsplatz finden würde. Die Eltern erfuhren von einer Berufsschule, die auch Jugendliche unterrichtet, die nach der zehnten Klasse erst eine „Schnupperlehre" machen. Laura wurde angenommen. Vielleicht kann sie sogar eine Ausbildung anschließen.

Die Biografien der vier Jugendlichen, denen ich eineinhalb Jahrzehnte lang freundschaftlich verbunden war, zeigen: In Deutschland bleibt die Herkunft bestimmend. Wer aus einem akademisch geprägten Haushalt kommt, schafft es, auch wenn seine Leistungen lange Zeit eher mäßig sind. Wer aus einer nichtdeutschen Familie kommt, in einem Haushalt in sozialer Notlage lebt oder langsamer lernt, bekommt nicht die Chance aufzuholen, nicht die Förderung, die seine Fähigkeiten zur Geltung bringt. Unser Schulsystem ist durchlässig – aber meist nur nach unten, selten nach oben.

Abb. 3.15: Jutta Allmendinger, Professorin für Soziologie an der Humboldt-Universität in Berlin und Präsidentin des Wissenschaftszentrums Berlin für Sozialforschung

M11 Über den Zusammenhang von Bildung und gesellschaftlicher Teilhabe (Jutta Allmendinger)

Was verstehen wir unter Bildung?

Die empirische Bildungsforschung misst Bildung hauptsächlich mit zwei Indikatoren: dem Schulabschluss, also dem erworbenen Zertifikat, und mit kognitiven Kompetenzen, also den (durch Leistungstests) gemessenen Fähigkeiten in Bereichen wie Lesen, Mathematik oder Naturwissenschaft. In beiden Fällen – Zertifikaten wie Kompetenzen – kann Bildung als etwas verstanden werden, über das man verfügt. Und wie man bei ökonomischen Gütern feststellen kann, dass sie ungleich verteilt sind, lässt sich auch für Bildung die gesellschaftliche Verteilung betrachten: Bildungsreich sind dann Menschen mit dem höchstmöglichen Schulabschluss, dem Abitur, bildungsarm sind Menschen ohne schulischen Abschluss. Bei den kognitiven Kompetenzen können Menschen in der untersten Kompetenzstufe – sogenannte ‚funktionale Analphabeten' – als bildungsarm gelten, bildungsreich sind entsprechend Menschen in der höchsten Kompetenzstufe. Wichtig ist, dass beide Maße nicht notwendig zusammenfallen. Es gibt Menschen mit hohen kognitiven Kompetenzen und niedrigem Schulabschluss, und umgekehrt. Dann scheint allerdings das Prinzip der Leistungsgerechtigkeit verletzt. Schließlich gilt es als ungerecht, dass jemand ein niedrigeres Zertifikat erhält, obwohl er – im Vergleich zu anderen – höhere Leistungen oder Ergebnisse erzielt. Wir kommen darauf zurück.

Wer erreicht eine hohe Bildung?
Über die letzten sechs Jahrzehnte ging der Anteil von Schülerinnen und Schülern in den Hauptschulen stark zurück, der Anteil in den Realschulen und Gymnasien nahm dagegen deutlich zu. Bei großen regionalen Unterschieden erhalten heute zwischen 20 und 38 Prozent aller Schülerinnen und Schüler die Hochschulzugangsberechtigung. Führt dieser Ausbau von höheren Schulen dazu, dass auch die Kinder von sozial schlechter gestellten Eltern gute Chancen haben, das Abitur zu erreichen und eine Hochschulausbildung aufzunehmen? Haben Kinder aus unterschiedlichen gesellschaftlichen Schichten nun vergleichbare Chancen? Nein. Auch heute sehen wir ausgeprägte Unterschiede in den Bildungschancen von Kindern, die auf deren Herkunft zurückgehen. Um nur wenige Zahlen zu nennen: Von 100 Kindern aus Nicht-Akademikerfamilien schaffen es 45 in die gymnasiale Oberstufe und 24 in die Hochschulen. Von 100 Kindern aus Akademikerhaushalten sind es 81 beziehungsweise 71 Kinder (BMBF 2010). Nun belegen solche Zahlen nicht zwingend, dass unsere Schulen gegen das Mantra der Leistungsgerechtigkeit verstoßen. Dies wäre nur dann der Fall, wenn Kinder systematisch trotz ihrer Potenziale keine Gymnasialempfehlung bekommen, oder umgekehrt, diese erhalten, obwohl die Leistungen eher mäßig sind. Vergleicht man aber Übergangsempfehlung und die gemessene Leistung, so trifft genau dies oft zu: „Arbeiterkinder" müssen generell höhere kognitive Kompetenzen zeigen, um eine Gymnasialempfehlung zu erhalten, als Kinder von Akademikern. Doch noch etwas kommt hinzu: Kinder aus sozial schwächeren Elternhäusern werden meist weniger gefördert als andere Kinder – von Eltern, Verwandten, Lehrern, durch ihre Nachbarschaft und ihre Netzwerke. Sie besuchen seltener Kindertagesstätten und Kindergärten. Diese Ballung von Benachteiligungen führt zu kaum reparablen Unterschieden im Bildungserfolg und damit fast unweigerlich zu ungleichen Lebenschancen. […] Bildung hat in der modernen Gesellschaft einen hohen Stellenwert. Sie entscheidet maßgeblich über Lebenschancen und befähigt Menschen, ein selbstbestimmtes Leben zu führen. Der steigende Anteil von Menschen mit Migrationshintergrund und eine insgesamt höhere Vielfalt der Gesellschaft braucht eine hohe Integrationsbereitschaft aller – auch dazu müssen Schulen ihren Beitrag leisten. Dahrendorf hat recht: Bildung ist mehr als die „Magd der Wirtschaft". Dennoch: Wir brauchen Bildung auch als Motor für die wirtschaftliche Entwicklung und Innovation von morgen. „Bildungsnotstand ist wirtschaftlicher Notstand", schrieb Georg Picht schon vor 50 Jahren. Der Arbeitsmarkt verändert sich. Der Bedarf an Hochqualifizierten wird weiter steigen, Niedrigqualifizierte werden höchstwahrscheinlich immer schwerer einen Arbeitsplatz finden.
Aus all dem wird deutlich: Bildungspolitik ist eine Querschnittsaufgabe. Sie berührt fast alle Politikbereiche, insbesondere Wirtschafts-, Arbeitsmarkt- und Sozialpolitik und ist damit einer der wichtigsten politischen Gestaltungsbereiche überhaupt. Vor allem muss sie viel stärker als bisher an einem Bereich ansetzen, der in Deutschland besonders veränderungsresistent erscheint: Dem Abbau von Niedrigbildung. Eine Grundbildung, die zur kulturellen und gesellschaftlichen Teilhabe befähigt, muss das Bildungssystem allen gleichermaßen garantieren. Über Jahrhunderte konnte sich Deutschland offenbar Bildungsarmut leisten. Nur so lässt sich erklären, dass Schulen weitgehend fern sozialpädagogischer Hilfen sind, früh selektieren und vergleichsweise wenig in eine präventive Sozial- und Arbeitsmarktpolitik investiert wird. Wir wissen, was zu tun ist.

Aufgaben

Allmendinger will mit dem Bericht über die Bildungsbiografien der vier Kinder die These belegen, dass in Deutschland vor allem die Herkunft darüber bestimmt, welche Abschlüsse im Bildungswesen jemand erreicht.

1. Arbeiten Sie heraus, wie sie ihre These stützt.
2. Erörtern Sie die Belastbarkeit der These und der Belege Allmendingers. Greifen Sie dazu auch auf Ihre Kenntnisse über PISA zurück.
3. Vergleichen Sie Allmendingers Bildungsbegriff mit Ihnen bekannten pädagogischen Bildungsbegriffen (z. B. aus Kapitel 1 in diesem Heft).
4. Erörtern Sie, ob bzw. inwiefern pädagogisch sinnvolle Bezüge zwischen den unterschiedlichen Bildungsbegriffen hergestellt werden können.

Jochen Krautz (s. auch „Perspektive Pädagogik" Heft 1, S. 16–18) analysiert im nächsten Text ideologiekritisch die „Kompetenzorientierung" der neueren Kernlehrpläne aus der Perspektive des pädagogischen Bildungsbegriffs.

M12 Kritik der Ökonomisierung von Bildung (Jochen Krautz)

„Kompetenzen"
Die OECD, die PISA organisiert, hat die „Definition und Auswahl" dieser „Schlüsselkompetenzen" 2005 in einer so betitelten Broschüre begründet, die eine umfangreiche Studie zusammenfasst. Blättert man das Papier durch, stolpert man zunächst einmal über die alte Bedeutung von »Kompetenz«. Denn wie kommt die OECD eigentlich zu der Berechtigung, mit der PISA-Studie ihren Kompetenz-Begriff dem nationalen Bildungswesen überzustülpen? Da dies nicht die Bürger waren, ist das ein eindeutiger Fall von Kompetenzanmaßung. Denn die OECD kann diese Zuständigkeit in einem demokratischen Gemeinwesen überhaupt nicht haben. Dazu fehlt ihr jede direkte demokratische Legitimation. Diese Anmaßung zieht sich auch durch den Inhalt der OECD-Kompetenzbroschüre. Sie will Antwort auf die Frage geben: „Welche Kompetenzen benötigen wir für ein erfolgreiches Leben und eine gut funktionierende Gesellschaft?" […] Diese lapidare Frage beinhaltet letzt-

lich die Kernfrage aller Philosophie, was ein erfolgreiches, früher sagte man „glückliches" Leben und eine tragfähige Gemeinschaft ausmachen – darüber zerbrechen sich die Denker seit zweieinhalbtausend Jahren den Kopf, darauf versuchen die Religionen der Welt eine Antwort zu geben. Und nun hat die OECD den Stein der Weisen gefunden, sie hat die Antwort: Kompetenzen.

Was ist dieses Wundermittel? „Eine Kompetenz ist mehr als nur Wissen und kognitive Fähigkeiten. Es geht um die Fähigkeit der Bewältigung komplexer Anforderungen, indem in einem bestimmten Kontext psychosozialer Ressourcen (einschließlich kognitive Fähigkeiten, Einstellungen und Verhaltensweisen) herangezogen und eingesetzt werden." Die OECD-Bildungsminister ergänzen, dass „der Begriff ‚Kompetenzen' Wissen, Fertigkeiten, Einstellungen und Wertvorstellungen umfasst." […] Diese trockene Definition bestätigt, was wir vermuteten: Kompetenzen beschreiben nicht nur Wissen und Können, sondern tiefgreifende Persönlichkeitseigenschaften: geistige und seelische Eigenschaften, ganz persönliche Einstellungen, Wertvorstellungen und Verhaltensweisen.

Das Problem dabei ist nicht, dass Bildung nicht auf die Bildung dieser Persönlichkeitseigenschaften zielen dürfte. Das muss sie. Das Problem ist, in welcher Absicht diese Persönlichkeitsbildung geschieht: um den Menschen freizumachen oder um ihn zu funktionalisieren, um ihn für eine Funktion brauchbar zu machen.

Die von der OECD definierten „Schlüsselkompetenzen" beschreiben ziemlich genau die Arbeitsanforderungen in einem modernen, globalisierten, virtuell kommunizierenden Unternehmen. Dieses Anforderungsprofil und seine Ursachen werden von Führungskräfte-Ausbildern bestätigt: Die „immer dynamischere Globalisierung der Märkte, die durch die Digitalisierung angetriebene Informationsflut" erfordere „flexible", „lernende", „selbstorganisierende" Unternehmen mit entsprechend „kompetenten" Mitarbeitern: „Der Trend zu fließenden (z. B. projektbezogene Teams und flache Hierarchien) und virtuellen Organisationen" mache es für die Mitarbeiter nötig, „vorhandenes Wissen schnell zu aktivieren und vielfältig und kreativ einzusetzen", wofür „moderne Informationstechnologien" und „Wissenswerkzeuge" notwendig seien. Und: „Um in offenen und riskanten Situationen adäquate Entscheidungen in Teams fällen zu können, ist die Herausbildung grundlegender sozial-kommunikativer, personaler, aktivitäts- und handlungsbezogener Kompetenzen" notwendig. Die „zunehmende Internationalisierung" erfordere zudem „eine hohe Sensibilität für andere Kulturen". […] Das alles müsste uns als Selbstbeschreibung heutiger Unternehmen nicht weiter tangieren, wenn damit nicht zugleich die Forderung verbunden wäre, diese Kompetenzen als Lernziele im Bildungswesen zu verankern. Oder richtiger: Das wird nicht als Forderung formuliert, sondern als »notwendige Anpassung an die Bedürfnisse des Wissenszeitalters« für unabwendbar erklärt: „Der Übergang ist unausweichlich und wird vor allem durch die privaten Wettbewerber, die den staatlichen Angeboten zunehmend Konkurrenz machen, vorangetrieben werden." […]

Der schon beschriebene Wettbewerb von Schulen und Hochschulen dient also der Durchsetzung des Kompetenzkonzepts im Bildungswesen, das sogar eine vermeintlich „personale" und „soziale" Bildung auf Zweckhaftigkeit, auf ihren Nutzen für diese Unternehmen reduziert.

Dass genau diese Anpassungsfähigkeit an die Bedürfnisse von Unternehmen gemeint ist, wird von der OECD im genannten Papier klar herausgestellt: Schlüsselkompetenzen sollen dazu befähigen, „sich an eine durch Wandel, Komplexität und wechselseitige Abhängigkeit gekennzeichnete Welt anzupassen." […] „Welche anpassungsfähigen Eigenschaften werden benötigt, um mit dem technologischen Wandel Schritt zu halten?" […] Bildung wird damit zur Anpassung. Anpassung an ökonomische Erfordernisse bzw. an das, was die OECD dafür hält. Kompetenzen zielen demnach gerade nicht auf selbstständiges Denken, sondern fördern die Unterordnung unter die gegebenen Umstände und die Effektivitätskriterien der Wirtschaft, die daran verdient.

Jetzt wird auch nachvollziehbar, warum dazu die ganze Persönlichkeit geformt werden soll: Es geht nicht nur um äußeres Mitmachen, um Akkordarbeit am Fließband, die durch den Takt ihrer Mechanisierung zur Sollerfüllung zwingt. Nein, die veränderten Arbeitsweisen in der globalen Ökonomie erfordern aufgrund ihrer offeneren Strukturen und flacheren Hierarchien ein gewisses Maß an Selbstständigkeit und Flexibilität. Dann wird Arbeitsleistung aber nur sichergestellt, wenn die Mitarbeiter sich mit dem Unternehmen und seinen Zielen identifizieren. Der Wille der Firma muss ihnen als der ihre erscheinen. Kompetenzen zielen also auf innere Anpassung der Persönlichkeit an die ökonomischen Zielvorgaben. Das heißt heute dann „Corporate Identity": „Wir" sind die Firma und „wir" wollen besser werden. Und so werden die Mitarbeiter auch gehindert zu bemerken, dass sie sich ständig selbst ausbeuten, indem sie zu viel für zu wenig Geld arbeiten, und dass den Gewinn ihrer Arbeitsleistung ferne Aktienfonds abschöpfen. Deshalb muss man Denken und Fühlen, sogar „soziale Beziehungen" und die „persönliche Identität" […] nach den vorgegebenen ökonomischen Zielsetzungen ausrichten: „Die Bildung von sozialem Kapital ist wichtig", denn „gute zwischenmenschliche Beziehungen sind […] zunehmend auch für den wirtschaftlichen Erfolg wichtig." […] Auch Kreativität und Reflexionsfähigkeit sowie das persönliche Gefühlsleben und die sozialen Empfindungen werden von der OECD in dieses Anforderungsschema eingepasst. […] Der ganze Mensch, die ganze Person soll den „sozialen und beruflichen Anforderungen der globalen Wirtschaft und der Informationsgesellschaft" dienen. […]

Es ist dabei keineswegs allein der Druck des Marktes, der das Kompetenz-Konzept in die Schulen und Hochschulen bringt, sondern die gezeigte undeklarierte Umprogrammierung der Bildung durch PISA sowie massive Lobbyarbeit in den einzelnen Staaten.

Ein Beispiel

Ein typisches Beispiel: Eine Initiative mit dem bezeichnenden Titel „In eigener Sache – Fit für die berufliche Zukunft" […] produziert professionell aufgemacht eine Internetpräsenz, Anzeigenkampagnen in großen Zeitungen, Medieninformation und natürlich Lehrermaterialien, die in der Schule „direkt" einsetzbar sind ohne eigene Vorbereitung. Wer steckt dahinter? Die Deutsche Bank, eine Fachhochschule, die die „wissenschaftlichen" Handlangerdienste erfüllt, die „Initiative für Beschäftigung", eine von Reinhard Mohn, dem Bertelsmann-Chef, gegründete Aktion, sowie andere Unternehmen wie Bosch, Fraport, Degussa, Telekom und leider auch die Volkshochschulen, die auf den Trend zum Business-Training aufzuspringen scheinen, statt wirkliche Volksbildung zu fördern.

Um die „Initiative" publik zu machen, schließt man sogenannte „Medienpartnerschaften", also Kooperationen mit der Presse, die die Sache der Unternehmen medial pushen sollen: „Die Sensibilisierung der breiten Öffentlichkeit für die Ziele des Projekts ‚in eigener Sache' gelingt nicht zuletzt durch Medienpartnerschaften, bei denen die Leser der beteiligten Medien besondere Vorteile genießen." Die Medien übernehmen also Promotion-Dienste für die Industrie, weshalb eine kritische Berichterstattung kaum stattfinden wird. Mit dabei sind u. a. das Nachrichtenmagazin „Focus" und die Bild-Zeitung, die das Ganze in Volkes Sprache übersetzt.

Das Ziel des Programms ist „Arbeitsmarktfitness". Dafür ist im Sinne des „lebenslangen Lernens" der Arbeitnehmer heute selbst verantwortlich, jeder ist sein eigener Unternehmer und muss sich selbst vermarkten. Daher soll man seine „Kompetenzen" checken und verbessern, wozu es erst einmal einen Internet-Test gibt, dann wird Lernmaterial angeboten und schließlich – zu bezahlende – Coaches und Seminare. Mit einem persönlichen „Kompetenz-Pass" kann man den eigenen „Weg zu mehr Arbeitsmarktfitness" dokumentieren, den man im Rahmen des „Selbstmarketings, z. B. bei Bewerbungen" nutzen soll.

Und was soll vermittelt werden? Eben genau die beschriebenen Kompetenzen: „Dabei geht es gar nicht so sehr um die fachliche Qualifikation, sondern vielmehr um persönliche und soziale Kompetenzen: um Offenheit und Veränderungsfähigkeit, um Lernbereitschaft und nicht zuletzt um Eigeninitiative." Also: um Eingriffe in die und Veränderungen der Persönlichkeit. Dazu werden 12 Leitsätze formuliert, die man getrost als Anforderungen für eine Art Charakterbildung nach neoliberalen Prinzipien ansehen kann:

„Leitsatz 1:   Initiative – Ich ergreife meine Chancen.
Leitsatz 2:   Eigenverantwortung – Ich setze mir Ziele.
Leitsatz 3:   Unternehmerisches Denken und Handeln – Ich verantworte meine Leistung.
Leitsatz 4:   Fleiß/Selbstdisziplin – Ich engagiere mich.
Leitsatz 5:   Lernbereitschaft – Ich lerne ständig weiter.
Leitsatz 6:   Teamfähigkeit – Ich arbeite gut mit anderen.
Leitsatz 7:   Kommunikationsfähigkeit – Ich vertrete meine Meinung.
Leitsatz 8:   Einfühlungsvermögen – Ich will andere verstehen.
Leitsatz 9:   Belastbarkeit – Ich handle besonnen.
Leitsatz 10: Konfliktfähigkeit – Ich stelle mich schwierigen Situationen.
Leitsatz 11: Offenheit – Ich bin offen für Neues.
Leitsatz 12: Reflexionsfähigkeit – Ich überprüfe regelmäßig meine Arbeitsmarktfitness." […]

Abb. 3.16

Diese Glaubenssätze des Wirtschaftskatechismus werden mittels verschiedener Übungseinheiten antrainiert. Sie bringen vor allem zum Ausdruck, dass der Arbeitnehmer „selbst verantwortlich" ist nach dem Motto: ‚Wenn du dich nicht an uns anpasst, hast du verloren. Du hast mitzumachen, dich auf alle Veränderungen bedingungslos einzustellen. Wenn nicht – dein Pech.' Die Strukturprobleme des globalen Wildwest-Kapitalismus werden personalisiert. Kritik am Irrsinn dieser Wirtschaftsweise kann so nicht mehr entstehen.

Überdeutlich wird an den entsprechenden Lehreinheiten für Jugendliche, was diese „Anpassungsfähigkeit" durch Kompetenztraining bedeutet.

Die entsprechenden Poster für den Klassenraum erinnern fatal an Propagandaplakate der DDR zur Förderung der sozialistischen Arbeitsmoral. Da strahlt der Jugendliche: „Ich bin fleißig und diszipliniert und mache, was zu tun ist." Im Klartext heißt das also: Klappe halten und auch bei Lohnkürzungen zuverlässig weiter arbeiten. Den Höhepunkt bildet eine Anweisung zum Erwerb von „Einfühlungsvermögen". Empathie ist eigentlich ein zentrales Ziel einer auf humane Bildung zielenden Pädagogik. Doch was wird hier daraus? Eine „Kompetenz", um sich möglichst genau auf die Wünsche und Stimmungen des Chefs einzustellen und die Unterbesetzung im Betrieb zu kompensieren. Was abstrakt gezeigt wurde, wird hier konkret: Menschliche Eigenschaften werden abgerichtet für ökonomische Zwecke. Tatsächlich wird die altbackene Pippi-Langstrumpf-Ästhetik solcher Plakate kaum einen Jugendlichen hinter dem Ofen hervorlocken. Von Propaganda-Sprüchen wird sich niemand „motivieren" lassen. Es ist schlicht unmöglich, solch umfassende Persönlichkeitsmerkmale mit simplen Anweisungen zu vermitteln. Kommunikationsfähigkeit per Rollenspiel und Bastelbogen anzutrainieren, ist zum Glück ein ebenso dummes wie unmögliches Unterfangen. Und die weiteren Schritte sind bereits geplant: Die Leistungsvergleichstests sollen der „Erstellung von Kompetenzprofilen" […] dienen, indem verschiedene Testergebnisse eines jeden Schülers miteinander zu einem Profil verbunden werden. Da es hier, wie gezeigt, um Persönlichkeitsmerkmale geht, entsteht also ein Persönlichkeitsprofil. Das soll über die Schulbesuchszeit hinaus auch den Erwachsenen bei seinem „lebenslangen Lernen" begleiten. Auch hier der Klartext: Es sind lebenslange Persönlichkeitsprofile mit Einstellungen, Werten und Haltungen jedes Schülers und künftigen Arbeitnehmers angestrebt. Diese werden natürlich nur dann wirtschaftlich nutzbar sein, wenn sie schriftlich fixiert sind, also wenn eine Art Datei die persönliche Entwicklung aufzeichnet und verfügbar macht. Der „Kompetenzpass" der Initiative „In eigener Sache" ist das – noch freiwillige – Beispiel eines solchen Profils, das demnächst zu Bewerbungsunterlagen gehört. Und vielleicht ja auch zentral erfasst wird?

Dazu passt, dass durch das 2005 in Kraft getretene „Tagesbetreuungs-Ausbau-Gesetz" (TAG) der Bundesregierung die vorschulischen Betreuungseinrichtungen aufgefordert sind, die Entwicklung der Kinder ab diesem frühen Alter zu dokumentieren: Die Anforderung, zu beobachten und zu dokumentieren, kommt in allen ‚Bildungsplänen' (Bildungs- und Erziehungsplänen, Empfehlungen, Leitlinien, Programmen, Vereinbarungen) der Länder vor und wird neuerdings auch bundesweit gesetzlich vorgeschrieben als Nachweis für Qualität, wenn auch allgemein formuliert als ‚Einsatz von Instrumenten und Verfahren zur Evaluation der Arbeit in den Einrichtungen [§ 22 TAG]'. [...] Daraufhin hat man in Nordrhein-Westfalen eine „Bildungsdokumentation" für Kindergartenkinder gesetzlich eingeführt, die genau an den genannten Kompetenzen ansetzt. Zwar können die Eltern der Anlage dieses Portfolios (noch) widersprechen. Und es klingt für sich genommen so harmlos und wohl gemeint, dass es von den Wohlfahrtsverbänden kräftig unterstützt wird. Doch erhalten ausführliche und regelmäßige Protokolle über Sprachkompetenz, Kommunikationsfähigkeit, Kreativität, soziale Kompetenzen, Selbstständigkeit, Emotionalität, Empathie, Umgang mit Komplexität u. a. m. [...] im hier aufgerissenen Kontext einen ganz anderen Beigeschmack: Sie entsprechen exakt den von der OECD entwickelten Kompetenzstrukturen. Und die OECD ihrerseits arbeitet bereits daran, Kompetenzen wie „Interaktion in heterogenen Gruppen" und „autonomes Handeln" in den nächsten PISA-Tests europaweit abzutesten. [...]

Fazit: Die Vereinnahmung des Menschen als ganze Person, die Verfügung über seine Charaktereigenschaften und seine Gefühle, ist nicht nur geplant, sondern hat längst begonnen. Hier wird versucht, Kinder und Jugendliche innerlich und äußerlich an die Zwecke eines flexibilisierten und individualisierten Arbeitens in einer internationalisierten, virtuell kommunizierenden globalen Wirtschaft anzupassen. Würde man dies auf das frühe Industriezeitalter zurückbuchstabieren, käme das dem Versuch eines Autobauers wie Henry Ford gleich, Fließbandarbeiter mit vier Armen zu züchten, weil diese effizienter arbeiten. Hinter all den Schlagworten von Flexibilität, Selbstständigkeit und Entscheidungsfähigkeit steht nun das Ziel einer Erziehung zu kritikloser Anpassung an alles, was verlangt wird – und dabei hat man noch einfühlsam auf den Befehlshaber einzugehen. Unterscheidet sich das wirklich so viel von der „schwarzen Pädagogik"? In der alten, autoritären Erziehung zählte vor allem Gehorsam. Aber: Während die Kinder damals mit Rohrstock und Stubenarrest äußerlich gefügig gemacht wurden, konnten sie innerlich immer noch die Faust in der Tasche ballen und sich schwören: „Ich mache zwar, was ihr verlangt, aber ihr kriegt mich nicht klein!" Denn es spürte die Gewalt und das Unrecht. Aus solchermaßen autoritär erzogenen Kindern wurden oft erstaunlich willensstarke Persönlichkeiten, wenn man sie nicht vollständig gebrochen hatte. Jetzt aber wird nicht äußerer Gehorsam verlangt, dem man sich innerlich widersetzen kann. Jetzt wird innere Anpassung anerzogen. Man will nicht nur äußeres Mitmachen, sondern innere Zustimmung. Solche Programme hat man zu anderen Zeiten und unter anderen Regimen „Umerziehung" genannt.

Zu welchem Menschenbild in den ökonomisierten Schulen und Universitäten umgezogen wird, hatten wir bereits [...] herausgearbeitet: Hier entsteht als „neuer Mensch" der „homo oeconomicus". Der ist dann nicht mehr als „homo sapiens" durch Klugheit, durch Vernunftfähigkeit ausgezeichnet, sondern durch vollständige Verbetriebswirtschaftlichung seiner Person. Der homo oeconomicus ist der Mensch, der in Kompetenz-Registern beschreibbar ist. [...] Kann und darf dieser verkrüppelte Mensch Leitbild von Erziehung und Bildung sein?

Abb. 3.17

Aufgaben

1. Arbeiten Sie heraus, was nach Krautz die Orientierung des Unterrichts an Kompetenzen bedeutet. Geben Sie wieder, welche Kritik Krautz an diesem Konzept vorträgt.
2. Stellen Sie Bezüge zwischen Krautz' bildungstheoretischem Ansatz und Ihnen bekannten Bildungsbegriffen her.
3. Erörtern Sie Krautz' Position.

3.4 Die Bedeutung von empirischer Sozialisationsforschung und sozialgeschichtlicher Bildungsforschung

In diesem letzten Abschnitt stellen zwei Wissenschaftler die Ansätze der empirischen Sozialisationsforschung und der sozialgeschichtlichen Bildungsforschung vor. Damit werden die Forschungsergebnisse, die Sie in den vorigen Abschnitten kennengelernt haben, konzeptionell fundiert.

M13 Die Bedeutung der Sozialisationstheorie für die Pädagogik (Hans-Christoph Koller)

Die Bedeutung der Sozialisationstheorie für die Pädagogik besteht zusammenfassend formuliert darin, dass sie das Auf-
5 merksamkeitsspektrum pädagogischer Reflexionen über den Bereich der absichtsvollen Einwirkung auf Heranwachsende hinaus erweitert und weitere
10 Faktoren der Subjekt-Umwelt-Interaktion einbezieht – wie materielle und institutionelle Bedingungen des Aufwachsens, Interaktionen mit Gleichaltri-
15 gen sowie Einflüsse von Medien oder Alltags- und Konsumkultur. Ihr Interesse an den gesellschaftlich-geschichtlichen Rahmenbedingungen, innerhalb derer die Entwicklung Heranwachsender verläuft, eröffnet zugleich eine potenziell kritische Perspektive auf Macht- und Herrschaftsverhält-
20 nisse sowie auf die ungleiche Verteilung von Ressourcen zwischen Klassen bzw. Schichten, Geschlechtern und ethnischen Gruppen.
Darüber hinaus lässt sich die Sozialisationstheorie als ein kritisches Korrektiv gegenüber einer pädagogischen Hal-
25 tung verstehen, die naiv-optimistisch auf die Veränderbarkeit individueller und gesellschaftlicher Strukturen durch Erziehung setzt. Solchen Zielsetzungen gegenüber betont sie die Grenzen, die einer Veränderung gesellschaftlicher Verhältnisse auf dem Wege pädagogischen Handelns ge-
30 setzt sind. Umgekehrt freilich läuft die Sozialisationstheorie ihrerseits Gefahr, die gesellschaftlichen Bedingungen pädagogischen Handelns zu überschätzen, sofern sie diese nicht nur als limitierende, sondern als determinierende Faktoren begreift. Während die Sozialisationstheorie in
35 ihren Anfängen zu einer einseitigen Auffassung des Sozialisationsgeschehens im Sinne einer Prägung der Heranwachsenden durch gesellschaftliche Einflüsse tendierte, ist heute […] zum Teil eine gegenläufige Tendenz zu beobachten, die den aktiven Anteil der Subjekte an ihrer Sozialisa-
40 tion betont und dazu neigt, die den Subjekten auferlegten gesellschaftlichen Bedingungen und Restriktionen zu unterschätzen. Die Bedeutung der Sozialisationstheorie für die Pädagogik könnte so gesehen vor allem darin liegen, das Spannungsverhältnis zwischen gesellschaftlichen
45 Verhältnissen einerseits und (pädagogisch intendierten) individuellen Lern- und Bildungsprozessen andererseits offenzuhalten.

Abb. 3.18: Hans-Christoph Koller

M14 Sozialgeschichtliche Bildungsforschung (Heinz-Elmar Tenorth)

Der eigene Anspruch der Sozialgeschichte besteht […] exakt an diesem Punkt: zu zeigen, wie in der gesellschaftlichen Realität Erziehung und Bildung zu eigener Form gerinnen.
5 In älteren Arbeiten zur pädagogischen Geschichtsschreibung war dieser Anspruch zwar nicht fremd, aber es waren vor allem die staatlich-öffentlich errichteten und kontrollierten Einrichtungen von Bildung und Erziehung, Schulen also und Ausbildungsstätten aller Art, an denen die spezifi-
10 sche Realität der Pädagogik untersucht wurde. In jüngeren sozialgeschichtlichen Arbeiten werden die institutionellen Orte der Erziehung einerseits umfassender in den Blick genommen, vom Gesamtsystem bis zur einzelnen Schulklasse, vom Kindergarten bis zum Erziehungsheim, von
15 der Familie bis zur Schulgemeinde, lokal und gesamtgesellschaftlich; andererseits sind mehr und mehr auch die nicht-institutionalisierten Orte öffentlicher und privater Erziehung zum Thema geworden: alterstypische Geselllungsformen wie die Jugendgruppe, geschlechtsspezifische
20 Lebenslaufkonstruktionen, Medien als Faktoren der Vergesellschaftung etc. Alltagsgeschichte ist insofern Teil der Sozialgeschichte und man kann durchaus fragen, ob sich einem offenen Verständnis der Sozialgeschichte nicht auch die neue methodologische Leitformel der Kulturgeschichte
25 […] systematisch zuordnen lasst. In der internationalen historischen Bildungsforschung kann man diese Fokussierung an Kulturgeschichte in ihrer Produktivität für die Analyse alter und neuer Themen jetzt schon finden […].
In den Methoden unterscheidet sich die Sozialgeschichte
30 insofern von anderen Paradigmata, als sie nicht allein oder primär Texte – Gesetze, Programme, Reflexionen, Erzählungen, Biografien – als Quellen nutzt, sondern sich auch auf serielle Daten stützt (Geburtsregister, Straffälligenzahlen, Studentenfrequenzen, Schülerlisten, Abschlussquoten etc.)
35 und z.T. vollständig neue Quellen erschließt: Bilder, Materialien, Überlieferungen, die Symbole, Rituale und Praktiken dokumentieren (und insofern kommen z.T. auch schon die Ethnologie und die Anthropologie als Referenzdisziplinen in den Blick).
40 In einem theoretischen Sinne paradigmatisch ist diese Art der Sozialgeschichte durch ihre Basisprämisse: Sie interpretiert Erziehung als Funktion der Gesellschaft, primär soziologisch, besser: sozialwissenschaftlich […]. Mit diesen theoretisch-methodischen Instrumenten war es möglich,
45 die Geschichtlichkeit und Gesellschaftlichkeit in der Ordnung des Generationenverhältnisses zu zeigen […].

Gegen den Schein vermeintlich autonomer pädagogischer Institutionen und Verhältnisse wurde nicht nur die Politisierung der Erziehung sichtbar, sondern auch die Abhängigkeit der öffentlichen Erziehung von gesellschaftlichen Formationsprinzipien, seien sie politischer Natur (in der Differenz obrigkeitlicher oder demokratischer Gesellschaften) oder ökonomischer Art (unter Marktverhältnissen oder in staatlich kontrollierten Oligopolen). Untersucht wurde schließlich auch die Bedeutung des Bildungssystems für die Reproduktion der Sozialstruktur und für die Tradierung – oder den Abbau – von sozialer Ungleichheit. Die generelle Handlungsimplikation war jedenfalls eindeutig: Bildungspolitik und die Veränderung von Institutionen liegen in der Logik sozialgeschichtlicher Analyse. Diese steht damit aber auch in der Gefahr, der Indoktrinierung Vorschub zu leisten, wenn sie theoretische Programme und politische Doktrinen nicht präzise zu unterscheiden vermag.

Aufgaben

1. Arbeiten Sie heraus, was in den beiden Forschungsrichtungen untersucht wird, welche Ziele und Aufgaben sie verfolgen und welche Forschungsmethoden sie einsetzen.
2. Vergleichen Sie diese wissenschaftlichen Ansätze mit einer ausgewählten Erziehungs- oder Bildungstheorie aus den anderen Kapiteln dieses Heftes.
3. Erörtern Sie Leistungen und Grenzen der in den beiden ersten Aufgaben behandelten Theorien.

Wie sollte das Verhältnis von empirischer Bildungsforschung und normativer Bildungstheorie gestaltet werden? Viel diskutiert wird im pädagogischen Diskurs der letzten Jahre die Anregung, eine kritische Kooperation von Bildungstheorie und empirischer Bildungsforschung zu praktizieren. Wie eine solche Kooperation aussehen könnte, wird im folgenden Text am Beispiel der Erziehung in der Familie vorgestellt.

M15 Aspekte einer Theorie der Familienerziehung (Hans-Rüdiger Müller/ Dominik Krinninger)

Wenn […] die Familienerziehung im Sinne einer kulturellen Praxis verstanden wird, dann schließt dies an zwei bisher wenig miteinander verbundene erziehungswissenschaftliche Theoriediskussionen an. Auf der einen Seite steht die ideengeschichtlich weit zurückreichende Tradition einer pädagogisch-philosophischen Praxeologie, wie sie in den letzten Jahrzehnten vielleicht am prägnantesten in Dietrich Benners „Allgemeiner Pädagogik" […] ausgearbeitet wurde. Erziehung als Praxis zu verstehen, heißt hier, sie im Rahmen eines historisch seit der Aufklärung und den an sie anschließenden philosophischen Strömungen möglich gewordenen theoretischen Reflexionsniveaus zu thematisieren, das das ihr inhärente Freiheitspotenzial zur Erneuerung und Verbesserung der menschlichen Lebensverhältnisse anerkennt, ohne die historische, gesellschaftliche und leibliche Gebundenheit jeder pädagogischen Interaktion zu leugnen. Von hier aus ergibt sich ein Aufriss allgemeiner pädagogischer Problemstellungen, die einerseits prinzipientheoretisch begründet, andererseits im Hinblick auf die konkreten Bedingungen pädagogischen Handelns in modernen Gesellschaften präzisiert und differenziert werden. Wenn auch von Familienerziehung in Benners Werk nur beiläufig die Rede ist, so ließe sich doch von diesem systematischen Entwurf pädagogischen Denkens und Handelns aus fragen, inwieweit die von einem pädagogisch-philosophischen Praxisbegriff ausgehenden Ansprüche in der Familienerziehung konkret zu Geltung kommen bzw. welche Bedingungen der Realisierung solcher Ansprüche entgegenstehen.

‚Praxeologisch' hieße also hier, die Erziehung in der Familie von der Logik einer an bestimmten Prinzipien orientierten pädagogischen Praxis her zu denken. Dem steht ein anderer, kulturwissenschaftlich geprägter Diskurs über eine ‚Praxeologie' des sozialen Geschehens gegenüber, von dem die Beschreibungen und Analysen dieser Studie weitgehend getragen wurden. Praxeologie heißt hier zunächst, in der sozialen Logik einer konkreten empirischen Praxis […], also im Falle der Familie von einer spezifischen Familienpraxis her, zu denken, und diese besondere Praxis gerade nicht von vornherein den Ansprüchen eines prinzipientreuen Theorieentwurfs pädagogischen Denkens und Handelns zu subsumieren. So lassen sich, wie andernorts schon häufiger geschehen […], die sozialen Praktiken in der Familie (einschließlich ihrer Erziehungspraktiken) aus soziologischer Sicht mit Gewinn als Ausdruck eines Familienhabitus rekonstruieren, der eben jener Logik der Praxis entspricht (bzw. ihr zugrunde liegt). Doch das Interesse der Erziehungswissenschaft muss über die bloße Rekonstruktion einer solchen Logik hinausgehen. Denn sie interessiert sich nicht nur für den habituellen Rahmen und die sozialen Prozesse, die die sozialen Praktiken begrenzen und ihren reproduktiven Charakter herausstellen, sondern ebenso für die aktive und produktive Gestaltung des sozialen Geschehens, dessen situative Spezifität und performative Ausformung immer mehr Möglichkeiten bereithält, als nur die Reproduktion eines habitualisierten Musters […], und dessen konkreter Verlauf, obgleich er nicht unabhängig von einer vorgängigen Logik der Praxis ist, keineswegs komplett festgelegt ist. Dazu wäre der Einsatz einer pädagogisch-praktischen Reflexivität im pädagogischen Feld selbst, einer reflexiven Distanznahme der Akteure zu dem von ihnen prozessierten sozialen Geschehen theoriestrategisch so einzuholen, dass der pädagogische Eigensinn familialer Erziehungspraxis nicht nur ‚erklärt', sondern als stets mitlaufender Einspruch im pädagogisch-theoretischen Diskurs auch anerkannt wird – anerkannt nicht im Sinne eines Geltungsrelativismus, der alles und jedes zulässt, sondern im Sinne einer Anfrage an theoretisch-philosophische Begriffsbestimmungen pädagogischer Praxis, die neuen Argumentationsaufwand verlangt. Damit wäre der Bogen zurück zu jener pädagogisch-philosophischen Praxeologie gezogen, von der oben zuerst die Rede war. Denn aus der Rekonstruktion der familialen Erziehungspraktiken allein wird sich noch keine Theorie der Familienerziehung generieren lassen. Und ebenso wenig wird sich die Familienerziehung aus theoretischen Prinzipien pädagogischer Praxis umstandslos ableiten lassen. Vielmehr handelt es sich um eine Art Spannungsbogen zwischen pädagogisch-philosophischem Grundlagendiskurs und gegenstandstheoretischen Rekonstruktionen, der das Feld einer erziehungswissenschaftlichen Theorie der Familienerziehung umschreibt.

Aufgaben

1. Erklären Sie mit Bezug auf den Text die Thesen, die am Ende aufgestellt werden:
„Denn aus der Rekonstruktion der familialen Erziehungspraktiken allein wird sich noch keine Theorie der Familienerziehung generieren lassen. Und ebenso wenig wird sich die Familienerziehung aus theoretischen Prinzipien pädagogischer Praxis umstandslos ableiten lassen."

2. Erläutern Sie die Thesen mit Bezug auf Ihnen bekannte Bildungs- und Erziehungstheorien sowie auf empirische Untersuchungen der gegenwärtigen oder vergangenen Erziehungs- und Bildungsverhältnisse aus diesem Kapitel sowie aus anderen Heften von „Perspektive Pädagogik". Hinweise dazu finden Sie in der folgenden Übersicht.

3. Erörtern Sie die Position der beiden Autoren.

Texte zu den pädagogischen Grundbegriffen in den Heften von „Perspektive Pädagogik"

Im Folgenden finden Sie – ohne Anspruch auf Vollständigkeit – Hinweise auf Texte in anderen Heften von „Perspektive Pädagogik", in denen explizit Bezug auf **Erziehungsverhältnisse** genommen wird:

PP1, S. 97: Cadenbach: Das Schicksal, ein paar Straßen weiter
PP1, S. 100: Gaschke: Konsum-Kindheit
PP1, S. 103: Geulen: Was ist Sozialisation?
PP1, S. 104: Marotzki u.a.: Erziehung und Sozialisation in der Familie
PP1, S. 112: Stehr: Generation der tausend Möglichkeiten
PP1, S. 113: Benner: Vormoderne und moderne Gesellschaftsformationen und ihre Bedeutung für die Erziehung
PP1, S. 114: Beck-Gernsheim: Chancen und Zwänge des eigenen Lebens in der Moderne

PP2, S. 5: Hahn: Irritierende Erfahrungen eines Arbeiterkinds

PP3, S. 68: Hahn: Lernen und Leben in zwei Welten
PP3, S. 120: Zeiher/Zeiher: Handeln in spezialisierten Räumen

PP4, S. 40: Hurrelmann/Albrecht: Politisches Engagement der Generation Y
PP4, S. 69: Müller/Krinninger u.a.: Erziehung und Bildung in der Familie
PP4, S. 71: Müller/Krinninger u.a.: Familie Antonow
PP4, S. 72: Müller/Krinninger u.a.: Ausblick auf Bildungs- und Erziehungsforschung
PP4, S. 76: KIM-Studie 2014: Basisuntersuchung zum Medienumgang 6- bis 13-Jähriger
PP4, S. 88: Heitmeyer: Gruppenbezogene Menschenfeindlichkeit als Folge gesellschaftlicher Zustände

PP5, S. 29: Scholtz: Formationserziehung im Nationalsozialismus
PP5, S. 36: Vogler: Interview mit der Staatsbürgerkundelehrerin Frau M.
PP5, S. 40: Tenorth: Wirkungen und Nebenwirkungen des Bildungssystems in der DDR
PP5, S. 83: Reinhardt: Empirische Würdigung der Demokratiepädagogik
PP5, S. 90: Herrlitz u.a.: Entfaltungsmöglichkeiten in der ständischen Gesellschaft
PP5, S. 90: Blankertz: Erziehung/Bildung des Landvolks im Mittelalter
PP5, S. 91: Uhl: Zur Geschichte des Lehrberufs

4. Pädagogische Institutionen und Professionalisierung

In den anderen Heften von „Perspektive Pädagogik" haben Sie bereits die wichtigsten pädagogischen Institutionen, die damit verbundenen Arbeitsfelder von Pädagoginnen und Pädagogen sowie die Dynamiken und Problematiken der Professionalisierung ihrer Arbeit kennengelernt. Eine Übersicht über Texte zur Professionalisierung pädagogischer Berufe finden Sie am Ende des Kapitels.

In diesem Kapitel können Sie Ihr bisher erarbeitetes Wissen und Können unter übergreifenden Aspekten zusammenfassen, ordnen und aus pädagogischer Perspektive beurteilen.

4.1 Familie und Schule im gesellschaftlichen Kontext

Didier Eribon (geb. 1953) ist Professor für Soziologie in Amiens (Frankreich). Eribon wuchs als Sohn einer armen Arbeiterfamilie in Reims auf. Es gelang ihm, sein Herkunftsmilieu zu verlassen, indem er unter großen Mühen erfolgreich die Institutionen des Bildungswesens durchlief. Davon erzählt er in seinem Buch „Rückkehr nach Reims".

M1 Als Arbeiterkind auf dem Gymnasium (Didier Eribon)

Wie schwer mir meine ersten Jahre auf dem Gymnasium gefallen sind. Ich war zwar ein ausgezeichneter Schüler, stand aber stets kurz davor, mich der schulischen Situation komplett zu verweigern. Wären meine Klassenkameraden
5 nicht aus dem Bürger- und Kleinbürgertum gekommen, sondern aus meinem eigenen sozialen Milieu, ich hätte mich wahrscheinlich von der Dynamik der Selbstexklusion mitreißen lassen. Ich war für je-
10 den Blödsinn zu haben, gab auf alles Widerworte, war frech und respektlos zu meinen Lehrern. Mein Auftreten und meine Ausdrucksweise dürften eher die
15 eines zwanghaften Querulanten gewesen sein als die eines aufstiegswilligen, fleißigen Kindes. Ich weiß nicht mehr, welche Tirade ich auf ihn abgefeuert
20 hatte, aber einmal zischte ein Klassenkamerad, dessen Vater ein hoher Beamter war, mir zu, ich möge bitte „meinen Ton mäßigen". Die Rohheit des Volksmundes, die in diesem Moment aus mir gesprochen hatte und an die er nicht gewohnt sein konnte, hatte ihn
25 aus der Fassung gebracht. Wie er reagierte, sein Tonfall und seine Wortwahl, dieser ganz offensichtlich seinem bürgerlichen Elternhaus entlehnte Duktus, kam mir allerdings vollkommen grotesk vor. Ich verdoppelte meinen Sarkasmus und meine Vulgarität. Von einer unbeugsamen gesellschaft-
30 lichen Logik erfasst, die mich auch noch mit naivem Stolz erfüllte, verwandelte ich mich in eine stereotype Figur, die schnurstracks auf ihren vorprogrammierten Schulverweis zulief. In meinem ersten Gymnasialjahr prophezeite mir ein Lehrer, dass ich es niemals bis in die Oberstufe schaffen
35 würde. Bis zu dem Tag, an dem ich sein Orakel endlich widerlegen konnte, hat mich sein Urteil beeindruckt und geängstigt. Dabei sprach aus den Worten dieses Dummkopfes eine gewisse Hellsichtigkeit: Aller Wahrscheinlichkeit nach würde mein schulischer Weg schon bald, und jedenfalls vor
40 Eintritt in die Oberstufe, zu Ende sein. […]
Die Anpassung an die Kultur der Schule und des Lernens erwies sich für mich als ein langer und chaotischer Prozess. Die körperliche und geistige Disziplin, die sie erfordert, ist nichts Angeborenes, man benötigt Zeit und Geduld, um sie
45 sich anzueignen, gerade wenn man nicht das Glück hatte, sie schon in frühester Kindheit unbewusst aufzusaugen. Es war eine regelrechte Askese für mich, eine Selbst- oder, besser gesagt, Umerziehung, die sich auch dadurch vollzog, dass ich das verlernte, was ich ursprünglich gewesen
50 war. Dinge, die für andere selbstverständlich waren, musste ich mir im Kontakt mit einem bestimmten Umgang mit Sprache, Zeit und auch mit anderen Menschen Tag für Tag, Monat für Monat erarbeiten. All das veränderte meine gesamte Persönlichkeit und meinen Habitus von Grund
55 auf, und ich entfernte mich immer weiter von jenem familiären Milieu, in das ich doch jeden Abend zurückkehrte. Der Selbstbezug, den die Lernkultur erfordert, erwies sich als unvereinbar mit dem, was bei uns zu Hause üblich war. Meine erfolgreiche Integration in den Schulbetrieb hatte
60 zur Bedingung, dass ich in eine Art Exil ging, dass ein immer deutlicher werdender Bruch entstand, der mich nach und nach immer weiter von der Welt entfernte, aus der ich kam und in der ich nach wie vor lebte. Und wie jedes Exil war auch dieses in gewisser Weise gewaltsam. Ich nahm
65 das damals gar nicht wahr, schließlich geschah das alles mit meinem vollen Einverständnis. Wenn ich mich nicht selbst vom Schulsystem ausgrenzen wollte – beziehungsweise wenn ich nicht ausgegrenzt werden wollte –, musste ich mich aus meiner eigenen Familie, aus meinem eigenen

Abb. 4.1: Didier Eribon

Pädagogische Institutionen und Professionalisierung

Universum ausgrenzen. Diese beiden Sphären zusammenzuhalten, zu beiden Welten gleichzeitig zu gehören, war praktisch unmöglich. Über mehrere Jahre hinweg musste ich immer wieder vom einen Register ins andere wechseln, vom einen Universum ins andere. Und diese Zerrissenheit zwischen meinen beiden Persönlichkeiten, zwischen diesen beiden Rollen und sozialen Identitäten, die immer weniger miteinander gemein hatten und die mir immer unvereinbarer erschienen, brachte in mir eine Spannung hervor, die mir immer unerträglicher wurde und die mich, so viel ist sicher, extrem verunsicherte.

Als ich aufs städtische Gymnasium wechselte, brachte mich dies in unmittelbaren Kontakt mit Bürgerkindern (Bürgersöhnen vor allem, gemischte Klassen waren damals noch die Ausnahme). Ihre Art zu sprechen, ihr Wissen, ihre Kleidung, vor allem aber der Umstand, dass die anderen Jungen mit der legitimen Kultur vertraut waren, erinnerte mich permanent daran, dass ich hier eine Art „Eindringling" war, jemand, der sich nicht an dem für ihn vorgesehenen Platz befand. Der Musikunterricht stellte dabei den subtilsten, aber auch brutalsten Test darauf dar, ob man das beherrschte, was als „die Kultur" bezeichnet wird, ob sie einem vertraut und verständlich oder fremd und unzugänglich war. Der Lehrer brachte Schallplatten mit und spielte uns irgendwelche Ausschnitte vor. Während die Bürgerkinder schwärmerische Mienen aufsetzten, machten wir Arbeiterkinder hinter vorgehaltener Hand alberne Witze; manchmal konnten wir uns auch gar nicht zusammenreißen, schwätzten laut und prusteten vor Lachen. All das trägt insgeheim dazu bei, dass jenen, denen es ohnehin schon schwerfällt, den sozialen Anforderungen des Schulbetriebs in allen seinen Aspekten zu genügen, das Gefühl gegeben wird, sie gehörten nicht dazu und seien dort irgendwie fehl am Platz. Mir blieben eigentlich nur zwei Möglichkeiten: Entweder ließ ich meinen widerspenstigen Reflexen freien Lauf (meinem Sarkasmus, meiner Verachtung, meiner sturen Unangepasstheit) und hielt damit einen spontanen Widerstand aufrecht, der mir als solcher gar nicht bewusst war und der mich alsbald und ohne großes Aufheben aus dem Schulsystem hinausbefördern würde (vorgeblich wegen persönlichem Fehlverhalten, in Wahrheit aber deshalb, weil das der normale Gang der Dinge war, der so viele andere ebenfalls betraf), oder ich musste mich, um meinen Verbleib innerhalb der Mauern des Gymnasiums zu sichern, nach und nach den schulischen Anforderungen beugen, mich anpassen, die Herausforderung akzeptieren. Widerstand hätte meine Niederlage bedeutet, Unterwerfung war meine Rettung.

Als ich dreizehn oder vierzehn war, freundete ich mich mit einem Jungen aus meiner Klasse an, dessen Vater an der damals gerade erst wiedergegründeten Reimser Universität lehrte. […] Als uns der Musiklehrer wieder einmal ein Musikstück vorspielte und dieser Junge nach wenigen Takten den Finger hob, um „Eine Nacht auf dem kahlen Berge von Mussorgski" auszurufen, da war ich außer mir. Wie lächerlich ich diesen Unterricht und diese Musik fand! Und was ich nicht alles dafür getan hätte, um diesem Jungen zu gefallen! Die Entdeckung brachte mich aus dem Konzept: Er kannte und mochte, was mir unerträglich und lächerlich vorkam, was man bei mir zu Hause nur „große Musik" nannte und mit der Bemerkung, man sei „hier doch nicht in der Kirche" gleich wieder wegdrehte, wenn man im Radio einmal zufällig darauf stieß.

Er hatte einen klangvollen Vornamen, ich einen banalen. Schon darin symbolisierte sich unser gesellschaftlicher Abstand. Er wohnte mit seiner Familie in einem großen Haus in einem wohlhabenden Viertel im Zentrum. Besuche bei ihm waren eine beeindruckende, einschüchternde Erfahrung für mich. Um jeden Preis wollte ich vermeiden, dass er herausbekam, in welcher „Siedlung" am Stadtrand ich wohnte. Seinen Fragen in diese Richtung wich ich aus. Eines Tages stand er aber unangemeldet vor unserer Haustür. Er hatte einfach wissen wollen, wie und wo ich wohnte. Trotz der Freundlichkeit, die in seiner Geste lag, und obwohl er mir zu bedeuten schien, dass ich mich für gar nichts zu schämen brauchte, fühlte ich mich gedemütigt. Seine älteren Geschwister studierten in Paris, und zweifellos war es die Atmosphäre in seiner Familie, von der er all sein Wissen über Schriftsteller und Cineasten hatte. Er sprach ganz geläufig von den Filmen Godards, den Romanen Becketts … Neben ihm konnte ich mir nur ahnungslos und ungebildet vorkommen. All das, und vor allen Dingen den Wunsch, all das überhaupt kennenzulernen, brachte er mir näher. Ich wollte ihm ähnlich sein, er faszinierte mich. Ich begann, ebenfalls über Godard und Beckett zu reden, obwohl ich keine einzige Szene oder Zeile von ihnen gesehen oder gelesen hatte. Er war natürlich ein ausgezeichneter Schüler und ließ keine Gelegenheit aus, um sich während des Unterrichts mit seinem Spezialwissen zu profilieren. Ohne seine Mittel zu besitzen, begann ich, dasselbe Spiel zu spielen. Ich lernte, die anderen zu täuschen. Ich simulierte ein Wissen, das ich gar nicht hatte. Wahrheit, was war das schon? Was zählte, war allein die Erscheinung, das für mich selbst und die anderen konstruierte Bild.

Abb. 4.2

Aufgaben

1. Geben Sie wieder, welche Schwierigkeiten es dem Autor bereitete, die Anforderungen des Gymnasiums zu erfüllen.

2. Erklären Sie Eribons Probleme mit Rückgriff auf Sozialisationstheorien, die Sie kennen.

3. Eribon erinnert sich an Erfahrungen, die er in Frankreich Mitte der Sechzigerjahre machte. Erörtern Sie, ob bzw. inwiefern seine Erfahrungen in den heutigen Verhältnissen der Bundesrepublik Deutschland noch aktuell sind.

Der folgende Text greift aus der Perspektive der empirischen Bildungsforschung die möglichen Beziehungen der beiden „Bildungsbereiche" Familie und Schule auf.

M2 Von Aufstiegsprojekten, Hierarchien und familiären Aufträgen (Werner Helsper)

Schon im Vorfeld des Übergangs in die Schule machen sich Eltern Gedanken über die richtige Grundschule: Welche Schule passt zu uns oder hat den besten Ruf? Für andere Eltern ist die nächstgelegene Schule selbstverständlich. Wieder andere Eltern ziehen um oder nehmen lange Fahrtwege auf sich, um ihr Kind an einer bestimmten Schule zu platzieren. Darin zeigen sich unterschiedliche Passungen der Familien zu Schulen.

Zwei Bildungsbereiche

Familie und Schule sind unterschiedliche Lebens- und Bildungsbereiche. Die modernisierten familiären Generationsbeziehungen sind um Liebe und das einzigartige Kind zentriert. Es sind „reine Beziehungen", von „Unkündbarkeit" gekennzeichnet und basierend auf der emotionalen Bedeutung des Gegenübers. Deshalb löst der Weggang oder die Abwendung eines Elternteils eine tiefreichende Krise aus, auch wenn sich die Familienformen pluralisiert haben, Patchwork- und Ein-Eltern-Familien keine Ausnahmen mehr sind. Im familiären Rahmen finden neben Beziehungen auch beiläufig basale Bildungsprozesse statt. Das gilt nicht nur für das Erlernen der Sprache, sondern auch für die Entstehung des Selbst sowie die auf identifikatorischen Lernprozessen beruhende Einführung in Sozialität. Demgegenüber ist die Schule stärker auf Distanz und die Sache ausgerichtet. Die Lehrer-Schüler-Beziehungen sind auf Wechsel ausgelegt. Zudem steht auch nicht mehr das einzigartige Kind in seiner emotionalen Bedeutung im Vordergrund. Vielmehr geht es um eine universalistische, rollenförmige Beziehung. Zentral wird die auf dem Versprechen der Gleichbehandlung aufruhende Bewertung von Unterrichtsleistungen. Sie werden dem einzelnen Schüler als individuell erworbene Leistung im Vergleich mit den Altersgleichen zugeschrieben. Das bedeutet nicht, dass die Schule ein emotionsloser Raum wäre. Im Gegenteil: In diesen Klassifikationsprozessen, die im Horizont der Klassenpeers stattfinden, ergeben sich belastende oder befördernde emotionale Erfahrungen. Und je jünger Schüler sind, umso eher tendieren sie dazu, die Fünf in Deutsch auch als Bewertung ihrer ganzen Person zu verstehen.

Wenn von der Passung zwischen Schule und Familie gesprochen wird, dann ist also zuerst von einer Nicht-Passung zwischen Schule und Familie als gegensätzlichen Lebensbereichen auszugehen.

Allerdings wird die Schule in unterschiedlicher Deutlichkeit als fremder Raum erfahren. In kulturkapitalstarken Familien, in denen die Eltern hohe Bildungsabschlüsse aufweisen und die Praktiken der Familien um hochkulturelle Aktivitäten, um Sprache und Schrift zentriert sind, treten die Kinder bereits schulkompatibel in die Schule ein. Die Schule ist ihnen zwar noch unbekannt, aber was dort gefordert wird, ist ihnen aus dem Familienalltag schon vertraut. In der „antizipatorischen schulischen Sozialisation" werden Kinder bereits in der Familie mit schulischen Praktiken bekannt gemacht – doch längst nicht in allen Elternhäusern. Kinder aus Familien der schulnahen Milieus erfahren die Schule damit als weniger fremd als Kinder aus schulfernen. Dies hängt aber auch damit zusammen, wie die Lehrkräfte ihrerseits mit Kindern umgehen. Die These, dass die Passung zwischen der Schule und Kindern aus bildungsaffinen Familien besser ist als bei Kindern bildungsferner Herkunft, gilt es auszudifferenzieren.

Milieus, Familien und Schulkulturen – unterschiedliche Passungsverhältnisse

Welche Bilder von Schülern entworfen, welche pädagogischen Werte vertreten oder wie der Unterricht und die Lehrer-Schüler-Beziehungen gestaltet werden, darin zeigen sich große Unterschiede zwischen Schulen. Diese unterschiedlichen Schulkulturen stellen normative Anerkennungsordnungen dar, in denen der Schattenriss idealer, tolerabler und abgelehnter Schülerhabitus enthalten ist. Wie stark etwa Selbstständigkeit, eine kritische Haltung oder jugendlicher „Eigensinn" angestrebt werden, wie stark Disziplin, Unterordnung, die Akzeptanz von Hierarchie eingefordert oder wie deutlich fachliche Leistungsansprüche in den Mittelpunkt gerückt werden, das variiert von Schulkultur zu Schulkultur. Damit ergeben sich jeweils spezifische antagonistische oder harmonische Passungsverhältnisse zu Familien, in denen die entsprechenden Haltungen deutlich ausgeprägt sind oder fehlen. Dadurch entstehen bezüglich der jeweiligen Schulkultur primäre und sekundäre familiäre Bezugsmilieus, die die geforderten Haltungen repräsentieren. In anderen Familien hingegen, denen hierarchisches Denken, Leistungsdenken usw. fremd sind, entstehen Abgrenzung und Abstoßung [...].

Das kann für ein „exklusives" Gymnasium verdeutlicht werden: Dieses Gymnasium rekrutiert seine Schüler durch Testverfahren, rückt Selbstdisziplin, hohe Leistungsbereitschaft, die Anerkennung von Hierarchie sowie die aktive Erhaltung der schulischen Ordnung in den Mittelpunkt. Schüler aus Familien, die über Generationen hinweg Erfahrungen mit exklusiven Gymnasien und einen hochkulturellen Hintergrund besitzen, weisen im Übergang auf diese Schule keine Irritationen auf. Sie kommen in „der Schule der Familie" an.

Abb. 4.3

Pädagogische Institutionen und Professionalisierung

Abb. 4.4

Sie stoßen dort auf Erwartungen, die sie bereits im Rahmen hoher Bildungsansprüche im Elternhaus kennengelernt haben. Kinder aus Familien, die zwar Erfahrungen mit gymnasialer Bildung haben, denen aber exklusive Gymnasien fremd sind, freuen sich ungemein, auf ihrem Wunschgymnasium angekommen zu sein. Im Übergang treten aber Fremdheitsgefühle auf. Das Gefühl, einerseits dazuzugehören, andererseits aber nicht voll anerkannt und eher ein inkludierter Fremder zu sein, bleibt auch längerfristig bestehen. Auf mitunter schockhafte Desillusionierung stoßen solche Kinder, deren Eltern über dieses exklusive Gymnasium Anschluss an die „besseren Kreise" suchen. Diese Kinder stellen ein „familiäres Aufstiegsprojekt" dar, ihnen wird Leistungsstreben leidvoll auferlegt. Trotz höchster Anstrengungsbereitschaft machen sie die Erfahrung, von Scheitern bedroht zu sein. Darin spiegeln sich primäre familiäre Bezugsmilieus, sekundäre Bezugsmilieus und familiäre Abgrenzungsmilieus für dieses Gymnasium.

Der „familiäre Sinn" der Schule

Letztlich sind es die Kinder und Jugendlichen, die in der Auseinandersetzung mit ihrer Familie und der jeweiligen Schulkultur ihre schulkulturellen Passungsverhältnisse mit erzeugen. Sie stehen zwischen diesen beiden Instanzen und müssen diese Lebensbereiche in Beziehung setzen. Dabei steht die Bedeutung der Schule in den familiären Generationsbeziehungen im Hintergrund. Wenn etwa das Kind den familiären Auftrag erhält, den von den Eltern nicht abgeschlossenen Bildungsaufstieg zu vollenden, dann gewinnt der Schulerfolg im Rahmen der Familie eine immense Bedeutung. Aufstiegsgarant zu sein, bedeutet eine Last für das Kind. Für dieses Kind wird die Schule dann zu einem ambivalenten Ort, wenn in der Familie die Anerkennung abhängig gemacht wird von Erfolg bzw. Versagen in der Schule. Diese Ambivalenz kann dazu führen, dass sich eine anfänglich positive Haltung zur Schule im Verlauf der Jugend verändert […]. Denn die Auseinandersetzung mit dem familiären Bildungsauftrag wird auch in und mit der Schule ausgetragen. Leistungseinbrüche, Hinwendung zu schulopositionellen Peers oder der Abbruch der Schule sind Phänomene, mit denen Kinder das ihnen familiär auferlegte schulische Bildungserbe ablehnen. „Missratene Söhne und Töchter" weigern sich, den Willen der Eltern zu vollziehen, weil darin ihr eigener Weg negiert wird. Schulerfolg würde sich für sie mit Selbstaufgabe verbinden.

Es kommt aber auch zu entgegengesetzten Konstellationen: Wenn etwa in schulfernen Familien, die das Kind an das Familienmilieu binden wollen, dessen Bildungsaufstieg verhindert wird, dann kann die weiterführende Schule zu einem Freiheitsversprechen werden. Die positive, reproduktive Passung der Familie zur Hauptschule kann dann aufseiten jener Kinder, die sich nicht aus dem Familienmilieu entfernen sollen, obwohl sie es wollen, zu einer antagonistischen Passung werden, steht die Hauptschule doch für das elterlich auferlegte Autonomieverbot. Gesamtschule oder Gymnasium erscheinen dem Kind mit Bildungsambitionen besser zu passen. Während die Schule also im Fall des auferlegten, stellvertretenden Strebens und Aufstiegs für die Familie als familiärer Zwang erfahren werden kann, wird sie im Fall des verweigerten individuellen Bildungsaufstiegs – als weiterführende Schule – zu einem Versprechen der Befreiung. Die familiären Passungen zur jeweiligen Schule und die schulkulturellen Passungsverhältnisse der Kinder und Jugendlichen müssen also nicht kongruent sein und daher unterschieden werden.

Aufgaben

1. Geben Sie wieder, welche „unterschiedlichen Passungen" zwischen Familie und Schule bestehen.
2. Erläutern Sie die Unterscheidungen, die der Autor trifft, mit Bezug auf den Text von Didier Eribon (und auf eigene Erfahrungen bzw. Beobachtungen, insofern Sie diese öffentlich machen möchten).
3. Entwickeln Sie im Anschluss an die beiden Texte Kriterien, nach denen ein gerechtes (schulisches) Bildungssystem gestaltet werden müsste.

Sie können Ihre Kriterien überprüfen und weiterentwickeln, indem Sie sich mit den Thesen des folgenden Textes auseinandersetzen.

M3 Gleichheit – Bildungsgerechtigkeit – Anerkennung (Krassimir Stojanov)

Eine der wichtigsten Errungenschaften der Moderne ist die Zurückweisung der Vorstellung, wonach die Stellung des einzelnen Menschen in der Gesellschaft bereits im Moment seiner Geburt und durch seine Herkunft vordefiniert ist. Herrschte noch bis zum 18. Jahrhundert die breite Akzeptanz von „naturgegebenen" Ungleichheiten zwischen den Angehörigen des Adels oder der Aristokratie einerseits und der „einfachen" Bevölkerung ande-

Abb. 4.5: Krassimir Stojanov (Professor für Bildungsphilosophie in Eichstätt)

85

rerseits – Ungleichheiten, die man als Abbildungen einer von Gott geschaffenen Weltordnung verstand –, so wird diese Akzeptanz im Zuge der Französischen Revolution und der Aufklärung hinfällig. Nach und nach setzte sich
20 die Idee durch, dass das Menschsein die Befähigung zur Freiheit und zur Selbstbestimmung umfasse. Mit anderen Worten: Allen Menschen ist die Grundfähigkeit zuzusprechen, sich der determinierenden Kraft ihrer Herkunft sowie sonstigen externen Positionierungen zu entziehen.
25 Der Aufklärer Immanuel Kant stellte die Behauptung auf, dass die Keime der Vernunft in allen gleichermaßen vorhanden sind. Demnach ist jeder Mensch zur Mündigkeit und Autonomie fähig, und jeder kann sich bei richtiger Erziehung zu einem Weltbürger entwickeln, der allen
30 anderen gleichgestellt ist. Nach Kant können sämtliche Menschen dieses Potenzial nur wegen ihrer Faulheit und Feigheit nicht realisieren. Von nun an werden Ungleichheiten zwischen Menschen legitimationsbedürftig. Dabei können diese Ungleichheiten nur dann als legitim angesehen
35 werden, wenn sie mit den aufklärerischen Prinzipien der Selbstbestimmung und der Mündigkeit vereinbar sind beziehungsweise sie von den letzteren Prinzipien abgeleitet werden können. Mit anderen Worten: Lediglich diejenigen Ungleichheiten werden als hinnehmbar betrachtet, die als
40 selbstverschuldet oder selbstverdient erscheinen.
Dies ist die Geburtsstunde der Meritokratie als übergreifendes Ordnungs- und Moralprinzip moderner Gesellschaften. Nach diesem Prinzip soll allein die Leistung eines Menschen über seine Stellung in der Gesellschaft entschei-
45 den – und nicht seine Herkunft, seine Verwandtschaftsverflechtungen, seine Beziehungen oder sein Aussehen. Kantisch ausgedrückt soll die gesellschaftliche über- oder untergeordnete Position der Einzelnen ausschließlich davon abhängen, inwiefern sie ihre Faulheit und Feigheit
50 überwunden und ihre Vernunftfähigkeit verwirklicht haben. [...]
Indes beschränkt sich das Wirkungsgebiet des meritokratischen Prinzips nicht auf die Wirtschaft. Vielmehr findet dieses Prinzip in sämtlichen Teilbereichen der modernen
55 Gesellschaften Anwendung. So behauptet etwa der Bildungssoziologe Helmut Fend, dass die leistungsgerechte Allokation von Schülerinnen und Schülern, ihre Verteilung auf verschiedene Berufs- und Qualifikationswege, zu den zentralen Funktionen des modernen Schulsystems ge-
60 hört. Die Erfüllung dieser Funktion setzt voraus, dass auch Kinder und Jugendliche diejenigen Zeugnisse und damit Zugangschancen zu verschiedenen gesellschaftlichen Positionen erhalten sollen, die sie sich durch ihre Leistungen in der Schule verdient haben.
65 Freilich findet bei dieser Übertragung des Leistungsprinzips auf nicht-ökonomische Bereiche – etwa auf das Bildungssystem – seine Abkopplung von der aufklärerischen Idee der Selbstbestimmungsfähigkeit jedes Einzelnen statt: eine Idee, die als Behauptung der grundlegenden,
70 „transzendentalen" Gleichheit aller Menschen und als Legitimation derjenigen empirischen Ungleichheiten zwischen ihnen fungiert, welche vor dem Hintergrund dieser Idee als „selbstverdient" oder „selbstverschuldet" ausgelegt werden können. Denn Kinder und schulpflichtige Jugendliche dür-

Abb. 4.6

75 fen per definitionem nicht als mündig und selbstbestimmt handelnd angesehen werden: Die Aufgabe des Schulbildungssystems besteht ja gerade darin, ihre Mündigkeit, ihre Selbstbestimmungs- und Leistungsfähigkeit erst einmal zu kultivieren. Daraus folgt letztlich, dass die Herstel-
80 lung von Ungleichheiten zwischen unmündigen Kindern und Jugendlichen nach ihren jeweiligen Leistungen in und durch das Schulbildungssystem als nicht gerechtfertigt gewertet werden muss.
Diese Schlussfolgerung wird von vielen Theoretikern der
85 Gerechtigkeit nahegelegt, die direkt oder indirekt für eine Erweiterung der Gleichheitsidee über das Gebot der Herkunftsunabhängigkeit der Verteilung von Gütern und Positionen hinaus plädieren. So insistiert Ronald Dworkin darauf, dass die Besser- oder Schlechterstellung der Ein-
90 zelnen in der gesellschaftlichen Hierarchie nur dann gerechtfertigt ist, wenn diese Besser- oder Schlechterstellung auf Handlungen und Wahlentscheidungen zurückgeführt werden kann, für welche die Einzelnen vernünftigerweise als eigenverantwortlich gehalten werden können. Und
95 unmündige Kinder und Jugendliche können eben nicht als eigenverantwortlich für ihre Handlungen und Wahlentscheidungen gehalten werden.
Hinzu kommt, dass die Leistungsfähigkeit und vor allem die Leistungsmotivation, insgesamt die „Begabungen",
100 stark vom familiären Umfeld und von der familiären Erziehung und Sozialisation des einzelnen Kindes abhängen. Dies übersehen diejenigen Autoren im heutigen bildungspolitischen Diskurs, die für eine Umstellung von herkunftsbasierten auf leistungsbasierte Selektions- und Allokations-
105 entscheidungen plädieren und in diesem Zusammenhang von „Begabungsgerechtigkeit" sprechen. Im Übrigen generiert dieser Begriff paradoxerweise selbst Ungerechtigkeiten in Form einer Herstellung von essenzialistischen Ungleichheiten, da durch ihn eine Reihe von Kindern, die
110 mehrheitlich ohnehin durch ihre Herkunft benachteiligt sind, als „wenig begabt" oder als über „geringere kognitive Leistungsfähigkeiten" verfügend stigmatisiert werden. Daraus folgt, dass eine zeitgenössische, umfassende Idee der Gleichheit auch eine Entwicklungs- beziehungsweise
115 Bildungsdimension enthalten muss. Diese Idee lässt sich wie folgt zusammenfassen: Grundsätzlich soll jedem menschlichen Individuum unterstellt werden, dass er oder sie bei günstigen sozialen Verhältnissen Fähigkeitspotenziale ausbilden kann, deren Verwirklichung ihr oder ihm
120 erlauben würden, ein autonomes und selbstbestimmtes Leben als vollwertiges und allen anderen gleichgestelltes

Mitglied der Gesellschaft zu führen. Denn nur durch diese vorgreifende Anerkennung der Bildungsfähigkeit des Einzelnen kann er oder sie die eigenen Potenziale ausbilden und verwirklichen. Diese Anerkennung soll sich egalitär auf alle heranwachsenden und erwachsenen Individuen beziehen – unabhängig von ihren aktuell gezeigten Leistungen und von den „Begabungen", die man ihnen unterstellt. Nun drängt sich die Frage auf, wie die oben erwähnten „günstigen sozialen Verhältnisse" genauer zu beschreiben sind, die eine möglichst hohe Ausbildung und Verwirklichung der Fähigkeitspotenziale jedes Einzelnen ermöglichen und seine Autonomie und aktive gesellschaftliche Partizipation – und somit seine effektive Gleichstellung in der Gemeinschaft der mündigen Bürgerinnen und Bürger – gewährleisten. […]

Rechte-Egalitarismus als Voraussetzung von Gleichheit
[…] In der Allgemeinen Erklärung der Menschenrechte wird die ursprüngliche Gleichheit der Menschen mit ihrer Würde und Freiheit begründet, die sich wiederum in ihrer grundsätzlichen Fähigkeit zur vernünftigen Autonomie ausdrückt. Dabei muss man allerdings zwischen einer negativen Gewährleistung der Möglichkeit dieser Autonomie einerseits und einer positiven und aktiven Unterstützung ihrer Entfaltung durch die gesellschaftlichen Institutionen andererseits unterscheiden. Diese Unterscheidung überschneidet sich indes nur teilweise mit der bekannten Differenzierung zwischen politischen und sozialen Menschenrechten beziehungsweise zwischen Rechten der „ersten" und der „zweiten" Generation. Die Rechte der „ersten Generation", das heißt die rein politischen Rechte auf Meinungs-, Glaubens- oder Versammlungsfreiheit, auf Schutz gegen Diskriminierung oder gegen willkürliche Eingriffe in das Privatleben, sind Rechte auf die sogenannte negative Freiheit. Mit anderen Worten: Das sind Rechte darauf, bei der Ausübung der eigenen legitimen Freiheiten nicht behindert und eingeschränkt und für diese Ausübung nicht bestraft zu werden. Hingegen sind die Rechte der „zweiten Generation" positive Rechte auf Ressourcen wie Bildung, Arbeit und ein Minimum an Wohlstand, welche für die tatsächliche Ausübung dieser Freiheiten vonnöten sind.
Das Prinzip der egalitären Autonomieermöglichung geht freilich auch über die Gewährung der positiven Rechte hinaus. So umfasst die Behauptung eines Rechts auf Arbeit noch keine Differenzierung zwischen Arbeitsformen, die autonomiestiftend sind und solchen, die eher stumpf und entwicklungshemmend in Bezug auf das Individuum sind. Ebenso wenig sagt die bloße Behauptung eines Menschenrechts auf Bildung etwas über die Standards aus, die Bildungsinstitutionen erreichen müssen, damit sie das erwähnte Prinzip der egalitären Autonomieermöglichung umsetzen können. Vor diesem Hintergrund sind bestimmte pädagogische Handlungsweisen und institutionelle Regelungen im Bildungssystem (wie Selektion und Allokation im Kindesalter), die dazu führen, dass Kinder und Jugendliche in Begabungs- und Leistungsfähigkeitsschubladen aufgeteilt werden, nicht mit dem Prinzip der egalitären Autonomieermöglichung vereinbar. Vielmehr erfordert die Verwirklichung dieses Prinzips über die Gewährung von politischen und sozialen Rechten hinaus die Existenz einer Lebensform, in der jeder Mensch als uneingeschränkt bildungsfähig, als uneingeschränkt entwicklungsfähig in seinem Autonomiepotenzial anerkannt wird: eine Anerkennung, die sich sowohl auf den Bereich der Schul- und Weiterbildung als auch auf die Bereiche des Arbeitslebens und der politischen Partizipation der Bürgerinnen und Bürger bezieht. Diese Lebensform wird von der Maxime geprägt, dass alle Menschen gleich sind, weil sie gleichermaßen über diese uneingeschränkte Bildungs- und Entwicklungsfähigkeit verfügen.

Bildungs- und Autonomieentwicklungsfähigkeit
Die Durchsetzung der Meritokratie als Verteilungsschlüssel für Güter und Positionen ist als ein großer historischer

Abb. 4.7

Fortschritt im Vergleich zu den vormodernen „naturgegebenen" gesellschaftlichen Hierarchien zu werten. Das meritokratische Prinzip enthält insofern eine substanzielle Dimension von Gleichheit, als hier grundsätzlich allen Menschen Eigenverantwortung für ihr Schicksal zugeschrieben wird. Dabei scheint Eigenverantwortung zunächst verwandt zu sein mit der aufklärerischen Vorstellung, dass alle Menschen gleichermaßen zur vernünftigen Autonomie und Selbstbestimmung fähig sind – eine Vorstellung, die ihren rechtlich-politischen Ausdruck unter anderem in der Allgemeinen Erklärung der Menschenrechte findet.
Beim näheren Hinsehen stellt sich allerdings heraus, dass eine Verabsolutierung und Übertragung des meritokratischen Prinzips auf nicht-ökonomische Bereiche (wie etwa auf das Bildungssystem) das Gebot der Gleichheit untergraben kann. Denn hier führt eine ausschließliche Orientierung an diesem Prinzip zur Stigmatisierung von vielen heranwachsenden Individuen, die mehrheitlich bereits herkunftsbenachteiligt sind, als „begrenzt leistungsfähig" oder „wenig begabt": eine Stigmatisierung, die das Bildungs- und das Autonomiepotenzial der Betroffenen untergräbt. Daher erfordert die Verwirklichung des Gebots der Gleichheit eine über das meritokratische Prinzip und über die Gewährung von Grundrechten hinausgehende institutionalisierte Anerkennung der grundsätzlich uneingeschränkten Bildungs- und Autonomieentwicklungsfähigkeit bei jedem Menschen.

Aufgaben

1. Geben Sie wieder, was mit „Meritokratie" als dem „übergreifenden Ordnungs- und Moralprinzip moderner Gesellschaften" gemeint ist.
2. Erläutern Sie, inwiefern die Übertragung dieses Prinzips aus dem gesellschaftlichen Teilsystem Wirtschaft auf das Teilsystem Pädagogik problematisch ist.
3. Erklären Sie den letzten Satz des Textes. Greifen Sie dazu auf Ihr Wissen und Können zu den pädagogischen Grundbegriffen (u. a. Bildsamkeit) zurück.
4. Überprüfen Sie Ihre Kriterien für ein gerechtes Schulsystem. Verändern und erweitern Sie sie ggf.

4.2 System des lebenslangen Lernens, kuratives System oder Erziehungssystem?

Sie haben in den anderen Heften von „Perspektive Pädagogik" Einblick in verschiedene Bereiche des pädagogischen Teilsystems der Gesellschaft nehmen können: in die Frühpädagogik, Schulpädagogik, Sozialpädagogik und Erwachsenenbildung. In den Texten dieses Abschnitts werden Ansätze vorgestellt, das stetig expandierende Subsystem der Pädagogik in seiner Gesamtheit konzeptionell und begrifflich zu erfassen.

Im Zentrum des ersten Ansatzes steht der Begriff des „lebenslangen Lernens".

M4 Das pädagogisch organisierte System des lebenslangen Lernens (Dieter Nittel/Rudolf Tippelt)

Der Begriff „pädagogisch organisiertes System des lebenslangen Lernens" trägt zwei großen gesamtgesellschaftlichen Entwicklungsschüben Rechnung: der stetigen Ausdehnung des Erziehungs- und Bildungswesens einerseits
5 und einer wachsenden Pädagogisierung der biografischen Lebensphasen andererseits. […] Unter dem pädagogisch organisierten System des lebenslangen Lernens subsumieren wir nur und ausschließlich jene Einrichtungen, die einen explizit pädagogischen Handlungsauftrag (Mandat)
10 besitzen und damit gesellschaftlich über die Legitimation verfügen, sich in ihrer institutionellen Selbstbeschreibung ausdrücklich als Erziehungs- und Bildungsanstalten zu definieren. Das Mandat ist in der Regel juristisch kodifiziert, wie etwa über Schul-, Hochschul- und Weiterbildungsgeset-
15 ze. Die impliziten Bildungs- und Erziehungseinrichtungen gehören so gesehen zur Umwelt. Und es handelt sich dabei um Organisationen, die primär einen anderen Zweck außerhalb der Sinnwelten von Bildung und Erziehung verfolgen, obwohl sie ebenfalls pädagogische Dienstleistungen
20 bereitstellen: Die Weiterbildungsabteilungen von Automobilkonzernen unterbreiten ihren „Kunden" zwar auch Coachingangebote, erfüllen aber in ihrer Organisationsverfassung nicht vorrangig eine Bildungsfunktion, sondern eine Aufgabe im Bereich der Güterproduktion.
25 […] Mit dem hier angedeuteten Ordnungs- und Beschreibungsschema geraten selbstverständlich nicht nur öffentlich-rechtlich getragene oder finanzierte Einrichtungen, sondern auch private Institute wie Sprachschulen, Kindergärten, kommerzielle Weiterbildungseinrichtungen usw. in
30 den Blick. Lern-, Hilfs- und Bildungsangebote finden in den hier angesprochenen Einrichtungen organisiert und zielgerichtet statt. Im Rahmen ihres operativen Tagesgeschäfts arrangieren die in diesem Feld aktiven Einrichtungen didaktisch-methodisch strukturierte Lehr- und Lernsituatio-
35 nen oder andere pädagogische Settings (Beratung), wobei die hier vollzogenen personenbezogenen Dienstleistungen von Mitarbeiterinnen angeboten werden, die in der Regel eine berufliche Lizenz (Zertifikate oder andere Bescheinigungen über abgeschlossene Ausbildungen) besitzen
40 und sich selbst als „Pädagoginnen" begreifen. „Die Lizenz, das Leben zu begleiten, ist eine solche, die an bestimmte Fähigkeiten gebunden wird, wie sie beispielsweise durch ein akademisches Studium erworben und durch eine Prüfung beurkundet werden" […]. Mit dieser Klärung von
45 Zuständigkeit geht insofern eine Fixierung auf jene Segmente im gesamten pädagogisch organisierten System des lebenslangen Lernens einher, die in intentionaler und organisierter Weise mit eigens dafür abgestelltem pädagogischem Personal operieren und primär für das formale
50 und nonformale Lernen zuständig sind. Zur Umwelt des pädagogisch organisierten Systems des lebenslangen Lernens zählt das informelle Lernen in der Alltagspraxis und das „Lernen en passant" in institutionalisierten Handlungsbereichen jenseits expliziter pädagogischer Einrichtungen.
55 Um das Spezifische des hier fokussierten pädagogisch organisierten Systems des lebenslangen Lernens auf den Punkt zu bringen, bietet sich folgende Formulierung an: Pädagogische Praktikerinnen verrichten an „pädagogisch Anderen" (Kinder, Schülerinnen, Studierende, Auszubildende,
60 Klienten, Teilnehmerinnen usw.) adressierte Bildungs- und Erziehungsarbeit in Einrichtungen, die sich selbst als pädagogisch definieren. Diese Formulierung vergegenwärtigt die drei zentralen Systemelemente, nämlich erstens das Personal in Form von Leistungsrollenträgerinnen (Lehrerin-
65 nen, Sozialpädagoginnen, Erzieherinnen, Weiterbildnerinnen usw.), zweitens die Organisationen mit dem jeweiligen

juristisch kodifizierten Auftrag und drittens jene Prozessstrukturen im Lebensablauf […] der Adressaten-, Ziel- und Teilnehmergruppen, die sich mittelbar oder unmittelbar auf institutionelle Ablauf-und Erwartungsmuster des Kindergartenbesuchs, der Schullaufbahn, der Weiterbildungskarriere oder des Universitätsstudiums beziehen. Sofern dies nicht in dem Auftrag der Einrichtung ausdrücklich enthalten ist, sind die Adressaten und Zielgruppen pädagogischer Dienstleistungen nach dieser Definition nicht mit ihrer „ganzen" Biografie bzw. ihrer persönlichen Identität Teil des Systems, sondern nur als Rollenträger bzw. als soziale Identitäten (Schülerinnen, Studierende, Teilnehmerinnen). Dieser begrenzte „Zugriff" auf den Educandus schützt sie vor pädagogischen Omnipotenz-Fantasien. […]

Abb. 4.8

Aus der spezifischen Verbindung zwischen beruflichen Kernaktivitäten und den Technologien setzt sich die Physiognomie eines Berufs zusammen. Während die Kernaktivitäten den konkreten Vollzug des erzieherischen und bildnerischen Handelns beschreiben, bilden die Technologien sowohl im sozialen (didaktische Regeln) als auch im materiellen Sinne (Tafel) die Ressourcen für das Handeln. Die Ausübung spezifischer Kernaktivitäten wie etwa Unterrichten und Organisieren und die Zugehörigkeit zu einer sozialen Welt sind nicht zwingend an eine formale Mitgliedschaft gebunden. Gleichwohl ist im speziellen Fall der sozialen Welt pädagogisch Tätiger in der Regel eine enge Koppelung an Organisationen zu beobachten. Denn erst aus der durch bürokratische Mechanismen abgesicherten Zugehörigkeit zu Einrichtungen, die in ihren institutionellen Selbstbeschreibungen ausdrücklich ein auf Lernen, Erziehung und/oder Bildung bezogenes gesellschaftliches Mandat für sich beanspruchen, leitet sich die institutionelle Möglichkeit für die Etikettierung „pädagogisch tätig sein" ab. Die Kategorien Mandat und Lizenz beschreiben das immer im Fluss befindliche Verhältnis zwischen dem gesellschaftlichen Auftrag einer spezifischen pädagogischen Tätigkeit und der sozial ratifizierten Erlaubnis, bestimmte Dinge zu dürfen, die Alltagsmenschen verwehrt sind. Die Angehörigen der sozialen Welt pädagogisch Tätiger grenzen sich, da sie absichtsvoll handeln oder ihnen Intentionalität aufgrund von Organisationsmitgliedschaft attestiert wird, scharf von den Instanzen der naturwüchsigen Sozialisation ab. Ihr gehören ausschließlich Rollenträger an, welche mit ihren personenbezogenen Dienstleistungen und in ihrer individuellen und kollektiven Fallarbeit erzieherische und/oder bildnerische Ziele verfolgen, sich in ihren beruflichen Selbstbeschreibungen entweder ausdrücklich als „Pädagogen" definieren oder von ihrer Klientel als solche etikettiert werden. In einem arbeitsteiligen Gefüge sind sie mit der Planung, Durchführung und Evaluation organisierter Prozesse der Vermittlung, Beratung und der Lehre sowie deren Ermöglichung beschäftigt. […]
Die soziale Welt pädagogisch Tätiger kann in ihrer Totalität durch bewährte und hinlänglich bekannte berufskulturelle Unterscheidungen gegliedert werden, sodass das ganze Spektrum der Berufsgruppen im institutionalisierten System des lebenslangen Lernens Berücksichtigung findet. (Im Einzelnen sind dies: Erzieherinnen, Grund- und Hauptschulschullehrerinnen, außerschulische Jugendbildnerinnen, Sonder- und Heilpädagoginnen, Realschul- und Gymnasialschullehrerinnen, berufliche Weiterbildnerinnen, Dozentinnen/Trainerinnen/planerisch tätige Mitarbeiterinnen in der Weiterbildung und Hochschullehrerinnen in Universitäten und Fachhochschulen. Einige der hier aufgeführten sozialen Welten pädagogisch Tätiger lassen sich wiederum unterteilen in soziale Subwelten. Für die Erwachsenenbildung können beispielsweise die sozialen Subwelten der Gesundheitsbildung, der betrieblichen Bildung, der kirchlichen Bildung, der politischen und der wissenschaftlichen Bildung benannt werden. An den Rändern dieser relativ klar identifizierbaren pädagogischen Berufskulturen ist eine Reihe weiterer Rollen und Positionen gruppiert, wie etwa ehrenamtlich tätige Mitarbeiterinnen in Wohlfahrtsorganisationen, Aktivistinnen der außerschulischen Jugendbildung, Repräsentantinnen und Funktionärinnen von Vereinen sowie in Teilzeit tätige freiberufliche Pädagoginnen. Zu den Novizen der sozialen Welt pädagogisch Tätiger zählen die Lehramtsstudierenden, Studierende der Erziehungswissenschaften und andere in der Ausbildung befindliche Personengruppen einschließlich Praktikantinnen.

Aufgaben

1. Arbeiten Sie heraus, wie die Autoren das „pädagogisch organisierte System des lebenslangen Lernens" definieren, indem Sie alle Merkmale dieses Systems zusammenstellen.

2. Erläutern Sie diese Merkmale. Greifen Sie dazu auf Ihre Kenntnisse zu den pädagogischen Institutionen und zur Professionalisierung zurück. (Am Ende dieses Kapitels finden Sie dazu Verweise.)

Der Begriff des „lebenslangen Lernens" ist in der Pädagogik umstritten.

M5 Bildung zur Unmündigkeit (Karlheinz A. Geißler/Frank-Michael Orthey)

Im Konzept des lebenslangen Lernens, wie es uns heute angepriesen wird, ist der Anspruch auf Reife und Sicherheit, auf Erwachsensein aufgegeben worden. Man wird nie mehr erwachsen, muss sich aber ein Leben lang darum
5 bemühen – und jede Bildungsveranstaltung dementiert, dass man es vielleicht bereits sein könnte. Wir werden nicht mehr fertig, stattdessen werden wir permanent als defizitär definiert; und das heißt, wir können uns immer seltener als souverän erleben und verstehen. Um den Preis
10 einer durchs System aufgezwungenen Infantilität werden wir von unserer Unwissenheit befreit und damit lebenslang dem Wettbewerbsprinzip ausgeliefert. Wenn wir immer lernen müssen, wird nicht nur das gesamte Leben zur Schule. Wir werden – mit einem Ausdruck von Jürgen
15 Habermas – „Dauer-Adoleszenten".
So gesehen produziert das lebenslange Lernen so etwas wie eine infantil-orale Lebensauffassung, Lernsituationen haben nämlich immer ein strukturelles Herrschaftsgefälle. Es besteht eine Hierarchie zwischen Lehrenden und
20 Lernenden und zwischen dem „Gelernt-haben" und dem „Immer-weiter-Lernen-müssen". Wenn wir – als Lern-Nomaden – lebenslang auf die unteren Ränge dieser Hierarchie verbannt werden, bleiben wir immer in der Situation eines zu ernährenden Kindes. Das ganze Leben wird zur Vorbe-
25 reitung auf das Leben.
Tatsächlich hat sich in den letzten Jahren ein grundlegender bildungspolitischer Perspektivenwechsel vollzogen. Hieß das Bildungsprogramm früher „Durch Abhängigkeit zur Selbstständigkeit", so verlagert das Konzept des „le-
30 benslangen Lernens" die erhoffte Selbstständigkeit in die Zeit nach dem Ende des lebenslangen Lernens. Indem man alles tut, um über Bildung autonomer zu werden, gerät man immer mehr in deren Abhängigkeit. Dies ist die neue Paradoxie der alten Dialektik der Aufklärung, ein fataler
35 Mechanismus, der nicht zuletzt deshalb so gut funktioniert, weil ein lebenslanges Lernen unserer Neigung entgegenkommt, das Altern und den Tod zu verdrängen.
In der aufgedunsenen Lifestyle-Vokabel vom „lebenslangen Lernen" hat sich der Geist der Aufklärung – das heißt,
40 die Idee, sich aus der selbst verschuldeten Unmündigkeit durch Lernen befreien zu können – längst aufgelöst. Und in der täglichen Nötigung, den Bildungszug ja nicht zu verpassen, hat sich die immer schon etwas überzogene Erwartung an eine gelingende Selbstverwirklichung verflüchtigt.
45 Die tägliche Dosis Weiterbildung klärt nicht mehr über die Realität und die Realitäten auf. Vielmehr produziert sie selbst eine Realität, die vom Schein der Aufklärung lebt.

M6 „Wissensgesellschaft" und „lebenslanges Lernen" (Jochen Krautz)

Beginnen wir mit einem Schlagwort, das heutzutage jede Sonntagsrede über Bildung einleitet: Wissensgesellschaft. In einer solchen leben wir angeblich und deshalb sei „Wissen" der „Rohstoff" des 21. Jahrhunderts, von dem die Wirt-
5 schaft heute abhängig sei, deshalb auch wir und die Zukunft der Menschheit. Und natürlich: „Die Transformation zur Wissensgesellschaft erfordert einen radikalen Umbau des Bildungssystems." [...]
Was soll das nun eigentlich heißen? Welches Wissen ist
10 hier gemeint? Und was soll das mit Bildung zu tun haben? [...] Leben, Arbeiten und Wirtschaften hat schon immer auf Wissen basiert. Sicherlich ist dieses Wissen immer mehr und spezialisierter geworden und stellt höhere Anforderungen. Der Kern des mit dem Schlagwort Gemeinten ist wohl,
15 dass unsere heutige Wirtschaft mehr als je zuvor auf technologisch-wissenschaftlichen Zusammenhängen beruht. Diese stärker auf wissenschaftlichen Innovationen wie der Computertechnik, der Genforschung oder Biotechnologie beruhende Wirtschaft produziert gleichwohl nicht allein
20 aus „Wissen" PCs und Notebooks, sondern aus Rohstoffen wie Silizium, Stahl und Öl. Konrad Paul Liessmann hat in einer sehr erhellenden Analyse gezeigt, dass die Wissensgesellschaft eben nicht die Industriegesellschaft abgelöst hat: Nur weil im Ruhrpott keine Stahlwerke mehr qualmen,
25 ist deshalb die industrielle Produktion nicht beendet. Sie findet heute nur anderswo statt, z. B. in China. Liessmann zeigt auf, dass eben „nicht die Wissensgesellschaft die Industriegesellschaft ablöst, sondern umgekehrt das Wissen in einem rasanten Tempo industrialisiert wird". Wissen wird
30 also nach industriellen Produktionskriterien behandelt und das sind vor allem „Standardisierung, Mechanisierung und Angleichung menschlicher Arbeitsprozesse an vorgegebene Abläufe". [...] Und dann zeigt sich, dass die Wissensgesellschaft zunächst einmal nur eine Informationsgesell-
35 schaft ist: Denn Wissen will, wie erörtert, Zusammenhänge verstehen, fragt nach Erklärungen oder eben nach Wahrheit. Information dagegen zielt auf Handlungsrelevanz: Was muss ich wissen, um etwas zu tun? Sie hat eine klare Zweckbindung. Und darum geht es heute vor allem. [...]
40 Wir leben also nicht in einer Wissens-, sondern in einer Informations-Verarbeitungsgesellschaft, die genauso industriell funktioniert wie bislang, allerdings mit dem entscheidenden Unterschied, dass nun auch noch das Wissen unter den Zwang der industriellen Verwertung gerät.
45 Verschiedene Experten gehen daher davon aus, dass die Rede von der „Wissensgesellschaft" vor allem das nächste Schlagwort, das „lebenslange Lernen" legitimieren soll. Das sei entscheidend – so die landläufige These, weil heute ja so viel Wissen produziert werde und zugleich immer
50 schneller veralte. Das stimmt auch nur für die technischen Anwendungsbereiche, mit denen es die meisten Arbeitnehmer zu tun haben: In der Tat veraltet eben die Designsoftware jährlich und der Call-Center-Telefonist muss sich alle halbe Jahre auf die neuen Telefonmodelle einstellen. Für
55 tatsächlich wissensintensive Bereiche gilt das viel weniger: Die physikalischen Grundlagen der Lasertechnologie, auf denen DVD-Player beruhen, bleiben lange relevant und die Berechnungsgrundlagen für die Kräfte, die auf Stahlseile wirken, sind heute so wesentlich wie früher. Die Mär vom
60 schnellen Wissensverfall dient also vor allem dazu, die Arbeitnehmer zu lebenslanger Weiterbildung zu verpflichten, wofür sie jedoch selbst zuständig sind: Wer aus dem System herausfällt, wer arbeitslos wird, ist neuerdings

Pädagogische Institutionen und Professionalisierung

selbst schuld, denn er hätte sich ja weiterbilden können, er hat seine Ich-AG schlecht bewirtschaftet. Man muss dann Kurse über die neuesten Microsoft-Produkte belegen und noch Präsentationsformen lernen, um sich wieder anbieten zu können.

Wenn nun heute für die Schule und die Universität postuliert wird, es ginge nicht so sehr um Wissenserwerb (um Bildung sowieso nicht), sondern um das „Lernen des Lernens", weil man ja lebenslang lernen müsse, dann ist das nicht nur ein historisch dummes Argument: Denn nichts anderes als das Lernen des Lernens hatte auch Humboldt als Ziel der Schule gesehen. Hier und heute ist jedoch etwas ganz anderes gemeint, nämlich die dezidierte Vorbereitung auf ein anpassungsfähiges Leben in der Wirtschaft des Informationszeitalters: Nichts ist sicher, nichts von Dauer, kein Unternehmen, sondern nur Du selbst bist für Dich verantwortlich.

Aufgaben

1. Arbeiten Sie heraus, welche Kritikpunkte die Autoren gegen den Begriff des „lebenslangen Lernens" anführen.
2. Erörtern Sie, ob bzw. inwiefern diese Kritik berechtigt ist.

Dieter Lenzen hat bereits vor einigen Jahren mit der These Aufsehen erregt, die Tätigkeit von Pädagogen habe den Charakter einer „kurativen Lebenslaufbegleitung" angenommen, „einer lebensbegleitenden Sorge um das Individuum". Was genau ist damit gemeint? Welche Rolle spielen dann noch die Begriffe „Erziehung" und „Bildung"?

M7 Lernen – Bildung – Lebenslauf (Dieter Lenzen)

Gestern besuchte mich eine junge Frau mit dem Begehren, bei mir zu promovieren. Sie hatte bei einem psychoanalytischen Kollegen eine Magisterarbeit über Alfred Lorenzer geschrieben, war eine Zeit lang arbeitslos, jobbte sich als Hausaufgabenhelferin durch, bekam dann eine Einzelfallhilfe zugewiesen, die Betreuung einer straffällig gewordenen jungen Frau mit einem auch im Alltagsleben sehr angespannten Verhältnis zum Rechtssystem und erhielt danach eine Anstellung als Sozialpädagogin in einer Station für chronisch psychisch Kranke. Ihre Klientel: überwiegend Schizophrene im Alter zwischen 23 und 70 Jahren, darunter einige HIV-Positive und Personen mit zusätzlichen chronischen nichtcerebralen Erkrankungen. Die junge Frau arbeitet freudig und intensiv, ist begeistert von den Erfahrungsmöglichkeiten, die ihr diese Stellung bietet, von der Bezahlung weniger: BAT Vb wie eine unstudierte Sachbearbeiterin im Finanzamt. Bei aller Praxisbegeisterung gab sie eine Sehnsucht nach Theorie, genauer nach Systemtheorie zu erkennen. – Diese Frau interessierte mich unter dem Gesichtspunkt der Frage, ob sie pädagogisch arbeitet oder irgendwie anders. Ich habe sie nach ihrem Tagesablauf gefragt, den sie mir ungefähr so geschildert hat: Arbeitsbeginn 11 Uhr mit Öffnung der Station. Mittagessen kochen zusammen mit den Patienten, Zuweisung von Aufgaben nach Kompetenzen, Verabreichung zweier Insulininjektionen für zwei Diabetiker mit schwerster psychotischer Störung, die eine Selbstinjektion verbietet, Mittagessen, Sicherstellen hygienischer Mindeststandards bezüglich Essgeschirr, Waschraum usw. im Hinblick auf die HIV-positiven Patienten; heute Entfernung eines Patienten mit akutem Schub durch Beiziehung der Polizei und Protokollierung der Vorfälle für das Vormundschaftsgericht; Arrangement von Beschäftigungen für die Patienten in Form von Gesellschaftsspielen, Ausfüllen von zwei Formularen für das Sozialamt für einen Patienten, Abwasch, Kaffeetrinken, Schließen der Station nach Arrangements des Transports für die Klienten.

Diese Frau ist Sozialpädagogin, ihre Bezahlung steht in keinem Verhältnis zu ihrer Ausbildung. Sie leistet vermutlich beste Arbeit, ist intellektuell unterfordert, möchte später eine Psychotherapieausbildung neben der Promotion und der Tagesarbeit durchführen. Wenn sie abends nach Hause kommt, hat sie allerdings noch etliche Verpflichtungen in ihrer WG, in der sie wohnt, weil ihr eine eigene Wohnung nicht bezahlbar ist. Diese Frau ist Sozialpädagogin, aber arbeitet sie überhaupt pädagogisch? Arbeitet sie im Erziehungssystem oder vielleicht, wie jüngstens behauptet wird, in einem neu entstehenden gesellschaftlichen Subsystem, dem der sozialen Hilfe? Ist eine pädagogische Ausbildung für sie überhaupt adäquat gewesen, hätte sie nicht besser eine medizinische genossen oder eine psychologische oder eine Schnittmenge aus alledem? – Der Prozess der funktionalen Differenzierung einer Gesellschaft richtet sich leider nicht nach dem Fächerkanon der Universität und umgekehrt, eine Anpassung der wissenschaftlichen Disziplinen an die gesellschaftlichen Differenzierungsprozesse findet nur langsam und einer im Übrigen eigenen Logik folgend statt.

Für die Erziehungswissenschaft sind derartige Entwicklungen eine ernste Herausforderung, auf die sie im Grunde nur in dreierlei Weise reagieren kann: durch Ausschluss nicht genuin pädagogischer Funktionen, durch eigene Ausdifferenzierung oder durch Systemkollaps in dem Falle, dass beides nicht stattfindet. Ein Systemkollaps würde dann eintreten, wenn das erziehungswissenschaftliche wie das Erziehungssystem nicht in der Lage wären, die massiver werdenden Herausforderungen der sozialen Umwelt in sich zu integrieren, soweit diese an diese beiden

Abb. 4.9: Prof. Dr. Dieter Lenzen (Universität Hamburg)

gerichtet werden. Verkürzt gesagt: Auf die Dauer stellt die öffentliche Hand die Alimentation solcher Institutionen ein, die sich weigern, die ihnen angetragenen Aufgaben zu bearbeiten. Die Alternative der Ausgliederung bestimmter, nicht genuin pädagogischer Funktionen aus dem Erziehungssystem ist ernsthaft zu überlegen, besonders dann, wenn etwa die Gefahr bestünde, dass andere Funktionen dadurch beeinträchtigt würden, weil zwischen ihnen und den Funktionen sozialer Hilfe etwa kein Zusammenhang bestünde oder in systemtheoretischen Terms, wenn das Medium der symbolischen Kommunikation für den Sektor sozialer Hilfe ein völlig anderes wäre als für Erziehung und Unterricht.

Ich bin dieser Meinung indessen nicht. Ich meine: Soziale Hilfe kann deshalb zum Bestandteil pädagogischer Tätigkeit werden, weil sie zwei Elemente besitzt, die sie mit Erziehung und Unterricht selbst in deren ältesten Formen gemeinsam hat. Diese Elemente lauten: Lebenslauforientierung und Humanontogenese. Was heißt das?

Abb. 4.10: Quelle: Paritätischer Wohlfahrtsverband Hamburg e.V., www.vielfalt-mann.de

Hilfe ist ebenso wenig wie Unterricht und Erziehung eine Angelegenheit einmaliger Akte, sondern eine Tätigkeit, die sich – wie bereits im 19. Jahrhundert deutlich wurde – über längere Abschnitte des Lebenslaufs eines Menschen erstrecken kann. Der Lebenslauf ist die säkulare Konzeption des Heilsweges. Hilfe kann also gar nichts anderes sein als eine gleichfalls säkularisierte Fassung dessen, was den Heilsweg in der christlich-theologischen Konzeption überhaupt erfolgversprechend machte: die Gnade. Gnade war gewissermaßen die Hilfe Gottes bei der Bewältigung des Heilsweges/Lebenslaufes. Sie wurde (nicht anders als Hilfe) von Gott freiwillig und in gewisser Weise willkürlich gewährt. Das dürfte übrigens der Grund dafür sein, dass in unserer Kultur auch Hilfe in der Regel nicht als Aktivität verstanden wird, auf die das Individuum einen Anspruch hat. Sodann Humanontogenese. Der Terminus bezeichnet das, was man früher als Entwicklung oder Bildung bezeichnet hat. Ich bevorzuge diesen Begriff indessen deshalb, weil er beide Dimensionen enthält: die gewissermaßen naturwissenschaftliche der Genese des Organismus und die Dimension der Individualität des jeweiligen Organismus. Insoweit Hilfe, die pädagogische Hilfe ist, sich grundsätzlich als Hilfe zur Selbsthilfe begreift, ist in ihr der Bildungsgedanke mit der Dimension der Selbsttätigkeit enthalten. Hilfe ist nicht eine bloße Ersatzhandlung für jemanden, der sich nicht selbst helfen kann, sondern immer auch ein Impuls dazu, sich selbst zu helfen. In diesen beiden fast bildungstheoretischen Dimensionen unterscheiden Erziehung, Unterricht und Hilfe sich nicht voneinander. Es lag deshalb historisch auf der Hand, dass alle drei Funktionen Institutionen in benachbarte gesellschaftliche Systeme gerieten. Wenn man die pädagogische Tätigkeit in vielen Feldern unserer heutigen sozialen Wirklichkeit betrachtet, sieht man zudem, dass die drei Tätigkeiten Erziehen, Unterrichten, Helfen nicht selten in einer Funktion miteinander verknüpft sind: So ist eine Schule kaum noch vorstellbar, in der nur gelehrt und erzogen, aber nicht geholfen wird, wenn wir etwa an den Sektor unterschiedlicher schulischer Integrationsmaßnahmen denken. Umgekehrt ist die tägliche Praxis des Sozialpädagogen natürlich keineswegs frei von unterrichtlichen und erzieherischen Elementen. Pädagogische Tätigkeit, ich sage es noch einmal, ist heute deshalb mindestens Unterrichten, Erziehen, Helfen. Tun Pädagogen deshalb dasselbe wie vor 150 Jahren? Es ist klar, dass die Antwort „nein" ist, aber aus einem anderen Grunde, als man vielleicht vermutet. Selbstverständlich hat die pädagogische Tätigkeit, gleich ob sie schwerpunktmäßig in der Schule oder eher in der Jugendarbeit stattfindet, heute eine ganz andere Professionalität. Aber darum geht es nicht. Der entscheidende Grund liegt darin, dass sie eigentlich keine pädagogische Tätigkeit mehr ist. Pädagogische Tätigkeiten können ihrem Selbstverständnis nach nur an Menschen vollzogen werden, die noch nicht mündig sind, die durch den Vollzug dieser Tätigkeiten an ihnen dazu gebracht werden sollen, eine Identität herauszubilden, selbstständig zu werden, für sich selbst verantwortlich zu sein. In einem anthropologischen Term: Fähigkeit zur psychophysischen, ökonomischen, sozialen und genetischen Selbstreproduktion. Diese Befähigung ist heute, das muss deutlich gesehen werden, nicht mehr die primäre Aufgabe pädagogischer Tätigkeit. Dafür gibt es im Wesentlichen zwei Gründe: Der Status der Reife, wie diese Fähigkeit, die Mündigkeit, auch einmal bezeichnet wurde, wird heute nicht (mehr) von jedem Gesellschaftsmitglied erreicht bzw. er geht während des Lebenslaufes wieder verloren. Heute ist es keineswegs mehr so, dass nach abgeschlossener Pubertät davon ausgegangen werden kann, dass Mitglieder unserer Gesellschaft die beschriebene Reproduktionsfähigkeit besitzen. Die Ausbildungsprozesse haben sich bis in das vierte Lebensjahrzehnt hinein verlängert, life long learning und Weiterbildungsmaßnahmen durchziehen auch unter dem Eindruck wachsender Verwerfungen auf dem Arbeitsmarkt den Lebenslauf und oftmals müssen erworbene Reproduktionsfähigkeiten, wie im Falle der Altenpädagogik oder der Rehabilitation erneut erworben werden, weil sie durch die Begleiterscheinungen sehr langer Lebenszeiten oder gravierender Traumata verloren gegangen sind: Die Stabilisierung der physischen Existenz durch Leistungen der Medizin im Alter, nach Verletzungen oder im Falle schwerster Behinderungen hat eine Fülle von Erfordernissen nach sich gezogen, die zwar von

Pädagogen vollzogen, aber nicht mehr mit den klassischen theoretischen Kategorien erfasst werden können. Pädagogische Tätigkeiten dehnen sich auf den gesamten Lebenslauf aus, beginnend mit der Kleinstkindpädagogik bis hin zur Altenbildung. Es gibt kaum einen Bereich des täglichen Lebens, in dem, und dieses gilt nicht nur für sozial Bedürftige, pädagogische Tätigkeit nicht ihren Stellenwert hat, von der Freizeitpädagogik über Berufsberatung bis zur Sterbebegleitung. Ich stehe nicht an, diese Entwicklung zu beurteilen und zu fragen, ob eine Professionalisierung zahlreicher naturwüchsiger Kommunikationsbereiche zwischen Menschen in jedem Fall wünschenswert ist. Es ist indessen eine falsche Annahme zu glauben, dass der Lebenslauf in der traditionellen Gesellschaft nicht professionell begleitet worden wäre. Herkömmlich ist dieses das Feld der Seelsorge gewesen. Wer allein die zahlreichen volkskirchlichen Überführungsriten der traditionellen Gesellschaft kennt, weiß, dass professionelle Lebensbegleiter täglich präsent waren. Das Institut der Ohrenbeichte in der katholischen Kirche beispielsweise zeigt im Übrigen, dass auch das soziale Verhalten einer ständigen reflexiven Rückkoppelung und damit Steuerung unterlag. An die Stelle dieser theologischen Lebensbegleiter sind heute keineswegs allem die Pädagogen getreten, sondern im Zuge der funktionalen Differenzierung der Gesellschaft teilen sie sich diese Aufgabe mit Medizinern, Juristen, Steuerberatern, Psychotherapeuten usw. Der Charakter der Tätigkeit von Pädagogen hat sich also von der Vorbereitung auf das Leben verschoben in die Richtung einer lebensbegleitenden Sorge um das Individuum. Ich habe deshalb vorgeschlagen, die pädagogische Tätigkeit umfassender als kurative Tätigkeit zu begreifen. Mir scheint, dass das Erziehungssystem als gesellschaftliches Subsystem sukzessive in ein kuratives System transformiert wird.

Die Erwartung, dass diese Tätigkeiten wieder entprofessionalisiert und in ungeregelte gesellschaftliche Institutionen wie die Familie, die peers oder andere Institutionen zurückgeführt würden, halte ich für völlig abwegig. Der Grund dafür ist evident. Bereits in der traditionellen Gesellschaft gab es, wie gezeigt, und heute gibt es im vermehrten Maße, einen fast anthropologischen Bedarf an Kräften der Lebensbegleitung. Warum müssen diese professionalisiert sein? Die Antwort darauf ist leicht zu begründen: Weil nur durch die Gesellschaft definierte Personen, Personen mit einer „Lizenz", die entscheidende sozialpsychologische Aufgabe erfüllen können, die einstmals den Priestern oblag: nämlich im Lebenslauf die notwendigen Überführungen von Lebensphase zu Lebensphase, die notwendige Initiationen und Riten durchzuführen. Zum Vollzug dieser ja keineswegs verschwundenen, lediglich säkularisierten Aufträge und Ansprüche der Gesellschaft an das Individuum bedarf es des Beauftragten, der selbst durch bestimmte gesellschaftliche Beglaubigungen die Berechtigung erworben hat, den Fortgang des Individuums im Lebenslauf zu beglaubigen. Die Lizenz, das Leben zu begleiten, ist eine solche, die an bestimmte Fähigkeiten gebunden wird, wie sie beispielsweise durch ein akademisches Studium erworben und durch eine Prüfung beurkundet werden. Ich bin mir darüber im Klaren, dass solchen Überlegungen für einen hartgesottenen Positivisten auf den ersten Blick esoterisch klingen mögen. In der Ethnologie indessen gehört gerade die Einsicht zu den hard facts, dass eine Gesellschaft ohne „Priester" im weitesten Sinne nicht auskommt.

Aufgaben

1. Geben Sie wieder, wie Lenzen seine These begründet, „dass das Erziehungssystem als gesellschaftliches Subsystem sukzessive in ein kuratives System transformiert wird".
2. Erläutern Sie Lenzens Position. Greifen Sie dazu auf Ihre Kenntnisse zu den pädagogischen Institutionen und zur Professionalisierung zurück. (Am Ende dieses Kapitels finden Sie dazu Verweise.)
3. Vergleichen Sie Lenzens Position mit der von Nittel/Tippelt.

Lothar Wigger ist Professor für Allgemeine Erziehungswissenschaft an der TU Dortmund.

M 8 Drei Einwände gegen Lenzens Position (Lothar Wigger)

Lenzen konstatiert eine stetige Steigerung des Beschäftigungssegments der Erziehungs- und Sozialberufe und sieht einen ungebrochenen Trend […]. Seine Prognose einer weiteren Expansion […] passt allerdings nicht recht mit seinem Appell an die Politiker, mit seinem argumentativen Überzeugungsversuch zusammen, aus Interesse an gesellschaftlichen und persönlichen Entwicklungsmöglichkeiten nicht am Bildungswesen zu sparen […]. Die Entwicklung der Beschäftigungsmöglichkeiten hängt von politischen Bedingungen und gesellschaftlicher Nachfrage ab. Dann ist es aber problematisch, einen Trend aus der Vergangenheit in die Zukunft fortzuschreiben, insofern die für die Expansion günstigen Bedingungen der letzten Jahrzehnte sich unter den neuen politischen Ausrichtungen und finanziellen Restriktionen radikal ändern werden. Es mag sein, dass es Gründe – gesellschaftliche oder anthropologische Gründe gibt, die für einen wachsenden Bedarf an pädagogischer Betreuung sprechen, aber kann sich dieser Bedarf die professionelle Betreuung leisten? Und sind die gewünschten betreuenden Tätigkeiten attraktive Beschäftigungen oder zumindest finanziell akzeptabel für ausgebildete Pädagogen? Und sind es Tätigkeiten für Pädagogen?

Mein zweiter Einwand zielt auf die Begründung des expandierenden Erziehungssystems bzw. eines neu entstehenden kurativen Systems. Die Feststellungen, dass Pädagogen nicht nur erziehen und unterrichten, sondern auch in Sektoren wie Pflege, Beratung, Prävention, Diagnose und

Therapie, Rehabilitation, Integration arbeiten, dass „pädagogische Tätigkeiten sich auf das ganze Leben ausdehnen" und dass „es kaum einen Bereich des täglichen Lebens gibt, in dem pädagogische Tätigkeit nicht ihren Stellenwert hat" […], sprechen zunächst nur für die erfolgreiche Durchsetzung von ausgebildeten Pädagogen auf dem Arbeitsmarkt. Das mag man positiv bewerten (oder auch nicht), aber daraus folgt jedenfalls nicht, dass alle diese verschiedenen Tätigkeiten auch pädagogische Tätigkeiten sind, auch nicht, dass alle diese Tätigkeiten vergleichbare Ziele verfolgen, und auch nicht, dass sich die kategorialen Grundlagen der Disziplin auflösen oder dass sie aufzugeben sind. Und wenn Lenzen das Gemeinsame als „lebensbegleitende Sorge um das Individuum" bestimmt, so ist diese Bestimmung weder trennscharf noch exklusiv, denn „im Zuge der funktionalen Differenzierung der Gesellschaft teilen sie (die Pädagogen) sich diese Aufgabe mit Medizinern, Juristen, Steuerberatern, Psychotherapeuten usw." […]. Die Kategorie der „Lebensbegleitung" ist zu allgemein, um das Besondere von pädagogischen Tätigkeiten zu erfassen […]. Die Bestimmung von Gemeinsamkeiten legitimiert nicht den Verzicht auf die Bestimmung der jeweiligen Besonderheit. Der historische Wandel und die Differenzierung von Biografien sowie die Anforderungen lebenslangen Lernens lassen bestimmte soziologische Normvorstellungen von Statuspassagen und Lebenslauf veralten, aber nicht den pädagogischen Blick auf Bildungsdefizite und -erfordernisse. Diese Perspektive auf Bildung und auf Arrangements ihrer Ermöglichung ist das Spezifische der pädagogischen Sorge um das Individuum. Drittens ist es überraschend zu beobachten, dass Lenzen an entscheidenden Stellen bildungstheoretisch argumentiert. So rekurriert er auf den Bildungsbegriff, um sozialpädagogische Hilfe von Hilfe überhaupt zu unterscheiden und um das Gemeinsame von sozialpädagogischer Hilfe mit Bildung, Erziehung und Unterricht herauszustellen […]. Die einheimischen Begriffe sind offensichtlich doch noch nicht obsolet […].

Aufgaben

1. Geben Sie die drei Einwände wieder, die Wigger gegen die Position von Lenzen vorträgt.
2. Erläutern Sie diese Einwände. Greifen Sie dazu auf Ihre Kenntnisse zur Institutionalisierung und Professionalisierung zurück.
3. Diskutieren Sie über den Disput zwischen Lenzen und Wigger.

Ein dritter Ansatz, das pädagogische Subsystem in seiner Gesamtheit zu erfassen, stammt von Peter Menck (Universität Siegen).

M9 Erziehung – Erziehungssystem (Peter Menck)

Erziehung

Kommen wir zurück zur ‚Erziehung' und zu unserem alltäglichen Sprachgebrauch. Der hat tatsächlich seine Tücken. Nicht alles, was da ‚Erziehung' genannt wird, mögen wir in der Ausbildung von angehenden Lehrern sinnvoller Weise dem Gegenstand einer Wissenschaft von der Erziehung zurechnen. Dressur, Gehirnwäsche, psychische Einflussnahme werden zwar wohl auch als ‚Erziehung' bezeichnet; auch ‚erziehen' wir Rekruten, Verkehrsrowdys, werden wir Alten von unseren Kindern ‚erzogen'; gar Hunde und selbst Obstbäume ‚erzieht' man. Übrigens gibt es auch die Münchhausen-Vorstellung, dass wir uns selbst erziehen könnten. Nähmen wir all das in den Gegenstand einer Wissenschaft von der Erziehung hinein, wären wir schnell in der Nacht, in der alle Kühe schwarz sind. Bleiben wir besser – wie im Alltag selbstverständlich – bei der Erziehung in der Schule, der Familie, dem Kindergarten oder dem Heim.
Was haben diese Einrichtungen gemeinsam, sodass wir das, was in ihnen geschieht, als ‚Erziehung' sehen und bezeichnen? Dass hier ein Mensch oder mehrere das Verhalten von einem anderen oder mehreren Menschen zu beeinflussen versuchen, und zwar im Blick auf ein bestimmtes Ziel? Das trifft zu, ist aber immer noch zu weit gefasst. Denn damit würden Situationen und Sachverhalte unter ‚Erziehung' fallen, die uns moralisch Unwohlsein bereiten: die Werbung und die Gehirnwäsche beispielsweise. Also sollten wir den Begriff noch enger fassen […]. […] Zusammenfassend und ganz traditionell definiere ich demnach: ‚Erziehung' ist die Vermittlung der Mündigkeit an Unmündige. […]
Der letzte Zweck dessen, was wir unter ‚Erziehung' verstehen, sind Menschen, die selbstständig, selbstbestimmt und verantwortlich ihr Leben in der Gesellschaft führen: mündige Menschen. Damit haben wir eine brauchbare und sozusagen praxistaugliche Definition von ‚Erziehung' in ihrer allgemeinsten Form. Vor anderen Begriffsbestimmungen hat diese einen entscheidenden Vorzug: Der Begriff der ‚Mündigkeit' entstammt dem politisch-rechtlichen Raum. Da gibt das Bürgerliche Gesetzbuch (BGB) der Praxis der öffentlichen Erziehung ebenso wie der Familienerziehung verbindlich eine Grenze legitimen Handelns vor. An exponierter Stelle, nämlich in den ersten beiden Paragraphen, heißt es:
„§ 1 Die Rechtsfähigkeit des Menschen beginnt mit der Vollendung der Geburt.
§ 2 Die Volljährigkeit tritt mit der Vollendung des achtzehnten Lebensjahres ein."
In der bis 1991 geltenden Fassung des BGB gab es den Begriff der ‚Mündigkeit' noch, dort nämlich, wo die Bedingungen aufgelistet wurden, unter denen ein Mensch ‚ent-

Pädagogische Institutionen und Professionalisierung

WAS JUGENDÄMTER LEISTEN
Fragen und Antworten

Abb. 4.11

mündigt' werden konnte (§ 6; heute ist die ‚Entmündigung' durch die ‚Betreuung' ersetzt worden). – Gerade weil sie kein Grundbegriff der Erziehungswissenschaft ist, taugt die ‚Mündigkeit' zur Bezeichnung einer Grenze, die ihrem Gegenstand von außen gezogen ist. Eine solche Außengrenze braucht man, damit man

- theoretisch das zu Definierende nicht durch sich selbst definiert; das wäre eine ‚Zirkeldefinition' nach dem Muster: ‚Erziehung' ist das, was ‚Erzieher' machen; und damit man
- praktisch nicht alles das dem erzieherischen Zugriff aussetzt, was man mit eigenen Vorstellungen und Begriffen als ‚Erziehung' vereinnahmt hat und gerne nach den eigenen Vorstellungen modellieren möchte.

Man könnte, wie gesagt, mit einigem Recht einwenden, dass der Rückgriff auf den Alltag, die Praxis von Erziehung, auf eben den Zirkel hinausläuft, den ich zu vermeiden suche. Das wäre allerdings nur dann eine Zirkeldefinition, wenn man – bildlich gesprochen – von innen, aus der Praxis heraus aus eigener Definitionsmacht das Feld begrenzte und nicht berücksichtigte, dass man es bereits von außen definiert vorfindet.

Das Erziehungssystem

Als Nächstes wären jetzt die ‚Vermittlung' bzw. die ‚Maßnahmen' meiner Definition näher zu bestimmen: Was umfassen die? Die Fülle dessen müsste in eine brauchbare Arbeitsdefinition noch ausdrücklich mit aufgenommen werden. Man findet da gelegentlich eine griffige Formel, die auf den Pädagogen und Psychoanalytiker Siegfried Bernfeld zurückgeht: ‚Erziehung' sei „die Summe der Reaktionen einer Gesellschaft auf die Entwicklungstatsache". […] So formuliert, reicht das nicht. Denn die Produktion von Kinderschuhen und Babynahrung oder der halbe Fahrpreis im öffentlichen Verkehr sind auch eine solche Reaktion; es wäre zwar möglich, aber doch etwas ungewöhnlich, wenn man hier von ‚Erziehung' spräche. Nimmt man allerdings den Aspekt der ‚Mündigkeit' hinzu, dann könnte man Bernfelds Formel sinnvoll und praktisch brauchbar ergänzen: … sofern sie auf die ‚Mündigkeit' der sich entwickelnden Menschen verpflichtet sind […]. Unter Zuhilfenahme von Begriffen der sozialwissenschaftlichen Systemtheorie kann man dann die ‚Reaktionen einer Gesellschaft' wie folgt näher beschreiben:
In modernen Gesellschaften wird unter ‚Erziehung' ein System verstanden – das ‚Erziehungssystem' oder ‚Erziehung in der Gesellschaft'.
Es ist

- durch seinen Zweck: die Mündigkeit, von anderen Systemen, von seiner Umwelt abgegrenzt;
- in sich strukturiert und in Teilsysteme ausdifferenziert.
- Es wird von Trägern finanziert und kontrolliert: So richten der Staat, Kirchen, auch private Vereine Kindertagesstätten und Schulen ein und finanzieren sie.
- Es umfasst ein Personal, Eltern sowie professionelle Erzieher, das an besonderen Einrichtungen spezifisch ausgebildet wird. Und es hat eine spezifische Klientel: ‚zu Erziehende', auch ‚Edukanden' genannt.
- Es sieht Handlungen und Maßnahmen der Beteiligten vor, die zur Erreichung des Zweckes dienen sollen, Handlungen, die der Hinführung zu einem selbstständigen und verantwortlichen Leben in der Gesellschaft dienen. Es sind diese Handlungen, an die wir als Alltagsmenschen bei dem Wort ‚Erziehung' zuerst denken.
- Ergebnisse werden erwartet und
- Umwelt- oder Randbedingungen berücksichtigt.
- Alles wird zu dem besagten, allgemeinen Zweck der Mündigkeit organisiert und orientiert sich an mehr oder weniger detaillierten Zielen, die den allgemeinen Zweck handhabbar machen.

Die Teilsysteme des Erziehungssystems, die Schule etwa, kann man ihrerseits im Einzelnen nach diesen Gesichtspunkten aufschlüsseln.

Aufgaben

1. Erläutern Sie Mencks Definitionen von „Erziehung" und „Erziehungssystem".
2. Vergleichen Sie seinen Ansatz mit denen von Nittel/Tippelt und Lenzen.
3. Welche Position finden Sie am überzeugendsten? Erörtern Sie Ihre Beurteilungen in Ihrem Kurs. Stellen Sie dabei Beziehung zu Ihrem Wissen über Institutionalisierung und Professionalisierung her.
(Am Ende dieses Kapitels finden Sie dazu Verweise.)

Die kontinuierliche Ausdehnung des Erziehungs- und Bildungswesens in den letzten Jahrzehnten hat zu einer immer größeren Vielfalt der pädagogischen Berufe geführt. Diese dynamische Entwicklung der **Profession** wird begleitet von einer gleichzeitig sich vollziehenden Ausdifferenzierung der wissenschaftlichen **Disziplin** „Pädagogik" bzw. „Erziehungswissenschaft". Einen Überblick über die heutige Struktur der Erziehungswissenschaft gibt Dieter Lenzen.

M10 Fächer, Felder und Konzepte: Die Struktur der Erziehungswissenschaft heute (Dieter Lenzen)

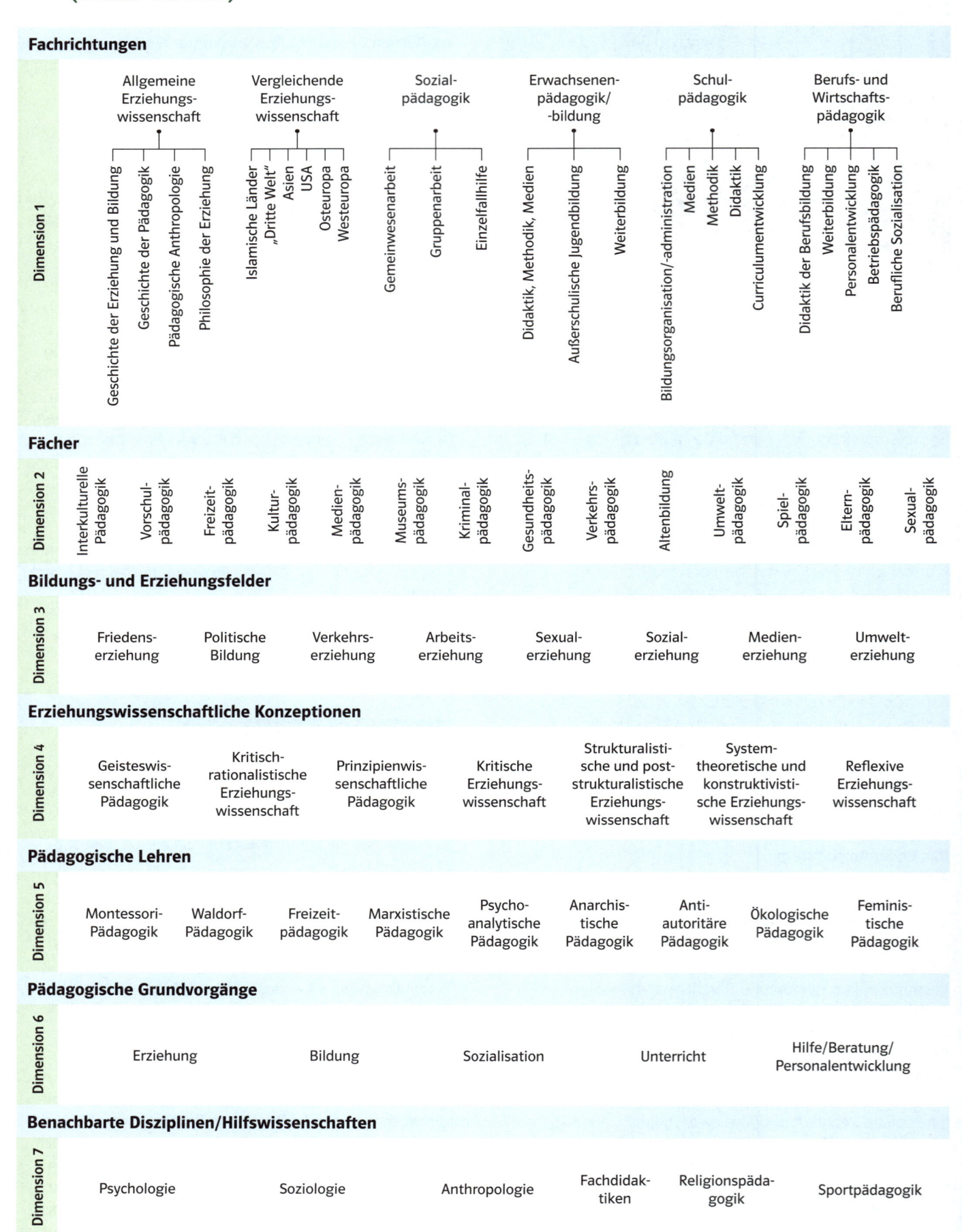

Fachrichtungen

Dimension 1

- **Allgemeine Erziehungswissenschaft**
  - Geschichte der Erziehung und Bildung
  - Geschichte der Pädagogik
  - Pädagogische Anthropologie
  - Philosophie der Erziehung
- **Vergleichende Erziehungswissenschaft**
  - Islamische Länder
  - „Dritte Welt"
  - Asien
  - USA
  - Osteuropa
  - Westeuropa
- **Sozialpädagogik**
  - Gemeinwesenarbeit
  - Gruppenarbeit
  - Einzelfallhilfe
- **Erwachsenenpädagogik/-bildung**
  - Didaktik, Methodik, Medien
  - Außerschulische Jugendbildung
  - Weiterbildung
- **Schulpädagogik**
  - Bildungsorganisation/-administration
  - Medien
  - Methodik
  - Didaktik
  - Curriculumentwicklung
- **Berufs- und Wirtschaftspädagogik**
  - Didaktik der Berufsbildung
  - Weiterbildung
  - Personalentwicklung
  - Betriebspädagogik
  - Berufliche Sozialisation

Fächer

Dimension 2

- Interkulturelle Pädagogik
- Vorschulpädagogik
- Freizeitpädagogik
- Kulturpädagogik
- Medienpädagogik
- Museumspädagogik
- Kriminalpädagogik
- Gesundheitspädagogik
- Verkehrspädagogik
- Altenbildung
- Umweltpädagogik
- Spielpädagogik
- Elternpädagogik
- Sexualpädagogik

Bildungs- und Erziehungsfelder

Dimension 3

- Friedenserziehung
- Politische Bildung
- Verkehrserziehung
- Arbeitserziehung
- Sexualerziehung
- Sozialerziehung
- Medienerziehung
- Umwelterziehung

Erziehungswissenschaftliche Konzeptionen

Dimension 4

- Geisteswissenschaftliche Pädagogik
- Kritisch-rationalistische Erziehungswissenschaft
- Prinzipienwissenschaftliche Pädagogik
- Kritische Erziehungswissenschaft
- Strukturalistische und poststrukturalistische Erziehungswissenschaft
- Systemtheoretische und konstruktivistische Erziehungswissenschaft
- Reflexive Erziehungswissenschaft

Pädagogische Lehren

Dimension 5

- Montessori-Pädagogik
- Waldorf-Pädagogik
- Freizeitpädagogik
- Marxistische Pädagogik
- Psychoanalytische Pädagogik
- Anarchistische Pädagogik
- Antiautoritäre Pädagogik
- Ökologische Pädagogik
- Feministische Pädagogik

Pädagogische Grundvorgänge

Dimension 6

- Erziehung
- Bildung
- Sozialisation
- Unterricht
- Hilfe/Beratung/Personalentwicklung

Benachbarte Disziplinen/Hilfswissenschaften

Dimension 7

- Psychologie
- Soziologie
- Anthropologie
- Fachdidaktiken
- Religionspädagogik
- Sportpädagogik

Abb. 4.12: Die Struktur der Erziehungswissenschaft

Die Erziehungswissenschaft ist inzwischen die zweitgrößte Disziplin jüngeren Datums. Immer noch finden deutliche Veränderungen in der Fachstruktur statt, wie es von jeder dynamischen Wissenschaft erwartet werden kann, die nicht in sich selbst erstarrt ist. Trotzdem haben sich zahlreiche Elemente inzwischen so fest eingerichtet, dass das Fach in seiner Struktur dargestellt werden kann (vgl. Abb. 4.12).

Vorab gilt es, eine grundlegende Unterscheidung zwischen sechs verschiedenen Dimensionen zu treffen, wenn wir die Struktur des Fachs beschreiben wollen. Zunächst einmal unterscheiden wir die großen Fachrichtungen der Erziehungswissenschaft, die sich (im Wesentlichen) im Laufe dieses Jahrhunderts herausgebildet haben: Allgemeine bzw. Systematische Pädagogik, Sozialpädagogik, Berufs- und Wirtschaftspädagogik, Historische Pädagogik, Vergleichende Pädagogik, Schulpädagogik bzw. Unterrichtswissenschaft, Erwachsenenpädagogik bzw. Erwachsenenbildung, Sonderpädagogik, Vorschulpädagogik. Diese Fachrichtungen haben sich selbst noch einmal entfaltet (vgl. Abb. 4.12). Diese Ausdifferenzierungen bezeichnen die Bestandteile der Fachrichtung. Deren Status ist unterschiedlich.

In manchen Fällen wird von den Studierenden erwartet, dass Sie alle Facetten der Fachrichtung beherrschen, gelegentlich ist eine Wahl möglich. So ist es z. B. nicht sinnvoll, in der Fachrichtung Schulpädagogik eine Wahl zwischen Didaktik und Methodik zuzulassen, weil beides nicht voneinander getrennt werden kann. Umgekehrt ist eine Wahl in der Fachrichtung Berufs- und Wirtschaftspädagogik zwischen Betriebspädagogik und Weiterbildung durchaus sinnvoll, weil damit unter Umständen unterschiedliche Berufsbilder angesprochen werden. Wo Wahlen möglich sind und wo dieses nicht der Fall ist, darüber geben Studienordnungen, Studienpläne und Prüfungsordnungen Auskunft.

Eine zweite Dimension der Struktur der Erziehungswissenschaft sind die Fächer. Der Unterschied zu den Fachrichtungen besteht darin, dass diese Fächer auch organisatorisch an den Universitäten eher kleinere Einheiten darstellen. In der Regel bedeutet dies für die Studierenden, dass es sich um Wahlpflichtfächer im Diplom- oder Magisterstudium handelt. Dabei ist es gut möglich, dass im Verlauf der gesellschaftlichen Entwicklung einzelnen dieser Fächer eine solch hohe Bedeutung beigemessen wird, dass sie zu Fachrichtungen „aufsteigen". Insofern spiegelt die Struktur der Erziehungswissenschaft jeweils einen bestimmten historisch-gesellschaftlichen Problemstand.

Von den Fachrichtungen und Fächern sind wiederum zu unterscheiden Bildungs- und Erziehungsfelder (Dimension 3). Dabei handelt es sich – an der Bezeichnung „...-erziehung" kann man es sehen – in der Regel um Erziehungs- oder auch Bildungsaufgaben, die sich in verschiedenen Bereichen der pädagogischen Berufstätigkeit stellen können, für die es auch Ansätze gibt, die aber nicht den Status von Fächern erlangt haben. Man kann leicht einsehen, woran dieses liegt: Sozialerziehung z. B. kann Gegenstand unterschiedlicher Fächer, aber auch Fachrichtungen sein, Sozialerziehung wird sowohl in der Schule betrieben, etwa in der außerschulischen Jugendbildung, aber auch in der Sozialpädagogik oder in der Betriebspädagogik.

Während Fachrichtungen, Fächer und Bildungs- bzw. Erziehungsfelder zueinander in einem hierarchischen Verhältnis der fachlichen Entfaltung stehen, gilt dieses für die Dimension 4 der Struktur der Erziehungswissenschaft nicht mehr (vgl. Abb. 4.12). Hier handelt es sich nicht mehr um Fachbestandteile, sondern um wissenschaftliche Konzeptionen. In der Geschichte der Erziehungswissenschaft haben sich verschiedene Grundkonzeptionen aus theoretischen, meist philosophischen oder soziologischen Theorien heraus entwickelt und etabliert. Was bedeutet das im Verhältnis zu den Fachrichtungen, Fächern und Bildungs- und Erziehungsfeldern? – In all diesen Bereichen kann konzeptionell sehr unterschiedlich gearbeitet werden. So ist es z. B. möglich, historische Pädagogik vom Standpunkt der kritisch rationalistischen Erziehungswissenschaft zu betreiben, aber auch vom Standpunkt strukturalistischer oder systemtheoretischer Erziehungswissenschaft. In der Regel gilt: In jeder Fachrichtung, in jedem Fach und auch für jedes Bildungs- und Erziehungsfeld existieren die wichtigsten wissenschaftlichen Konzeptionen. In jedem dieser Bereiche ist versucht worden, jede dieser wissenschaftlichen Konzeptionen zur Anwendung zu bringen. Für die im Studium zu treffenden Entscheidungen ist dieses bedeutsam. Wenn man z. B. eine Lehrveranstaltung zur kritischen Erziehungswissenschaft besucht, dann bedeutet dieses, dass das dort Gelernte auf das eigene Fach anzuwenden ist. Die kritische Erziehungswissenschaft ist nicht selbst ein Fach. Erziehungswissenschaftliche Konzeptionen sind etwas anderes als pädagogische Lehren. Diese sind in der Dimension 5 der Abbildung 4.12 notiert. Ebenso wie bei der Dimension 4 handelt es sich dabei um Entwicklungen, die sich seit dem 19. Jahrhundert herausgebildet haben. Der wesentliche Unterschied zwischen einer pädagogischen Lehre und einer erziehungswissenschaftlichen Konzeption besteht darin, dass eine Lehre einer zumeist außerpädagogischen normativen Vorstellung darüber folgt, wie der Mensch zu sein habe, wie Gesellschaft aussehen solle, d.h.: Solche Lehren versuchen – häufig genug nach dem Muster normativer Pädagogik – aus einem Menschen- oder Gesellschaftsbild Erziehungslehren abzuleiten. Dieses muss man wissen, wenn man sich darauf einlässt. Gegenstand eines erziehungswissenschaftlichen Studiums sind solche Lehren nicht deshalb, um die Studierenden zu Waldorf-, Freinet- oder marxistischen Pädagogen auszubilden, sondern um ihnen Urteilsfähigkeit über die Voraussetzungen und ungewollten Folgen zu vermitteln, die solche pädagogischen Lehren mit sich bringen. Dass diese Lehren oftmals sehr brauchbares Handwerkszeug für den pädagogischen Alltag entwickelt haben, z. B. die berühmten Montessori-Materia-

Abb. 4.13

lien, steht auf einem anderen Blatt. Ein professioneller
Pädagoge muss aber gelernt haben, zu unterscheiden zwischen den normativen Voraussetzungen solcher Konzeptionen und der technischen Brauchbarkeit einzelner ihrer Elemente.
Erziehungswissenschaftliche Konzeptionen, aber auch pädagogische Lehren sind von erheblichem Einfluss auf eine sechste Dimension, nämlich auf die pädagogischen Grundvorgänge (vgl. Abb. 4.12). Dabei handelt es sich um Erziehung, Bildung, Sozialisation, Unterricht und Hilfe. Je nachdem, ob diese Grundvorgänge beispielsweise vom Boden einer kritisch-rationalistischen Erziehungswissenschaft oder vom Boden einer prinzipienwissenschaftlichen Pädagogik aus untersucht werden, rücken ganz unterschiedliche Teile der Wirklichkeit dieser Grundvorgänge in den Blick. Sie führen, weil den Konzeptionen unterschiedliche Methoden folgen, zu unterschiedlichen Forschungsresultaten. Für die pädagogischen Lehren gilt das in ähnlicher Weise, nur dass deren Differenzen keine Folgen für die Forschung, wohl aber für die pädagogische Praxis haben. So ist es ein erheblicher Unterschied, ob jemand vom Boden der Waldorf-Pädagogik aus Bildung definiert oder ob er dieses vom Boden der antiautoritären Pädagogik aus versucht. Im ersten Fall wird ein ganzheitlicher Ansatz im Vordergrund stehen, im zweiten Fall die Ablehnung von Bildung als bürgerlicher Ideologie.

In einer Dimension 7 (vgl. Abb. 4.12) der Struktur der Erziehungswissenschaft sind noch einige benachbarte Fächer bzw. Hilfswissenschaften genannt, die Bestandteil der meisten erziehungswissenschaftlichen Studiengänge sind. So sind Psychologie und Soziologie Pflichtfächer im Diplomstudiengang. Die Anthropologie beginnt, schon aufgrund der wachsenden Bedeutung der Evolutionsbiologie, wieder an Aufmerksamkeit zu gewinnen. Fachdidaktiken sind Pflichtbestandteil der Lehramtsausbildung. Religions- und Sportwissenschaft sind Disziplinen, die vom Boden der Theologie bzw. der Sportwissenschaft her betrieben werden und dennoch in beträchtlicher Nähe zur Erziehungswissenschaft stehen.

Man könnte sich nun wünschen, eine Erläuterung zu jedem Element aus jeder der sieben Dimensionen zu erhalten, um einen Überblick über die Erziehungswissenschaft zu gewinnen. Wer einen solchen Überblick hätte, bedürfte indessen eines erziehungswissenschaftlichen Studiums nicht mehr.

Aufgabe

Erläutern Sie einige der in der Übersicht vorkommenden Begriffe, sofern Sie sie kennengelernt haben.

4.3 Professionalisierung in pädagogischen Institutionen

Fabian Kessl ist Professer für Theorie und Methoden der Sozialen Arbeit an der Universität Duisburg/Essen. Im folgenden Text stellt er sein Konzept der „reflexiven Professionalisierung" vor. Sie können das Verständnis von Professionalisierung und Professionalität, das Sie in den anderen Kursen entwickelt haben, überprüfen und vertiefen, wenn Sie sich mit seinen Überlegungen auseinandersetzen.

M11 Reflexive Professionalisierung (Fabian Kessl)

Professionalität ist kein fixierbares Produkt. Darauf weisen unterschiedliche empirische Befunde hin: Professionell agieren, d.h. im Sinne der pädagogischen Intervention – z.B. des Beratens, oder eben des Lehrens und Unterrichtens – können nicht nur akademisch ausgebildete Pädagog/innen und zertifizierte Angehörige der Professionellengruppe. Das zeigen z.B. die Studien […] zum Laienhandeln als Beraterhandeln in eindrücklicher Art und Weise – auch der Taxifahrer oder der Kneipenwirt kann manches Mal ein professionell agierender Berater sein. […]
Professionalisierung ist weder mit der Etablierung einer spezifischen Berufsgruppe als Gewährleistungsinstanz von Professionalität noch mit dem Modell der ausgebildeten und routinisierten individuellen Professionellenfigur als entscheidende Gewährleistungsinstanz von Professionalität per se zu erreichen. Wenn das stimmt, ist die Konsequenz: […] Professionalisierung ist nicht das Ende eines chronologischen Prozesses, sei es nun als erfolgreiches Ende der historischen Etablierung einer Berufsgruppe als „Profession" oder als Ende eines erfolgreichen Sozialisationsprozesses eines Novizen als Professionellem gefasst.

Abb. 4.14

Pädagogische Professionalisierung erweist sich vielmehr als die Gestalt eines Tuns, das immer wieder erneut realisiert werden muss, das von situativen Kontexten nicht nur abhängig ist, sondern selbst diese Kontexte mit (re)produziert, das daher auch mit einer notwendigen Ungewissheit umgehen, ja diese aushalten und daher risikobereit sein muss.

Pädagogische Professionalisierung ist dann nicht mehr das Versprechen auf die Etablierung der Pädagogik als Profession – oder ihrer Handlungsfelder als solche. Professionalisierung ist dann vielmehr ein *Selbstverständnis* und eine *Vereinbarung*, der sich die Akteure/innen und Organisationen aussetzen, und sie verweist auf Situationen, die die Beteiligten immer wieder neu verstehen und gestalten müssen.

Folgt man einem solchen *reflexiven Professionalisierungsmodell* – so könnte man dieses Modell in Korrespondenz und kritischer Weiterentwicklung von vorliegenden Vorschlägen […] nennen, dann wendet sich die Perspektive. Das heißt, die Logik des Tuns bildet nun den Ausgangspunkt, und nicht mehr den Endpunkt der Bestimmung des Professionalisierungsprozesses […]. Die Logik des Tuns ergibt sich in funktionalistischen und modernisierungstheoretischen Modellen z. B. aus der Expertise der Professionellen und ihrer gesellschaftlichen Position, oder in interaktionistischen aus dem Wissen und den Fähigkeiten des einzelnen Professionellen. Demgegenüber richtet sich ein Modell der reflexiven Professionalisierung eben *an* der Logik des Tuns aus. Diese ist aber *nicht* vorherbestimmbar. Gerade dieses „Nicht-Wissen" […] ist es, was pädagogische Professionalisierung notwendig macht, aber eben auch ausmacht. Nicht-Wissen, so ließe sich sagen, ist daher *konstitutiv* für pädagogische Professionalität.

Nun könnte dieser Hinweis zu einem postmodernen Missverständnis führen – frei nach dem Motto, alles ist möglich, jedes different und daher nichts systematisch bestimmbar außer dieser Zufälligkeit.

Um es ganz deutlich zu sagen: Reflexive Professionalisierung meint das nicht. Das zeigt sich ganz konkret darin, dass es mit Blick auf ein Modell der reflexiven Professionalisierung weder darum geht, eine Ausbildung von professionell Tätigen als sinnlos zu erklären: Ein angemessenes erziehungswissenschaftliches Studium hat aber auf den Umgang mit Ungewissheit, auf die situative Gestaltungsnotwendigkeit usw. vorzubereiten. Auch ist mit dem Modell einer reflexiven Professionalisierung nicht gesagt, dass es keine Berufsgruppen mehr geben sollte, denen die Bearbeitung bestimmter als relevant markierter Probleme öffentlich zur Bearbeitung zugemutet werden – also Berufsgruppen, die die makrotheoretische Perspektive „Professionen" nennt. Das Modell der reflexiven Professionalisierung macht nur deutlich, dass diese Zumutung, dieser öffentliche Auftrag und die damit verbundene Institutionalisierung – z. B. der kurativen (medizinischen Berufe) oder eben in unserem Fall der erzieherischen und bildungsbezogenen Tätigkeiten – noch nichts über die Kompetenz einer bestimmten Berufsgruppe oder der Vertreter/innen aussagt, sondern etwas über das politische Interesse an einer Problembearbeitung. Mit der öffentlichen Institutionalisierung einer Berufsgruppe, z. B. der Erziehungs- und Bildungsarbeiter/innen, ist eben noch ebenso wenig über das Gelingen von Erziehung und Bildung gesagt, wie mit der Etablierung der Professionsgruppe der Ärzte über den medizinischen Therapieerfolg.

Aufgaben

1. Arbeiten Sie heraus, was Kessl mit „reflexiver Professionalisierung" meint. Geben Sie dazu wieder, wie er den Begriff von anderen Vorstellungen von Professionalisierung abgrenzt.
2. Erläutern Sie Kessls Position, indem Sie Beispiele aus unterschiedlichen Bereichen des „Erziehungssystems" (Frühpädagogik, Schulpädagogik, Sozialpädagogik, Erwachsenenbildung) heranziehen.
3. Vergleichen Sie Kessls Konzept der „reflexiven Professionalisierung" mit anderen Professionalisierungsbegriffen, die Sie kennengelernt haben.
4. Nehmen Sie kritisch Stellung zu Kessls Konzept.

4. Kapitel

Texte zu den pädagogischen Grundbegriffen in den Heften von „Perspektive Pädagogik"

Mit **Institutionalisierung** und **Professionalisierung** haben Sie sich bereits in allen anderen Heften von „Perspektive Pädagogik" beschäftigt. Hier finden Sie – ohne Anspruch auf Vollständigkeit – Hinweise auf die entsprechenden Texte in anderen Heften von „Perspektive Pädagogik".

Familie
- PP1, S. 97: Cadenbach: Das Schicksal, ein paar Straßen weiter
- PP1, S. 104: Marotzki u. a.: Erziehung und Sozialisation in der Familie
- PP1, S. 106: Hegel: Schule und Familie
- PP1, S. 121: Ladenthin: Schule und Familie
- PP3, S. 32: Hurrelmann: Sozialisation und Erziehung in den Familien
- PP3, S. 35: Winkler: Familie in pädagogischer Perspektive
- PP3, S. 36: Gaschke: Die „andere Armut" als Bildungsrisiko
- PP4, S. 58: VESUV e.V.: Familie aus systemischer Sicht
- PP4, S. 59: Stierlin: Verstrickende Bindung und Ausstoßung
- PP4, S. 60: Omer/von Schlippe: Familiäre Rahmenbedingungen für die Entstehung von Gewalttätigkeit
- PP4, S. 64: Deutsches Jugendinstitut: Theoretische Grundlagen einer Sozialpädagogischen Familienhilfe
- PP4, S. 65: Deutsches Jugendinstitut: Systemische Sichtweisen sozialpädagogischer Familienhilfe
- PP4, S. 69: Müller/Krinninger u. a.: Erziehung und Bildung in der Familie
- PP4, S. 71: Müller/Krinninger u. a.: Familie Antonow

Institutionalisierung und Professionalisierung

Bereich Frühpädagogik
- PP3, S. 87: Honig: Struktur und Organisation der Kinderbetreuung
- PP3, S. 89: Nentwig-Gesemann u. a.: Entwicklungsthemen der Kinder und Kompetenzen der Fachkräfte
- PP3, S. 92: Fthenakis/Daut: Aufgaben frühpädagogischer Fachkräfte
- PP3, S. 92: Aktionsrat Bildung: Problemlagen der Ausbildung
- PP3, S. 93: Müller: Professionalisierung

Bereich Sozialpädagogik
- PP4, S. 98: Mollenhauer: Aufgaben und Schwierigkeiten der Sozialpädagogik
- PP4, S. 99: Thole: Die Soziale Arbeit – Begriffe und Gegenstand
- PP4, S. 100: Klüsche/Effinger: Handlungsfelder der Sozialen Arbeit
- PP4, S. 102: Deller/Brake: Professionalität von Fachkräften der Sozialen Arbeit

Bereich Weiterbildung/Erwachsenenbildung
- PP4, S. 124: Wittpoth: Strukturen der Weiterbildung in Deutschland
- PP4, S. 125: Wittpoth: Betriebliche Weiterbildung
- PP4, S. 126: Kade u. a.: Profession – Professionalisierung – Professionalität
- PP4, S. 128: Kade u. a.: Berufsbezeichnung und Berufsrollen der in der Erwachsenenbildung beruflich Tätigen

Bereich Schule
- PP1, S. 106: Hegel: Schule und Familie
- PP1, S. 107: Ladenthin: Schule, Enkulturation und Bildung
- PP2, S. 108: Hinz: Inklusion und Integration
- PP2, S. 109: Inklusion – ein neuer pädagogischer Begriff
- PP5, S. 40: Tenorth: Wirkungen und Nebenwirkungen des Bildungssystems in der DDR
- PP5, S. 46: Sander: Staatsbürgerkunde als Kernfach politischer Bildung in der DDR
- PP5, S. 67: Higgins: Moralische Erziehung in der Gerechte-Gemeinschaft-Schule – Über praktische Erfahrungen in den USA
- PP5, S. 76: Reinhardt: Mündige Bürger – Ziele der politischen Bildung
- PP5, S. 91: Uhl: Zur Geschichte des Lehrberufes
- PP5, S. 93: Herzmann/König: Der klassische professionstheoretische Ansatz
- PP5, S. 94: Fend: Funktionen der Schule aus strukturfunktionaler Sicht
- PP5, S. 98: Gruschka: Schulpädagogik als Schulkritik
- PP5, S. 99: Gruschka: Das Verhältnis der Funktionen von Schule als Ausgangspunkt einer Kritik an der Schule
- PP5, S. 101: Gruschka: Das Verhältnis von Funktionen und Normen als Ausgangspunkt einer Kritik an der Schule
- PP5, S. 118: Tenorth/Tippelt: Definition: Standard
- PP5, S. 118: Klieme: Was sind Bildungsstandards?
- PP5, S. 119: Klieme: Merkmale guter Bildungsstandards
- PP5, S. 120: Krantz: Kompetenzen machen unmündig

Kompetenzcheck

Hier finden Sie eine Übersicht über die Kompetenzen, die Sie vor allem in den Kapiteln 2 bis 4 erwerben konnten. Versuchen Sie, selbst einzuschätzen, wie gut Sie sie beherrschen.

Sachkompetenz

Ich ...	... sicher	... noch nicht sicher genug	Hier kann ich nachschlagen:
... stelle das interaktionistische Konzept der balancierenden Ich-Identität nach Lothar Krappmann dar.			
... erläutere aus pädagogischer Perspektive den Zusammenhang von Identität und Bildung.			
... erkläre die Gefahren der Selbstdarstellung in sozialen Netzwerken und der fremdbestimmten Persönlichkeitsprofile im Internet für die Identitätsentwicklung.			
... beschreibe die Veränderungen der Erziehung und der Erziehungsziele in der Bundesrepublik Deutschland von 1949 bis 1989.			
... stelle die Entwicklung des Bildungssystems in der Bundesrepublik Deutschland von 1949 bis 1989 dar.			
... vergleiche die Absichten der bildungspolitischen Strukturveränderungen am Bildungssystem der Bundesrepublik Deutschland von 1949 bis 1989 mit den strukturfunktionalen Aufgaben von Schule.			
... erkläre die Unterschiede zwischen nicht-professionellem und professionellem pädagogischen Handeln im Hinblick auf die Frühpädagogik, Schulpädagogik, Sozialpädagogik und Erwachsenenpädagogik.			

Urteilskompetenz

Ich ...	... sicher	... noch nicht sicher genug	Hier kann ich nachschlagen:
... bewerte meine subjektiven Vorstellungen über die Aufgaben von Erziehern und Lehrern a) in der Frühpädagogik, b) in der Schulpädagogik, c) in der Jugendhilfe und d) in der Erwachsenenbildung auf der Grundlage professionstheoretischer Debatten.			
... bewerte meine subjektiven Vorstellungen von den Möglichkeiten und Grenzen (medien-)pädagogischer Interventionen in die Gefahren des Internets und sozialer Netzwerke für die Identitätsentwicklung von Kindern und Jugendlichen mit Hilfe wissenschaftlicher Erklärungen.			
... beurteile den Wandel von Erziehungsmaßnahmen und Erziehungszielen in der Bundesrepublik Deutschland von 1949 bis 1989 aus pädagogischer Perspektive.			
... beurteile die schulstrukturellen Veränderungen in der Bundesrepublik Deutschland von 1949 bis 1989 auf dem Hintergrund neuerer Erkenntnisse über die Leistungen des Bildungssystems.			
... beurteile Fallbeispiele im Kontext von Bildungsbeteiligung und sozialer Herkunft hinsichtlich der Möglichkeiten, Grenzen und Folgen kompensatorischer Erziehung – auch mit Blick auf die Identitätsentwicklung von Kindern und Jugendlichen.			
... unterscheide zwischen Sach- und Werturteilen bei der Diskussion um den Wandel von Erziehungs- und Bildungsvorstellungen und schulstruktureller Veränderungen.			

4. Kapitel

Methodenkompetenz

Ich …	… sicher	… noch nicht sicher genug	Hier kann ich nachschlagen:
… beschreibe komplexe Situationen aus pädagogischer Perspektive unter Verwendung der Fachsprache.			
… ermittle pädagogisch relevante Informationen aus Fachliteratur, aus fachlichen Darstellungen in Nachschlagewerken oder im Internet.			
… ermittle aus erziehungswissenschaftlich relevanten Materialsorten mögliche Adressaten und Positionen.			
… analysiere Texte, insbesondere Fallbeispiele, mit hermeneutischen Methoden.			
… ermittle die Genese erziehungswissenschaftlicher Modelle und Theorien.			
… analysiere die erziehungswissenschaftliche Relevanz von Erkenntnissen aus Nachbarwissenschaften.			
… stelle Arbeitsergebnisse in geeigneter Präsentationstechnik dar.			
… wende Verfahren der Selbstevaluation im Hinblick auf ihre eigene pädagogische Erkenntnisgewinnung und Urteilsfindung an.			

Handlungskompetenz

Ich …	… sicher	… noch nicht sicher genug	Hier kann ich nachschlagen:
… entwickle schulische Handlungsoptionen auf der Grundlage verschiedener schulstruktureller Konzepte aus der Geschichte der Bundesrepublik Deutschland von 1949 bis 1989.			
… erprobe in der Regel simulativ verschiedene Formen erzieherischen Handelns aus dem historischen Erfahrungsschatz der Bundesrepublik Deutschland von 1949 bis 1989 und reflektiere sie hinsichtlich der zu erwartenden Folgen.			
… vertrete pädagogische Handlungsoptionen etwa hinsichtlich der Förderung von Identität oder Bildung argumentativ.			

5. Pädagogik als Wissenschaft

Die Pädagogik konnte sich erst recht spät als eigenständige Disziplin an den Universitäten durchsetzen. Vereinzelt gab es vorher schon Lehrstühle für Pädagogik, häufig in Verbindung mit Philosophie, aber erst in der Weimarer Republik konnte sich „Erziehungswissenschaft" auf breiterer Basis an den Universitäten etablieren.

Mit der Etablierung der Pädagogik als Wissenschaft ging auch die Etablierung wissenschaftlicher Positionen, (Haupt-)Strömungen oder Schulen einher, die Gegenstände, Begriffe und Untersuchungsmethoden der Erziehungswissenschaft bestimmten.

Seit den Siebzigerjahren des 20. Jahrhunderts ist die wissenschaftliche Pädagogik durch einen zunehmenden Pluralismus der Konzepte, Strömungen, Fachrichtungen und Subdisziplinen gekennzeichnet. Wie ist damit umzugehen? Gibt es überhaupt noch Gemeinsamkeiten der unterschiedlichen pädagogischen Richtungen?

M1 Theorien der Erziehungs- und Bildungswissenschaft (Heinz-Hermann Krüger)

Die Wissenschaftstheorie als Theorie über die Theorien der Erziehungswissenschaft befasst sich mit unterschiedlichen Schulen und Positionen in diesem Fach, das heißt, es geht um grundlegende Muster wissenschaftlichen Denkens
5 und Forschens. Wissenschaftstheoretische Grundkenntnisse sind deshalb unverzichtbar, weil Theorien und Modelle einen bestimmten metatheoretischen Hintergrund haben. So steckt z. B. hinter der kritisch-konstruktiven Bildungstheorie und Didaktik von Wolfgang Klafki das
10 wissenschaftstheoretische Konzept der Kritischen Erziehungswissenschaft. Will man also den oft gar nicht explizit genannten Background wissenschaftlicher Autorinnen und Autoren verstehen oder auch die theoretische Position seiner Hochschullehrenden einordnen und kritisch beurtei-
15 len können, muss man Kenntnisse über die wichtigsten wissenschaftstheoretischen Richtungen der Erziehungswissenschaft haben. […]
Im Folgenden wird […] in einem knappen historischen Abriss ein Überblick über alle wesentlichen Theorieströ-
20 mungen der Erziehungswissenschaft gegeben. Dieser Überblick setzt zu Beginn des 20. Jahrhunderts ein, da sich erst in dieser Zeit die Pädagogik als eigenständige und gleichberechtigte Wissenschaft an Universitäten etablieren konnte. Zudem taucht auch der Begriff „Erziehungswis-
25 senschaft" hier wieder auf, der im Unterschied zum Begriff „Pädagogik" den Wissenschafts- und Forschungscharakter dieser Disziplin stärker betont […]. Es waren vor allem zwei Hauptströmungen der Erziehungswissenschaft, die in der Weimarer Republik ihre erste Blütezeit erlebten.
30 Zum einen war es die Geisteswissenschaftliche Pädagogik, die an die Tradition der philosophischen und pädagogischen Arbeiten von Friedrich Schleiermacher und Wilhelm Dilthey anknüpfte und die nach der Ära der faschistischen Staatspädagogik ab 1945 in Westdeutschland eine Renais-
35 sance erlebte, die bis zu Beginn der 1960er-Jahre andauerte (vgl. Abb. [5.1]).
Zum anderen war es die Empirische Erziehungswissenschaft, die die von August Comte begründete Traditionslinie des Positivismus weiterentwickelte und nach ersten
40 Begründungsversuchen in den 1920er-Jahren vor allem in den frühen 1970er-Jahren und im Gefolge des PISA-Schocks gegenwärtig in der erziehungswissenschaftlichen Theoriediskussion einen größeren Stellenwert einnimmt.
Folgenreich für die weitere Theorieentwicklung in der Er-
45 ziehungswissenschaft war die Geisteswissenschaftliche Pädagogik auch insofern, als alle Vertreter einer Kritischen Erziehungswissenschaft, die sich Anfang der 1970er-Jahre herausbildete, ursprünglich in dieser Theorietradition ihre wissenschaftliche Heimat hatten. Beeinflusst durch die
50 politischen Impulse der Studentenbewegung und angeregt durch die sozialphilosophischen Studien von Theodor W. Adorno, Max Horkheimer und insbesondere von Jürgen Habermas, bestimmte die Kritische Erziehungswissenschaft für ein Jahrzehnt die bildungs- und erziehungstheo-
55 retische Diskussion in Westdeutschland.
Angelehnt an einige Grundgedanken der Kritischen Erziehungswissenschaft, aber auch orientiert an anderen Bezugstheorien wie der Kommunikationstheorie von Paul Watzlawick, der Theorie des Symbolischen Interaktionis-
60 mus von Georg Herbert Mead, den Entwicklungstheorien von Jean Piaget und Lawrence Kohlberg oder der Theorie gesellschaftlicher Evolution von Jürgen Habermas wurden seit den späten 1970er- und 1980er-Jahren einige neuere Theorievarianten Kritischer Erziehungswissenschaft ent-
65 wickelt, die unter dem Label Kommunikative Pädagogik, Interaktionistische Pädagogik, Entwicklungspädagogik, evolutions- und handlungstheoretische Pädagogik bekannt wurden.
Seit den 1980er-Jahren ist die erziehungswissenschaftliche
70 Theorielandschaft durch eine Pluralität von Konzepten gekennzeichnet, zu denen neben Weiterentwicklungen der Empirischen und der Kritischen Erziehungswissenschaft auch weitere erziehungswissenschaftliche Konzeptionen

Kant		Schleiermacher	1800
Marx			
Freud			
Husserl	Comte	Dilthey	ca. 1870
	↓	↓	
	Empirische Pädagogik (Lay, Meumann, Lochner, Fischer, Petersen, Winnefeld)	Geisteswissenschaftliche Pädagogik (Nohl, Flitner, Spranger, Litt)	bis 1933
		Pädagogik des Nationalsozialismus (z. B. Krieck, Bäumler)	
		Geisteswissenschaftliche Pädagogik (s. o. Weniger, Bochmann)	ab 1945
	Empirische Erziehungswissenschaft (Roth, Brezinka, Heid, Fend, Baumert)		ab 1965
Horkheimer Adorno Habermas		Kritische Erziehungswissenschaft (Klafki, Blankertz, Mollenhauer)	ab 1970
		Theorienpluralismus	
	Transzendentalkritische und Praxeologische Pädagogik (Petzelt, Fischer, Löwisch, Ruhloff, Derbolav, Benner)	Kommunikative Pädagogik (Schaller, Schäfer, Winkel) Interaktionistische Pädagogik (Brumlik, Thiersch, Terhart) Entwicklungspädagogik (Aufenanger, Garz, Oser) Evolutionstheoretische Pädagogik (Lenhart, Treml) Handlungstheoretische Erziehungswissenschaft (Krüger, Lersch, König)	ab 1975
	Historisch-materialistische Pädagogik (Gamm, Heydorn, Schmied-Kowarzik, Kirchhöfer, Sünker)		
	Psychoanalytische Pädagogik (Bittner, Fatke, Trescher)		
	Phänomenologische Pädagogik (Loch, Lippitz, Meyer-Drawe)		
	Strukturalistische Pädagogik (Lenzen, Pongratz, Rumpf)		
	Systemtheoretische und Konstruktivistische Erziehungswissenschaft (Luhmann, Schorr, Kade, Kösel) Ökologische Pädagogik (Schulze, Kleber) Feministische Pädagogik (Faulstich-Wieland, Prengel) Postmoderne Ansätze in der Erziehungswissenschaft (Meder, Marotzki, Koller) Reflexive Erziehungswissenschaft (Lenzen, Krüger, Friebertshäuser)	Pädagogische „Lehren", z. B. Montessoripädagogik Waldorfpädagogik Freinetpädagogik Antiautoritäre Pädagogik Antipädagogik	

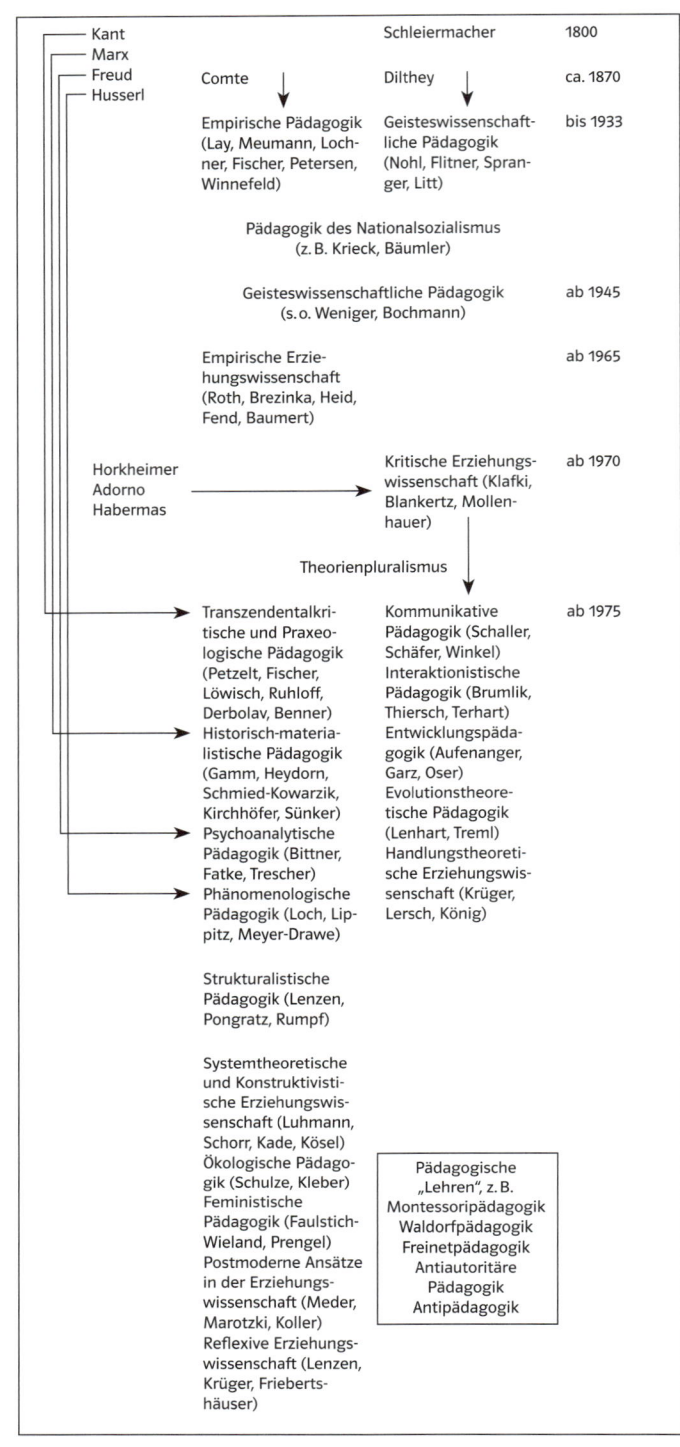

Abb. 5.1: Theoretische Strömungen der Erziehungswissenschaft

zu zählen sind, die sich auf andere geistesgeschichtliche Traditionen auch außerhalb der Pädagogik beziehen. Dieses sind die sich auf die Philosophie Immanuel Kants beziehende transzendentalphilosophische und die praxeologische Pädagogik, die an die Gesellschafts- und Geschichtstheorie von Karl Marx anknüpfende materialistische Pädagogik (die unterhalb der Ebene der vorgegebenen Staatsideologie auch in der Pädagogik in der Gesellschaft der DDR von einigen Autoren weiterentwickelt worden ist [...]), die an die Arbeiten Sigmund Freuds anschließende Psychoanalytische Pädagogik sowie die in der Tradition Edmund Husserls stehende Phänomenologische Pädagogik.

Andere Versuche theoretischer Neubegründung der Erziehungswissenschaft zeichnen sich dadurch aus, dass sie eher auf zeitgenössische und aus dem internationalen Raum stammende Theoriekonzeptionen aus den Nachbarwissenschaften rekurrieren. Dazu zählen die sich auf den französischen Strukturalismus beziehende Strukturalistische Pädagogik oder die von Niklas Luhmann selbst mit angeregte Systemtheoretische Erziehungswissenschaft bzw. die dieser Position verwandte Konstruktivistische Erziehungswissenschaft. Teilweise sind neuere erziehungswissenschaftliche Theoriediskussionen wie die Ökologische oder die Feministische Pädagogik auch durch gesellschaftliche Protestbewegungen, z. B. in Gestalt der Umwelt- oder der Frauenbewegung, von außen angeregt worden; oder sie haben auf die seit den 1980er-Jahren sich abzeichnenden Krisen- und Ungleichheitsphänomene der Gesellschaft der Moderne mit postmodernen Ansätzen erziehungswissenschaftlicher Theoriebildung oder mit Begründungsversuchen einer Reflexiven Erziehungswissenschaft reagiert. Neben den hier nur stichwortartig angedeuteten Theorieströmungen der Erziehungswissenschaft gibt es weitere Erziehungslehren, wie z. B. die Waldorfpädagogik oder die antiautoritäre Pädagogik, die durch eine gemeinsame, gelegentlich mit dem Namen des Begründers (wie Freinetpädagogik) oder der Begründerin (wie Montessoripädagogik) verbundene Erziehungsdoktrin gekennzeichnet sind und die nicht den Status von theoretischen Konzepten der Erziehungswissenschaft haben.

M2 Charakteristika der geisteswissenschaftlichen Pädagogik (Wolfgang Klafki)

Hier können nur einige der gemeinsamen Prinzipien dieser Richtung zur Sprache kommen, die nach 1945 noch einmal für mehr als ein Jahrzehnt entscheidend – nicht zuletzt auch durch die wachsende Zahl wissenschaftlicher Schüler jener zuvor genannten Universitätslehrer – das Bild der deutschen Erziehungswissenschaft prägte. Ich nenne vier Charakteristika:

1. Das erste Kennzeichen betrifft das Verhältnis zwischen der Pädagogik als Wissenschaft oder allgemeiner: der pädagogischen Theorie und der pädagogischen Praxis, wie sie sich in Elternhäusern und Schulen, in den sozialpädagogischen Einrichtungen oder in der außerschulischen Jugendarbeit, in der Berufsausbildung oder in der Erwachsenenbildung vollzieht. Wissenschaftliche Pädagogik ist nach dieser Auffassung keine Instanz, die in rein

Abb. 5.2: Wilhelm Dilthey (1833–1911)

theoretischem Erkenntnisinteresse – „um der bloßen Erkenntnis willen" – beobachtend und analysierend an die pädagogische Praxis herantritt. Theorie und Praxis sind in der Erziehung ursprünglich nicht zwei klar voneinander geschiedene Betätigungen. In der pädagogischen Praxis stecken vielmehr immer schon Ansätze von „Theorie", z. B. Überzeugungen, Auffassungen darüber, wozu und wie erzogen oder unterrichtet werden soll, was man Kindern erlauben darf und was man ihnen verbieten muss usw. Diese Ansätze von Theorie in der pädagogischen Praxis selbst sind meistens weitgehend unreflektiert. Man hat sie z. B. von den eigenen Eltern oder anderen Kontaktpersonen oder etwa als tradierte Schulmeisterregeln im Prozess der Sozialisation, des „Sich-Hineinlernens" in die gegebene Gesellschaft und Kultur übernommen. Da heißt es etwa: „Kleine Kinder müssen früh zur Reinlichkeit erzogen werden" oder „bei Zehn- bis Zwölfjährigen ist das Gedächtnis besonders aufnahmefähig, daher muss man diese Zeit zum Lernen von Vokabeln, Gedichten, Regeln, Fakten nutzen" usw. […]

Die Theorien, die die geisteswissenschaftliche Pädagogik für begrenztere Problemfelder formuliert hat, […] sollten der Praxis keine Rezepte bieten, sondern Aufklärung über Voraussetzungen leisten und mögliche Lösungen begründen. Angesichts solcher Klärung sollte den Praktikern – Lehrern oder Sozialpädagogen, Schulorganisatoren oder Schulpolitikern – dann die Freiheit zu eigener Entscheidung bleiben, nun aber zu einsichtiger, reflektierter Entscheidung. Eine solche Hilfe der Theorie für die Praxis schien der geisteswissenschaftlichen Pädagogik nur möglich, wenn die Theorie im Prinzip die Verantwortung der Praxis teilte, wenn sie sich also in die Situation des Praktikers, der Entscheidungen treffen muss, versetzte und engagiert an seiner Verantwortung teilnahm. Damit wandte sich die geisteswissenschaftliche Pädagogik gegen das Verharren der Theorie in der Haltung des unbeteiligten Beobachters, des distanzierten Analytikers; eine solche Haltung schien ihr nur als eine Zwischenphase im wissenschaftlichen Untersuchungsprozess sinnvoll zu sein. […]

2. Ein zweites Merkmal der geisteswissenschaftlichen Pädagogik wird durch die Formel von der „relativen Autonomie" oder der „relativen Eigenständigkeit der Pädagogik" bezeichnet. Was ist damit gemeint? Diese Formeln besagen, dass die Pädagogik – einerseits als Praxis, u. a. auch in den pädagogischen Institutionen der Schule, der Heimerziehung, der Volkshochschulen usf. –, andererseits als pädagogische Theorie im Laufe der geschichtlichen Entwicklung eine gewisse Selbstständigkeit gewonnen habe, dass die Pädagogik in Theorie und Praxis insbesondere seit dem 18. Jahrhundert sich schrittweise zu einem Kulturbereich mit einer gewissen eigenen Gesetzlichkeit entwickelt habe, vergleichbar dem Rechtswesen der Wirtschaft, der Kunst usf. Diese Entwicklung, die noch keineswegs abgeschlossen sei, die die geisteswissenschaftliche Pädagogik fördern wollte und die in ihr selbst erst zu ihrem theoretischen Bewusstsein, zu ihrer wissenschaftlichen Begründung gelange – diese Entwicklung zur Eigenständigkeit also war erst möglich, seit die Pädagogik sich nicht mehr als bloß ausführendes Organ von Kirchen, politischen Mächten oder philosophischen Schulen verstand, sondern seit sie ein eigenes Prinzip und eine spezifische Aufgabe entdeckte. […]

Es ist eine heute nicht selten anzutreffende, grobe Fehldeutung dieses Gedankens der Eigenständigkeit, wenn man ihn dahingehend auslegt, seine Verfechter hätten einer Isolierung der pädagogischen Praxis und ihrer Institutionen, z. B. der Schule, von gesellschaftlichen, politischen, wirtschaftlichen, kulturellen Prozessen und Institutionen das Wort reden wollen und sie hätten die illusionäre Meinung vertreten, die pädagogische Theorie solle ohne Beziehungen zur Philosophie, den Gesellschafts- und den sogenannten Fachwissenschaften entwickelt werden. Solche Unterstellungen sind gegenstandslos. Gemeint war mit dem Prinzip der „Eigenständigkeit der Erziehung in Theorie und Praxis", dass die Erziehungspraktiker im Kontakt und nicht selten im Konflikt mit all den Gruppen und Interessen, die die Erziehung beeinflussen oder beeinflussen möchten, also mit den Inhabern der politischen Macht, mit der Wirtschaft, den Kirchen und Weltanschauungsgruppen, den Vertretern bestimmter wissenschaftlicher Institutionen oder kultureller Traditionen usf. ihren besonderen Auftrag, die Verantwortung für das Recht, die Entfaltungsmöglichkeiten des jungen Menschen, seine Entwicklung zur Mündigkeit vertreten sollten. Dass Ansprüche all dieser Gruppen an die Erziehung berücksichtigt werden müssten, galt der geisteswissenschaftlichen Pädagogik als unabweisbar. Das Prinzip der Eigenständigkeit besagte jedoch, dass solche Ansprüche – die Forderungen des Staates an die politische Bildung, der Wirtschaft an die Anbahnung der Berufswahl- und Berufsausbildungsfähigkeit usw. – nur soweit und nur in solchen Formen in der Erziehung wirksam werden durften, als sie mit jenen zuvor genannten pädagogischen Kriterien vereinbar waren. Für die Erziehungswissenschaft aber besagte das Prinzip der pädagogischen Autonomie der Absicht nach ebenso wenig Isolierung von anderen Wissenschaften, vielmehr eine Zusammenarbeit, in der die Pädagogik als selbstständiger Partner auftreten konnte. […]

3. Ein drittes Charakteristikum der geisteswissenschaftlichen Pädagogik ist es, dass sie die Erziehungswirklichkeit und alle pädagogischen Theorien – einschließlich ihrer selbst – als historische Erscheinungen betrachtete. D. h.:

Abb. 5.3: Herman Nohl (1879–1960)

Abb. 5.4: Theodor Litt (1880–1962)

5. Kapitel

Pädagogische Ideen und pädagogische Institutionen, Erziehungsmethoden und Lehrpläne, Erziehungsstile
145 und Erziehungsschwierigkeiten, schließlich auch Aussagen oder Texte über pädagogische Probleme wurden als „Objektivationen" oder als Ausdruck jeweils bestimmter historischer Prozesse und Verhältnisse und der in ihnen handelnden Menschen und Menschengruppen mit ihren
150 jeweils geschichtlich bedingten Vorstellungen, Interessen und Motiven verstanden. Nach dieser Auffassung kann es kein zeitlos gültiges, aus vermeintlich allgemeingültigen Philosophien oder Glaubenslehren abzuleitendes System von Erziehungszielen oder Erziehungsinstitutionen oder
155 Erziehungsmethoden geben. Auch das Eigenständigkeitsprinzip galt der geisteswissenschaftlichen Pädagogik ja, wie wir sahen, als historische Entdeckung, die nur so lange Geltung hat, wie Menschen sich für die darin steckende Wertung, die Anerkennung des jungen Menschen als
160 Person, entscheiden, zugleich aber als ein Prinzip, das im geschichtlichen Prozess weiterentwickelt und unter sich wandelnden historischen Bedingungen immer wieder neu ausgelegt und konkretisiert werden muss.

165 4. Das letzte Charakteristikum der geisteswissenschaftlichen Pädagogik, das hier skizziert werden soll, besteht in der Antwort
170 dieser Richtung auf die Frage nach den Quellen und den Methoden wissenschaftlicher Erkenntnis. Als Material, durch dessen
175 Verarbeitung geisteswissenschaftliche Pädagogik ihre Erkenntnisse gewann, sind zunächst vor allem Texte zu nennen, Schulordnungen
180 und Gesetze, Biografien und pädagogische Programme, vor allem aber pädagogische Theorien der Vergangenheit und der Gegenwart. – In der heutigen Kritik an der geisteswissenschaftlichen Pädagogik wird allerdings häufig vergessen, dass sie noch eine weitere Klasse von Ausgangs-
185 materialien kannte, nämlich die eigenen pädagogischen Erfahrungen und die persönlichen Beobachtungen der Forscher über pädagogisch relevante Sachverhalte. Das Verfahren der geisteswissenschaftlichen Pädagogik, aktuelle pädagogische Probleme zwar zunächst immer auf ihre
190 historischen Hintergründe zu befragen, dann aber aus der problemgeschichtlichen Analyse heraus zu eigenen, systematischen Aussagen vorzudringen, die auf die Lösung der betreffenden aktuellen Probleme hinzielten – dieses Verfahren setzte ja voraus, dass der jeweilige Autor Kenntnis
195 der aktuellen Situation, der problematischen, gegenwärtigen Wirklichkeit besaß.

Abb. 5.5: Erich Weniger (1894–1961)

Aufgaben

1. Erläutern Sie die vier Merkmale der geisteswissenschaftlichen Pädagogik. Benutzen Sie dazu auch Bezüge zu Texten, die Sie in den vorherigen Kursen kennengelernt haben (insbesondere „Perspektive Pädagogik" Heft 4, S. 134: Pädagogische Textinterpretation).

2. Stellen Sie weitere Recherchen zu Vertretern der geisteswissenschaftlichen Pädagogik und zur Geschichte dieser pädagogischen Richtung an.

M3 Empirische Bildungsforschung (Manfred Prenzel)

Gegenstand und Besonderheiten der Empirischen Bildungsforschung

Die Empirische Bildungsforschung konstituiert sich […] nicht als Teildisziplin, sondern als Forschungsfeld, das
5 durch bildungsbezogene Problemstellungen bestimmt ist. Die Bezeichnung „empirisch" lässt unterschiedliche methodische Herangehensweisen zu, für die jedoch generell gilt, dass theoretische Aussagen systematisch und intersubjektiv nachvollziehbar mit erfahrungswissenschaftlichen
10 Verfahren geprüft oder begründet werden.
Die Besonderheiten der Empirischen Bildungsforschung ergeben sich also nicht aus der disziplinären Einordnung, sondern aus dem Gegenstandsbereich. Der Gegenstand der Empirischen Bildungsforschung umfasst Vorausset-
15 zungen, Prozesse und Ergebnisse von Bildung über die Lebensspanne, innerhalb und außerhalb von (Bildungs-)Institutionen. Diese Beschreibung ist weit gehalten: Sie gestattet es zum Beispiel, thematisch vielfältige und mehrdimensionale (also z. B. kognitive, motivationale und
20 wertbezogene) Bildungsprozesse zu untersuchen. Bildung

Abb. 5.6: Manfred Prenzel (* 1952), TU München

kann als aktiver Konstruktionsprozess unter mehr oder weniger externer, bewusster und absichtsvoller Einflussnahme betrachtet werden. Es können alle Lebensphasen untersucht bzw. Entwicklungen über Abschnitte der Lebensspanne analysiert werden. Die Analysen können aus einer individuumsbezogenen bzw. institutionsbezogenen Perspektive erfolgen. Diese Gegenstandsbeschreibung öffnet also ein sehr umfassendes und komplexes Feld für die Empirische Bildungsforschung.

Abb. 5.7

Der Zweck und die Aufgabe der Empirischen Bildungsforschung unterscheiden sich strukturell nicht von dem anderer Disziplinen. In wenigen Worten gefasst richtet sich das Anliegen der Empirischen Bildungsforschung darauf, die Bildungswirklichkeit zu verstehen und zu verbessern. Diese Aussage drückt aus, dass die Empirische Bildungsforschung auf grundlegendes und anwendungsbezogenes Wissen zielt. Anders ausgedrückt will oder soll die Empirische Bildungsforschung erfahrungswissenschaftlich geprüftes bzw. gestütztes Wissen über Voraussetzungen (auch Ziele), Prozesse und Ergebnisse von Bildung (bzw. über Relationen zwischen diesen Komponenten) bereitstellen. Das Wissen, das die Empirische Bildungsforschung liefert, schließt Beschreibungen, Vorhersagen und Erklärungen ein, umfasst aber auch Erkenntnisse über Veränderungs- und Eingriffsmöglichkeiten unter bestimmten Bedingungen bei gegebenen Zielen sowie empirisch gestütztes Wissen über Bildungsziele und deren Relationen. Generell will und soll die Empirische Bildungsforschung Wissen gewinnen, das sich nützlich erweist, um Probleme im Bildungsbereich zu erfassen und zu lösen.

Abb. 5.8

Herausforderungen für die Bildungsforschung

Die Empirische Bildungsforschung zielt somit nicht nur darauf ab, Bildungsergebnisse zu beschreiben und auf bestimmte Beurteilungskriterien zu beziehen. Die erwähnten international vergleichenden Schulleistungsstudien liefern zum Beispiel umfangreiche deskriptive Befunde; sie werfen damit aber auch zahlreiche Fragen auf, die wiederum an die Bildungsforschung zurückgerichtet werden. Pauschal können hier zwei Typen von Fragen unterschieden werden, die an die Empirische Bildungsforschung adressiert werden:

„Warum?"-Fragen verlangen Erklärungen, betreffen also Bedingungen oder gar Ursachen für die Ergebnisse oder Probleme, gelegentlich suchen sie nach den Schuldigen für die Misere.

„Was tun?"-Fragen betreffen generelle und spezifische Handlungsmöglichkeiten, gegebenenfalls bezogen auf potenzielle Akteure, geordnet nach Priorität, unter Berücksichtigung von Rahmenbedingungen.

Beide Fragetypen können zum Beispiel allein aus den Daten, die in internationalen Vergleichsstudien gewonnen werden, empirisch nicht zufriedenstellend beantwortet werden. Das internationale Design (z. B. bei PISA) gestattet es zu beschreiben, welche Ergebnisse hierzulande und in anderen Staaten erreicht werden, und zeigt damit zunächst, dass andere Ergebnisse (unter anderen Konstellationen) erzielt werden könnten. Gelegentlich ist es möglich, manche Bedingungen als relevante Faktoren für Unterschiede auszuschließen. Das Design einer Querschnittstudie lässt es aber nicht zu, tragfähige Antworten auf die Fragen nach Ursachen und Eingriffsmöglichkeiten zu ge-

Abb. 5.9

ben. Freilich sind es genau die Fragen „Warum?" und „Was tun?", die von der Bildungsadministration, den Lehrkräften wie auch von der interessierten Öffentlichkeit gestellt werden. Da die Probleme (aufgrund ihrer Konsequenzen) nach baldigen Lösungen verlangen, werden schnelle und umfassende Antworten gewünscht, die rational begründet, intersubjektiv prüfbar, empirisch belegt, unvoreingenommen, kohärent mit vorliegendem Wissen und dabei möglichst klar und einfach sein sollten. Diese Erwartungen mögen als überzogen erscheinen, sie treffen jedoch prinzipiell den Anspruch, den die Empirische Bildungsforschung auch an sich stellt. Das heißt aber nicht, dass die Empirische Bildungsforschung entsprechende Fragen immer schon aus dem Stand heraus zufriedenstellend beantworten kann. Die Unterscheidung der beiden Fragetypen wird im Folgenden genutzt, um Erwartungen und Herausforderungen an die Empirische Bildungsforschung zu differenzieren.

„Warum?"-Fragen und Erklärungswissen: In Anbetracht der überraschenden oder problematischen Befunde über Bildungsergebnisse zielen die Fragen nach dem Warum auf die Angabe von Ursachen: Man will wissen, welche Bedingungen zum Zustandekommen der Ergebnisse beigetragen haben und wie stark ihr Einfluss jeweils war oder ist. Insbesondere sucht man nach Faktoren, die als kausal relevant für bestimmte Ergebnisse bzw. Wirkungen gelten können. Wenn kausal relevante Faktoren identifiziert werden

können, hilft dies nicht nur, das Bildungsgeschehen besser zu verstehen. Es können auch kausal bedeutsame Bedingungsfaktoren entdeckt werden, die man beeinflussen und gestalten kann. Insofern führen Fragen nach Erklärungen weiter zu Fragen nach Veränderungsmöglichkeiten. […]
„Was tun?"-Fragen und Veränderungswissen: Da Erklärungswissen als eine wichtige Voraussetzung für Veränderungswissen gelten kann, erhöhen „Was tun?"-Fragen die Ansprüche an die Empirische Bildungsforschung. Empirisch fundiertes Veränderungswissen wird über sogenannte präskriptive oder technologische Forschungsansätze (bzw. Interventionsstudien) gewonnen. Dabei wird geprüft, inwieweit mehr oder weniger umfassende Maßnahmen und Interventionen geeignet sind, (normativ verbindliche bzw. gemeinhin akzeptierte) Zielsetzungen bei gegebenen Ausgangsbedingungen zu erreichen.
Für den Bildungsbereich gilt (wie ebenfalls für andere wichtige Handlungsfelder), dass jederzeit praktisch gehandelt und über Maßnahmen entschieden werden muss, auch wenn noch nicht hinreichend geklärt ist, wie das System insgesamt oder in Teilsystemen funktioniert. Das aktuell stattfindende Handeln im Bildungsbereich basiert zu einem erheblichen Teil keineswegs auf empirisch fundierten Wissensgrundlagen. Dennoch muss für vorgeschlagene Interventionen oder Innovationen gefordert werden, dass diese empirisch belegbar zur Lösung erkannter Probleme beitragen oder zu deutlichen Fortschritten führen.

Aufgaben

1. Geben Sie wieder, wie Prenzel die Bestandteile des Begriffs „Empirische Bildungsforschung" definiert.
2. Arbeiten Sie heraus, wie er die Aufgaben der „Empirischen Bildungsforschung" beschreibt.
3. Erläutern Sie sein Verständnis von Empirischer Bildungsforschung, indem Sie Ihr Vorwissen heranziehen.
4. Setzen Sie sein Verständnis von Empirischer Bildungsforschung in Beziehung zu Klafkis Verständnis von empirischer und kritischer Pädagogik.
5. Stellen Sie weitere Recherchen zu Vertretern der empirischen Pädagogik und zu Projekten dieser pädagogischen Richtung an.

M4 Die ideologiekritische Fragestellung und Methode (Wolfgang Klafki)

Die ideologiekritische Fragestellung und Methode geht von der Generalhypothese aus, dass menschliches Denken und Handeln, menschliche Lebensformen, Institutionen und kulturelle Objektivationen aller Art bis hin zu den Fragen, Verfahrensweisen und Ergebnissen der Wissenschaft durch die jeweiligen gesellschaftlich-politischen Verhältnisse, durch gesellschaftlich vermittelte Interessen, Abhängigkeiten, Herrschaftsverhältnisse, Zwänge oder auch Chancen bestimmt oder doch mitbestimmt sind. Als entscheidende oder mindestens als sehr wesentliche Faktoren, die die jeweiligen gesellschaftlich-politischen Beziehungen beeinflussen, werden, in Fortführung marxistischer Denkansätze, die wirtschaftlichen Zusammenhänge, genauer: die Produktions- und Konsumtionsverhältnisse angesehen. […]
Als wissenschaftliche Grundhypothese verstanden und in der Forschungsarbeit jeweils sachgemäß konkretisiert, hat sich der ideologiekritische Ansatz als überaus aufschlussreich erwiesen. […]
Erst die ideologiekritische Forschung hat uns die Fragwürdigkeit herkömmlicher Leistungskriterien in ihrer unkritischen Anwendung auf Erziehung und Unterricht in vollem Umfang zu sehen gelehrt; sie hat gezeigt, dass das Leistungsprinzip auch dort, wo Pädagogen es vielleicht als eine Hilfe zur individuellen Selbstprüfung und zur Steigerung persönlicher Fähigkeiten des jungen Menschen verstehen, in seinen Folgen im gesellschaftlichen Zusammenhang oft als bloßes Mittel der Anpassung an unkritisch akzeptierte wirtschaftliche und soziale Hierarchien, als der Motor des Strebens nach Berechtigungen und zugleich als Ursache psychischer Störungen und Verkrampfungen und daraus erwachsender Aggressionen wirkt. […]
Kein Zweifel, dass die geisteswissenschaftliche Pädagogik die Verflechtungen zwischen Gesellschaft und Erziehung nicht oder nur ganz unzulänglich erforscht hat und dass sie daher entscheidende Voraussetzungen und vielfach ungewollte Wirkungen der Erziehung ignoriert oder verkannt hat. Freilich ist das m. E. nicht eine Konsequenz der hermeneutischen Methoden, sondern der Ausdruck einer gewissen Enge der traditionellen Fragestellungen dieser Richtung der Pädagogik, die sich den Kategorien kritischer Sozialwissenschaft gegenüber lange verschloss. Prinzipiell kann die Hermeneutik die ideologiekritische Perspektive durchaus in sich aufnehmen, und sie muss es heute tun, wenn sie nicht hinter den erreichten Erkenntnisstand zurückfallen will. […]
Die Ideologiekritik musste sich aber nicht nur gegen die Bewusstseinssperren der älteren geisteswissenschaftlichen Pädagogik hinsichtlich der ökonomisch-gesellschaftlich-politischen Voraussetzungen und Folgen der Erziehung in Theorie und Praxis wenden, sondern auch gegen eine positivistisch verstandene empirische Forschung, erfolge sie nun in der Soziologie, in den Wirtschaftswissenschaften, der Psychologie oder aber in der Pädagogik. […] Das Fazit dieser Auseinandersetzung kann in unserem Zusammenhang und für die Frage der Grenzen empirischer Forschung in der Pädagogik so formuliert werden: Auch in der Erzie-

hungswissenschaft bleibt die Erforschung von Tatsachen und Zusammenhängen mit erfahrungswissenschaftlichen Methoden, so notwendig sie […] ist, ein „positivistisch halbierter Rationalismus" (Habermas), solange nicht auch nach den umfassenden geschichtlich-gesellschaftlichen Bedingungen der so ermittelten Fakten und Zusammenhänge gefragt wird. Versäumt man diese kritisch-sozialwissenschaftliche, m. a. W. die ideologiekritische Frage, so erscheinen Ergebnisse empirischer Forschungen dem Forscher selbst oder denjenigen, die seine Ergebnisse zur Kenntnis nehmen und benutzen, leicht wie unabänderliche Gesetzmäßigkeiten. […] Positivistisch-empirische Forschung, die nicht nach ihren eigenen Voraussetzungen, nach den Voraussetzungen der von ihr untersuchten Phänomene und Beziehungen und nach den Interessen derer, die sich ihrer Ergebnisse möglicherweise bedienen, fragt, bleibt auf halbem Wege der rationalen Aufklärung der Wirklichkeit und des Bewusstseins der Menschen über die Wirklichkeit stehen, sie verfestigt die bestehenden Verhältnisse, sofern sie es zulässt, dass ihre Ergebnisse fälschlich als Aussagen über Unabänderliches missverstanden werden. […]

Das zweite Charakteristikum dieser Position ist im Vorangehenden bereits ständig angesprochen worden und braucht hier nur noch einmal akzentuiert zu werden: Die Kritik an der Ausblendung der gesellschaftlichen Hintergründe pädagogischer Vorgänge, Institutionen, Theorien einerseits in der geisteswissenschaftlichen Pädagogik und andererseits in einer positivistisch verkürzten empirisch-pädagogischen Forschung erfolgt, wie wir sahen, nicht etwa in der Absicht, die Pädagogik in Theorie und Praxis zur Anpassung und bruchlosen Integration in die jeweiligen gesellschaftlichen Verhältnisse und die jeweils gerade vorherrschenden Trends zu bewegen. […] Vielmehr erfolgt die Forschung und die Kritik der gesellschaftskritischen Theorie der Frankfurter Schule und ihres Pendants in der Erziehungswissenschaft unter dem Gesichtspunkt eines bestimmten, zugleich theoretischen und praktischen Interesses, einer leitenden Hauptfragestellung: dem „Erkenntnisinteresse" an der Ermittlung der Bedingungen und der praktischen Möglichkeiten, Freiheit, Gerechtigkeit, Vernunft zu realisieren – jeweils verstanden als dialektischer Zusammenhang von individueller und gesellschaftlicher Freiheit und Gerechtigkeit, individueller Vernunft und vernunftgemäßen gesellschaftlichen Verhältnissen. In den Umkreis der zentralen Prinzipien, in denen sich dieses praktisch-theoretische Interesse ausdrückt, gehören Begriffe wie „Emanzipation", „Mündigkeit", „Selbstbestimmung", „Demokratisierung" u. Ä.

Diese Leitbegriffe kritischer Gesellschaftstheorie und kritischer Erziehungswissenschaft sind nun nicht etwa als abstrakte, zeitlose Normen gemeint. Sie werden vielmehr selbst als Entdeckungen unter bestimmten historisch-gesellschaftlichen Bedingungen verstanden, sie haben eine Geschichte, die in ihren Anfängen zwar bis in die Antike zurückreicht, ihre moderne Ausprägung aber erst in der europäischen Aufklärung des 18. Jahrhunderts erfuhr. […] In dieser Entwicklung, die zu erforschen eine der hermeneutischen Aufgaben kritischer Theorie darstellt, haben die genannten Begriffe immer wieder neue Auslegungen gefunden, und diese Notwendigkeit ständig neuer Interpretation und Konkretisierung aus den jeweils gegebenen ökonomischen, gesellschaftlichen, politischen, kulturellen, wissenschaftlichen, technischen Verhältnissen und den sich anbahnenden Entwicklungen heraus und in sie hinein gilt selbstverständlich auch für die Gegenwart. Als Maßstab der Kritik an den bestehenden Verhältnissen bezeichnen die vorher genannten Begriffe – man könnte sie in Anlehnung an Kant „regulative Ideen" nennen – zugleich immer konkrete Aufgaben für die jeweils nächste Zukunft. Unter solchen Leitvorstellungen muss die Theorie Modelle der heute und der in naher Zukunft möglichen Veränderungen, Verbesserungen oder Neuplanungen entwerfen. […] Die konsequente Reflexion auf die Möglichkeit, dem Einzelnen wirklich zur Selbstbestimmung, zur Emanzipation, zum Recht auf individuelles Glück zu verhelfen, führt die kritische Theorie zu der Einsicht, dass diese Möglichkeit nur in einer entsprechend strukturierten Gesellschaft gegeben ist. Erziehungswissenschaft im Sinne kritischer Theorie muss daher notwendigerweise zur permanenten Gesellschaftskritik werden oder sich mit Gesellschaftskritik verbünden, die an den genannten Prinzipien orientiert ist. Sie befragt alle Gesellschaften […] daraufhin, ob in ihnen wirklich, und nicht nur den jeweils herrschenden Selbstdeutungen nach, eine Erziehung zur Selbstbestimmungsfähigkeit, zur Kritikfähigkeit, zur freien Wahl individueller Möglichkeiten, zur Anerkennung jedes anderen Menschen als gleichberechtigter Person möglich ist. Dabei setzt sie nicht das Leitbild einer Idealgesellschaft voraus, in der solche Möglichkeiten ein für allemal gegeben und gesichert sind, sondern sie versteht jene Begriffe als Prinzipien, die im geschichtlichen Prozess immer wieder neu interpretiert werden müssen und die – entsprechend dem jeweils erreichten Stand der technischen, wirtschaftlichen, gesellschaftlichen, kulturellen Möglichkeiten und des Bewusstseins – ständig neu einerseits politisch bzw. gesellschaftlich durchgesetzt und andererseits pädagogisch verwirklicht werden müssen.

Die wechselseitige Bedingtheit der in der Erziehung zu vermittelnden Selbstbestimmungsmöglichkeiten des Einzelnen und einer politisch zu verwirklichenden Gesellschaftsstruktur, die Selbstbestimmung für alle zulässt, ist die grundlegende Erkenntnis einer kritischen Erziehungstheorie in diesem Verständnis. Bezeichnet man solche wechselseitige Bedingtheit als „Dialektik", so kann man die kritische Theorie in diesem Sinne auch „dialektische Erziehungstheorie" nennen. Die von der geisteswissenschaftlichen Pädagogik – und nicht nur von ihr – versuchte Trennung zwischen pädagogischen bzw. erziehungswissenschaftlichen Fragestellungen und Argumentationen

Abb. 5.10: Klaus Mollenhauer (1928–1998)

einerseits und gesellschaftlich-politischen Fragestellungen andererseits ist nicht haltbar, wenn die Rede von freiheitlicher Erziehung als Hilfe zur Selbstbestimmungsmöglichkeit aller jungen Menschen nicht zur Ideologie, zum falschen, die Wirklichkeit verschleiernden Bewusstsein werden soll. Freiheit des Einzelnen als Recht jedes Menschen und als Prinzip der Erziehung ist nur in einer freien bzw. einer sich in Richtung auf mehr Freiheit entwickelnden Gesellschaft möglich. Im Rahmen eines so verstandenen kritischen Horizontes behalten dann auch die Methoden der geisteswissenschaftlichen Pädagogik und die der erfahrungswissenschaftlichen Erziehungsforschung ihren Ort oder besser: Sie entfalten in diesem Horizont erst ihre wahren Möglichkeiten. Hermeneutik bleibt dann nicht auf die immanente oder historische Interpretation beschränkt, sondern wird darüber hinaus zu einer aus solchen Interpretationen heraus planenden und hypothetisch entwerfenden wissenschaftlichen Methode. Es ist eine ihrer ständigen Aufgaben, Modelle der jeweils möglichen pädagogischen Veränderungen, Verbesserungen oder Neuplanungen zu entwerfen, Modelle etwa eines gerechteren und freiheitlicheren Schulsystems als des gegebenen, Modelle zeitgemäßer und zugleich offener Lehrpläne, Modelle von frühkindlicher Erziehung, außerschulischer Jugendarbeit oder Erwachsenenbildung, die mehr Selbstbestimmungsfähigkeit und Emanzipation ermöglichen usw. Zum anderen springt aber auch die Notwendigkeit der empirischen Forschung noch einmal ins Auge: In die von der Wissenschaft zu entwickelnden und von einer wissenschaftlich aufgeklärten Bildungspolitik zu realisierenden Entwürfe der eben skizzierten Art muss von vornherein so viel gesichertes Wissen über die gegebenen Verhältnisse, über Fakten und Gesetzmäßigkeiten wie irgend möglich eingehen. Und die versuchsweise verwirklichten Modelle bedürfen der ständigen, erfahrungswissenschaftlichen Kontrolle ihrer tatsächlichen Wirkungen, wenn sie nicht selbst zu Formen der Ideologie, des falschen Bewusstseins und damit zu einem Hemmnis der Erziehung zur Freiheit und Selbstbestimmungsfähigkeit werden sollen.

Aufgaben

1. Erläutern Sie die „Generalhypothese" der ideologiekritischen Pädagogik. Arbeiten Sie dabei auch heraus, was als „Ideologie" bezeichnet wird.

2. Geben Sie die Kritik wieder, die von der (ideologie-)kritischen Pädagogik an der geisteswissenschaftlichen und der empirischen Pädagogik geübt wird.

3. Erläutern Sie diese Kritik mithilfe passender Beispiele.

4. Klafki schreibt: „Freiheit des Einzelnen als Recht jedes Menschen und als Prinzip der Erziehung ist nur in einer freien bzw. einer sich in Richtung auf mehr Freiheit entwickelnden Gesellschaft möglich." Erklären Sie diesen Grundsatz auch mithilfe Ihres Vorwissens, das Sie in den vorherigen Kursen erworben haben.

5. Klafki fährt mit der Behauptung fort, dass die geisteswissenschaftlichen und empirischen Methoden „in diesem Horizont erst ihre wahren Möglichkeiten" entfalten. Erklären Sie diesen Satz.

6. Stellen Sie weitere Recherchen zu Vertretern der „kritischen" Pädagogik und zur Geschichte dieser pädagogischen Richtung an.

Anregung zur Weiterarbeit

Bestimmte wissenschaftstheoretische Strömungen arbeiten i. d. R. mit unterschiedlichen Methoden. Verschaffen Sie sich einen Überblick über die in den Bänden der „Perspektive Pädagogik" vorgestellten Fachmethoden und versuchen Sie, diese den wissenschaftstheoretischen Strömungen zuzuordnen.

6. Pädagogische Bildung

Mit Blick auf das bevorstehende Ziel Ihrer Laufbahn im Bildungssystem, Ihr Abitur, möchten wir Sie abschließend auffordern, über den Beitrag des Pädagogikunterrichts zu Ihrer (nicht allein schulischen) Bildung zu reflektieren.

Dabei sollten Sie im Auge behalten, dass der Pädagogikunterricht Teil der gesellschaftlichen Institution Schule ist, dass er sich den Anforderungen neuzeitlicher Bildungsvorstellungen stellt und sich letztendlich auch den aktuellen Fragen nach seinem Ertrag, nach den von den Schülerinnen und Schülern erworbenen Kompetenzen ausgesetzt sieht (vgl. zu alldem nicht zuletzt das Kapitel 5 in Heft 5 von „Perspektive Pädagogik").

Die folgenden Beiträge von Erziehungswissenschaftlern (und Fachdidaktikern) zur pädagogischen Bildung wollen die Perspektive dafür schärfen, inwiefern eine Beschäftigung mit pädagogischem Denken und Handeln die eigene Bildung unterstützen kann.

Abb. 6.1

M1 Exkurs über pädagogische Bildung (Wilhelm Flitner)

Fragen wir […] nach der Anteilnahme von jedermann an den pädagogischen Einsichten der Einzelwissenschaften, so ist es klar, wie in der Erziehung dasselbe Verhältnis besteht, das es in der Medizin gibt: wir brauchen eine
5 Reihe von *Fachleuten*, die das neue Wissen selbstständig erworben haben, an der Forschung beteiligt sind und für die Anwendung im Leben Sorge tragen. Wir brauchen sodann den pädagogisch *gebildeten Praktiker* der Erziehung, wie es in der Medizin den wissenschaftlich
10 gebildeten Arzt gibt. Und zuletzt gibt es das *allgemeine Erziehertum*, die Laienschaft, die auch ihren Erfahrungskreis besitzt, die aber von den Berufserziehern und von der Forschung her aufgeklärt werden soll. Die Verbreitung jener Einzelerkenntnisse der Forschung unter den Laien
15 ist ein schwieriges Problem; viele Formen der „Popularisierung" sind noch durchaus dilettantisch. Sie klären in einer oft verhängnisvollen Weise auf; sie zerstören sogar sinnvolle erzieherische Sitte und geben Rezepte, die nicht in das Ganze erzieherischer Maßregeln variabel eingeord-
20 net werden können. Welche Verwirrung ist allein von der wissenschaftlich gewiss fruchtbaren psychoanalytischen und grafologischen Aufklärung ausgegangen! Der popularisierenden Aufklärungsmethode sollte daher eine andere entgegengestellt werden, eine vor allem in den Volkshoch-
25 schulen und Schulgemeinden unter den Eltern zu besprechende Elternpädagogik mit einer eigenen Literatur, deren Absicht die pädagogische Allgemeinbildung wäre. Die *pädagogische Bildung* besteht nicht in einer Mitteilung einzelner Ergebnisse der Erziehungswissenschaft, sondern
30 in der Erkenntnis des Zusammenhangs; sie ermöglicht die pädagogische Besinnung im existenziellen Zusammenhang der Fragen mit der Praxis. Der Wege zur pädagogischen Bildung gibt es mehrere; einen, der auf der Teilnahme des Praktikers am Philosophieren und Forschen beruht,
35 ein anderer, der in volkspädagogischer Weise die Fragen des praktischen Erziehens unter Leitung oder Beihilfe des wissenschaftlich Gebildeten unmittelbar bespricht
40 und klärt. Der Laie, der in der Praxis steht, besitzt den Zusammenhang, denn er handelt in ihm. Die Wissenschaft will nichts tun, als
45 diesen erlebten, erfahrenen und betätigten Gedanken zum Bewusstsein bringen und seine Verkettung mit den analogen Tatsachen-
50 zusammenhängen anderer Lebenskreise, Menschen und Epochen sichtbar machen; sie soll falsches Bewusstsein und falsche Verkettungen aber abbauen. […]
55 Sicherlich liegt in der Gegenwart eine eigentümliche Notwendigkeit für eine solche Steigerung der Bewusstheit vor. Die erzieherischen Sitten bei den europäischen Völkern, in den Missionsgebieten und überall da, wo der Europäismus hindringt, sind in der Zersetzung und Umbildung. Sobald
60 die Unsicherheit von einer Gruppe gespürt wird, sucht die nach Wegen zu einer neuen Sicherheit. Als solche bietet sich auch die philosophische Besinnung an. Wenn sie zwar selbst keine letzte Sicherheit geben will, so bewahrt sie doch vor falschen Propheten und macht den Blick frei für
65 die wahrhaft gestaltenden Kräfte. Die gewaltige Erwartung darf die pädagogische Wissenschaft nicht unkritisch machen. Das Bewusstsein ihrer Grenze ist vielleicht die tiefste Wahrheit, zu der eine solche Reflexion gelangen kann; aber auch schon durch diese Wahrheit kann sie in Krisenzeiten
70 eine reinigende Kraft entwickeln.
[…] Die sittliche Wirrnis der modernen Massenbevölkerung, neuerdings auch des flachen Landes, die Korruption im Staat, die Veräußerlichung und Profanität in der Kirche, die Grobheit im Verkehr und in den sittlichen

Abb. 6.2: Wilhelm Flitner (1889–1990)

Grundverhältnissen ist weithin identisch mit dem Mangel pädagogischer Bildung. Geben wir uns Rechenschaft über das Ziel, welches ein kultiviertes Nachdenken über die Erziehung bei den gelehrten Ständen haben könnte. Die reflektierenden Lehrer und Erzieher würden aus einer erneuerten Denkweise zunächst lernen, dass die Erziehung nicht aus der Reflexion, sondern aus den gestaltenden Mächten der Wirklichkeit selber ihren Inhalt gewinnt. Aus dieser Erkenntnis heraus würden sie ein neues Verhältnis zu den Sitten des pädagogischen Gebietes suchen. [...]

Der pädagogisch gebildete Erzieher dagegen würde versuchen, die guten erzieherischen Sitten in der Bevölkerung zu festigen und sie auch den künstlichen, öffentlichen Einrichtungen zugrunde zu legen. Die Gefahr besteht seit Langem, dass die Berufserzieher bereits als Funktionäre aufgefasst werden, die dem Kollektivum die Verantwortung für die Erziehung abzunehmen haben. Man meint, Erziehung sei eine gelernte Technik von Fachleuten, welche die Verantwortung allein zu tragen hätten. Auch die Träger pädagogischer Ämter stellen sich auf diesen Standpunkt und meinen, die Erziehung von sich aus bestimmen und beherrschen zu dürfen. Der moderne Wohlfahrts- und Verwaltungsstaat begünstigt solche Auffassungen und übernimmt nur allzu leicht eine Verantwortung, die den Eltern, Lehrherren, Arbeitgebern und privater Initiative niemals ganz abgenommen werden darf. Lehrer, Fürsorger, Kinderhortnerinnen und Kindergärtnerinnen, Schularzt, Sozialverwaltung, Jugendamt, Arbeitsamt und andere Organe des Staates neigen heute dazu, die Erziehung der Jugend als ihre Aufgabe anzusehen; es entspricht das der modernen Tendenz, die Verantwortung vom Einzelnen auf die Gesamtheit abzuwälzen, welche durch Funktionäre arbeiten lässt. In Wahrheit kommt es darauf an, dass jedermann seine erzieherischen Pflichten mitübernehmen lerne.

Aufgaben

1. Nennen Sie die von Wilhelm Flitner ausgemachten pädagogischen Wissensformen.
2. Skizzieren Sie Flitners Begründung einer „pädagogischen Allgemeinbildung", die pädagogisches Alltagswissen überschreiten soll.
3. Vergleichen Sie das im Pädagogikunterricht der letzten Jahre Erfahrene, Gelernte, Diskutierte mit der von Flitner postulierten pädagogischen Allgemeinbildung.
4. Überprüfen Sie, ob die Ziele, Inhalte und Methoden des Pädagogikunterrichts den Kriterien genügen, die Dietrich Benner im Folgenden als Anspruch an einen möglichen Pädagogikunterricht benennt (vgl. M2).

M2 Braucht es Pädagogikunterricht? (Dietrich Benner im Gespräch mit Lothas Kuld)

Kuld: Ich möchte jetzt zum Abschluss Hilfe holen bei Ihnen, Herr Benner, weil ich Sie so wahrgenommen habe, dass Sie sagen: Eigentlich brauche ich ein solches Fach Pädagogik in der Schule nicht, auf der anderen Seite haben Sie nicht verneint, dass das eine sinnvolle Geschichte ist. Könnten Sie sich dazu vielleicht noch einmal äußern?

Benner: Ich bin Ihnen dankbar, dass Sie mir diese Frage stellen. Sie gibt mir damit die Gelegenheit, einen Diskussionsbeitrag vom gestrigen Tage zu präzisieren. Gestern hatte ich mit Verweis auf das Beispiel eines KFZ-Reparaturauftrags, bei dem wir keine Dauerreflexion über die Schwierigkeit, ein Auto zu reparieren, sondern eine erfolgreich durchgeführte Reparatur erwarten, ausgeführt, die Aufgabe des Pädagogikunterrichts könne nicht darin gesehen werden, dass Lehrer vor ihren Schülern die Schwierigkeiten ausbreiten, mit denen sie sich bei der Ausübung ihres Berufs konfrontiert sehen. Ebenso illegitim sei es, die Aufgabe des Schulfaches Pädagogik darin zu erblicken, bei den Schülern Verständnis und Mitverantwortung für einen von den Lehrern nicht angemessen erteilten Unterricht zu wecken. [...] Als Fachunterricht müsse der Pädagogikunterricht wie jedes andere Unterrichtsfach eine fachliche Leistung erbringen und Wissen und Einsichten vermitteln, die ohne solchen Unterricht nicht erworben würden. So wie der Unterricht in den Elementartechniken als Unterricht an öffentlichen Schulen dadurch legitimiert ist, dass diese in außerschulischen Situationen zwar benötigt und gebraucht, nicht aber erlernt werden können, so müsse auch im Pädagogikunterricht etwas gelernt und vermittelt werden, das ohne solchen Unterricht nicht tradierbar wäre und dessen Tradierung in öffentlichem Interesse liegt.

Was sind vor diesem Hintergrund die legitimen Aufgaben des Pädagogikunterrichts an öffentlichen Schulen? Sicherlich nicht, aus Schülerinnen und Schülern gute Eltern zu machen. Es gibt heute Lebensentwürfe, in denen Elternschaft nicht oder noch nicht vorkommt. Die Wahl oder Nicht-Wahl von Elternschaft – Mutterschaft/Vaterschaft – als Lebensperspektive sollte nicht deshalb getroffen werden, weil der Pädagogikunterricht dies intendierte. Die Lehr-Lern-Perspektive und Aufklärungsfunktion des Pädagogikunterrichts kann es nicht sein, aus Heranwachsenden gute Pädagogen – Eltern, Lehrer und Miterzieher – zu machen. Sie könnte aber darin liegen, Heranwachsende darin zu unterstützen, ihren eigenen vergangenen und künftigen Bildungsgang im Lichte der Theorien, die es

Abb. 6.3

hierüber gibt, zu analysieren und zu reflektieren, um ihnen auf diese Weise ein Verständnis dafür zu erschließen, dass moderne Bildungsgänge zu unterschiedlichen Institutionen (Familie, Kindergarten, Schule, berufsbildende Einrichtungen etc.) mit jeweils speziellen, zuweilen aporetischen pädagogischen Eigenlogiken in Beziehung stehen. Ein so verstandener Pädagogikunterricht würde nicht aus wie auch immer erzogenen Kindern gute Pädagogen machen, wohl aber vermitteln, wodurch sich das moderne vom vormodernen Erziehungs- und Bildsamkeitsverständnis unterscheidet, auf welch unterschiedliche Weise in vordemokratischen und in demokratischen Staaten Erziehung, Schule und Öffentlichkeit aufeinander bezogen sind, was eine vorbestimmte von einer unbestimmten Zukunft unterscheidet, welche aufklärende Kraft von sozialwissenschaftlichen Aussagen über Erziehungs- und Sozialisationsprozesse ausgehen kann und worin die Grenzen wissenschaftlicher Aussagen und Theorien liegen. Die zuletzt angesprochene Thematik gilt es auch deshalb zu reflektieren, damit Heranwachsende lernen, zwischen wissenschaftlichen Betrachtungsarten und lebensweltlichen Erfahrungen zu unterscheiden. Ein zu solchen Einsichten hinführender Pädagogikunterricht könnte dann innerhalb des öffentlichen Bildungssystems die Funktion besitzen, dieses System in seinen Beziehungen zu anderen Institutionen explizit zu thematisieren und zu reflektieren.

Diese Seite des Pädagogikunterrichts ist in meinem gestrigen Diskussionsbeitrag nicht angemessen angesprochen worden. Das haben auch Gespräche am Abend mit Rainer Bolle, Christoph Storck und anderen ergeben. In Anlehnung an meinen früh gestorbenen Münsteraner Kollegen Jürgen Henningsen möchte ich daher abschließend bemerken, dass Pädagogik-Fachlehrer nicht notwendig „Schwätzer" über Sachen sein müssen, von denen sie selbst nichts verstehen, sondern sich über den Dual von „Klempner" und „Schwätzer" erheben können, wenn sie Bildungsprozesse und pädagogische Handlungsweisen, Reflexionsformen und Einrichtungen theoretisch, historisch, vergleichend und empirisch vor ihren Schülern so darstellen und mit diesen so analysieren, dass dabei ein Unterricht zustande kommt, der als Teil öffentlicher Erziehung und Unterweisung ausgewiesen ist.

Aufgaben

1. Arbeiten Sie heraus, welche Aufgaben des Pädagogikunterrichts Benner ablehnt und welchen er zustimmt.
2. Erörtern Sie „den Druck von ‚Klempner' und ‚Schwätzer'" an möglichen Fallstricken des Pädagogikunterrichts.

M3 Pädagogische Bildung (Klaus Beyer)

Die Bildung, die der Unterricht anzuregen und zu unterstützen hat, wird verstanden als ein für die Person des Schülers bedeutsamer, ganzheitlicher, lebenslanger Selbstbildungsprozess, in dem dieser versucht, sein Selbst- und Weltverständnis und seine Kompetenz zum vernünftigen (d. h. rational begründbaren und verantwortungsbewussten) Handeln so weit wie möglich zu entwickeln.

Der Pädagogikunterricht ist – wie alle anderen Fächer auch – gehalten, dem Schüler Bildungsprozesse im explizierten Sinn zu ermöglichen. Er kann und soll dies jedoch in spezifischer Weise tun, indem er ihm ausreichend Gelegenheit zu pädagogischer Bildung bietet, d. h. zu einer Bildung, durch die er das Verhältnis der eigenen Person zur Welt unter pädagogischer Perspektive zu klären versucht. […]

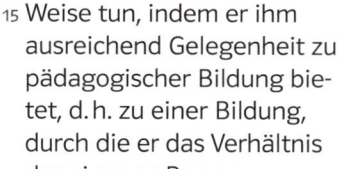

Abb. 6.4: Klaus Beyer

Der Versuch, die für die pädagogische Bildung konstitutive pädagogische Perspektive zu bestimmen, kann an der Etymologie des altgriechischen Begriffs „Pädagogik" (παιδαγωγική τέχνη) ansetzen, der die Kunst des pädagogischen (oder synonym: erzieherischen) Handelns bezeichnet. Um nun das Spezifikum pädagogischen Handelns zu bestimmen, muss dieses mittels seines spezifischen Zwecks von anderen Formen sozialen Handelns unterschieden werden.

Pädagogisches Handeln stellt den Versuch dar, die Entwicklung einer anderen Person hin zu einer selbstbestimmungsfähigen Persönlichkeit dadurch zu unterstützen, dass ihr Fortschritte bei der Entwicklung der Kompetenz zu vernünftigem, d. h. selbstbestimmtem und verantwortungsbewusstem Handeln ermöglicht werden.

[…] Die Entfaltung der pädagogischen Perspektive auf die Lebenswirklichkeit wird möglich durch die Explikation der oben vorgenommenen Definition erzieherischen bzw. pädagogischen Handelns. Diese ergibt folgende Strukturmerkmale:

Strukturmerkmale pädagogischen Handelns
• die Person dessen, der zu fördern versucht (des *Erziehers*)
• die Person dessen, der gefördert werden soll (des *Edukanden*)
• die Richtung der intendierten Förderung (die *Erziehungsziele*)
• die *Prinzipien*, von denen sich der Erzieher bei seinem Förderungsversuch leiten lässt

> - die vom Erzieher zum Zweck der Förderung eingesetzten *Maßnahmen* (traditionell: die Erziehungsmittel bzw. Erziehungsmethoden)

Abb. 6.5

Diese Merkmale sind konstitutiv für jedes erzieherische Handeln. Sie zusammen bilden dessen Struktur und sind deshalb zugleich obligatorische Kategorien der – auf dieses Handeln gerichteten – pädagogischen Reflexion. Diese bliebe allerdings defizitär, wenn sie nicht darüber hinaus die historisch-gesellschaftlich-kulturellen Bedingungen, denen der jeweilige pädagogische Förderungsversuch unterliegt, hinreichend berücksichtigen würde. Nur wenn diese vom Erzieher in seinen Entscheidungen angemessen beachtet werden, kann er auf einen Erfolg seiner pädagogischen Bemühungen hoffen. Denn die Bedingungen beeinflussen die Interaktion von Erzieher und Edukand, in die das pädagogische Handeln eingelagert ist, sowie die Wirkungen des Handelns. Aufgrund dieser Bedeutung ist es erforderlich, den Bedingungen des Erziehens in der pädagogischen Reflexion als einer weiteren Kategorie einen festen Platz neben den aus der Struktur des Erziehens gewonnenen Kategorien einzuräumen.

Analoges gilt für die Wirkungen pädagogischen Handelns: Bei der Planung des Handelns entsprechen sie als bloße Intentionen den Erziehungszielen. Bei der Reflexion bereits erfolgten Handelns sind jedoch bereits Wirkungen eingetreten. Diese sollten nicht nur daraufhin analysiert werden, ob und inwieweit sie den angestrebten Zielen entsprechen, sondern auch im Hinblick auf mögliche Nebenwirkungen und längerfristige Folgen des Handelns.

Mit der hiermit abgeschlossenen Zusammenstellung *obligatorischer Kategorien* pädagogischer Reflexion ist ein leistungsfähiges Raster für die Reflexion pädagogischer Praxis gewonnen. Damit diese in der erforderlichen Systematik erfolgen kann, sollte allerdings Folgendes beachtet werden:

- Keine der genannten Kategorien darf in der pädagogischen Reflexion vernachlässigt werden, wenn diese sich nicht den Vorwurf einer unzulässigen Reduktion machen lassen will. Die Kenntnis der Reflexionsstruktur kann die Schüler vor einer solchen Verkürzung schützen.
- Eine Struktur besteht nicht nur aus den sie konstituierenden Merkmalen, sondern auch aus ihren Beziehungen zueinander. Dies bedeutet, dass es z. B. wenig Sinn macht, sich im Unterricht über mögliche Erziehungsziele den Kopf zu zerbrechen, ohne gleichzeitig über die Möglichkeiten und Bedingungen ihrer Realisierung nachzudenken. Anhand ihrer Strukturkenntnisse sollten die Schüler nach einiger Übung in der Lage sein, nicht nur die für die pädagogische Reflexion konstitutiven Kategorien, sondern auch deren Beziehungen zueinander zu beachten.
- Die die pädagogische Reflexion konstituierenden Kategorien sind zwar formal konstant, inhaltlich aber hochvariabel. Deshalb müssen sie inhaltlich konkretisiert werden.
- Alles, was im Fach Pädagogik inhaltlich gelernt wird, sollte dieser Struktur zugeordnet werden, indem es daraufhin befragt wird, welchen Kategorien es sich zuordnen lässt und welche Beziehungen zwischen den Kategorien es besser zu verstehen hilft. Die Beachtung dieser Forderung kann verhindern, dass sich die Behandlung z. B. einer Entwicklungs- oder Sozialisationstheorie verselbstständigt, ohne an die pädagogische Fragestellung rückgebunden zu werden.
- Die Rückbindung kann erst dann erfolgen, wenn die jeweilige Theorie von den Schülern so verstanden wurde, dass sie die sich anschließende pädagogische Reflexion bereichern kann. Dass diese Reflexion, auf die es im Fach Pädagogik primär ankommt, in der zeitlichen Abfolge immer erst sekundär, d. h. nach der Sicherung ihres jeweiligen Theoriefundaments erfolgen kann, ist unvermeidlich. Den Schülern sollte jedoch immer wieder deutlich werden, dass es diese pädagogische Reflexion ist, die den eigentlichen Sinn des Faches ausmacht.
- Zum Zwecke pädagogischen Handelns müssen Entscheidungen getroffen werden, wie die variablen Kategorien (z. B. die Förderungsabsicht angesichts eines bestimmten Handlungsproblems) inhaltlich konkretisiert werden sollen. In die erforderlichen Entscheidungen und deren Begründungen fließen sachrationale und wertrationale Gesichtspunkte ein. Insofern verlangt die kategoriengeleitete pädagogische Reflexion neben technologischen Urteilen, die sich auf die Effizienz einer Handlung beziehen, auch axiologische Urteile (von gr. „άξιος": „wert", „würdig"), in denen die Handlung (Ziele, Prinzipien, Maßnahmen) nicht nur auf ihre normativen Voraussetzungen und Implikate hin zu beurteilen, sondern auch von den eigenen Werten und Normen und der persönlichen Auslegung der Förderungsabsicht erzieherischen Handelns her zu bewerten ist.

[…] Diejenigen Lernprozesse, die der Aneignung und inhaltlichen Weiterentwicklung der pädagogischen Perspektive (der für sie maßgeblichen Kategorien sowie der unter ihnen zu gewinnenden und einzuordnenden Einsichten) dienen, können als Prozesse „pädagogischer Bildung" verstanden werden. Diese lässt sich im Ausgang von dem zuvor explizierten allgemeinen Bildungsbegriff folgendermaßen bestimmen:

„Pädagogische Bildung" wird verstanden als ein Selbstbildungsprozess, in dem eine Person sich bemüht, sich die pädagogische Perspektive auf die Lebenswirklichkeit anzueignen und mit ihrer Hilfe ein immer reflektierteres Verständnis von den Aufgaben, Möglichkeiten, Bedingungen, Schwierigkeiten und potenziellen Auswirkungen pädagogischen Handelns zu gewinnen.

An so verstandene Prozesse „pädagogischer Bildung" sind v. a. folgende Anforderungen zu stellen:

Pädagogische Bildung

Anforderungen an pädagogische Bildungsprozesse
• eine kritisch-konstruktive Auseinandersetzung mit unterschiedlichen Varianten pädagogischer Theorie und pädagogischer Praxis
• eine distanzierte, zunehmend kategorien- und theoriengeleitete Reflexion von Erziehungspraxis und ihren historisch-gesellschaftlich-kulturellen Bedingungen inkl. ihrer normativen Voraussetzungen und Implikate
• die Entwicklung pädagogischen Problembewusstseins
• die Gewinnung und Elaborierung eines eigenen, immer reflektierter werdenden pädagogischen Handlungskonzepts
• die Entwicklung von Sensibilität für die Besonderheit jeder pädagogischen Entscheidungs- und Handlungssituation
• die Entwicklung von Empathie als der Fähigkeit, sich in die jeweilige Handlungssituation hineinzudenken und hineinzufühlen
• eine aktive Auseinandersetzung mit der eigenen Erziehung und Bildung
• die Entwicklung von Verantwortungsbewusstsein und persönlichem Engagement – für die Förderung der eigenen Entwicklung – für die Förderung der Persönlichkeitsentwicklung anderer Personen in deren Interesse – für die Verbesserung der Bedingungen pädagogischer Praxis
• die Metareflexion des eigenen Pädagogikverständnisses, des eigenen pädagogischen Handelns und des eigenen Bildungsprozesses

Abb. 6.6

Aufgabe

Skizzieren Sie das von Beyer vorgeschlagene „Raster für die Reflexion pädagogischer Praxis".

M4 Paideutische Kompetenz (Klaus Beyer)

Pädagogische Bildung, wie sie zuvor erläutert wurde, soll nicht nur das Bewusstsein für die Aufgaben, Prinzipien, Möglichkeiten und Probleme pädagogischer Praxis schärfen und es so jedem Schüler ermöglichen, ein *persönliches pädago-*
5 *gisches Konzept* anzubahnen, sondern auch die Basis legen für eine *vernünftige Ausgestaltung pädagogischer Praxis*. Dazu benötigt der Schüler eine möglichst gut ausgebildete pädagogische Handlungskompetenz. Pädagogische Handlungskompetenz kann einer Person nur zugesprochen werden,
10 wenn diese prinzipiell zum kompetenten Vollzug von Operationen in der Lage ist, die zusammen die Tiefenstruktur des an der Oberfläche erkennbaren Handelns bilden:

Prozessmodell kompetenten pädagogischen Handelns
(a) Die Erfassung der Wirklichkeit aus pädagogischer Perspektive
(b) Die Analyse, Beurteilung und Bewertung der Wirklichkeit aus pädagogischer Perspektive
(c) Das Entwerfen pädagogischer Handlungsideen
(d) Die Ausarbeitung von Handlungsideen zu pädagogischen Handlungsstrategien
(e) Die Entscheidung für eine pädagogische Handlungsstrategie
(f) Der Entschluss zum Vollzug der getroffenen Entscheidung
(g) Der Vollzug der geplanten pädagogischen Handlung
(h) Die Evaluation des pädagogischen Handelns […]

Abb. 6.7

Verantwortliches Erziehen setzt den kompetenten Vollzug der aufgelisteten Operationen voraus. Für einen Pädago-
15 gikunterricht, der seiner Verpflichtung zur Qualifizierung für pädagogisches Denken und Handeln nachkommen will, gehört es deshalb zu den
20 zentralen Aufgaben, die Schüler sich in geeigneter Weise in den korrekten Vollzug der Operationen einüben zu lassen. Dies bedeutet auch, dass
25 sie lernen sollten, den hierarchischen Aufbau des Operationengefüges zu beachten, indem sie eine Operation, z. B. das Treffen einer pädagogi-
30 schen Entscheidung (e), erst

Abb. 6.8

dann vollziehen, wenn die ihr vorgelagerten Operationen (a) bis (d) mit der erforderlichen Sorgfalt erfolgt sind. […] Der angemessene Vollzug der Operationen erfordert jeweils eigene Kompetenzen. Insofern kann es nicht überra-
35 schen, dass das Prozessmodell pädagogischen Handelns ein hohes Maß an Übereinstimmung mit dem folgenden dreigeteilten *Strukturmodell der pädagogischen Handlungskompetenz* aufweist.

Für kompetentes pädagogisches Handeln erforderliche Kompetenzen (Kompetenz-Struktur-Modell)	
A. Für jedes kompetente Handeln benötigte Grundkompetenzen	
A.1 Selbstkompetenz (Kompetenz, die persönliche Identität auszubilden, in Interaktionen zu bewahren und weiterzuentwickeln)	**A.2 Sozialkompetenz** (Kompetenz, das Verhältnis zu anderen Personen kritisch zu prüfen und konstruktiv auszugestalten)

115

A.3 Lern- und Methodenkompetenz
(Kompetenz, für das Urteilen, Entscheiden und Handeln benötigte Kenntnisse und Einsichten methodisch zu beschaffen, auszuwerten und so abzuspeichern, dass sie flexibel verfügbar sind)

B. Basiskompetenzen pädagogischer Handlungskompetenz

B.1 Pädagogische Sachkenntnis
(Verfügbarkeit der für kompetentes pädagogisches Denken und Handeln zentralen Kategorien sowie der unter ihnen abgespeicherten Kenntnisse, Einsichten, Prinzipien)

B.2 Pädagogische Urteilskompetenz
(Kompetenz, Wirklichkeit und Wirklichkeitsentwürfe aus pädagogischer Perspektive zu erfassen, zu analysieren sowie sach- und wertrational zu beurteilen)

B.3 Pädagogisch-strategische Kompetenz
(Kompetenz, pädagogische Handlungsideen zu generieren und zu effizienten Handlungsstrategien auszuarbeiten)

B.4 Pädagogische Entscheidungskompetenz
(Kompetenz, begründet zwischen pädagogischen Handlungsoptionen zu wählen)

B.5 Pädagogische Vollzugskompetenz
(Kompetenz, eine getroffene pädagogische Entscheidung sach-, adressaten- und situationsgerecht zu vollziehen)

B.6 Pädagogische Evaluationskompetenz
(Kompetenz, die Handlungsplanung, den Handlungsvollzug und die Wirkungen pädagogischen Handelns kritisch-konstruktiv zu reflektieren)

C. Metakompetenz
(Kompetenz, die Nutzung der allgemein benötigten Grundkompetenzen und der Basiskompetenzen pädagogischen Handelns metareflexiv zu steuern und zu kontrollieren)

Abb. 6.9

Angesichts der Tatsache, dass Handeln am besten durch Handeln gelernt wird, müssten die Schüler immer wieder Gelegenheiten zum pädagogischen Handeln erhalten. Auf diese Weise könnten sie am besten den Vollzug der dieses Handeln konstituierenden Operationen trainieren und die dafür erforderlichen Kompetenzen nutzen und elaborieren. Da sich Gelegenheiten zum pädagogischen Handeln aber für die Schüler im Rahmen von Unterricht kaum ergeben, muss dieser sich in aller Regel anhand geeigneter Beispiele pädagogischer Praxis und pädagogischer Probleme auf die Einübung derjenigen Operationen beschränken, die dem eigentlichen Handeln vorgelagert sind. Damit reduziert sich der Auftrag des Faches, die pädagogische Handlungskompetenz der Schüler zu fördern, im Wesentlichen auf die *handlungspropädeutische Reflexion pädagogischer Praxis und pädagogischer Probleme*.

In einem auf die Aufklärung und kompetente Bewältigung pädagogischer Praxis zielenden Pädagogikunterricht kommt der Anbahnung pädagogischer Kompetenz eine besondere Bedeutung zu. Als eine wesentliche Voraussetzung dieser Kompetenz muss der Erziehende in der Lage sein, sich in die Perspektive des Edukanden als des Adressaten seines Handelns und damit seiner Förderungsversuche hineinzudenken und hineinzufühlen. Dies setzt ein gutes Verständnis des Edukanden und seiner Rolle sowie der mit ihr verbundenen Probleme voraus. Nur mit seiner Hilfe erhält der Erzieher die Möglichkeit, angemessen auf das Verhalten des Edukanden zu reagieren.

Durch die für die Förderung pädagogischer Kompetenz demnach unverzichtbare Aufklärung der Edukandenrolle kann der Schüler zugleich auch etwas über die eigene Person erfahren: Er kann lernen, sich selbst als eine von erzieherischen Handlungen betroffene, das heißt: in ihrer Persönlichkeitsentwicklung zu fördernde Person zu begreifen und sich seinerseits in die Rolle des Erziehers zu versetzen. Dies wird ihm umso besser gelingen, je mehr er die im Kompetenz-Struktur-Modell aufgeführten Kompetenzen ausgebildet hat. Denn nur mit ihrer Hilfe ist er in der Lage, die Urteile, Entscheidungen und Handlungen seiner Erzieher zu verstehen. Erst dieses tiefere Verständnis des eigenen Erzogenwerdens versetzt ihn in die Lage, kompetenter auf dieses zu reagieren und konstruktiv an seiner eigenen Persönlichkeitsentwicklung mitzuwirken.

Die Fähigkeit und Bereitschaft zum Perspektivenwechsel sowie die Aneignung der für die pädagogische Praxis erforderlichen Kompetenzen können dem Schüler auch in der dritten Rolle hilfreich sein, in der er mit pädagogischer

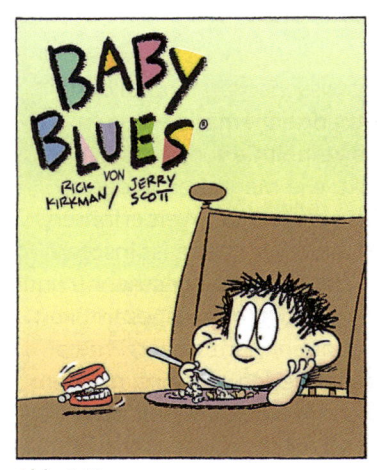

Abb. 6.10

Praxis konfrontiert wird, nämlich in der Rolle desjenigen, der als Gesellschaftsmitglied und Staatsbürger für die Ausgestaltung der Bedingungen pädagogischer Praxis (z.B. erziehungspolitische) Mitverantwortung trägt. Mit ihrer Hilfe wird er an Kompetenz gewinnen, diese Praxis und ihre Bedingungen zu analysieren, sie anhand des Förderungskriteriums zu beurteilen sowie Entscheidungen zur Verbesserung der Bedingungen zu treffen und zu begründen. Die Aufgabe des Faches Pädagogik besteht demnach darin, die Ausbildung der Kompetenz des Schülers zu unterstützen, in diesen drei eng aufeinander bezogenen, weil gemeinsam an der pädagogischen Praxis orientierten Rollen kompetenter zu handeln, als ihm dies ohne den Pädagogikunterricht möglich wäre. Aufgrund des engen Zusammenhangs der Rollen und der ihnen entsprechenden Praxen und, um ermüdende Wiederholungen der umständlichen Rede von „der Praxis des Erziehers, der Praxis des Edukanden und der Praxis des für die Bedingungen pädagogischer Praxis mitverantwortlichen Gesellschaftsmitglieds und Staatsbürgers" zu vermeiden, wird im Folgenden als Oberbegriff für die drei Praxen der (sich in der Fachdidaktik Pädagogik mehr und mehr etablierende) Begriff „paideutische Praxis" gewählt. Dementsprechend werden die in den drei Praxen benötigten Kompetenzen unter dem Sammelbegriff „paideutische Kompetenz" zusammengefasst. Folglich lässt sich der spezifische Auftrag des Pädagogikunterrichts nun umfassender als „*Förderung der Kompetenz zur vernünftigen Reflexion und Bewältigung paideutischer Praxis*" bestimmen. […]

Der Zusammenhang von pädagogischer Bildung und pädagogischer Handlungskompetenz

Wenn der Prozess pädagogischer Bildung bedeutet, ein immer reflektierteres Verständnis pädagogischer Praxis zu gewinnen, erfordert er die Aneignung anspruchsvoller Kompetenzen (z.B. pädagogischer Sach- und Urteilskompetenz), d.h. von Kompetenzen, die auch für kompetentes pädagogisches Handeln benötigt werden. Andererseits kann von pädagogischer Handlungskompetenz nur die Rede sein, wenn der Handelnde in der Lage ist, sein Handeln und dessen Folgen unter dem Gesichtspunkt der Verantwortung für die Edukanden zu reflektieren. […] Dazu werden pädagogische Bildungsprozesse benötigt, in denen nicht nur die Kategorien und Einsichten erworben werden, die für diese Reflexion erforderlich sind, sondern auch die Verantwortungsbereitschaft, die für vernünftiges pädagogisches Handeln unverzichtbar ist. Insofern besteht zwischen pädagogischer Kompetenz und pädagogischer Bildung nicht nur kein Gegensatz, sondern beide bedingen sich wechselseitig, da pädagogische Bildung sich ohne pädagogische Kompetenz ebenso wenig entwickeln kann wie pädagogische Kompetenz ohne pädagogische Bildung. […] Da aber der allgemeinbildende Pädagogikunterricht der künftigen Praxis der Schüler nicht vorgreifen kann und nicht vorgreifen darf, andererseits sich aber pädagogische Kompetenz trotz aller propädeutischen Möglichkeiten des Faches letztlich nur im Rahmen realer Praxiserfahrungen ausbilden kann, sollte der Unterricht v.a. seine Möglichkeiten nutzen, die pädagogische Bildung der Schüler durch *handlungsbezogene Reflexionen* zu fördern. Er eignet sich dazu in besonderer Weise, weil die Schüler hier – befreit von jedem Praxisdruck – in Ruhe pädagogische Handlungsprobleme analysieren, Handlungsmöglichkeiten entwerfen und diskutieren sowie abwägen können, welche Handlungen ihnen persönlich sowohl als erfolgversprechend als auch als verantwortbar gelten. Durch solche Reflexionen kann das Fach Pädagogik den Schülern beim Aufbau eines tragfähigen Fundaments für ihre künftige Praxis behilflich sein: nicht mehr, aber auch nicht weniger.

Aufgaben

1. Skizzieren Sie Beyers Argumentation bei der Definition „pädagogische Bildung" (vgl. **M 3**).

2. Fassen Sie zusammen, was Beyer mit „paideutischer Kompetenz" meint (vgl. **M 4**).

3. Erarbeiten Sie Ähnlichkeiten und Unterschiede des Handlungs- oder Praxisbezugs von Unterricht bei Benner und bei Beyer.

Beyer spricht von einer pädagogischen Perspektive auf Sachverhalte und Handlungen, die man möglicherweise auch unter einer politischen oder einer ökonomischen Perspektive betrachten könnte. Wigger u.a. sprechen im Folgenden von pädagogischen Inhalten (vgl. **M 5**).

4. Vergleichen Sie diese beiden Positionen miteinander.

Armin Bernhard zufolge hat pädagogische Bildung nicht – wie bei Flitner argumentiert (vgl. **M 1**) – aktuelle gesellschaftliche Schieflagen zu kitten.

5. Referieren Sie Bernhards Beschreibung der heutigen Gesellschaft und die daraus für ihn erwachsenden Aufgaben für eine pädagogische Bildung (vgl. **M 6**).

M5 Der Kern pädagogischer Bildung (Nicole Börner/Claudia Equit/Barbara Platzer/Lothar Wigger)

Grundbegriffe der Erziehungswissenschaft sind Bildung und Erziehung. Die Bildungstheorie thematisiert – um mit Humboldt zu reden – das Verhältnis von Mensch und Welt unter dem Gesichtspunkt, wie Menschen in der Auseinandersetzung mit Welt sich und die Welt erfahren, begreifen und gestalten. Die Bildungstheorie ist insofern eine theoretische Alternative zur Sozialisationstheorie und zur Entwicklungstheorie. Mit „Welt" ist das Insgesamt von Mitmenschen, sozialen Verhältnissen, kulturellen Phänomenen und natürlichen Gegebenheiten gemeint, mit dem Menschen konfrontiert sind und werden und mit dem sie sich beschäftigen. Grundlegend für die neuzeitliche Bildungstheorie sind der Gedanke der Bildsamkeit, das heißt die unbestimmte Bestimmbarkeit des Menschen, und das Verständnis von Bildung als eines nicht-teleologischen, das heißt zukunftsoffenen und nicht abschließbaren Prozesses. Das Ziel der Bildung setzen sich die Menschen nach Maßgabe ihrer Bildung. Hatte die klassische Bildungstheorie diesen Bildungsprozess als Befreiung, als Fortschritt, als Höherentwicklung der Menschheit verstanden, so verweist die kritische Bildungstheorie demgegenüber auf die „Dialektik der Aufklärung", die gescheiterte Emanzipation und die gesellschaftlichen Grenzen der Bildung. Beiden gemeinsam ist die Bindung von Bildung an Vernunft, das heißt an die kritische Prüfung von Meinungen und Glaubensüberzeugungen, von Erfahrung und Wissen, von Gegebenheiten und Erwartungen, von Ansprüchen und Regeln. Zur Bildung gehört insofern nicht nur Wissen, sondern auch das Wissen um die Grenzen des Wissens, Bildung lässt sich nicht nur durch Reflexivität, Moralität und Engagement, historische Bewusstheit und ästhetische Erfahrung beschreiben, sondern beinhaltet auch Distanz und Skepsis gegenüber dem Gegebenen, gegenüber sich, gegenüber anderen und insofern ein kritisch vermitteltes Urteilen und Handeln. [...]

Pädagogische Bildung liegt, so die These, in einer spezifischen Art des Urteilsvermögens und des praktischen Urteilens, die durch doppelte Reflexivität gekennzeichnet ist. Spezifikum pädagogischen Urteilsvermögens ist sein eigentümlicher Doppelcharakter: Bildung ist nicht nur das Ziel des Unterrichts, sondern auch sein Gegenstand. Dabei beziehen sich Bildung und Urteilsvermögen wechselseitig aufeinander. Pädagogisch gebildet zu sein bedeutet, nicht nur erziehungswissenschaftliche Theorien zu kennen, sondern sie auch zuordnen, bewerten und auf unterschiedliche Situationen übertragen zu können. Dazu bedarf es eines Urteilsvermögens, das sich wiederum erst in der Auseinandersetzung mit den Theorien herausbilden kann. Die pädagogische Bildung bringt also ihr eigenes Urteilsvermögen zugleich erst hervor.

Pädagogisches Urteilsvermögen ist an bestimmte, nämlich pädagogische Inhalte geknüpft. Ziel des PUs ist es also, dass der Schüler sich im Hinblick auf pädagogische Theorien bilde. Dieses Ziel ähnelt den Zielen anderer Fächer, auch in ihnen geht es darum, dass die Schüler sich anhand der in ihnen vermittelten spezifischen Inhalte bilden. Die Unterscheidung zwischen pädagogischem und anderem Urteilsvermögen kann nun sowohl auf inhaltlicher als auch auf formaler Ebene betrachtet werden.

Inhaltlich unterscheidet sich pädagogische Bildung von Bildung insgesamt durch einen gewissen Impetus des Handelns. Die Praxis ist – ob als wertfreie oder als normative Bezugnahme auf pädagogische Praktiken – der pädagogischen Theorie inhärent. Formal zeichnet sich pädagogische Bildung dadurch aus, dass in ihr der Prozess der Bildung selbst, den das Individuum durchläuft, reflektiert wird. Im PU geht es nicht lediglich darum zu lernen, wie das Lernen funktioniert, sondern um Bildung als einen Prozess, in dem der Mensch sich selbst als Mensch bestimmt. Bildung in diesem Sinne erschöpft sich nicht im Sammeln von Wissen, sondern ist zugleich die kritische Auseinandersetzung damit. Das Urteilsvermögen, das den Grund für diese kritische Auseinandersetzung bildet, ist die Fähigkeit des Verstandes, zu erkennen, was gut, schön und richtig ist, und es vom Bösen, Falschen und Hässlichen zu unterscheiden. Nun kann das, was dem einen gut, schön und richtig erscheint, für den anderen durchaus falsch und hässlich sein. So kann zum Beispiel eine Grenze, die man einem Kind setzt, von diesem als Grenzverletzung erlebt werden. Gerade die Einsicht in die Mannigfaltigkeit menschlicher Sichtweisen aber ist das, was das Urteilsvermögen ausmacht. In einer Zeit, in der das Postulat der einen Wahrheit fraglich geworden ist, gilt es, nicht vorschnell zu entscheiden, sondern abzuwägen und damit der Wahrheit zumindest so nah wie möglich zu kommen. Gesucht ist nicht die Wahrheit, sondern, wie sich im Anschluss an die Tradition der antiken Rhetorik formulieren lässt, das dem Wahren Ähnliche. Urteilen heißt, Alternativen zu prüfen und gegeneinander abzuwägen. Umgekehrt ist es gleichfalls Kennzeichen des pädagogischen Urteilsvermögens, eine Situation angemessen als pädagogische Aufgabe zu erkennen und gestützt auf erziehungswissenschaftliche Theorien Lösungsmöglichkeiten zu finden.

Eine pädagogische Bildung im Sinne eines abwägenden Urteilens ist aufwändig. Sie bedarf der Anstrengung, nicht nur Äußeres zu verinnerlichen, sondern es immer wieder in das eigene Weltbild einzupassen und dieses gegebenenfalls zu ändern oder zu verwerfen. Urteilsvermögen ist deshalb immer verbunden mit dem Aspekt der Mündigkeit als dem Standpunkt, von dem aus geurteilt wird. In bildungstheoretischer Hinsicht beschreibt der Begriff der Mündigkeit die Fähigkeit des Menschen, die eigene Lebensführung zu reflektieren und zu dieser wie zu den Formen des menschlichen Zusammenlebens Stellung nehmen zu können. Urteilsvermögen und Mündigkeit erfordern einen Vernunftgebrauch, der zugleich skeptisch und problematisierend ist.

[...] Das bisher Gesagte trifft auf jegliche Art des Urteilsvermögens zu und seine Anregung ist sicherlich nicht nur das Ziel des Fachs Pädagogik, sondern auch anderer geistes- und sozialwissenschaftlicher Fächer. Jegliches Urteilsvermögen ist an kulturelle Vorgaben und Orientierungen gebunden. Dabei ist es im Ansatz unzeitgemäß, weil

Abb. 6.11

es keiner Mode folgt. Das Spezifikum des pädagogischen Urteilsvermögens liegt – neben der Rekurrierung auf pädagogische Ziele und erziehungswissenschaftliche Theorien – in seiner Selbstreflexivität. Es ist pädagogisch, indem es seinen eigenen Entstehungsprozess reflektiert und sich an der Beschäftigung mit diesem Prozess weiter ausbildet. Ziel des PUs müsste es dementsprechend sein, pädagogisches Urteilsvermögen anzuregen und zu stärken.

M6 Pädagogische Bildung und die Entwicklung eines emanzipativen Selbst- und Weltverständnisses (Armin Bernhard)

Ein tiefgreifendes Verständnis des Menschen von der Welt und sich selbst in ihr zu entwickeln – diesen Prozess zu reflektieren, ist Aufgabe von Bildungstheorie. Welche Bedeutung kommt in diesem Rahmen einer pädagogischen Bildung zu? […]
Die Vereinzelungsprozesse mit all ihren Problemen werden durch Reduzierung bürgerlicher Verkehrsformen auf marktvermittelte Beziehungsmuster potenziert und verleihen der Gesellschaft einen *zentrifugalen* Charakter. In einer zentrifugalen Gesellschaft verstärken sich die Probleme der Subjektwerdung und Identitätsbildung derart, dass sie allein von den eigens für Erziehung und Bildung geschaffenen Institutionen nicht mehr bearbeitet werden können. […]
Das Dilemma pädagogischer Bildung resultiert aus dem Umstand, dass sie zu Strategien der Selbstbehauptung verkommen kann, in der der herrschaftsbezogene Herkunftscharakter von Pädagogik subtil weitergetragen, der Gedanke der Autonomie verraten wird. Gerade unter den Bedingungen verschärfter Rivalität in den gesellschaftlichen Beziehungsverhältnissen könnte eine pädagogische Bildung ein instrumentelles Verhältnis des Menschen zur Welt und zu seiner eigenen Identität befördern […]: Je mehr eine pädagogische Bildung sich auf Entwicklung von Erziehungstechnologien oder auf subjektivistische biografische Reflexion orientierte, umso stärker beteiligte sie sich an der Aufrechterhaltung der verkehrten Welt, die ein emanzipativ entfaltetes Welt- und Selbstverständnis – Ziel aller modernen Pädagogik – notwendig verhindern muss.

Abb. 6.12

Pädagogische Bildung und die Entwicklung eines emanzipativen Selbst- und Weltverständnisses
Aus der Perspektive einer kritischen Theorie der Bildung kann pädagogische Bildung nur im Hinblick auf die Frage konzipiert werden, wie die Menschen in der Auseinandersetzung mit ihren gesellschaftlich-historischen Lebensbedingungen ein emanzipatives Selbst- und Weltverständnis zu entwickeln in der Lage sein können. Mit anderen Worten: Welchen Beitrag leistet ein Unterricht über pädagogische Inhalte für ein emanzipatives Selbst- und Weltverständnis des Menschen in einer Gesellschaft, die Mündigkeit nur noch als Worthülse kennt? Aufgabe einer pädagogischen Bildung ist daher nicht primär die Schaffung von praktischer Erziehungskompetenz, sondern die Anbahnung eines kritischen Problembewusstseins gegenüber pädagogischen Prozessen. Pädagogische Bildung zielt in erster Linie auf *Erkenntnis*, auf eine Erkenntnis, die ihr Spezifikum darin besitzt, dass sie Mündigkeitspotenziale über pädagogische Inhalte und Fragestellungen freizusetzen versucht. Eine emanzipatorische Konzeption pädagogischer Bildung weiß sich zwar in den objektiven gesellschaftlichen Zwängen verortet, denen sie nicht entrinnen kann. Ihr Ziel lässt sich aus diesen jedoch nicht funktionalistisch ableiten. Wer eine pädagogische Bildung entwickeln will, muss daher klären, in welchen pädagogischen Zugängen und Inhalten Perspektiven auf Mündigkeit aufweisbar sind.
Die allgemeinen bildungstheoretischen Überlegungen können nun inhaltlich konkretisiert werden:

1. Pädagogische Bildung ist zunächst einmal eine Bildung, die über die gesellschaftliche Veranlassung ihrer selbst aufklärt. Insofern muss sie kritisch auf ihren Beitrag bei der Reproduktion der gesellschaftlichen Verhältnisse gerichtet sein. Nur wenn pädagogische Bildung nicht einfach nur voluntaristisch als Beitrag zum Aufbau von „Human-Kompetenz" erklärt, sondern in ihrer gesellschaftlichen Funktion: nämlich der der Herstellung von Subjekteigenschaften reflektiert wird, die die verheerenden Folgen des neoliberalen Kapitalismus abfedern soll, kann sie über diese funktionalistische Bestimmung hinaus weiterentwickelt werden. Der Aufbau von Humankompetenz als Aufgabe einer pädagogischen Bildung erhält seine Bedeutung für die Mündigkeitsperspektive nur über die selbstkritische Reflexion pädagogischer Bildung im gesellschaftlichen Verwendungszusammenhang.

2. Pädagogische Bildung muss als eine Ideologiekritik von Bildungs- und Erziehungsanschauungen organisiert werden, will sie ihre Perspektive auf Mündigkeit aufrechterhalten. Gesellschaftliche Rechtfertigungslehren zirkulieren umso mehr in Feldern der Erziehung und Bildung wie die Humanressource Mensch in das eigentliche Blickfeld des ökonomischen Verwertungsprozesses rückt. In dieser Aufgabenstellung liegt ein unausgeschöpftes Potenzial der systematischen Heranführung an Erziehungs- und Bildungsprobleme. Erst im Aufbau einer erziehungswissenschaftlich angeleiteten Ideologiekritik im Bewusstsein der Heranwachsenden kann

der emanzipatorische Gehalt pädagogischer Inhalte freigelegt werden. Den Versuchen der gesellschaftlichen Rechtfertigung der gegebenen Unordnung in Fragen der Bildung und Erziehung systematisch nachzuspüren, gehört zu den anspruchsvollsten Aufgaben einer pädagogischen Bildung, ohne deren annäherungsweise Einlösung sie nichts anderes ist als eine seichte Luftblase von Halbbildung. Pädagogische Bildung ist insofern immer auch politische Bildung, als sie die Interessengebundenheit pädagogischer Aussagen in ihr Zentrum stellen muss.

3. Pädagogische Bildung besteht in der systematischen Umarbeitung eines bereits vorhandenen alltagspädagogischen Arsenals in ein pädagogisches Problembewusstsein. Sie beinhaltet notwendig die Aufhebung lebensweltlich erworbener Erziehungserfahrungen ebenso wie des kulturindustriell kolportierten Erziehungswissens. Sie dient der kritischen Strukturierung diffuser pädagogischer Erfahrungsbestände. Erziehungserfahrungen und Erziehungswissen, die in Kindheit und Jugend erworben wurden, repräsentieren vorrationale, emotional besetzte Bewusstseinsmuster, die in einem distanzierenden Vorgang aufgehoben werden müssen. Die Erziehung kommt in der sie selbst betreffenden Bildung zu sich selbst. Erst indem Erziehung in pädagogischer Bildung systematisch zum Bewusstsein ihrer selbst gebracht wird, kann ihr Zwangscharakter in einer neuen, humaneren Regulation des Umgangs mit sich selbst und mit anderen aufgehoben werden. Die Dimensionen des bildungstheoretisch freigelegten Erziehungsbegriffs begründen einen wichtigen inhaltlichen Bezug. Die Dialektik von Anpassung und Freisetzung ist in ihm eingeschlossen. Pädagogische Bildung, die ihren Namen verdient, bestünde in der Freilegung dieser Dialektik.

4. Pädagogische Bildung hätte die Vorstellung von einem seriösen, tiefendimensionalen Verständnis von Erziehung in den Heranwachsenden anzubahnen. Erziehung dient der Reproduktion der Gesellschaft und zugleich dient sie prinzipiell der humanen Grundlegung des Subjekts. Sie repräsentiert weder eine Technologie des Verhaltensaufbaus noch eine Strategie der Steuerung von Persönlichkeit, sondern einen tiefgreifenden Vorgang, der sich von punktuellen psychologisch-therapeutischen Eingriffen strukturell unterscheidet. Sie wird gerade unter den Bedingungen einer zentrifugalen Gesellschaft zur „intellektuellen Leistung" (Heydorn). In diesem Anspruch ist sie im Rahmen einer pädagogischen Bildung für die Heranwachsenden zu erschließen. Die liberalen Formen der Erziehung in der Überflussgesellschaft fesseln das Kind an die bestehende Gesellschaft, führen nicht über sie hinaus, sie sind nur ein Reflex liberalisierter Marktverhältnisse. Sie negieren den Umstand, dass der Weg des menschlichen Bewusstseins zur Freiheit über vorbewusste Zwänge wie Konditionierungen, Nachahmungsprozesse und Identifikationsvorgänge erst mühsam geebnet werden muss. Als intellektuelle Leistung jedoch wird Erziehung der Dialektik von Anpassung und Freisetzung gerecht. Auf dem Boden des Gegebenen stehend, ist diese Erziehung ein Wagnis, denn ihre widersprüchliche Aufgabe besteht darin, „Mut für ein menschenwürdigeres Leben zu machen, ohne sein Risiko zu verheimlichen." (Heydorn)

5. Pädagogische Bildung muss die selbst erfahrenen Erziehungs- und Bildungsprozesse in einen Zusammenhang mit Sozialisations- und Identitätsbildungsvorgängen stellen. Die Persönlichkeitsbildung, die durch pädagogische Bildung initiiert werden kann, ist ein politisch-gesellschaftlicher Vorgang insofern, als die Lernenden die Friktionen und Brüche in der eigenen Lebensgeschichte als politisch-gesellschaftliche erst wahrzunehmen lernen. Die Ausweitung pädagogischer Bildung auf den Bereich der Persönlichkeitsbildung ist insofern brisant, weil sie im Falle einer verengenden Psychologisierung komplexer pädagogischer Problemzusammenhänge einem Unterrichtsfach Pädagogik die Basis nehmen könnte. […] Statt einer trivialisierenden Psychologisierung der eigenen Subjektgenese hat pädagogische Bildung über die Schaffung von Begriffen, Theorien, Fragestellungen eine reflexiv-distanzierte Haltung des Heranwachsenden zu entwickeln. Sie muss den Jugendlichen ein Instrumentarium an die Hand geben, mit dessen Hilfe sie ihren subjektiv begrenzten Blick auf die eigene Subjektwerdung durch Einbezug ihrer politischen und gesellschaftlichen Implikationen erweitern können.

Aufgabe

Entwerfen Sie in Auseinandersetzung mit den vorgestellten Positionen eine eigene Zielperspektive für zukünftigen Pädagogikunterricht. Verdeutlichen Sie diese Perspektive an ausgewählten inhaltlichen Beispielen dieses zukünftigen Pädagogikunterrichts und den von Ihnen (begründet) favorisierten Zugängen zu diesen Inhalten.

7. Wiederholen – Vernetzen – Beurteilen: methodische Anregungen

Sie haben sich in den Kursen von „Perspektive Pädagogik" ein immer differenzierteres und komplexeres Verständnis der Aufgaben, Fragestellungen und Antworten der Pädagogik erarbeitet. Dazu haben Sie eine Vielzahl von pädagogischen Grundbegriffen und von pädagogisch relevanten Begriffen aus den Nachbardisziplinen kennengelernt.

In diesem Kapitel erhalten Sie einige Anregungen, wie Sie Ihr Wissen wiederholen und systematisieren können. Dies dient gleichzeitig der Vorbereitung auf die Abiturprüfung.

Das folgende Schaubild kann dabei hilfreich sein.

7.1 Systematisierende Erarbeitung

Perspektive Pädagogik: Schaubild zur Systematik

- anthropologische Voraussetzungen und Grundlagen (Bildsamkeit, Generation)
- Handlungstheoretische Fragestellungen von Erziehung und Bildung (Erziehung, Bildung, Mündigkeit, Formen pädagogischen Handelns)
- Veränderungsprozesse im Lebenslauf (Lernen, Entwicklung, Sozialisation, Identität, Biografie)
- Gesellschaft (Gesellschaft, Kultur, päd. Institution, Transformation gesellschaftlicher in pädagogische Anforderungen)

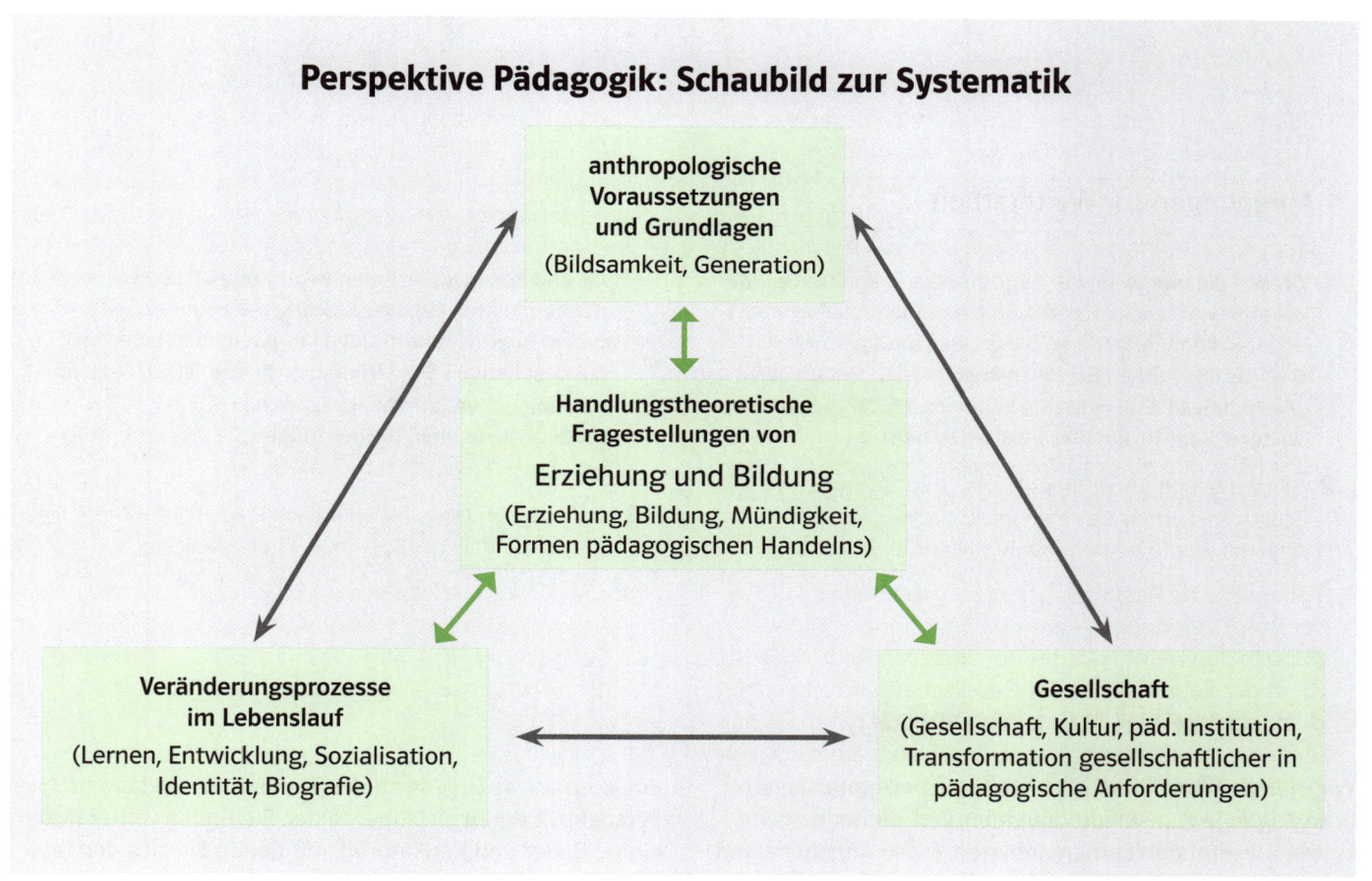

Abb. 7.1

Im Zentrum der pädagogischen Perspektive stehen die Begriffe „Erziehung" und „Bildung". Handlungstheoretische Fragestellungen im Hinblick auf Erziehung beziehen sich auf die Art und Weise, wie mit Kindern und Jugendlichen so umzugehen ist, dass sie zu mündigen Menschen werden können. Fragen und Probleme der Bildungstheorie betreffen die Aufgaben und Ziele pädagogischen Handelns. Die drei weiteren Dimensionen der pädagogischen Perspektive (anthropologische Voraussetzungen, individuelle Veränderungsprozesse, die gesellschaftliche Dimension der Pädagogik) stehen in Wechselwirkung mit Erziehung und Bildung.

7.2 Wiederholung und Strukturierung durch „Begriffs-Panini"

Mit Panini ist hier ein Sammelalbum gemeint. Vielleicht haben Sie früher selbst Bilder von Fußballern oder Darstellern einer Fernsehserie gesammelt. Man möchte möglichst alle Spieler einer Mannschaft haben und tauscht deshalb mit Freunden solche Bilder, die man mehrfach hat, gegen andere, die noch fehlen.

Gehen Sie von dem Schaubild zur Systematik aus, das zu Beginn dieses Kapitels steht. Dort finden Sie vier Dimensionen der pädagogischen Perspektive: (1) Erziehung und Bildung als Zentrum, (2) anthropologische Voraussetzungen und Grundlagen, (3) Veränderungsprozesse im Lebenslauf, (4) Gesellschaft. Diesen Dimensionen sind jeweils Begriffe in Klammern zugeordnet. Insgesamt sind es 15 solcher Begriffe.

Ordnen Sie die Begriffe tabellarisch den vier Dimensionen zu:

Erziehung/Bildung	anthropologische Voraussetzungen	Veränderungsprozesse im Lebenslauf	Gesellschaft
Erziehung	Bildsamkeit	Lernen	Gesellschaft
Bildung	Generationenverhältnis	Entwicklung	Kultur
Mündigkeit		Sozialisation	pädagogische Institution
Formen pädagogischen Handelns		Biografie	pädagogische Transformation
		Identität	

Abb. 7.2

Anregungen zur Weiterarbeit

1. Greifen Sie nun einen der Begriffe heraus, den Sie besonders gut verstanden haben und anderen Kursteilnehmern erklären können. Notieren Sie die Bedeutung dieses Begriffs und suchen Sie Belegstellen in den Heften der „Perspektive Pädagogik". Sie können auch die Bedeutung weiterer Begriffe auf diese Weise festhalten.
2. Bieten Sie nun „Ihren" Begriff bzw. „Ihre" Begriffe zum Tausch an. Suchen Sie einen Tauschpartner, der einen anderen Begriff erklären kann, stellen Sie „Ihren" Begriff vor, und lassen Sie sich den Begriff Ihres Tauschpartners erklären. Halten Sie die Erklärung des neu hinzugekommenen Begriffs schriftlich an der passenden Stelle fest. Vervollständigen Sie nach und nach Ihre Tabelle, indem Sie immer neue Tauschpartner suchen.
Sollten Fragen offen bleiben, halten Sie diese schriftlich fest.
3. Klären Sie im Plenum alle offenen Fragen und sichern Sie das Verständnis der Begriffe in Ihrer Tabelle ab.

7.3 Bildgestützte Erarbeitung

Wir möchten Ihnen nun noch weitere, ganz unterschiedliche Zugänge zum wiederholenden, vertiefenden und systematisierenden Lernen anbieten. Diese Angebote sind immer als Beispiele zu verstehen, die Sie selbstständig erweitern und variieren können.

Ein alternativer Zugang zu den Themen der pädagogischen Perspektive ergibt sich über Bilder. Sie finden weiter unten einige Bilder und Karikaturen, mit denen Sie sich den (abiturrelevanten) Themen nähern können.

Anregungen zur Weiterarbeit

1. Wählen Sie ein Bild aus.
2. Beschreiben Sie es nach der Methodik der pädagogischen Bildinterpretation („Perspektive Pädagogik" Heft 2, S. 18).
3. Arbeiten Sie mögliche pädagogische Bedeutungen des Bildes heraus.
4. Setzen Sie das Bild zu pädagogischen und nicht-pädagogischen Konzepten und Theorien in Beziehung, die Sie kennengelernt haben.

Wiederholen – Vernetzen – Beurteilen: methodische Anregungen

M1

Der Kupferstich wurde von Daniel Chodowiecki angefertigt. Er diente als Illustration für das 1774 zuerst erschienene „Elementarwerk" des Aufklärungspädagogen Johann Bernhard Basedow (1724–1790).

M2

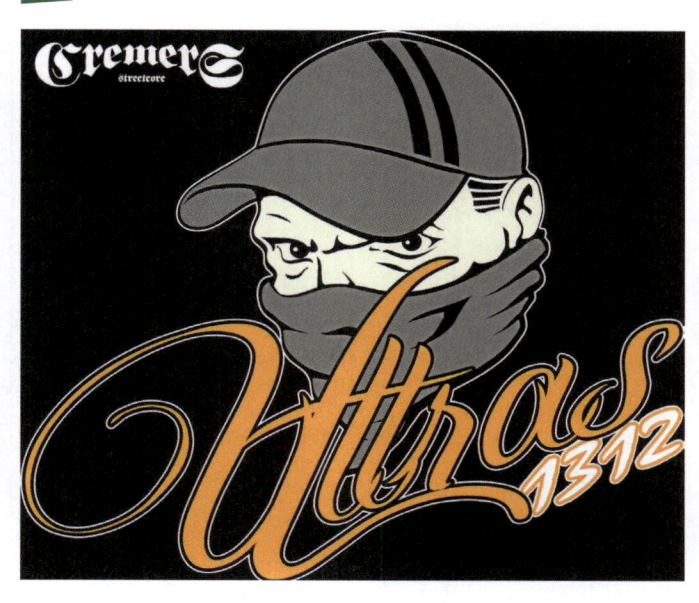

Das Bild ist auf einer Website zu finden, die Kleidung für „erlebnisorientierte Jugendliche" anbietet. Als Motto ist dort zu lesen: „Gehe nicht, wohin der Weg führen mag, sondern dorthin, wo kein Weg ist, und hinterlasse Spuren."

M3

Das Plakat stammt aus dem Zeitraum 1933–1945.

M4

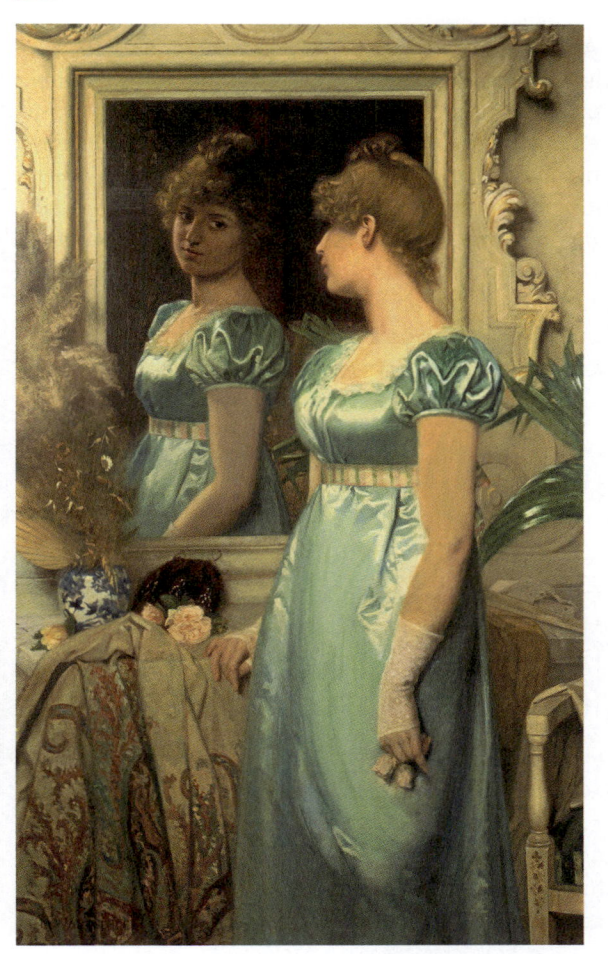

Maria Wilhelmina Wandscheer: Vor dem Balle 1886
Maria Wilhelmina Wandscheer (1856–1936) war eine niederländische Malerin.

M5

[Calvin und Hobbes Comic]

Sprechblasen:
1. ICH WILL NICHT ZUR SCHULE GEHN. ICH WILL NICHTS NEUES LERNEN.
2. ICH WEISS BEREITS MEHR, ALS MIR LIEB IST! MIR HABEN DIE DINGE BESSER GEFALLEN, ALS ICH SIE NICHT VERSTANDEN HAB!
3. TATSACHE IST, DASS ICH GEGEN MEINEN WILLEN ERZOGEN WERDE! MEINE RECHTE WERDEN MIT FÜSSEN GETRETEN!
4. HAT MAN EIN RECHT DARAUF, UNWISSEND ZU BLEIBEN?
5. ICH WEISS NICHT, ABER ICH WEIGERE MICH, ES HERAUSZUFINDEN!

Calvin und Hobbes

7.4 Wissensaktivierung mit der Kugellagermethode

Folgende Aspekte sind für den Moderator (Lehrer oder Kursteilnehmer) bei der Durchführung wichtig:

1. Die Kursteilnehmerinnen und Kursteilnehmer des Außen- und Innenkreises sitzen sich an Arbeitstischen gegenüber.
2. Das Arbeitsblatt (s.u.) ist für alle identisch.
3. a) Die Aufgaben sind so angelegt, dass im Rahmen der jeweiligen Partnerarbeit die Lösung zu einer Aufgabe von einem Partner vorgetragen und von dem anderen Partner kommentiert wird (Feedback). Nach der Kommentierung kann gemeinsam an Ergänzungen oder notwendigen Klärungen gearbeitet werden. Unklarheiten, die in der Partnerarbeitsphase nicht beseitigt werden, können später im Plenum geklärt werden.
   b) Dem Vortrag der Lösung ist eine Einzelarbeitsphase vorgeschaltet, in der sich der eine Partner auf die Präsentation der Antwort konzentriert und stichwortartig seine Lösung in dem freien Feld neben der Aufgabe notiert. Diese Zeit wird von dem anderen Partner genutzt, sein eigenes Wissen zu reaktivieren und stichwortartig zu notieren, welche Antwort er erwartet. Ergebnisse des Austauschs nach dem Vortrag sollten als Korrekturen und Ergänzungen ebenso notiert werden. Beide Partner sollten ihr eigenes Wissen einschätzen und symbolisch fixieren. Auf Wunsch kann auch eine Fremdeinschätzung erfolgen.
4. Sollen die Kursteilnehmerinnen und Kursteilnehmer möglichst häufig mit neuen Partnern arbeiten, so empfiehlt sich ein Wechsel nach jeweils zwei Aufgaben, sodass in der Partnerarbeit jeder eine Lösung vortragen und eine andere kommentieren muss.

Thema: Entstehung und pädagogische Förderung von Identität und Mündigkeit – eine Auseinandersetzung mit der Theorie Lothar Krappmanns (umfangreiche Textgrundlagen finden Sie in diesem Heft). **Methode:** Kugellager (in der Spalte „bewertender Kommentar" bewertet jeweils derjenige, der die Lösung vorstellt, seine eigene Leistung rechts neben der Aufgabe in symbolischer Form; mögliche Symbole: z. B. ++/+/-/- - oder Noten in Ziffern; die Spalte „bewertender Kommentar" kann genutzt werden, falls eine Fremdbewertung erwünscht ist).

Aufgaben für den Außenkreis Leerfelder: hier können eigene Antworten, Antworten des Partners und gemeinsame Ergebnisse stichwortartig notiert werden	bewertender Kommentar	Aufgaben für den Innenkreis Leerfelder: hier können eigene Antworten, Antworten des Partners oder gemeinsame Ergebnisse stichwortartig notiert werden	bewertender Kommentar
1. <u>Erläutern</u> Sie, welche Erkenntnisse Krappmanns in den Sechzigerjahren seiner Hypothese zugrunde liegen, dass Menschen, die nicht an **Statusinkonsistenz** zerbrechen, Fähigkeiten/Kompetenzen besitzen, die ihnen helfen, die verschiedenen, schwer vereinbaren Aspekte ihrer sozialen Existenz miteinander zu verbinden.			

Wiederholen – Vernetzen – Beurteilen: methodische Anregungen

Aufgaben für den Außenkreis Leerfelder: hier können eigene Antworten, Antworten des Partners und gemeinsame Ergebnisse stichwortartig notiert werden	bewertender Kommentar	Aufgaben für den Innenkreis Leerfelder: hier können eigene Antworten, Antworten des Partners oder gemeinsame Ergebnisse stichwortartig notiert werden	bewertender Kommentar
		2. Erklären Sie knapp, was Krappmann unter dem Begriff des **Balancierens** versteht. Der Schlüsselbegriff „**unterschiedlichste Rollenerwartungen**" kann dabei als Ausgangspunkt dienen.	
3. Erläutern Sie die folgenden Aussagen Krappmanns: „Zweimal tritt folglich eine **Negation** auf: zuerst dort, wo das Individuum sich davon lösen muss, wer es nach seiner bisherigen Biografie ist, um für **angesonnene Erwartungen** offen zu sein. […] Zum zweiten Mal muss das Individuum negieren, wenn es zeigt, dass der Rahmen **vorgegebener Erwartungen**, die es zunächst aufgenommen hat, seinen **eigenen Erwartungen** nicht genügt."			
		4. Begründen Sie, warum Krappmann seinem **Identität**sverständnis die Annahmen Meads zum **Selbst** des Individuums zugrunde legt.	
5. Definieren Sie die Begriffe „**soziale Identität**" („**social identity**") und „**persönliche Identität**" („**personal identity**"), die Krappmann in Orientierung an Goffman übernimmt, und stellen Sie die Bedeutung der beiden Identitätsarten für die **Ich-Identität** heraus.			
		6. Erklären Sie unter Einbeziehung der Erkenntnisse E. Goffmans, inwieweit „**phantom normalcy**" ein Mittel ist, Individualität zu gewinnen.	
7. Knüpfen Sie an die Lösung der Innen-Aufgabe 6 an und begründen Sie, warum J. Habermas das Mittel der „**phantom normalcy**" um das der „**phantom uniqueness**" ergänzt.			
		8. Erläutern Sie – auf Basis der Lösungen zu den Aufgaben 6 und 7 – die Bedeutung, die Krappmann der „**phantom normalcy**" und der „**phantom uniqueness**" für den vom Individuum verlangten **Balanceakt** zuschreibt.	
9. Definieren Sie – im Sinne eines Fazits der Lösungen zu den Aufgaben 1–8 – Krappmanns Verständnis von **Identität** in ca. fünf Sätzen.			
		10. Nennen Sie die Aspekte des **Identitätsverständnisses** von Krappmann, die bisher noch nicht thematisiert wurden.	
11. „[Die **Rollendistanz**] hilft dem Individuum, sich nicht voll an das Schicksal einer Rolle zu binden …" Erläutern Sie ausgehend von dieser Aussage Krappmanns die Fähigkeit zur **Rollendistanz** und ihre Relevanz für die **Identitätsbalance**.			

7. Kapitel

Aufgaben für den Außenkreis Leerfelder: hier können eigene Antworten, Antworten des Partners und gemeinsame Ergebnisse stichwortartig notiert werden	bewertender Kommentar	Aufgaben für den Innenkreis Leerfelder: hier können eigene Antworten, Antworten des Partners oder gemeinsame Ergebnisse stichwortartig notiert werden	bewertender Kommentar
		12. „Auch **Empathie** ist sowohl Voraussetzung wie Korrelat von **Ich-Identität**." Erläutern Sie ausgehend von dieser Aussage Krappmanns die Fähigkeit zur **Empathie** und ihre Relevanz für die **Identitätsbalance**.	
13. Erläutern Sie – anknüpfend an die Lösungen zu den Aufgaben 11 und 12 – die zwei weiteren **Grundqualifikationen** des Rollenhandelns.			
		14. Rückblickend kommentiert Krappmann: „Ich habe mich in den Sechzigerjahren gegen Eriksons Auffassung gewehrt, dass die Sozialwelt, in der ein Kind heranwächst, ‚nur eine beschränkte Anzahl sozial bedeutungsvoller Modelle [liefert] [...]', aus denen Heranwachsende ihre Identität dann zusammenfügen müssen. [...] Von heute aus betrachtet spüre ich, wie sehr wir jungen Menschen damals aus der Enge dieser angelieferten Modelle heraus wollten" (PädagogikUnterricht 29, 2009, H. 1, S. 6). a) Erklären Sie anhand dieser Aussagen, wie Krappmann sich mit seinem **Identitätsverständnis** von dem Eriksons abgrenzt. b) Kommentieren Sie, inwieweit Sie diesen Unterschied nachvollziehen können.	
15. Krappmann hält einerseits die Vorstellungen von einer **postmodernen Identität**, dass **Identitätsangebote** immer weniger angeliefert werden und sich Jugendliche ihre **Identität** selber zurechtschneidern müssen, für gerechtfertigt, andererseits stellt er heraus, dass die sich entwickelnde **Identität** nicht beliebig **balanciert**, nicht unterschiedslos alles **ausbalanciert**, was ihr zugemutet wird (vgl. PädagogikUnterricht 29, 2009, H. 1, S. 7). Erläutern Sie ausgehend von dieser Sichtweise, welche Erwartungen Krappmann an Erzieher in Familie und Schule stellt.			
		16. a) Kommentieren Sie abschließend, inwieweit Sie den grundlegenden Annahmen in Krappmanns **Identitätskonzept** zustimmen. b) Kommentieren Sie in diesem Kontext auch – unter Einbeziehung der Lösung zu Aufgabe 15 – inwieweit seine Forderungen an **Erziehung** aus pädagogischer Perspektive befürwortet werden können. Zum Beispiel sollten Sie auf das Ziel „**Mündigkeit**" eingehen.	

7.5 Wissensaktivierung durch strukturierende Visualisierung

L. Krappmann bezieht sich im Rahmen seiner Erläuterungen zur Interaktion und Identität auf G. H. Mead (S. 37). Diese Aussagen sind ein geeigneter Ausgangspunkt, um sich mit dem Thema „Pädagogisches Denken und Handeln auf der Grundlage eines Verständnisses von Sozialisation als Rollenlernen: George Herbert Mead" auseinanderzusetzen.

> ### Anregungen zur Weiterarbeit
>
> Sie können zwischen den Varianten I und II wählen.
>
> I) Diese methodische Variante beginnt mit dem Lesen und der Erarbeitung des Textauszuges, der sich auf dem Arbeitsblatt in der linken Spalte befindet.
>
> Setzen Sie sich nun mit folgenden Aufgaben auseinander:
>
> 1. Übertragen Sie die Schlüsselbegriffe zu den Aspekten „Identität" und „Interaktionsvorgang" auf das grob strukturierte Arbeitsblatt.
> 2. Ergänzen Sie die Schlüsselbegriffe in Stichworten durch entsprechende Definitionen bzw. Erläuterungen.
> 3. Inwieweit entsprechen die Aussagen und Zusammenhänge, die Krappmann herausstellt, Ihrem Wissen, das Sie sich früher über Meads Identitätsverständnis angeeignet haben? Notieren Sie Ihr Ergebnis.
> 4. Haben Sie damals mit Primär- oder/und Sekundärtexten gearbeitet? Wer sind die Verfasser der Sekundärtexte? Wie setzen sich diese mit der Theorie Meads auseinander: zusammenfassend, differenziert, darstellend, kommentierend …? Welche Zusammenhänge lassen sich zwischen den behandelten Texten herstellen? Falls die Beantwortung Ihnen Probleme bereitet, verschaffen Sie sich am Ende dieser Übung Klarheit, indem Sie Ihre Unterlagen einbeziehen.
> 5. Reaktivieren Sie weiteres Wissen zu Meads Theorie des symbolischen Interaktionismus und verknüpfen Sie es, wo sich Möglichkeiten ergeben, mit den Aussagen Krappmanns. Erweitern Sie bei diesem Arbeitsprozess Ihre Visualisierung auf dem Arbeitsblatt. Ergänzen Sie ggf. ein weiteres Arbeitsblatt.
>
>   Bevor Sie mithilfe Ihrer früher erstellten Unterlagen zu G. H. Mead weiterarbeiten, weil Sie die Aufgabe nicht vollständig bearbeiten können, können Ihnen folgende Impulse weiterhelfen:
>   a) Das „I" lässt sich noch differenzierter charakterisieren, indem man die Reaktionen des Organismus auf die Haltungen anderer erläutert.
>   b) Der Zusammenhang zwischen Denken, Geist („mind") und signifikanten Symbolen kann hergestellt werden, um die Relevanz des Kommunikationsmediums Sprache herauszustellen.
>   c) Zwei Stadien der kindlichen Identitätsentwicklung können dargestellt und anhand von Beispielen erläutert werden, um wesentliche Schritte der Sozialisation zur Erlangung des Selbstbewusstseins („self-consciousness") zu verdeutlichen.
>   d) Die Rolle des „signifikanten Anderen" und des „verallgemeinerten bzw. generalisierten Anderen" kann – z. B. im Zusammenhang mit den Stadien der Identitätsentwicklung – erläutert werden.
>   e) In Abgrenzung von Theorien, die dem Strukturfunktionalismus zugeordnet werden, und in Abgrenzung von Positionen, die auf der Basis der Erkenntnisse Meads den symbolischen Interaktionismus weiterentwickelt haben, kann dargelegt werden, welche „Spielräume" der Interaktion Mead sieht – sowohl beim erfolgreichen Aushandeln von Beziehungen zwischen den Interaktionspartnern als auch bei Missverständnissen und Störungen der Interaktion.
>
> Diese Arbeit ist auch eine effektive Übung, um eine Referenztheorie aspektorientiert auf einen zu bearbeitenden Text beziehen zu können. Dieser Anforderung muss vor allem in der zweiten Teilaufgabe des schriftlichen Abiturs entsprochen werden.
>
> Auf S. 128 finden Sie eine Lösungsmöglichkeit für die Visualisierung der Ausführungen Krappmanns und weitere Schlüsselbegriffe.
>
> II) Falls Sie ohne die Textpassage Krappmanns beginnen möchten, um in einem ersten Schritt Ihr Wissen zu Meads Identitätsverständnis <u>textunabhängig</u> zu reaktivieren, bearbeiten Sie folgende Aufgaben:
>
> 1. Notieren Sie zentrale Termini der Theorie Meads strukturiert. Erläutern Sie diese möglichst differenziert und zusammenhängend mündlich und ergänzen Sie Ihre Visualisierung stichpunktartig.
> 2. Lesen Sie nun die Ausführungen Krappmanns in der linken Spalte oben auf S. 128 und klären Sie, inwieweit sie in Ihren Erläuterungen vorhanden sind. Die Einbeziehung der strukturierten Visualisierung der Textaussagen auf S. 128 unten kann die Arbeit der Überprüfung erleichtern.
> 3. Zur weiteren Überprüfung Ihrer Kenntnisse können Sie sowohl die Schlüsselbegriffe in der linken Spalte auf S. 128 unten als auch die Impulse – s. Aufgabe 5 der Variante I – nutzen.
> 4. Vgl. Variante I, Punkt 4.
> 5. Markieren oder notieren Sie, in welchen Bereichen Sie unsicher sind, wo Ihr Wissen nicht differenziert genug ist oder wo Sie Lücken haben. Verschaffen Sie sich die notwendige Klarheit, indem Sie Ihre Unterlagen einbeziehen.

7. Kapitel

"Offenbar ist die Identität des Individuums beides zugleich: antizipierte Erwartungen der anderen und eigene Antwort des Individuums.
G. H. Mead hat diesen doppelten Aspekt der Identität in seinem Begriff des ‚Selbst' berücksichtigt, der ein ‚me', die von den anderen der übernommenen Einstellungen, und ein ‚I', die individuelle Antwort auf die Erwartungen der anderen, enthält (Mead 1934).
Nach seiner Analyse beginnt ein Interaktionsvorgang damit, dass die Interaktionspartner die Erwartungen des anderen zu erkennen versuchen und sie dann in die Planung ihres Verhaltens aufnehmen, um eine gemeinsame Interaktionsbasis zu schaffen.
Diese Antizipation geschieht nach G. H. Mead dadurch, dass ein Interaktionspartner sich an die Stelle seines Gegenübers versetzt und die Situation aus dessen Perspektive betrachtet.
Auch sich selbst sieht er folglich dann mit den Augen und aus dem Blickfeld des anderen.
G. H. Mead nannte diesen Weg, die Einstellung des Interaktionspartners zu antizipieren, ‚taking the role of the other' – ‚Übernahme der Rolle des anderen' (Mead 1934, passim).
‚Role taking' erlaubt dem Individuum, sich auf den Interaktionspartner einzustellen.
Es ist nach G. H. Mead die Voraussetzung für Handlungskontrolle und somit für kooperatives Handeln […]."

IDENTITÄT
…

…	…
-…………	-…………
-…………	-…………

erster Teil des Interaktionsvorgangs:

……………………………………
……………………………………
……………………………………
……………………………………
……………………………………
……………………………………
……………………………………
……………………………………
……………………………………
……………………………………
……………………………………

---

weitere **Schlüsselbegriffe**:
- Denken
- Geist („mind")
- Sprache als signifikantes Symbol

unterscheidbare Phasen des Selbst („Self"): „I" und „Me"
- das „Self" in der Beziehung zwischen „I" und „Me"
- eng begrenzter Bereich für Interpretationsmöglichkeiten

Phasen der kindlichen Identitätsentwicklung
- Spiel/nachahmendes Kinderspiel/ Schauspiel/Rollenspiel („play")
- Wettspiel/Regelspiel („game")
- der „signifikante Andere"
- der „verallgemeinerte/generalisierte Andere"

Ziele/Ergebnisse
- Selbstbewusstsein („self-consciousness")
- organisierte Persönlichkeit/Identität, organisches Glied der Gesellschaft
- Charakter im moralischen Sinne

IDENTITÄT

d. h.

SELBST

ME ←—— berücksichtigt doppelten Aspekt ——→ I

- antizipierte Erwartungen der anderen
- die von den anderen übernommenen Einstellungen

- eigene Antwort des Individuums
- individuelle Antwort auf die Erwartungen der anderen

erster Teil des Interaktionsvorgangs:

„taking the role of the other", „role taking",
„Übernahme der Rolle des Anderen"

d. h.

Weg, die Einstellung des Interaktionspartners zu antizipieren/
Antizipation beinhaltet:

- sich an die Stelle seines Gegenübers versetzen
- Erwartungen des anderen zu erkennen versuchen
- die Situation aus dessen Blickfeld betrachten
- auch sich selbst aus dem Blickfeld des anderen betrachten
- Erwartungen des anderen in die Planung des Verhaltens aufnehmen

=

Voraussetzung für
- eine gemeinsame Interaktionsbasis
- Handlungskontrolle und kooperatives Handeln

7.6 Wiederholung mit der Concept Map

In verschiedenen thematischen Kontexten im schriftlichen und mündlichen Abitur spielt die Erziehung zur Mündigkeit eine Rolle. Dies ist vor allem dann der Fall, wenn nach der Erarbeitung eines Textes und der Einbeziehung von Referenztheorien reflektiert werden soll, welche Konsequenzen sich aus den gewonnenen Erkenntnissen für bestimmte Bereiche der Erziehung ergeben. Das Ziel „Erziehung zur Mündigkeit" sollte nicht nur genannt, sondern auch theoriebezogen legitimiert und eine konkrete Forderung an Erziehung begründet werden.

Eine Möglichkeit, die Bedeutung von Mündigkeit und die Chancen und Grenzen ihrer Umsetzung zu thematisieren, bietet die Position Theodor W. Adornos, die er in Gesprächen mit Hellmut Becker darlegt und die Sie in Auszügen auf S. 8–10 finden.

Sie können im Rahmen Ihrer Auseinandersetzung mit dem Ziel der Erziehung zur Mündigkeit die Position Adornos darstellen, sie mit der anderer Wissenschaftler vergleichen und sie kommentieren und beurteilen.

Anregungen zur Weiterarbeit

Da die Erarbeitung der Argumentation Adornos anspruchsvoll ist, ist die Arbeit mit einer **Concept Map** sehr hilfreich. Folgende Schritte sind empfehlenswert:

1. Konzentrieren Sie sich nach dem ersten sorgfältigen Lesen des gesamten Textes auf die Überlegungen Adornos und markieren Sie beim zweiten Lesen zentrale Aussagen. Ordnen Sie Aussagen thematischen Aspekten zu.
   Falls es Ihnen zu schwerfällt, eigenständig Aspekte zu bestimmen, können Ihnen die folgenden Hinweise helfen:
   a) Forderung Kants,
   b) allgemeine Vorstellung von Erziehung ausgehend von Kants Forderung,
   c) Schwierigkeiten aufgrund der Einrichtung der Welt, in der wir leben,
   d) Doppelschlächtigkeit/Problematik der Rationalität bzw. Anpassung,
   e) Doppelschlächtigkeit/Problematik der Autorität unter Einbeziehung der Position Freuds zum Verhältnis von Ich-Ideal und Vaterfigur,
   f) Forderungen an Erziehung aufgrund der Ambivalenzen/ seines Verständnisses von Rationalität und Autorität,
   g) Problematik des Rollenhandelns bei misslungener Identifikation,
   h) Entstehung der Ich-Schwäche und daraus resultierende Gefahren,
   i) Relevanz der Ich-Bindung.

2. Visualisieren Sie die zentralen Aussagen aspektorientiert in einer Concept Map.
   Reaktivieren Sie – falls notwendig – Ihr Wissen über die Kriterien zur Erstellung einer Concept Map, bevor Sie beginnen.
   Der Prozess des Erstellens Ihrer Concept Map beinhaltet auch neue Einsichten und Entscheidungen, die im Sinne einer präziseren und übersichtlicheren Visualisierung zu Umstellungen und Veränderungen etc. führen. Inwieweit Sie dabei auch von einem chronologischen Vorgehen abweichen, liegt in Ihrer Verantwortung (z. B. stellt sich Ihnen die Frage, ob Sie die Aussagen Adornos zur Einrichtung der Welt, die im ersten Teil und am Schluss seiner Ausführungen thematisiert werden, einmal oder zweimal aufgreifen).
   Achten sie auf Ihre Zeilenangaben. Beschränken Sie sich auf die aspektorientierte Reproduktion (und vermeiden Sie zu diesem Zeitpunkt analysierende und kommentierende Aussagen).

3. Überlegen Sie, inwieweit Ihnen das Erstellen der Concept Map geholfen hat, den Text besser zu erarbeiten. Notieren Sie das Ergebnis Ihrer Überlegungen.

4. Ergänzen Sie nun im Sinne des analytischen Arbeitens Termini, die die Argumentationsstruktur der Ausführungen Adornos deutlich machen (z. B. theoretische Basis – Orientierung an Kant; allgemeine Vorstellung von Erziehung). Nutzen Sie für diese Arbeit eine noch nicht eingesetzte Farbe.

5. Legen Sie Ihre Concept Map (z. B. DIN A3) nun auf eine größere Unterlage (z. B. DIN A2) und
   a) erweitern Sie Ihre Concept Map um Verknüpfungen mit anderen Ihnen bekannten Positionen zur Mündigkeit und entsprechenden Stichwörtern (z. B. lässt sich Krappmanns Verständnis von Mündigkeit an verschiedenen Stellen der Concept Map anbinden). Parallelen sollten dabei visuell hervorgehoben werden.
   b) Die Concept Map lässt sich weiterhin dadurch ergänzen, dass Sie visualisieren, inwieweit die Begründungen Adornos mit seinen Aussagen an anderer Stelle übereinstimmen und inwieweit sie Ergänzungen darstellen.
   c) Kommentieren bzw. beurteilen Sie die Position Adornos und die der anderen Wissenschaftler bzw. Theorien stichwortartig. Dadurch erhält Ihre Concept Map eine weitere Ebene.
   d) Da jede Concept Map eine individuelle Erarbeitung dokumentiert, kann Ihnen die Lösung auf S. 130 nur begrenzt Auskunft über die Korrektheit Ihrer Concept Map geben, d. h., sie kann Ihnen nur Anhaltspunkte geben. Im Vergleich können Sie überprüfen, inwieweit die zentralen Aussagen identisch sind, inwieweit Zusammenhänge korrekt hergestellt wurden und die Argumentationsstruktur erfasst wurde. Auf exemplarische Bezüge zu anderen Positionen und kommentierende Aussagen wurde in der Lösung verzichtet.

7. Kapitel

Erziehung zur *Mündigkeit*

Hinweis: Auf Zeilenangaben wird in dieser Concept Map verzichtet.

Orientierung an/theoretische Basis

Kants Forderung: Aufklärung =
Befreiung der Menschen von/Ausgang aus ihrer selbstverschuldeten Unmündigkeit
selbstverschuldet, d.h. die Ursachen der Unmündigkeit liegen nicht am Mangel des Verstandes,
sondern am Mangel der Entschließung und des Mutes, sich des Verstandes ohne Leitung eines anderen zu bedienen
→ Definition von Unmündigkeit und dadurch auch implizit *Mündigkeit*

↓ führt zu

Verständnis von Demokratie

und

allgemeine Vorstellung von Erziehung

Demokratie verlangt *mündige* Menschen, wenn sie nicht nur funktionieren, sondern ihrem Begriff gemäß arbeiten soll/verwirklichte Demokratie nur vorstellbar als Gesellschaft von *Mündigen*
Demokratie beruht auf der Willensbildung des Einzelnen
Voraussetzung: Fähigkeit und Mut des Einzelnen, sich seines Verstandes zu bedienen

Erziehung Ziel

darf nicht sein:
- Menschenformung – kein Recht dazu
- bloße Wissensvermittlung

muss sein:
- Herstellung eines richtigen Bewusstseins

das ist eine noch sehr abstrakte Idee

↓ verlangt

Probleme bei Konkretisierung von Erziehungspraxis

Berücksichtigung der *Dialektik*, in die die Idee der *Mündigkeit* verstrickt ist
vor allem zwei schwierige *Probleme*, wenn Praxis bestimmt wird, die *Mündigkeit* herstellen will

← nämlich →

1. Einrichtung der Welt
- Grund für unbeschreibliche Schwierigkeiten: gesellschaftlicher Widerspruch – gesellschaftliche Einrichtung nach wie vor heteronom, d.h., kein Mensch kann nach seiner eigenen Bestimmung existieren
- Einrichtung ist selbst unmittelbar zu ihrer eigenen Ideologie geworden
- übt ungeheuren Druck auf die Menschen aus, sodass alle *Erziehung* überwiegt
- unermessliche Last der Verdunkelung des *Bewusstseins* durch das Bestehende
- durch die planmäßige Steuerung auch der gesamten Innensphäre durch die Kulturindustrie/Formung durch unzählige Vermittlungsinstanzen und Kanäle
- fragwürdig, ob man – angesichts des unbeschreiblichen Drucks – wie Kant noch davon ausgehen kann, in einem Zeitalter der *Aufklärung* zu leben

2. Anpassung
Mündigkeit bedeutet soviel wie *Bewusstmachung*, *Rationalität*
Rationalität: wesentlich auch Realitätsprüfung
Realitätsprüfung involviert regelmäßig ein Moment von Anpassung

außerdem ⊕

folglich

weitere Probleme bei Konkretisierung

3. Autorität
psychologisch gesehen:
- Art, *autonom* und *mündig* zu werden, ist nicht das Aufmucken gegen jede Art von Autorität
- denn normale Entwicklung nach Freud:
  1. sich mit einer Autorität – im Allgemeinen mit einer Vaterfigur – identifizieren, sie verinnerlichen, sie sich zu eigen machen
  2. dann erfahren, dass die Vaterfigur dem Ich-Ideal, das an ihr orientiert entwickelt wurde, nicht entspricht – schmerzhafter Prozess
  3. sich davon loslösen – dadurch zum *mündigen* Menschen werden
  → d.h.
- Moment der Autorität ist – als genetisches Moment – von dem Prozess der *Mündigwerdung* vorausgesetzt

erste konkretere Forderungen an Erziehungspraxis

Erziehung
- darf *Anpassungs*ziel nicht ignorieren – sonst ohnmächtig und ideologisch
- darf bei *Anpassung* nicht stehen bleiben und nur „well adjusted people" produzieren – sonst setzt sich bestehender Zustand, und zwar gerade in seinem Schlechten, erst recht durch
  → d.h.
- im Begriff der Erziehung zu *Bewusstsein* und *Rationalität* liegt von vornherein eine Doppelschlächtigkeit

- Moment der *Autorität* darf nicht missbraucht werden, um diese Stufe zu verherrlichen und festzuhalten – sonst psychologische Verkrüppelungen und Unmündigkeit im Sinne der synthetischen Verdummung

- *Ich-Bindung*, eine bestimmte Festigkeit des Ichs gehört zur *Mündigkeit*

↑ folglich

5. Ich-Schwäche
- Gefahr: sich stets auf wechselnde Situationen umstellen zu können, sich mühelos neu einarbeiten zu können
  → führt zu/bedingt
- ein festes Ich wird nicht ausgebildet; Phänomene der Ich-Schwäche
- mögliches Problem: Unmündigkeit

außerdem ⊕

4. Rolle/Rollenhandeln
a) soziologische Positionen, z.B. die von Parsons:
  - Rolle wird zu einem sozialen Maß gemacht
    → d.h.
  - Menschen sind nicht die, die sie selbst sind/sind unidentisch/Unidentität der Menschen mit sich selbst
  - diese normative Wendung des Rollenbegriffs: abscheulich, sodass mit aller Kritik dagegen angegangen werden muss
b) jedoch phänomenologisch betrachtet:
  - Rollenspiel von Bedeutung
    → denn
  - wenn Identifikation misslingt, weil brutaler, erdrückender Vater trotz starker Widerstände verinnerlicht wird, spielen viele Menschen den Erwachsenen nur, der sie nicht ganz geworden sind; häufig muss Identifikation noch überspielt, übertrieben werden, um glaubhaft zu wirken

7.7 Selbstevaluation mit Lernlandkarten

Um sich effektiv auf die Abiturprüfungen vorzubereiten, ist es hilfreich, wenn Sie Ihr Wissen zu den abiturrelevanten Themen selbst einzuschätzen versuchen.
Hier wird der inhaltliche Schwerpunkt „Pädagogische Handlungsmöglichkeiten bei Gewalt auf der Grundlage unterschiedlicher Ansätze zu ihrer Erklärung (u.a. Heitmeyer; Rauchfleisch)" gewählt, um exemplarisch zu konkretisieren, wie die Selbstevaluation erfolgen kann (vgl. dazu „Perspektive Pädagogik", Heft 4, Kapitel 5).
Sie finden auf den S. 132–133 „Kompetenz-Items", die Ihnen bei der Einschätzung Ihres Wissens und Könnens Orientierungen geben können. Da das Thema „Pädagogische Handlungsmöglichkeiten bei Gewalt" sehr unterschiedlich ausgelegt werden kann, kann es sein, dass die auf dem Arbeitsblatt vorgegebenen Kompetenz-Items nicht vollständig denen entsprechen, die in Ihrem Kurs eine Rolle gespielt haben.
Die individuelle Auseinandersetzung mit vorgegebenen Kompetenzen sollte sich nicht auf die Einschätzung Ihres Lernstands beschränken, sondern auch als diagnostisches Instrument genutzt werden, um Perspektiven für die Weiterarbeit zu entwickeln, um Ihr Wissen zu erweitern und zu vertiefen. Die Visualisierung dieses eigenständigen Arbeitens führt zur Gestaltung einer Art **Lernlandkarte**.

Folgende Schritte sind zu beachten:

1. Verschaffen Sie sich zuerst einen groben Überblick über das Spektrum der vorgegebenen Kompetenz-Items, bevor Sie diese ausschneiden und auf dem Tisch verteilen.
2. Ordnen Sie die verschiedenen Aspekte – z.B. auf einem DIN-A2-Blatt – selbst gewählten übergeordneten Bereichen zu, damit bei der Selbsteinschätzung nicht nur additiv verfahren wird, sondern die Auseinandersetzung in Ihnen wichtigen Zusammenhängen stattfindet.
3. Beurteilen Sie für die einzelnen Bereiche, wie gut Sie die in den Items formulierten Kompetenzen beherrschen. Diese Bewertung impliziert, sich punktuell zu vergewissern, dass Ihre Einschätzung realistisch ist und Sie sich selbst Ihr Können vorstellen (mündlich oder schriftlich). Visualisieren Sie das Ergebnis, indem Sie
    a) die Items eines jeden Bereichs auf einer jeweils eigenen Skala einordnen, fixieren und knapp kommentieren – z.B. mit „sehr gut", „sehr sicher", „sehr differenziert", „gut", „sicher", „differenziert", „zufriedenstellend", „leichte Unsicherheiten", „z.T. zu wenig differenziert", „einige Lücken", „unsicher", „zu lückenhaft", „ich kann nicht" – oder
    b) die Items eines jeden Bereichs fixieren und durch farblich nuancierte Schraffierungen – z.B. zwischen tiefem Grün und tiefem Rot – symbolisch skalieren.
4. Entscheiden Sie, zu welchen Items Sie Ihre Kompetenzen erweitern oder vertiefen möchten und welche Strategien Sie – z.B. erneutes Erarbeiten bestimmter Textauszüge, erneute Auseinandersetzung mit entsprechenden Visualisierungen, Lernen von Termini, Definitionen etc. mithilfe effektiver Übungen, den Lehrer bitten, den Aspekt im Unterricht zu thematisieren, mit einem anderen Kursteilnehmer zusammenarbeiten – verfolgen wollen. Notieren Sie die Entscheidungen als (weitere) Ergänzungen zu den jeweiligen Items.

Sie haben nun eine Art **Lernlandkarte** erstellt, die a) die Items in Zusammenhängen zeigt, b) Ihre Kompetenzen und Fähigkeiten dokumentiert und c) konkrete Strategien zur Weiterarbeit enthält.

5. Achten Sie darauf, dass die entwickelten Ziele zeitnah umgesetzt werden.
6. Eine erneute Selbsteinschätzung durch Auseinandersetzung mit Ihrer eigenen Lernlandkarte zeigt Ihnen die Fortschritte an.

Alternativ können Sie die Kompetenz-Items selbstständig entwerfen oder die Liste der Items ergänzen.

Alternativ können Sie die Visualisierung zu einer ausdifferenzierten **Lernlandkarte**[1] weiterentwickeln, auf der die zusammengehörenden Bereiche die von Meeren umgebenen Kontinente – bestehend aus einzelnen Inseln – darstellen. Bei dieser Arbeit können auch weitere Farben, Zeichen und Gegenstände symbolisch eingesetzt werden.

---

1 Anregungen zur Lernlandkarte lieferte u.a. der Beitrag „Der Einsatz von Lernlandkarten in der Abiturvorbereitung" von Antje Kleinschmidt, in: PädagogikUnterricht 31, 2011, H. 1, S. 36–39.

7. Kapitel

Selbstevaluation zum inhaltlichen Schwerpunkt „Pädagogische Handlungsmöglichkeiten bei Gewalt auf der Grundlage unterschiedlicher Ansätze zu ihrer Erklärung (u.a. Heitmeyer; Rauchfleisch)"

Kompetenz-Items	Kompetenz-Items
Ich kann den Erklärungsansatz für Gewalt von U. Rauchfleisch vorstellen, indem ich verschiedene (maximal neun) Charakteristika seines Verständnisses von dissozialen Persönlichkeiten erläutere.	*Ich kann* auf der Basis der verschiedenen Definitionen von Gewalt begründen, warum ich in meiner Argumentation eine bestimmte Definition favorisiere.
Ich kann – ausgehend von den Prozessen der Individualisierung, Desintegration und Verunsicherung – die zunehmende Gewaltbereitschaft aus der Perspektive W. Heitmeyers begründen.	*Ich kann* mich kritisch damit auseinandersetzen, inwieweit systemisches Denken und Handeln in die Thematik einbezogen werden kann.
Ich kann mein psychoanalytisches Wissen aus anderen Themenbereichen nutzen, um grundlegende psychoanalytische Annahmen, die U. Rauchfleisch und ggf. weitere psychoanalytisch orientierte Wissenschaftler zugrunde legen, darzustellen.	*Ich kann* weitere Erklärungs- und Lösungsansätze, die ich kennengelernt habe, zu den Ansätzen von Rauchfleisch und Heitmeyer in Beziehung setzen.
Ich kann die Ambivalenz der Gruppenkonformität in Gleichaltrigengruppen hinsichtlich gewaltbereiter Haltungen erklären.	*Ich kann* Zusammenhänge zwischen den Konzepten K. Hurrelmanns und W. Heitmeyers aufzeigen.
Ich kann Stellung dazu nehmen, wie mir die verschiedenen Methoden der Bearbeitung – z.B. Methoden der Texterarbeitung, Methoden der Fallstudien, Methoden der Analyse von Filmauszügen, Erstellen einer Concept Map, Durchführung einer Expertenbefragung – geholfen haben, Kompetenzen zu erwerben und zu erweitern.	*Ich kann* Falldarstellungen analysieren, indem ich die mir bekannten wissenschaftlichen Erklärungs- und Lösungsansätze nutze, um mögliche Ursachen der thematisierten Gewalt zu bestimmen und Inter- und Präventionsmaßnahmen zu entwickeln und zu reflektieren.
Ich kann U. Rauchfleischs Lösungsansatz, nämlich sein bifokales Behandlungskonzept, für den Umgang mit dissozialen Persönlichkeiten vorstellen und zentrale Forderungen erläutern.	*Ich kann* den soziologischen Ansatz von W. Heitmeyer vorstellen, indem ich die Prozesse der Individualisierung, Desintegration und Verunsicherung und entsprechende Zusammenhänge erläutere.
Ich kann die Varianten von Gewalt, zwischen denen W. Heitmeyer unterscheidet, benennen und definieren.	*Ich kann* Ursachen und Folgen von Mobbing in der Schule benennen und ein Konzept gegen Mobbing differenziert vorstellen.
Ich kann Falldarstellungen analysieren, indem ich erarbeite, welcher Erklärungs- und ggf. Lösungsansatz zu der spezifischen Darstellung der Problematik führt.	*Ich kann* vor dem Hintergrund der Auseinandersetzung mit den Ansätzen U. Rauchfleischs und W. Heitmeyers und weiteren Ansätzen die Grenzen pädagogischer Möglichkeiten kritisch reflektieren.
Ich kann erklären, inwieweit die unterschiedlichen Materialien – z.B. wissenschaftliche Texte, Zeitungsartikel, Statistiken, Grafiken, wissenschaftliche Beiträge in den Medien Fernsehen, Film und Internet, fiktionale Beiträge in den verschiedenen Medien –, die zu dieser Thematik bearbeitet wurden, spezifischer Methoden der Erarbeitung bedürfen.	*Ich kann* die Chancen und Grenzen von Projekten – wie Projekte im Bereich der Erlebnispädagogik, das Projekt von Götz Eisenberg „Mit Sokrates im Gefängnis", die Tanzprojekte von Royston Maldoon, den Einsatz von Parkour in Vereinen und im Sportunterricht – hinsichtlich ihrer präventiven und/oder intervenierenden Funktion reflektieren.
Ich kann knapp darstellen, wie U. Rauchfleisch und W. Heitmeyer ihre Erkenntnisse gewonnen haben und Bedingungen skizzieren, die ihre wissenschaftliche Positionierung beeinflusst haben.	*Ich kann* aus wissenschaftstheoretischer Perspektive reflektieren, inwieweit sich der jeweilige Lösungsansatz auf der Basis des Erklärungsansatzes legitimieren lässt.
Ich kann das mir bekannte Konzept gegen Mobbing erörtern, indem ich die den Maßnahmen zugrunde liegenden wissenschaftlichen Annahmen herausstelle und ihre Relevanz aus pädagogischer Perspektive beurteile.	*Ich kann* darlegen, inwieweit W. Heitmeyers differenzierte Analysen zur Entstehung von Gewalt seine Erkenntnis legitimieren, dass pädagogisches Handeln angesichts der gesellschaftlichen Paradoxien sehr begrenzt ist.
Ich kann erläutern, warum für U. Rauchfleisch auch die schweigende Mehrheit ein Hinweis auf ein gefährliches Gewaltpotenzial sein kann.	*Ich kann* grundlegende Unterschiede zwischen psychoanalytisch und soziologisch orientierten Erklärungsansätzen für Gewalt benennen.
Ich kann zu Falldarstellungen, die eine wissenschaftliche Perspektive erkennen lassen, begründet Stellung nehmen.	*Ich kann* verschiedene Definitionen von Gewalt darstellen und die Unterschiede herausstellen.

Wiederholen – Vernetzen – Beurteilen: methodische Anregungen

Kompetenz-Items	Kompetenz-Items
Ich kann nach der Auseinandersetzung mit verschiedenen Erklärungs- und Lösungsansätzen für Gewalt <u>begründet Stellung nehmen</u>, inwieweit ich K. Hurrelmanns Aussage <u>zustimme</u>, dass die beste Gewaltprävention in der Schule die individuelle Leistungsförderung und der Aufbau von Selbstbewusstsein sei.	*Ich kann* <u>darstellen</u>, welche Bedeutung E. H. Erikson delinquentem Verhalten in der Adoleszenz zumisst und <u>erklären</u>, inwieweit dieses Verhalten nicht mit dem gewalttätigen Verhalten Erwachsener gleichgesetzt werden kann und das Verstehen der spezifischen psychischen Prozesse erfordert.
Ich kann U. Rauchfleischs Erklärungsansatz für Gewalt <u>vorstellen</u>, indem ich Ursachen für Dissozialität <u>erläutere</u>.	*Ich kann* exemplarisch <u>erläutern</u>, inwieweit heute in Erklärungsansätzen für Gewalt multifaktoriell argumentiert wird.
(Raum für ein eigenes Item)	(Raum für ein eigenes Item)

8. Was wäre ein selbstbestimmtes Leben?

Sie stehen jetzt am Ende Ihrer Schullaufbahn. Sie sind im juristischen Sinne ein erwachsener Mensch. Der Pädagogikunterricht wollte Ihnen dabei helfen, auch ein mündiger Mensch zu werden. Nun ist aber Mündigkeit, wie Sie wissen, kein Zustand, den man irgendwann erreicht hat und dann behält. Mündigkeit, Bildung, Selbstbestimmung sind bleibende Herausforderungen über die gesamte Lebenszeit.

Der Text des Schweizer Philosophen und Schriftstellers Peter Bieri kann Ihnen helfen, sich diesen Herausforderungen bewusst zu werden und sich ihnen zu stellen.

M1 Was wäre ein selbstbestimmtes Leben? (Peter Bieri)

Wir wollen über unser Leben selbst bestimmen. Das sind Worte, die leidenschaftliche Zustimmung finden, und wir haben den Eindruck, dass sie von den beiden wichtigsten Dingen handeln, die wir kennen: von unserer Würde und unserem Glück. Doch was bedeuten die vertrauten Worte eigentlich? In welchem Sinn kann ich über mein Leben bestimmen? Was ist das für eine Idee von Bestimmen und von Selbstständigkeit? Wie kann man die Idee entfalten, und was kommt da alles zum Vorschein?

Abb. 8.1: Peter Bieri (*1944)

Keine äußere Tyrannei

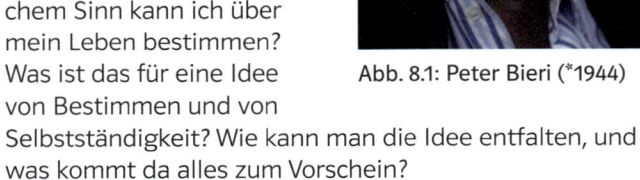

Nach einer ersten Lesart ist etwas Einfaches, Geradliniges gemeint: Wir wollen in Einklang mit unseren eigenen Gedanken, Gefühlen und Wünschen leben. Wir möchten nicht, dass uns jemand vorschreibt, was wir zu denken, zu sagen und zu tun haben. Keine Bevormundung durch die Eltern, keine verschwiegene Tyrannei durch Lebensgefährten, keine Drohungen von Arbeitgebern und Vermietern, keine politische Unterdrückung. Niemand, der uns zu tun nötigt, was wir von uns aus nicht möchten. Keine äußere Tyrannei also und keine Erpressung, aber auch nicht Krankheit und Armut, die uns verbauen, was wir erleben und tun möchten.

Das ist nicht mit dem Wunsch zu verwechseln, ohne Rücksicht auf andere die eigenen Interessen durchzusetzen. Zwar kann man – ganz formal betrachtet – Selbstbestimmung auch so lesen. Doch dann ist sie nicht das, was die meisten von uns im Auge haben: ein selbstständiges Leben in einer Gemeinschaft, die durch rechtliche und moralische Regeln bestimmt ist – Regeln, die soziale Identitäten definieren, ohne die es ebenfalls keine Würde und kein Glück gibt. Was wir nach dieser ersten Lesart der Idee meinen, ist ein Leben, das im Rahmen dieser Regeln frei von äußeren Zwängen wäre, und ein Leben, in dem wir mit darüber bestimmen können, welche Regeln gelten sollen.

Innere Selbstständigkeit

Wie gesagt: Das ist eine relativ einfache, transparente Idee, die keine grundsätzlichen gedanklichen Probleme aufwirft. Viel komplizierter und undurchsichtiger wird die Idee der Selbstbestimmung, wenn wir sie unter einer zweiten Lesart betrachten. Danach geht es nicht mehr um die Unabhängigkeit den Anderen gegenüber, sondern um die Fähigkeit, über sich selbst zu bestimmen. Nun ist nicht mehr die Rede davon, über mein Leben Regie zu führen, indem ich mich gegen die Tyrannei der Außenwelt wehre. Jetzt geht es darum, in einem noch ganz anderen Sinne der Autor und das Subjekt meines Lebens zu werden: indem ich Einfluss auf meine Innenwelt nehme, auf die Dimension meines Denkens, Wollens und Erlebens, aus der heraus sich meine Handlungen ergeben. Wie kann man sich diesen Einfluss, diese innere Lebensregie, vorstellen? Wir sind nicht die unbewegten Beweger unseres Wollens und Denkens. Wir sitzen nicht als stille Regisseure im Dunkeln und ziehen die Fäden in unserem inneren Drama. Und wir können nicht nach Belieben, ohne Vorbedingungen und aus dem Nichts heraus, darüber bestimmen, was wir denken, fühlen und wollen. […] Bevor wir so weit sind, uns zu fragen, wie wir leben möchten, sind tausendfach Dinge auf uns eingestürzt und haben uns geprägt. Diese Prägungen bilden den Sockel für alles Weitere, und über diesen Sockel können wir nicht bestimmen. Doch das macht nichts, denn das Gegenteil wäre ohnehin nicht denkbar: Derjenige, am Nullpunkt stünde, könnte sich nicht selbst bestimmen, denn er hätte, noch ganz ohne Wünsche und ohne Spuren des Erlebens, keinen Maßstab. Damit unser Wille und unser Erleben die unseren sind als Teil der persönlichen Identität, müssen sie in eine Lebensgeschichte eingebettet und durch sie bedingt sein, und wenn es da Selbstbestimmung gibt, dann nur als Einflussnahme im Rahmen einer solchen Geschichte, die auch eine kausale Geschichte ist, eine Geschichte von Vorbedingungen.

Ist diese Einsicht nicht gefährlich? Unser Erleben ist mit dem Rest der Person kausal – durch Beziehungen der Bedingtheit – verflochten. Doch die Dinge in uns, aus denen es sich ergibt, werden ihrerseits kausal von der Welt draußen bestimmt. Werden mein Denken, Wollen und Fühlen damit nicht zum bloßen Spielball des Weltgeschehens, sodass es ein Hohn ist, davon zu sprechen, dass ich über sie bestimmen kann? Macht uns das als Denkende und Wollende nicht zu bloßem Treibsand? Vieles, was ich will, geht darauf zurück, dass andere mir etwas gesagt und auf diese Weise dafür gesorgt haben, dass ich bestimmte Dinge glaube, fühle und will. Die anderen setzen Kausalketten in Gang, an deren Ende sich mein Erleben und dann mein Tun verändern. Werde ich dadurch nicht zum bloßen Instrument und Spielzeug der Anderen, zu einer Art Marionette? Wenn ich mich in jedem Moment in einem kausalen Kräftefeld von eigener Vergangenheit und fremdem Einfluss befinde: Wie kann da im Ernst noch von Selbstbestimmung die Rede sein? Ist das nicht bloß ein rhetorisches Manöver des Selbstbetrugs?

Doch so ist es nicht. Auch wenn meine Innenwelt aufs Engste verflochten ist mit dem Rest der Welt, so gibt es doch einen gewaltigen Unterschied zwischen einem Leben, in dem jemand sich so um sein Denken, Fühlen und Wollen kümmert, dass er in einem emphatischen Sinne sein Autor und sein Subjekt ist, und einem anderen Leben, das der Person nur zustößt und von dessen Erleben sie wehrlos überwältigt wird, sodass statt von einem Subjekt nur von einem Schauplatz des Erlebens die Rede sein kann. Selbstbestimmung zu verstehen, heißt, diesen Unterschied auf den Begriff zu bringen.

Sich selbst zum Thema werden

Am Anfang steht eine Beobachtung von großer Tragweite: Es kennzeichnet uns Menschen, dass wir, was unsere Meinungen, Wünsche und Emotionen anlangt, nicht nur blind vor uns hinleben und uns treiben lassen müssen, sondern dass wir uns in unserem Erleben zum Thema werden und uns um uns selbst kümmern können.

Das ist die Fähigkeit, einen Schritt hinter sich selbst zurückzutreten und einen inneren Abstand zum eigenen Erleben aufzubauen.

Diese Distanz zu sich selbst gibt es in zwei Varianten. Die eine ist eine Distanz des Erkennens und Verstehens: Was ist es eigentlich, was ich denke, fühle und will? Und wie ist es zu diesen Gedanken, Gefühlen und Wünschen gekommen? Zu dieser reflektierenden Einstellung gehört implizit ein wichtiger Gedanke: Es wäre auch möglich, etwas anderes zu denken, zu fühlen und zu wollen. Für Wesen wie uns, denen es um Selbstbestimmung gehen kann, ist die Kategorie des Möglichen von großer Bedeutung: der Gedanke, dass es nicht nur die eine, die eigene Weise gibt, ein menschliches Leben zu führen, sondern viele und ganz verschiedene. Selbstbestimmung verlangt einen Sinn für das Mögliche, also Einbildungskraft, Fantasie.

Noch deutlicher zeigt sich das bei der zweiten Variante der inneren Distanz, wo es um die Bewertung des eigenen Erlebens geht: Bin ich eigentlich zufrieden mit meiner gewohnten gedanklichen Sicht auf die Dinge, oder überzeugt sie mich nicht mehr? Finde ich meine Angst, meinen Neid und meinen Hass angemessen? Möchte ich wirklich einer sein, der diesen überkommenen Hass weiterträgt und diese Angst meiner Eltern weiterschreibt? Oder würde ich mich lieber als einen erleben, der der Versöhnung und Gelassenheit fähig ist? Und entsprechende Fragen können meinen Wünschen und meinem Willen gelten: Ist mir eigentlich wohl mit meinem Willen, der immer noch mehr Geld und Macht anstrebt? Möchte ich wirklich einer sein, der stets das Rampenlicht und den Lärm des Erfolgs sucht? Oder möchte ich lieber einer sein, der in der Stille von Klostergärten zu Hause ist?

Es ist nichts mysteriös an diesem erkennenden und bewertenden Abstand, den wir zu uns selbst aufbauen können. Er bedeutet keine heimliche Verdoppelung der Person. Er besteht einfach in der Fähigkeit, Gedanken, Emotionen und Wünsche zweiter Ordnung zu entwickeln, die sich auf diejenigen erster Ordnung richten. Aus dieser Fähigkeit heraus entsteht etwas, was für die Erfahrung von gelingender und scheiternder Selbstbestimmung von entscheidender Bedeutung ist: unser Selbstbild, unsere Vorstellung davon, wie wir sein möchten. Was wir jetzt sagen können, ist: Selbstbestimmt ist unser Leben, wenn es uns gelingt, es innen und außen in Einklang mit unserem Selbstbild zu leben – wenn es uns gelingt, im Handeln, im Denken, Fühlen und Wollen der zu sein, der wir sein möchten. Und umgekehrt: Die Selbstbestimmung gerät an ihre Grenzen oder scheitert ganz, wenn zwischen Selbstbild und Wirklichkeit eine Kluft bleibt.

Sich in sich auskennen

Doch der Gedanke klingt einfacher, als er ist. Denn woher kommt das Selbstbild, und wie hat man sich den Prozess vorzustellen, durch den ich mit mir selbst zur Deckung komme und mich mit dem Drama meiner Innenwelt identifizieren kann?

Der innere Umbau, in dem diese Art von Selbstbestimmung besteht, geschieht nicht von einem inneren Hochsitz aus, der den Fluss des seelischen Lebens hoch und unberührbar überragte. Der Standpunkt, von dem aus ich mich beurteile, ist Teil dieses Flusses und beruht selbst wieder auf bestimmten Gedanken, Wünschen und Gefühlen. Und der Maßstab des Selbstbilds ist nicht unantastbar: Manchmal geht es nicht darum, sich einem solchen Bild zu beugen, sondern eine versklavende Vorstellung von sich selbst über Bord zu werfen. Und auch die Einflussnahme darf man nicht falsch deuten: Die innere Umgestaltung kann nicht einfach beschlossen und durch seelische Alchemie verwirklicht werden. Viele äußere Umwege sind nötig: Kulissenwechsel, neue Erfahrungen, neue Beziehungen, die Arbeit mit Trainern und Therapeuten. Das Ganze ist ein Kampf gegen die innere Monotonie, gegen eine Starrheit des Erlebens und Wollens.

Abb. 8.2

Die beste Chance, den Kampf zu gewinnen, liegt in der Selbsterkenntnis. Wenn wir eine hartnäckige Zerrissenheit erleben, weil wir so ganz anders sind, als wir gerne sein möchten, dann geht es darum, den Quellen nachzugehen, aus denen sich sowohl das Selbstbild als auch das widerspenstige Erleben und Wollen speisen. Es kommt darauf an, denjenigen Unterströmungen des Fühlens und Wünschens auf die Spur zu kommen, die uns lenken, ohne dass wir es wissen und verstehen. Selbstbestimmung hat sehr viel damit zu tun, dass wir uns selbst verstehen. Jedes Leben ist viel reicher an Gedanken, Gefühlen und Fantasien, als die äußere Biografie zeigt. Und auch, als die innere, bewusste Biografie zeigt. Wer zu einem realistischen Selbstbild gelangen und mit ihm zur Deckung kommen will, muss versuchen, die Logik seines weniger bewussten Lebens zu durchschauen. Nur so lassen sich innere Zwänge und diejenigen Selbsttäuschungen auflösen, die der Selbstbestimmung im Wege stehen. Selbsterkenntnis ist dasjenige, was dazu führt, dass wir eine transparente seelische Identität ausbilden und dadurch in einem emphatischen Sinne zu Autor und Subjekt unseres Lebens werden können. Sie ist also kein freischwebender Luxus und kein abstraktes philosophisches Ideal, sondern eine sehr konkrete Bedingung für ein selbstbestimmtes Leben und damit für Würde und Glück.

Sich zur Sprache bringen

Doch wie genau machen wir das: uns befragen, uns verstehen, uns verändern?

Es hat viel mit Sprache zu tun – mit dem Finden der richtigen Worte für das, was wir denken und erleben. Über sich selbst zu bestimmen, kann heißen, sich im eigenen Denken zu orientieren und seine Überzeugungen auf den Prüfstand zu stellen. Stimmt es eigentlich, was ich über dieses Land, diese Wirtschaftsentwicklung, diese Partei, diese Freundschaft und diese Ehe denke? Indem ich nach Belegen für oder gegen gewohnte Überzeugungen suche, eröffne ich einen inneren Prozess, in dessen Verlauf sich diese Überzeugungen ändern können. Und wenn dieser Prozess weitläufig genug ist, kann das zu einer Umgestaltung meines ganzen Meinungsprofils führen, zu einer Veränderung meiner gedanklichen Identität. Deshalb ist der Prozess der Aufklärung über eine wichtige Sache ein Akt der Selbstbestimmung. Jemand mag eine Partei gewählt, sich zu einer Religion bekannt und gegen Abtreibung demonstriert haben, weil das in der Familie seit Generationen so war. Er war ein gedanklicher Mitläufer. Bis es ihm gelang, durch kritisches Nachfragen eine innere Distanz zu seinen Meinungsgewohnheiten aufzubauen und im Prozess des Nachprüfens selbst die Regie über sein Denken zu übernehmen.

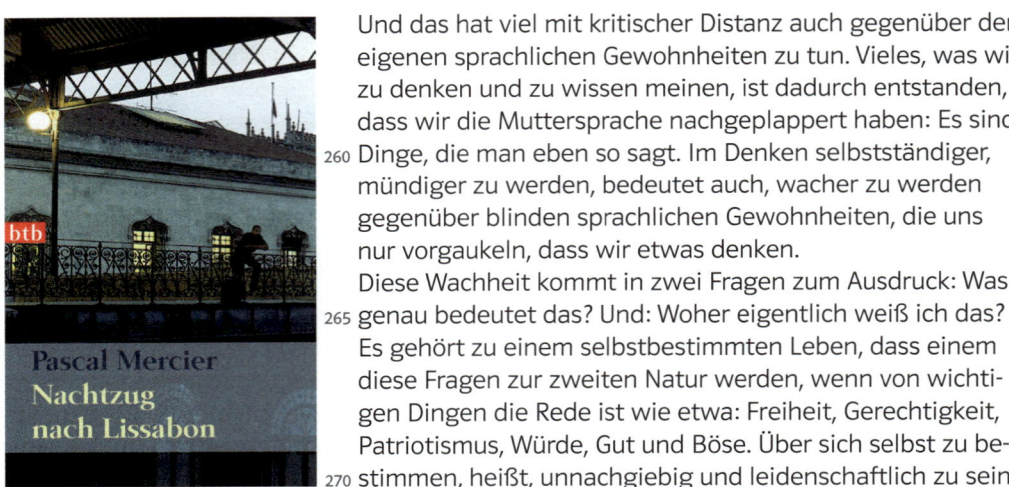

Abb. 8.3

Und das hat viel mit kritischer Distanz auch gegenüber den eigenen sprachlichen Gewohnheiten zu tun. Vieles, was wir zu denken und zu wissen meinen, ist dadurch entstanden, dass wir die Muttersprache nachgeplappert haben: Es sind Dinge, die man eben so sagt. Im Denken selbstständiger, mündiger zu werden, bedeutet auch, wacher zu werden gegenüber blinden sprachlichen Gewohnheiten, die uns nur vorgaukeln, dass wir etwas denken.

Diese Wachheit kommt in zwei Fragen zum Ausdruck: Was genau bedeutet das? Und: Woher eigentlich weiß ich das? Es gehört zu einem selbstbestimmten Leben, dass einem diese Fragen zur zweiten Natur werden, wenn von wichtigen Dingen die Rede ist wie etwa: Freiheit, Gerechtigkeit, Patriotismus, Würde, Gut und Böse. Über sich selbst zu bestimmen, heißt, unnachgiebig und leidenschaftlich zu sein in der Suche nach Klarheit und gedanklicher Übersicht. [...] Doch sprachliche Wachheit und Genauigkeit sind nicht nur dort entscheidend, wo es um unsere gedankliche Identität geht. Entscheidend sind sie auch, wenn wir nach unseren Wünschen und Affekten fragen und versuchen, sie zu verstehen und im Sinne der Selbstbestimmung zu beeinflussen. In den meisten Fällen beeinflusst das, was wir über eine Sache sagen, diese Sache nicht. Anders verhält es sich, wenn wir uns selbst zu erkennen und zu verstehen versuchen, indem wir das Erleben in Worte fassen. Wir haben gesehen: Wenn wir uns fragen, was wir über eine Sache denken, und uns dazu die Belege für die vermeintliche Überzeugung ansehen, so kann sich diese Überzeugung gerade dadurch, dass sie untersucht und besprochen wird, verändern. Man könnte sagen: Dann schafft das Erkennen das Erkannte, oder auch: Dann formt das Besprechen das Besprochene. Auch im Fall von Empfindungen und Wünschen gibt es einen solchen Zusammenhang, aber dort ist er komplizierter und unübersichtlicher. Vieles, was wir fühlen und wünschen, ist für uns zunächst undurchsichtig und diffus. Der Prozess der Klärung, in dem wir uns die Situation und die Geschichte des Erlebens vor Augen führen, macht auch hier etwas mit dem Gegenstand: Indem wir die Gefühle und Wünsche identifizieren, beschreiben und von anderen unterscheiden lernen, wandeln sie sich zu etwas, das genauere Erlebniskonturen hat als vorher. Aus Gefühlschaos etwa kann durch sprachliche Artikulation emotionale Bestimmtheit werden. Und das kann man verallgemeinern: Wenn unsere Sprache des Erlebens differenzierter wird, wird es auch das Erleben selbst. Das ist mit dem Ausdruck education sentimentale gemeint.

Über solche Prozesse, in denen das Beschreiben und Verstehen unserer selbst nicht in einer einflusslosen Bestandsaufnahme besteht, sondern auch eine innere Umgestaltung mit sich bringt, könnte man sagen: Wir arbeiten durch Selbstbeschreibung an unserer persönlichen Identität. Das tun wir auch, wenn wir Unbewusstes in Bewusstes überführen, indem wir es zur Sprache bringen. Wenn wir eine neue Beschreibung für ein Erleben finden und nun beispielsweise wissen, dass es nicht nur Neid ist, was wir jemandem gegenüber fühlen, sondern auch Missgunst, ist bei dieser Sache ein neuer Grad an Bewusstheit erreicht. Es kann dann, indem wir uns die fragliche Beziehung und ihre Geschichte ansehen, zu der Einsicht kommen, dass die missgünstige Empfindung in einer Kränkung begründet sein muss, die wir weggeschoben und in den Untergrund verbannt hatten – eine Demütigung vielleicht, die einen verleugneten Hass hatte entstehen lassen. Und dann kann diese hypothetische Einsicht kausale Kraft entfalten, die Macht der Zensur brechen und uns helfen, das verleugnete Gefühl endlich in vollem Umfang und voller Klarheit zu erleben. So kann aus Unbewusstem durch sprachliche Artikulation Bewusstes werden.

Das also sind zwei Weisen, in denen wir durch sprachliche Artikulation Einfluss auf unsere Affekte nehmen und den Radius der Selbstbestimmung nach innen ausweiten können: Differenzierung von bewusstem Erleben auf der einen Seite, Erschließen von Unbewusstem auf der anderen. Beide Prozesse tragen dazu bei, ein realistisches Selbstbild zu entwickeln, von dem aus wir zu unseren Empfindungen stehen und sie in unsere affektive Identität integrieren können. Und eine solche Integration ist, wie mir scheint, das Einzige, was Selbstbestimmung hier heißen kann. Denn Affekte können weder ein- und ausgeschaltet noch einfach abgeschafft werden, und gegen den Versuch, sie durch stoischen Gleichmut außer Kraft zu setzen, spricht dieses: Wir wollen sie ja leben, die Affekte, nicht zuletzt deshalb, weil sie uns darüber belehren, was uns wichtig ist. Worauf es ankommt, ist, nicht ihr ohnmächtiger Spielball zu sein und sie nicht als Kräfte erleben zu müssen, die fremd in uns toben, sondern als bejahten Teil unserer seelischen Identität.

Erzählte Zeit

Wenn wir uns eine solche Identität erarbeiten, so spielt die Sprache noch auf eine andere Weise eine wichtige Rolle: Sie hilft uns, die Erinnerungen zu ordnen. Auch Wesen, die nicht über Sprache verfügen, haben natürlich Erinnerungen. Aber sie können unter ihnen nicht die Art von Zusammenhang herstellen und erleben, die durch sprachlich verfasstes Erinnern möglich wird. Wenn sprechende Wesen sich an etwas erinnern, bleibt es selten beim isolierten Aufblitzen einer vergangenen Episode. Meistens wird die Episode als Teil einer Geschichte gesehen: Sich erinnern heißt meistens, sich und anderen die erlebte Vergangenheit erzählen.

Ein Selbst, könnte man sagen, ist ein Zentrum erzählerischer Schwerkraft: Ich bin derjenige, um den sich all meine Erzählungen der erlebten Vergangenheit drehen. Solche Erzählungen sind nie die getreue, neutrale Abbildung eines Erinnerungsfilms. Sie sind selektiv, bewertend und darauf aus, die Vergangenheit so aussehen zu lassen, dass sie zum eigenen Selbstbild passt. Daher enthält jeder Erinnerungsbericht auch Elemente des Fabulierens, die eingefügt werden, um die erwünschte Stimmigkeit zu erreichen. Unsere Fähigkeit, die erlebte Vergangenheit in Worte zu fassen, hat deshalb zwei Gesichter: Auf der einen Seite erlaubt sie uns, ein Selbstbild zu entwickeln – das Porträt von jemandem, der die Vergangenheit auf bestimmte Weise durchlebt hat, um schließlich in dieser Gegenwart mit diesem Entwurf für die Zukunft anzukommen. Wir brauchen ein solches Selbstbild, um im eigenen Leben einen Sinn erkennen und mit diesem Leben weitermachen zu können.

Auf der anderen Seite ist jedes Selbstbild ein Konstrukt von zweifelhafter Wahrhaftigkeit, voll von Irrtümern, Selbstüberredung und Selbsttäuschung. Hin und wieder revidieren wir das Selbstbild, wenn uns entweder die Wirklichkeit dazu zwingt oder wir eine Revision brauchen, um moralisch in einem besseren Licht dazustehen: Dann werden neue Erzählungen gewoben, neue Lebensgeschichten mit einer neuen Stimmigkeit, die mit forciertem Vergessen und tendenziösen Neubeschreibungen von Bekanntem erkauft werden.

So kompliziert, umwegig und manchmal trügerisch dieser Prozess auch ist: Er ist ein wichtiges Element der Selbstbestimmung, denn er erlaubt uns, die Zeit nicht nur verstreichen zu lassen und zu erdulden, sondern in einem emphatischen Sinne zur Zeit unseres Lebens zu machen. Erinnerungen können ein Kerker sein, wenn sie uns gegen unseren Willen immer wieder überwältigen oder wenn sie, als verdrängte und abgespaltene Vergangenheit, unser Erleben und Handeln aus tückischem Dunkel heraus einschnüren. Wir können ihre Tyrannei nur brechen, wenn wir sie zu Wort kommen lassen. Als erzählte Erinnerungen werden sie zu verständlichen Erinnerungen, denen wir nicht länger als wehrlose Opfer ausgeliefert sind. Erinnerungen sind nicht frei verfügbar: Wir können ihr Entstehen nicht verhindern und sie nicht nach Belieben löschen. In diesem Sinne sind wir als erinnernde Wesen keine selbstbestimmten Wesen. Selbstbestimmt werden wir erst durch die Position des Verstehens: Indem wir ihre Wucht und Aufdringlichkeit als Ausdruck unserer seelischen Identität sehen lernen, verlieren die Erinnerungen den Geschmack der inneren Fremdbestimmung und hören auf, uns als Gegner zu belagern.

Das erzählerische Selbstbild, das dabei entsteht, lässt sich dann in die Zukunft hinein fortschreiben. Um nicht nur von Tag zu Tag in die Zukunft hineinzustolpern, sondern die Zukunft als etwas zu erleben, dem wir mit einem selbstbestimmten Entwurf begegnen, brauchen wir ein Bild von dem, was wir sind und was wir werden wollen – ein Bild, das in einem stimmigen Zusammenhang mit der Vergangenheit stehen muss, wie wir sie uns erzählen.

Und auch die Erfahrung der Gegenwart wird dadurch eine andere. Manchmal wollen wir uns von einer Gegenwart einfach überwältigen lassen – ohne Einfluss, ohne Kontrolle und auch ohne Worte. Doch als befreiend können wir das nur erleben, weil es im Hintergrund das erzählerische Netzwerk eines Selbstbilds gibt, das der vermeintlich unmittelbaren, sprachlosen Gegenwart ihre Bedeutung und ihr Gewicht gibt. Unverstandene Gegenwart kann mächtig sein, doch ihre Macht, weil sie uns nicht zu Wort kommen lässt, wird als bedrohlich und entfremdend empfunden. Intensive Gegenwart, die etwas mit uns selbst zu tun hat, ist verstandene, artikulierbare Gegenwart. [...]

Der Blick der Anderen

Doch die Anderen können durchaus auch eine Gefahr für ein selbstbestimmtes Leben sein. Wir leben die meiste Zeit unter dem Blick der Anderen, und dieser Blick kann uns wegführen von uns selbst und hinein in ein entfremdetes Leben, das nicht mehr durch unsere Bedürfnisse definiert

Abb. 8.4

wird, sondern durch die Erwartungen der Anderen. La Bruyere, der französische Moralist, notierte: „Wir suchen unser Glück außerhalb von uns selbst, noch dazu im Urteil der Menschen, die wir doch als kriecherisch kennen und als wenig aufrichtig, als Menschen ohne Sinn für Gerechtigkeit, voller Missgunst, Launen und Vorurteile: Welch eine Verrücktheit!" Er schrieb das, nachdem er von der Academie francaise zum dritten Mal abgelehnt worden war. Das, wovon er spricht, ist das Bedürfnis nach Anerkennung, der Wunsch, geschätzt und bestätigt zu werden in dem, was wir sind und tun. Es ist ein verführerisches, gefährliches Bedürfnis, und mancher wird durch frühes Lob zu einem Leben verleitet, in dem er eines Tages mit dem Gefühl aufwacht, sich selbst verpasst zu haben. Und gefährlich ist das Bedürfnis auch in der anderen Richtung: Manchmal tut es nur weh, wenn die Anerkennung ausbleibt; aber es kann auch vernichtend sein, besonders dann, wenn zur Missachtung noch Verachtung hinzukommt.

Wie können wir uns dagegen schützen, dass die Anderen solche Macht über uns haben?

Der Schutz kann nicht darin bestehen, dass wir Augen und Ohren verschließen. Wir können uns nicht in einer künstlichen inneren Festung einmauern, nur um nicht verletzt oder in eine falsche Richtung verführt zu werden. Sich selbstbestimmt zu entwickeln, kann nur heißen, dem Blick der Anderen zu begegnen und ihm standzuhalten. Am einfachsten wäre das, wenn wir allen Blicken mit einer unabhängigen seelischen Identität entgegentreten könnten. Doch eine Identität, die in ihrem Entstehen und ihrer Gültigkeit ganz von den Anderen unabhängig wäre, gibt es nicht. Und so kann eine selbstbestimmte Auseinandersetzung mit dem fremden Blick nur darin bestehen, sich stets von Neuem zu vergewissern, wer man ist.

Auch bei dieser Frage geht es um Selbstbild und Selbsterkenntnis, doch jetzt mit ausdrücklichem Blick auf das fremde Urteil. Was an mir sehen die Anderen, was ich nicht sehe? Was für Selbsttäuschungen deckt der fremde Blick auf? Auf diese Weise kann ich den fremden Blick zum Anlass nehmen, mein Selbstbild zu überprüfen und meiner Selbsterkenntnis eine neue Wendung zu geben. Doch es gibt auch die andere, die distanzierende Seite an dieser Selbstvergewisserung. Sie war es, die La Bruyere im Auge hatte: Vergessen wir nicht, dass die Anderen wirklich Andere sind und dass ihr Urteil über uns durch tausend Dinge verzerrt und verdunkelt ist, die allein mit ihnen zu tun haben und nicht mit uns. Selbstbestimmt zu leben, heißt auch, diese Fremdheit auszuhalten.

Das tückische Gift der Manipulation

Das Bedürfnis, selbst über sein Leben zu bestimmen, ist auch das Bedürfnis, nicht manipuliert zu werden. Wir wollen keine Marionetten sein und keine Spielbälle fremder Interessen. Doch weglaufen geht oft nicht, und manchmal lassen wir uns absichtlich von den Anderen verändern in der Hoffnung, zu mehr Selbstbestimmung zu finden. Was also unterscheidet Einfluss, den wir als Manipulation empfinden, von Einfluss, der die Selbstbestimmung nicht bedroht, sondern fördert? Ich halte das für die tiefste und schwierigste politische Frage, die man aufwerfen kann. Manipulation ist planvoller Einfluss, und es gibt intuitiv klare Fälle: Hypnose, Werbung ohne die Chance des Bemerkens, Täuschung und vorenthaltene Information, taktisches Ausnützen von Gefühlen, Gehirnwäsche, die jede eigenständige Meinungsbildung vernichtet.

Warum ist Manipulation ein Übel? Weil sie eine Beeinflussung ist, die keiner Kontrolle durch das Selbstbild zugänglich ist und uns in vielen Fällen vom Selbstbild entfernt und also innere Zerrissenheit schafft. In solchen Fällen werden wir als selbstständige Personen übergangen und sind gar

Abb. 8.5

nicht richtig anwesend. Das ist grausam, denn es bedeutet einen Verlust an Würde.

Am tückischsten sind die undramatischen, unauffälligen Manipulationen durch akzeptierte oder sogar gepriesene Bilder, Metaphern und rhetorische Formeln. Es gibt Arten, über die Welt und uns Menschen zu reden, die jede Ausbildung eines eigenen, differenzierten Selbstbilds und eines selbstbestimmten Lebensstils verhindern. Fernsehen, Zeitungen und politische Reden sind voll davon, und es gibt jede Menge Mitläufer.

Dem kann man nur Wachheit entgegensetzen im Sinne der Frage: Ist das wirklich die richtige Art, die Dinge zu beschreiben? Trifft das die Art, wie ich denke und empfinde? Und je größer die päpstliche Selbstgewissheit ist, mit der uns die lautstarken Formeln entgegenkommen, desto hartnäckiger muss die Nachfrage sein. Es geht um die eigene Stimme, von der schon die Rede war, und es geht um Echtheit, um Authentizität: darum, nicht das zu leben und zu sagen, was andere uns vorleben und vorsagen, sondern das, was der Logik der eigenen Biografie entspricht.

Ich würde gern in einer Kultur leben, in der Selbstbestimmung, wie ich sie beschrieben habe, ernster genommen würde, als sie es in unserer Gesellschaft tatsächlich wird. Zwar gelten das Handeln aus Gründen und die Freiheit der Entscheidung als hohe Güter. Doch wenn es um die komplexeren Formen der Selbstbestimmung geht, sieht es anders aus. Kritischer Abstand zu sich selbst; das Ausbilden differenzierter Selbstbilder und der schwierige, nie abgeschlossene Prozess ihrer Fortschreibung und Revision; wachsende Selbsterkenntnis; die Aneignung des eigenen Denkens, Fühlens und Erinnerns; das wache Durchschauen und Abwehren von Manipulation, wie unauffällig auch immer; die Suche nach der eigenen Stimme: All das ist nicht so gegenwärtig und selbstverständlich, wie es sein sollte. Zu laut ist die Rhetorik von Erfolg und Misserfolg, von Sieg und Niederlage, von Wettbewerb und Ranglisten – und das auch dort, wo sie nichts zu suchen hat. Die Kultur, wie ich sie mir wünschte, wäre eine leisere Kultur, eine Kultur der Stille, in der die Dinge so eingerichtet wären, dass jedem geholfen würde, zu seiner eigenen Stimme zu finden. Nichts würde mehr zählen als das; alles andere müsste warten.

Unnötig zu sagen: die Utopie eines Fantasten; eine fantastische Utopie. Daher der Konjunktiv in der Titelfrage.

Stichwortverzeichnis

Abwehrmechanismen 42
Allgemeinbildung 12 f., 112
Allgemeine Pädagogik 24 ff.
Ambiguitätstoleranz 42
Aufforderung zur Selbsttätigkeit 28, 44 ff.

Balance 38 ff., 43
Bildsamkeit 20 ff., 28, 46 f., 118 f.
Bildung 5 ff., 14 ff.,18 ff., 24 f., 26, 29 f., 33 ff., 75 ff., 85, 91 ff., 112 ff.
Bildung, pädagogische 112 ff.
Bildungsforschung 157 ff.
Bildungsgerechtigkeit 86 f.

Eigenständigkeit 106 f.
Emanzipation 110 f., 120
Empathie 41 ff.
Empirische Bildungsforschung 107 ff.
Erziehung 95 f.
Erziehung, antiautoritäre 25, 62 f.
Erziehung, funktionale 27 f.
Erziehung, intentionale 27 f.
Erziehungswissenschaft 97 ff., 104 ff.

Familienerziehung 81 f.

Geisteswissenschaftliche Pädagogik 105 ff.
Gesellschaft 109 ff.

Humanontogenese 92 ff.

Ich-Identität 38 ff., 49
Identität 38 ff., 41, 43 ff., 47 ff.
Identität, balancierende 28 ff.
Identitätsaufgaben 43 ff.
Identitätsbildung 43 f.
Identitätsdarstellung 43
Identitätsprobleme 49 ff.
Identity, personal, social 38 ff.
Ideologiekritik 109 ff.
Interaktion 36 ff.

Kompetenzen 76 ff.
Kurative Lebenslaufbegleitung 92 ff.

Lernen, lebenslanges 89 ff.

Mündigkeit 8 ff. 10 f., 15 f., 95 f.

Pädagogik als Wissenschaft 104 ff.
Pädagogikunterricht 113 ff.
Pädagogische Bildung 114 f.
Persönlichkeitsprofil 52 f.
phantom normalcy, uniqueness 38 ff.
Paideutische Kompetenz 116 ff.
Präsentation 47
Profession, Professionalisierung 83 ff.

Repräsentation 47
Role taking 37, 41 f.
Rollendistanz 41 f.

Selbst 37
Selbstbestimmung 109 f.
Selbsttätigkeit 20, 28, 44 f., 46 f.

Transformation 91

Wissensgesellschaft 91 f.

Übersicht über die Operatoren

Operator	Definition	AFB*-Bandbreite
• analysieren	Sachverhalte und Zusammenhänge in ihren Einzelaspekten nach vorgegebenen oder selbst gewählten Kriterien darstellen	II
• belegen	Behauptungen durch Materialbezug (z. B. Textstellen) oder bekannte Sachverhalte fundieren	II-III
• beschreiben	die Merkmale eines Bildes oder anderen Materials mit Worten in Einzelheiten schildern	I
• beurteilen	zu Aussagen oder Sachverhalten sich begründet positionieren (Sach- bzw. Werturteil)	III
• bewerten	zu Aussagen oder Sachverhalten sich begründet positionieren (Sach- bzw. Werturteil)	III
• darstellen	den Gedankengang oder die Hauptaussage eines Textes oder eines anderen Materials mit eigenen Worten darlegen ggf. unter Berücksichtigung der Textsorte	I
• einordnen	einen bekannten oder erkannten Sachverhalt in einen neuen oder anderen Zusammenhang stellen oder die Position eines Verfassers bezüglich einer bestimmten Denkrichtung etc. unter Verweis auf Textstellen und in Verbindung mit Vorwissen bestimmen	II
• entwerfen	sich kreativ (z. B. fiktives Gespräch oder Visualisierung) mit einer Fragestellung auseinandersetzen	III
• erklären	einen Sachverhalt, eine These etc. ggf. mit zusätzlichen Informationen und Beispielen nachvollziehbar veranschaulichen	II
• erläutern	einen Sachverhalt, eine These etc. ggf. mit zusätzlichen Informationen und Beispielen nachvollziehbar veranschaulichen	II
• erörtern	zu einer vorgegebenen Problemstellung eine reflektierte, kontroverse Auseinandersetzung führen und zu einer abschließenden, begründeten Bewertung gelangen	III
• formulieren	den Gedankengang oder die Hauptaussage eines Textes oder eines anderen Materials mit eigenen Worten darlegen ggf. unter Berücksichtigung der Textsorte	I
• gestalten	sich kreativ (z. B. fiktives Gespräch oder Visualisierung) mit einer Fragestellung auseinandersetzen	III
• Handlungsoptionen entwickeln	begründete Handlungskonsequenzen zu einer Fallstudie entwerfen	III
• herausarbeiten	aus einem wenig komplexen/komplexeren Text bzw. Material (z. B. einer Statistik) die Aussagen zu einem Sachverhalt oder einer Position ermitteln und darstellen	I-II
• in Beziehung setzen	nach vorgegebenen oder selbst gewählten Gesichtspunkten Gemeinsamkeiten, Ähnlichkeiten und/oder Unterschiede ermitteln und darstellen	II
• interpretieren	einen Text oder ein anderes Material (Bild, Karikatur, Tondokument, Film, Statistik etc.) sachgemäß analysieren und auf der Basis methodisch reflektierten Deutens zu einer schlüssigen Gesamtauslegung gelangen	III
• Konsequenzen ziehen	aus einer Position Schlussfolgerungen ziehen	III
• nachweisen	Behauptungen durch Materialbezug (z. B. Textstellen) oder bekannte Sachverhalte fundieren	II
• nennen	ausgewählte Elemente, Aspekte, Merkmale, Begriffe, Personen etc. darlegen	I
• prüfen	eine Meinung, Aussage, These, Hypothese, Argumentation nachvollziehen, kritisch hinterfragen und auf der Grundlage erworbener Fachkenntnisse begründet beurteilen	III
• sich auseinandersetzen mit	ein begründetes, abgewogenes eigenes Urteil zu einer Position oder Theorie entwickeln	III
• skizzieren	einen Sachverhalt oder Gedankengang in seinen Grundzügen ausdrücken	I

*Anforderungsbereich

Operator	Definition	AFB*-Bandbreite
• Stellung nehmen	zu Aussagen oder Sachverhalten sich begründet positionieren (Sach- bzw. Werturteil)	III
• Stellung nehmen aus der Sicht von	eine neue oder andere Argumentation oder Theorie aus der Sicht einer bekannten kritisieren oder infrage stellen und sich begründet positionieren	III
• vergleichen	nach vorgegebenen oder selbst gewählten Gesichtspunkten Gemeinsamkeiten, Ähnlichkeiten und/oder Unterschiede ermitteln und darstellen	II
• zuordnen	einen bekannten oder erkannten Sachverhalt in einen neuen oder anderen Zusammenhang stellen oder die Position eines Verfassers bezüglich einer bestimmten Denkrichtung etc. unter Verweis auf Textstellen und in Verbindung mit Vorwissen bestimmen	II
• zusammenfassen	die Kernaussagen eines Textes oder anderen Materials strukturiert und komprimiert darlegen	I

* Anforderungsbereich

Quellenverzeichnisse

Textquellennachweis

5.1 Immanuel Kant. Beantwortung der Frage: Was ist Aufklärung? Berlinische Monatsschrift, 1784, 2, S. 481–494; **5.2** Humboldt, Wilhelm von: Theorie der Bildung des Menschen. In: Humboldt, Wilhelm von: Werke in fünf Bänden. Hg. v. Flitner, Andreas/Giel, Klaus. Bd. 1: Schriften zur Anthropologie und Geschichte. Wissenschaftliche Buchgesellschaft, Darmstadt 1982, S. 234–240 UND Humboldt, Wilhelm von: Ideen zu einem Versuch, die Gränzen der Wirksamkeit des Staats zu bestimmen. In: Humboldt, Wilhelm von: Werke in fünf Bänden. Hg. v. Flitner, Andreas/Giel, Klaus. Bd. 1: Schriften zur Anthropologie und Geschichte. Wissenschaftliche Buchgesellschaft, Darmstadt 1982, S. 56–233, hier: S. 64 u. 71f.; **7** Schleiermacher, Friedrich Daniel Ernst: Versuch einer Theorie des geselligen Betragen, 1799. In: Schleiermacher, Friedrich: Schriften. Hrsg. v. Andreas Arndt, Frankfurt am Main 1996, S. 65ff.; **8.1** Hegel, Georg Friedrich Wilhelm: Über Bildung, 1820. In: Rittelmeyer, Christian: Bildung. Ein pädagogischer Grundbegriff. Stuttgart 2012, S. 85–86; **8.2** Adorno, Theodor W./Becker, Hellmut: Erziehung zur Mündigkeit: Vorträge und Gespräche mit Hellmut Becker 1959–1969. Suhrkamp, 25. Aufl., Frankfurt/Main 2015, S. 106–109, 133, 139–144; **10** Schütz, Egon: Autorität. Ein Traktat, Quelle & Meyer, Heidelberg 1971, S. 52–53, 56–59.; **11.1** Blankertz, Herwig: Die Geschichte der Pädagogik. Von der Aufklärung bis zur Gegenwart. Wetzlar 1982, S. 306f.; **11.2** Peukert, Helmut: Die Frage nach Allgemeinbildung als Frage nach dem Verhältnis von Bildung und Vernunft. In: Pleines, Jürgen-Eckardt (Hrsg.): Das Problem des Allgemeinen in der Bildungstheorie, Würzburg 1987, S. 69–88, hier S. 80–82; **12** Klafki, Wolfgang: Allgemeinbildung heute – Grundzüge internationaler Erziehung. In: Pädagogisches Forum, Heft 1, 1993, S. 21–28; **13** Liebau, Eckart: Pädagogik der Teilhabe. In: Liebau, Eckart: Erfahrung und Verantwortung. Werteerziehung als Pädagogik der Teilhabe, Weinheim/München 1999; **14** Robert Spaemann: Wer ist ein gebildeter Mensch? Aus einer Promotionsrede. In: ders. Grenzen. Zur ethischen Dimension des Handelns. Stuttgart: Klett-Cotta 2001. S. 513–515; **15** Rieger-Ladich, Markus: Ein entzauberter Begriff von Mündigkeit. In: Rieger-Ladich, Markus: Pathosformel Mündigkeit. Beobachtungen zur Form erziehungswissenschaftlicher Reflexion. In: Vierteljahrsschrift für wissenschaftliche Pädagogik 78, 2002, Heft 2, S. 153–182, hier S. 175–177; **16** Prange, Klaus: Moral des Zeigens. In: Prange, Klaus: Die Zeigestruktur der Erziehung. Grundriss der operativen Pädagogik. Paderborn 2005, S. 144–151.; **18** Ruhloff, Jörg: Bildung und Bildungsgerede. In: Vierteljahrsschrift für wissenschaftliche Pädagogik 82, Heft 3, 2006, S. 287–299, hier S. 293ff.; **20** Brüggen, Friedhelm: Bildsamkeit und Mündigkeit des Subjekts. Bildungsgeschichtliche und bildungstheoretische Überlegungen zu einer (nicht nur) pädagogischen Idee. In: Franz-Fischer-Jahrbuch für Philosophie und Pädagogik: Werte II - Humanität und Wissenschaft, 1998, S. 111–125; **21** Dörpinghaus, Andreas: Bildung. Plädoyer wider die Verdummung. In: In: Lange, H. (Hrsg)/ Duttler, G./ Leffler, T./ et al.: Jahrbuch Bewegungs- und Sportpädagogik, Bd. 10. Baltmannsweiler: Schneider 2011, S. 17–26.; **24.1** Bernhard, Armin: Die Austreibung des Pädagogischen aus Kultur und Gesellschaft. In: Rießland Matthias/Borst, Eva/Bernhard, Armin (Hrsg.): Die Wiedergewinnung des Pädagogischen, Baltmannsweiler 2010, S. 8–21, hier S. 10f.; **24.2** Benner, Dietrich/Peng, Zhengmei: Aufklärung und Bildung. Wilhelm von Humboldt und Cai Yuanpei als Bildungstheoretiker und Modernisierer Preußens und Chinas, 2011, online unter http://aufklärung-im-dialog.de/assets/Uploads/PDFs/Dokumentation-de/IV-Salon-17-07-11Benner-Peng-Aufklrung-und-BildungDT.pdf [Abruf 24.10.16]; **25** Dörpinghaus, Andreas/Uphoff, Ina Katharina: Erziehung und Macht. In: Dörpinghaus, Andreas/Uphoff, Ina Katharina: Grundbegriffe der Pädagogik, Darmstadt 2011, S. 25–26; **26** Rieger-Ladich, Markus: Erziehung und Bildung als Stätten des Scheiterns. In: Vierteljahrsschrift für wissenschaftliche Pädagogik 88, Heft 4, 2012, S. 606–623, hier S. 616–617; **27** Klika, Dorle/Schubert, Volker: Intentionale und funktionale Erziehung. In: Klika, Dorle/Schubert, Volker: Einführung in die Allgemeine Erziehungswissenschaft, Weinheim/Basel 2013, S. 83–85; **28** Ladenthin, Volker unter Mitarbeit von Anke Redecker: Theoretische Erwartungen an die Pädagogik. In: Ziegler, Albert/Zwick, Elisabeth (Hrsg.): Theoretische Perspektiven der modernen Pädagogik, 2014, S. 115–121; **29** Zierer, Klaus/Nida-Rümelin, Julian: Bildung als begründetes Urteilen. In: Nida-Rümelin, Julian/Zierer, Klaus: Auf dem Weg in eine neue Bildungskatastrophe, Freiburg/Wien/Basel 2015, S. 17–20; **33** Hahn, Ulla: Das verborgene Wort, dtv, 2008, S. 178; **34** Krappmann, Lothar: Zur Entstehung des Buches „Soziologische Dimensionen der Identität". In: PädagogikUnterricht (29), Heft 1, Oldenbourg, München, S. 3–4; **35** Krappmann, Lothar: Soziologische Dimensionen der Identität, 10. Aufl., Klett-Cotta, Stuttgart 2003, S. 32–34; **36** Krappmann, Lothar: Soziologische Dimensionen der Identität, 10. Aufl., Klett-Cotta, Stuttgart 2003, S. 36–42; **38** Krappmann, Lothar: Soziologische Dimensionen der Identität, 10. Aufl., Klett-Cotta, Stuttgart 2003, S. 70–79; **41** Krappmann, Lothar: Soziologische Dimensionen der Identität, 10. Aufl., Klett-Cotta, Stuttgart 2003; **43** Krappmann, Lothar: Identitätsbildung bei Kindern und Jugendlichen – Möglichkeiten einer pädagogischen Unterstützung. In: PädagogikUnterricht (29), Heft 1, Oldenbourg, München, S. 7–9; **44** Loch, Werner: Lebenslauf und Erziehung, Essen 1979, S. 85–97, 178f.; **46** Mollenhauer, Klaus: Vergessene Zusammenhänge. Über Kultur und Erziehung, 7. Aufl., Juventa, Weinheim/München 2007, S. 17–21; **47** Mollenhauer, Klaus: Vergessene Zusammenhänge. Über Kultur und Erziehung, 7. Aufl., Juventa, Weinheim/München 2007, S. 153–159; **49** Ladenthin, Volker/Schulp-Hirsch, Gabriele: Identitätsprobleme. Pädagogische Schwierigkeiten mit einem Begriff. In: Schulmagazin 5–10, Oldenbourg, München 12/1998, S. 51–54; **51** Turkle, Sherry: Verloren unter 100 Freunden. Wie wir in der digitalen Welt seelisch verkümmern, aus dem Englischen von Joannis Stefanidis, Riemann Verl. i. d. Verlagsgruppe

Random House, München 2012, S. 458–462; **52** Morgenroth, Markus: Sie kennen dich! Sie haben dich! Sie steuern dich! Die wahre Macht der Datensammler, Droemer, München 2014, S. 21–25; **56** Speckmann, Ulrike: Kinder, die was wollen, die kriegen was auf die Bollen. In: Seifert, Claudia: Wenn Du lächelst, bist Du schöner. Kindheit in den 50er und 60er Jahren, 5. Aufl., München 2004, S. 129–131, 170–175; **58** Rothmann, Ralf: Junges Licht, Suhrkamp 2004; **60** Sennewald, Rainer: Die letzte Ohrfeige. In: Spiegel Geschichte, Heft 4, 2016, S. 79; **61** Antiautoritäre Erziehung (Kinderschule Frankfurt) In: Bott, Gerhard (Hrsg.): Erziehung zum Ungehorsam. Kinderläden berichten aus der Praxis der antiautoritären Erziehung, Frankfurt/Main 1970, S. 45–50.; **63.oben** "Baader, Meike Sophia: Erziehung und 68, 30.5.2008, online unter: http://www.bpb.de/geschichte/deutsche-geschichte/68er-bewegung/51961/erziehung-und-68?p=all [Abruf 26.10.16]; **63** Fend, Helmut: Sozialgeschichte des Aufwachsens, Frankfurt/Main 1988, S. 113–115, 119–125; **66** Pfeiffer, Christian: Mehr Liebe, weniger Hiebe, 15.01.2012, online unter: http://www.sueddeutsche.de/politik/wandel-der-kindererziehung-in-deutschland-mehr-liebe-weniger-hiebe-1.1258028 [Abruf 24.10.16]; **67** Leschinsky, Achim/Naumann, Jens: Bildungsexpansion und Modernisierung seit 1945: Zur zeitgeschichtlichen Einbettung bildungspolitischer Trends. In: Arbeitsgruppe Bildungsbericht am Max-Planck- Institut für Bildungsforschung (Hrsg.): Das Bildungswesen in der Bundesrepublik Deutschland. Strukturen und Entwicklung im Überblick, Rowohlt Taschenbuch Verlag, Reinbek bei Hamburg 1994, S. 17–63.; **68** Herrlitz, Hans-Georg/Hopf, Wulf/Titze, Hartmut/Cloer, Ernst: Deutsche Schulgeschichte von 1800 bis zur Gegenwart. Eine Einführung, 4. Aufl., Weinheim/München 2005, S. 169, 171–175, 191; **71** Zymek, Bernd: Ursachen und Konsequenzen von PISA 2000. In: Rustemeyer, Dirk (Hrsg.): Erziehung in der Moderne, Würzburg 2003, S. 209–217; **73** Allmendinger, Jutta: Der gleiche Kindergarten – aber vier verschiedene Schulen, 14.10.2012, online unter: http://www.tagesspiegel.de/meinung/essay-der-gleiche-kindergarten-aber-vier-verschiedene-schulen/7251726-all.html [Abruf 24.10.16]; **74** Allmendinger, Jutta: Bildungsgesellschaft. Über den Zusammenhang von Bildung und gesellschaftlicher Teilhabe in der heutigen Gesellschaft, 03.05.2013, online unter: http://www.bpb.de/gesellschaft/kultur/zukunft-bildung/158109/teilhabe-durch-bildung [Abruf 24.10.16]; **75** Krautz, Jochen: Ware Bildung. Schule und Universität unter dem Diktat der Ökonomie, 4. Aufl., München 2014, S. 112–114, 126–133.; **79.1** Koller, Hans-Christoph: Die Bedeutung der Sozialisationstheorie. In: Handbuch der Erziehungswissenschaft. Band 1. Grundlagen. Allgemeine Erziehungswissenschaft. Bearbeitet von Ursula Frost, Winfried Böhm, Lutz Koch, Volker Ladenthin, Gerhard Mertens, Paderborn 2008, S. 356; **79.2** Tenorth, Heinz-Elmar: Historische Bildungsforschung. In: Tippelt, Rudolf/Schmidt, Bernhard (Hrsg.): Handbuch Bildungsforschung, 3. Aufl., Wiesbaden 2010, S. 135–154, hier S. 139–140; **80** Müller, Hans-Rüdiger/Krinninger, Dominik: Familienstile. Eine pädagogisch-ethnographische Studie zur Familienerziehung, Weinheim/Basel 2016, S. 142–143.; **82** Eribon, Didier: Rückkehr nach Reims, übers. von Tobias Haberkorn. Berlin: Suhrkamp 2016, S. 151–152, 158–161, 163–165; **84** Helsper, Werner: Von Aufstiegsprojekten, Hierarchien und familiären Aufträgen. In: SCHÜLER Wissen für Lehrer, Friedrich Verlag, Seelze 2015, S. 106–107; **85** Stojanov, Krassimir: Gleichheit – Bildungsgerechtigkeit – Anerkennung. In: Aus Politik und Zeitgeschichte, Heft 16–17, 2012; **88** Nittel, Dieter/Tippelt, Rudolf: Das pädagogisch organisierte System des lebenslangen Lernens. In: Nittel, Dieter/Schütz, Julia/Tippelt, Rudolf: Pädagogische Arbeit im System des lebenslangen Lernens. Ergebnisse komparativer Berufsgruppenforschung, Weinheim/Basel 2014, S. 20–31; **90.1** Geißler, Karlheinz A./Orthey, Frank-Michael: Bildung zur Unmündigkeit. In: universitas 54, Heft 634, 1999, S. 364–372, 366–368; **90.2** Krautz, Jochen: Ware Bildung. Schule und Universität unter dem Diktat der Ökonomie, 4. Aufl., München 2014, S. 112–114; **91** Lenzen, Dieter: Lernen – Bildung – Lebenslauf. Optionen für das künftige Sujet der Erziehungswissenschaft. In: Fuhr, Thomas/Schultheis, Klaudia (Hrsg.): Zur Sache der Pädagogik. Untersuchungen zum Gegenstand der allgemeinen Erziehungswissenschaft, Bad Heilbrunn/Obb. 1999, S. 181–194, hier S. 181–184; **93** Wigger, Lothar: Konturen einer modernen Erziehungswissenschaft. Überlegungen im Anschluss an die Diskussion um die Allgemeine Erziehungswissenschaft. In: Adick, Christel/Kraul, Margret/Wigger, Lothar (Hrsg.): Was ist Erziehungswissenschaft? Festschrift für Peter Menck, Donauwörth 2000, S. 35–56, hier S. 49–51; **94** Menck, Peter: Was ist Erziehung? Eine Einführung in die Erziehungswissenschaft, 3. Aufl., Siegen 2015; **96** Lenzen, Dieter: Orientierung Erziehungswissenschaft. Was sie kann, was sie will, Rowohlts Enzyklopädie, 4. Aufl., rororo, Reinbek bei Hamburg 2004, S. 50–51; **97** Lenzen, Dieter: Orientierung Erziehungswissenschaft. Was sie kann, was sie will, Rowohlts Enzyklopädie, 4. Aufl., rororo, Reinbek bei Hamburg 2004, S. 48–54; **98** Kessl, Fabian: Pädagogische Professionalisierung. In: PädagogikUnterricht 35, Heft 1, 2015, S. 14–21, hier S. 19–20; **103** Krüger, Heinz-Hermann: Theorien der Erziehungs- und Bildungswissenschaft. In: Faulstich-Wieland, Hannelore/Faulstich, Peter (Hrsg.): Erziehungswissenschaft. Ein Grundkurs, Rowohlt, Reinbek bei Hamburg 2008, S. 237–264, hier S. 237–241; **104** Klafki, Wolfgang: Aspekte kritisch-konstruktiver Erziehungswissenschaft, Beltz, Weinheim/Basel 1976, S. 17–24; **106** Prenzel, Manfred: Zur Situation der Empirischen Bildungsforschung. In: Mandl, Heinz/Kopp, Brigitta (Hrsg.): Impulse für die Bildungsforschung. Stand und Perspektiven. Dokumentation eines Expertengesprächs, Deutsche Forschungsgemeinschaft e.V., Berlin 2005, S. 7–21, hier S. 11–18; **108** Klafki, Wolfgang: Aspekte kritisch-konstruktiver Erziehungswissenschaft, Beltz, Weinheim/Basel 1976, S. 40–47; **111** Flitner, Wilhelm: Allgemeine Pädagogik, ungekürzte Ausg., Ullstein, Berlin/Wien/Frankfurt/Main 1950/1980, S. 166–168; **112** Zur Differenz zwischen Pädagogik, Ethik und Religion. Ein Gespräch mit Dieter Benner. In: Kuld, Lothar/Bolle, Rainer/Knauth, Thorsten (Hrsg.): Pädagogik ohne Religion? Beiträge zur Bestimmung und Abgrenzung der Domänen von Pädagogik, Ethik und Religion, Waxmann, München u.a. 2005, S. 165–175, hier S. 174f.; **113** Beyer, Klaus: Der Bildungs- und Qualifizierungsauftrag des Pädagogikunterrichts. In: Beyer, Klaus: Pragmatische Fachdidaktik Pädagogik, Schneider Verlag Hohengehren, Baltmannsweiler 2012, S. 23–58, hier S. 26–35; **115** Beyer, Klaus: Der Bildungs- und Qualifizierungsauftrag des Pädagogikunterrichts. In: Beyer, Klaus: Pragmatische Fachdidaktik Pädagogik, Schneider Verlag Hohengehren, Baltmannsweiler 2012, S. 35–55, hier S. 174f.; **117** Wigger, Lothar/Platzer, Barbara/Equit, Claudia/Börner, Nicole: Erziehungswissenschaftliche Alternativen im Pädagogikunterricht. In: PädagogikUnterricht, 28. Jg., Heft 1, 2008, S. 15–27, hier S. 16–19; **119** Armin, Bernhard: Pädagogische Bildung. Thesen zu ihrer Notwendigkeit in einer verkehrten Welt. In: Gutheil, Georg/Opora, Peter (Hrsg.): Perspektiven des Pädagogikunterrichts. Beiträge zur schulpolitischen, didaktischen und methodischen Zukunft des Fachs in einer sich wandelnden Schullandschaft, Schneider Verlag Hohengehren, Baltmannsweiler 2004, S. 26–35, hier S. 32–34; **128** Krappmann, Lothar: Soziologische Dimensionen der Identität, 10. Aufl., Klett-Cotta, Stuttgart 2003, S. 36–42; **134** Bieri, Peter: Was wäre ein selbstbestimmtes Leben? In: Bieri, Peter: Wie wollen wir leben? München 2014, S. 7–34. © Originalausgabe 2011 im Residenz-Verlag, St. Pölten/ Salzburg;

Sollte es in einem Einzelfall nicht gelungen sein, den korrekten Rechteinhaber ausfindig zu machen, so werden berechtigte Ansprüche selbstverständlich im Rahmen der üblichen Regelungen abgegolten.

Bildquellennachweis

Cover "f1 online digitale Bildagentur, Frankfurt; **5.oben** "iStockphoto (Steven Wynn Photography), Calgary, Alberta; **5.unten** "Getty Images (Universal Images Group), München; **7.rechts** "Fotolia.com (Georgios Kollidas), New York; **8.oben** "Fotolia.com (Juuljs), New York; **8.unten** "akg-images, Berlin; **10** Egon Schütz Archiv (H. Kritzler), Berlin; **11** Blankertz, Stefan (Dr. Jörg Bockow), Berlin; **12.rechts** "Comenius-Stiftung, Essen-Horst; **12.links** "iStockphoto (ArtisticCaptures), Calgary, Alberta; **13.oben** "shutterstock (3d brained), New York, NY; **13.unten** "Eckart Liebau, ; **14.rechts oben**; "Eva Blum und Hans-Joachim Blum: Der Klassenrat. Ziele Vorteile Organisation © Verlag an der Ruhr GmbH; **14.rechts unten** "Picture-Alliance (Marijan Murat), Frankfurt; **14.links unten** "Fotolia.com (Bilderbox), New York; **16** Käthe Meyer-Drawe: Illusionen von Autonomie. © P. Kirchheim Verlag, München; **17** shutterstock (racorn), New York, NY; **18.oben** "Interfoto (R. Franke), München; **18.unten** "Ruhloff, Jörg, Sprockhövel, Haßlinghausen; **20** Brüggen, Friedhelm Prof. Dr., Münster; **21** "Picture-Alliance (dpa), Frankfurt; **23** shutterstock (Popova Valeriya), New York, NY; **24** Benner, Dietrich; **25** DER SPIEGEL 29/2005. http://www.spiegel.de/spiegel/; **27** Getty Images (Photographer's Choice / TomandSteve), München; **28** shutterstock (racorn), New York, NY; **29** Klaus Zierer und Julian Nida-Rümelin: Auf dem Weg in eine neue deutsche Bildungskatastrophe. Zwölf unangenehme Wahrheiten. © Verlag Herder, Freiburg, 2015. 978-3-451-31288-5; **34.rechts** "Lothar Krappmann, Soziologische Dimensionen der Identität. Strukturelle Bedingungen für die Teilnahme an Interaktionsprozessen. Klett-Cotta, Stuttgart, 2010.; **34.links** "Imago (Star-Media), Berlin; **35** Imago, EntertainmentPictures, Berlin [Filmplakat zu: The Bourne Identity, Regie: Doug Liam, USA, 2002]; **37** Picture-Alliance, dpa, Frankfurt/Main [Filmplakat zu: Shutter Island, Regie: Martin Scorse, Kamera: Robert Richardson]; **38.rechts** "Picture-Alliance, Frankfurt/Main [Filmbild aus: Raumschiff Enterprise: Das nächste Jahrhundert, Paramount Pictures]; **38.links** "Picture-Alliance (The Advertisi), Frankfurt; **39.rechts** "akg-images (album), Berlin; **39.links unten** "Interfoto, München [Filmplakat zu: Black Swan, Regie: Darren Aronofsky, mit: Natalie Portman, Vincent Cassel, Mila Kunis]; **39.links oben** "The Library of Congress (LC-DIG-ds-04518), Washington , D.C.; **40.rechts** "Interfoto (Newmarkett / Ronald Grant Archive / Mary Evans), München; **40.links** "American Sociological Association, Washington, DC 20005; **41** Die Reifeprüfung, USA 1967, Regie: Michael Nichols © akg-images, Berlin; **42.links** "ddp images GmbH, Hamburg [Filmplakat zu: Der talentierte Mr. Ripley, Regie: Anthony Minghella, USA, 1999]; **42.rechts**; "akg-images (album), Berlin; **46** Klaus Mollenhauer, Vergessene Zusammenhänge. Über Kultur und Erziehung. Juventa, Verlagsgruppe Beltz, Weinheim/Basel; **47** Klaus Mollenhauer, Umwege. Über Bildung, Kunst und Interaktion. Juventa 1986, Verlagsgruppe Beltz, Weinheim/Basel; **48** shutterstock (Kamil Macniak), New York, NY; **49** Thinkstock (iStock / kissesfromholland), München; **50** Erich Kästner, Werke in neun Bänden, Herausgegeben von Franz Josef Görtz, Deutscher Taschenbuch Verlag, München, 2004; **52** Bulls Press (Perscheid), Frankfurt; **56** gemeinfrei, ; **57** Mauritius Images (SuperStock), Mittenwald; **58** Interfoto (TV-Yesterday), München; **59** Imago (Horst Galuschka), Berlin; **60** Ralf Rothmann: Junges Licht © Suhrkamp Verlag, Reinbek 2006, ISBN 978-3-518-45754-2; **61** J.H.Darchinger / darchinger.com, Bonn; **62** Süddeutsche Zeitung Photo (Marlies Schnetzer), München; **67** Getty Images (Hulton Archive), München; **68** Süddeutsche Zeitung Photo (Hannes Betzler), München; **69** Picture-Alliance (AP), Frankfurt; **70.rechts** "DER SPIEGEL 15/1980. http://www.spiegel.de/spiegel/; **71** DER SPIEGEL 50/1964. http://www.spiegel.de/spiegel/; **72** Imago (United Archives), Berlin; **74** laif (Andreas Pein), Köln, **77** Fotolia.com (Syda Productions), New York; **78** Coverillustration nach Jochen Krautz: Ware Bildung, Schule und Universität unter dem Diktat der Ökonomie, erschienen im Diederichs Verlag, in der Verlagsgruppe Randomhouse; **79** Koller, Prof. Dr. Hans-Christoph, Hamburg; **82** laif (Patrice Normand / Opale), Köln, **83** Diedier Eribon: Rückkehr nach Reims © Suhrkamp Verlag Reinbek 2016, ISBN 978-3-518-07252-3; **84** Picture-Alliance (dpa / Peter Steffen), Frankfurt; **85.links** "CC-BY-SA-4.0 (Joachim Müllerchen), Mountain View; **85.rechts** "Katholische Universität Eichstätt-Ingolstadt Lehrstuhl für Bildunsphilosophie und Systematische Pädagogik, ; **86** Picture-Alliance (SZ Photo), Frankfurt; **87** shutterstock (Roman Samborskyi), New York, NY; **89** Imago (Schöning), Berlin, **91** Picture-Alliance (Markus Scholz), Frankfurt; **92** Der PARITÄTISCHE Wohlfahrtsverband Hamburg e.V., www.vielfalt-mann.de; **95** Bundesarbeitsgemeinschaft Landesjugendämter, Mainz; **97** Dieter Lenzen, Orientierung, Erziehungswissenschaft. Was sie kann, was sie will, rororo, 2004, Rowohlt Verlag GmbH, Reinbek. **98** Fotolia.com, New York; **104**; "akg-images, Berlin; **105.links** "Interfoto (Friedrich), München; **105.rechts** "Interfoto (Sammlung Rauch), München; **106.links** "Quelle: Städtisches Museum Göttingen; **106.rechts** "Imago (Popow), Berlin; **107.links oben** "IEA Secretariat, BT Amsterdam; **107.links unten** "OECD Berlin Centre, Berlin; **107.rechts** "Logo der IGLU Studie 2011: Bos, W., Tarelli, I., Bremerich-Vos, A., Schwippert, K. (Hrsg.) (2012). IGLU 2011. Lesekompetenzen von Grundschulkindern in Deutschland im internationalen Vergleich. Münster: Waxmann; **109** privat; **111.links**; "Pädagogikunterricht, Pädagogische Bildung, 25. Jahrgang Heft 2/3, Juli 2005, Verband der Pädagogiklehrer und Pädagogiklehrerinnen, Wesel; **111.rechts**; **70.links**; "Picture-Alliance (dpa), Frankfurt; **112** Dr. Christoph Storck, 100 Jahre Pädagogikunterricht in Deutschland (1908-2008). vdp 2007, Verband der Pädagogiklehrer und Pädagogiklehrerinnen, Wesel; **113** Beyer, Klaus, Neukirchen-Vluyn; **115** Klaus Beyer, Eckehardt Knöpfel, Christoph Storck, Pädagogische Kompetenz: die Basiskompetenz im 21. Jahrhundert, Schneider Verlag Hohengehren GmbH, Baltmannsweiler; **116** Bulls Press, Frankfurt; **118** Fotolia.com (contrastwerkstatt), New York; **119** Georg Gutheil, Peter Opora (Hrsg.), Didacta Nova Band 14,Perspektiven des Pädagogikunterrichts, vdp 2004, Schneider Verlag Hohengehren, Baltmannsweiler; **123.links oben;** "aus: J. B. Basedows Elementarwerk mit den Kupfertafeln Chodowieckis u.a. Kritische Bearbeitung in drei Bänden, herausgegeben von Theodor Fritzsch. Dritter Band. Ernst Wiegand, Verlagsbuchhandlung Leipzig 1909; **123.rechts oben** "Cremers Streetcore, Berlin; **123.links unten** "akg-images, Berlin; **123.rechts unten**; "akg-images (Sotheby's), Berlin; **124** Bulls Press, Frankfurt; **134** Imago (Leemage), Berlin; **135** Peter Bieri: Eine Art zu leben. Über die Vielfalt menschlicher Würde © S. Fischer Verlag GmbH, Frankfurt ISBN 978-3-596-19837-5; **136** Pascal Mercier: Nachtzug nach Lissabon © btb, Verlagsgruppe Randomhouse GmbH München. ISBN 978-3-442-73888-5; **138.links** "Fotolia.com (victor zastol'skiy), New York; **138.rechts** "Thinkstock (Peshkova), München;

Sollte es in einem Einzelfall nicht gelungen sein, den korrekten Rechteinhaber ausfindig zu machen, so werden berechtigte Ansprüche selbstverständlich im Rahmen der üblichen Regelungen abgegolten.